KÖNIGSSCHLÖSSER UND FABRIKEN Ludwig II. UND DIE ARCHITEKTUR

DIE PUBLIKATION WURDE GEFÖRDERT VON DER EvS ERNST VON SIEMENS KUNSTSTIFTUNG

KÖNIGSSCHLÖSSER
UND FABRIKEN

Ludwig II.

UND DIE
ARCHITEKTUR

Herausgegeben von
ANDRES LEPIK und KATRIN BÄUMLER

Mit Fotografien von
ULRIKE MYRZIK

Birkhäuser
Basel

A.M.

INHALT

Weltberühmt und doch in vielen Aspekten wenig bekannt – so kann man die Architektur unter König Ludwig II. von Bayern knapp charakterisieren. Die Ausstellung des Architekturmuseums in der Pinakothek der Moderne München und die vorliegende Publikation beleuchten die Königsschlösser vor der breiten Folie der bislang nur wenig beachteten öffentlichen Bautätigkeit im Königreich Bayern in der Hochphase des Historismus. Präsentiert wird ein mannigfaltiges architektonisches Spektrum, das eine Vielfalt an sowohl traditionellen als auch neuen Bauaufgaben aufweist und das die gegenwärtige architektonische Landschaft in Bayern und der Rheinpfalz immer noch prägt. Die Erweiterung des Blickfelds lässt auch die Königsschlösser in einem neuen Licht erscheinen: Kennzeichnend für diese Phase sind die beginnende Nivellierung der bislang obligatorischen Hierarchien der Bauaufgaben, die mit der generellen Erosion des monarchischen Systems, dem Aufstreben des Bürgertums und der Industrialisierung einhergeht, sowie die vielfältigen Wechselbeziehungen von „High“ und „Low“ – also die gegenseitige Durchdringung zwischen den mit höchstem Anspruch realisierten Schlössern Ludwigs II., den daran orientierten Repräsentationsbauten und der Alltagsarchitektur. So finden sich nun bei Zweckbauten, etwa bei Fabriken, Bahnhöfen oder Bierhallen, vom Schlossbau abgeleitete Bautypen und Ausstattungsprogramme; umgekehrt wurden die neuen Baumaterialen Glas, Eisen und Beton, die über Industriebauten in die Architektur Eingang gefunden hatten, nun auch bei den Königschlössern angewandt.

Die Kunststiftung des Unternehmers und Mäzens Ernst von Siemens hat die Ausstellung und die grundlegende Publikation gerne unterstützt – wäre dieses übergreifende Thema doch sicher auf das Interesse des Gründers gestoßen.

MARTIN HOERNES, Generalsekretär der Ernst von Siemens Kunststiftung

Schloss Neuschwanstein, EDUARD VON RIEDEL, GEORG VON DOLLMANN
und JULIUS HOFMANN, 1868–1892 (Photochrom: PHOTOGLOB ZÜRICH, um 1890)

[1] Porträt Ludwigs II. (Foto: JOSEPH ALBERT, 1867)

König Ludwig II. von Bayern ist durch seine Schlösser Neuschwanstein, Linderhof und Herrenchiemsee heute international so bekannt wie kaum ein anderer Regent des 19. Jahrhunderts [1]. Diese Bauten mit ihren extrem aufwendigen Ausstattungen und komplexen Bildprogrammen sind sein wichtigstes Vermächtnis. Auch wenn die architekturhistorische Bedeutung seiner Schlösser im Vergleich zu anderen europäischen Bauten dieser Zeit nicht sehr hoch anzusetzen ist, weil es ihnen an gestalterischer Innovation fehlt, haben sie doch eine ganz unvergleichliche Wirkungsgeschichte entfaltet. Diese setzte bereits unmittelbar nach dem Tod Ludwigs II. im Jahr 1886 ein, als sie für die Öffentlichkeit zur Besichtigung freigegeben wurden [2]. Der Besucherstrom steigt seither kontinuierlich und ist heute kaum mehr zu bewältigen: Im Jahr 2015 besichtigten über 1,5 Millionen Touristen allein Schloss Neuschwanstein. Die vielen Besucher scheinen ebenso von dem spektakulären Bau und seiner landschaftlichen Situation beeindruckt, wie sie zugleich immer wieder von der Person Ludwigs fasziniert sind, der hier abseits der Städte seine persönliche Vision umgesetzt hat. Ob für den Forscher, der sich eingehend mit dem Thema befasst, oder für den Laien, der zum ersten Mal auf die Bauten trifft: Ludwig II. bleibt eine rätselhafte Person, weil er jeden mit seinen extremen Widersprüchen zu eigenen Interpretationen und Projektionen herausfordert. Und einer der größten, bis heute unerklärlichen Widersprüche liegt in den Schlossbauten: Indem er sie zu Lebzeiten für fast niemanden zugänglich gemacht und so vollkommen abgeschirmt hatte, sind sie nach seinem Tode zum Sehnsuchtsort für Millionen geworden. Über die vielfältige Rezeption haben diese fantastischen Bauten ihr Eigenleben entwickelt. Schloss Neuschwanstein, das auch aufgrund der Verbildlichung altgermanischer Sagen und der Assoziation mit Richard Wagner im Nationalsozialismus in den Fokus des Interesses rückte, stieg bald nach dem Zweiten Weltkrieg – wahrscheinlich auch aufgrund der pazifistischen Haltung seines Bauherrn – zum Symbol eines vom Faschismus geläuterten Deutschland auf. Exemplarisch hierfür ist die Darstellung auf dem Cover des LIFE-Magazins im Mai 1954 mit dem Titel „Germany A giant awakened" [3].

Der enorme Publikumserfolg der Schlossbauten und die damit einhergehende massenhafte Verklärung und Verkitschung der Person Ludwigs II. durch Romane, Filme, Musicals und Tourismuswerbung haben den Blick auf die Leistungen des Königs in anderen Bereichen der Architektur fast vollständig verstellt. Nur der gescheiterte Versuch Ludwigs II., für den von ihm hochverehrten Richard Wagner in München ein Festspielhaus nach den Entwürfen von Gottfried Semper zu errichten, fand bislang ein vertieftes Interesse in der Architekturgeschichte [4]. Tatsächlich aber sind in den Jahren 1864–1886 neben den Schlossbauten eine ganze Reihe von Bauvorhaben und Planungen im Königreich Bayern realisiert worden, die der König förderte, teilweise aktiv begleitete und mitunter auch maßgeblich beeinflusste – von Brückenbauten angefangen über Kasernen, Kliniken, Kirchen und Synagogen bis hin zu Bahnhöfen, Industriebauten und Arbeitersiedlungen. Das Königreich Bayern erfuhr unter der Regentschaft Ludwigs II. eine tief greifende Verwandlung, und die damit einhergehende umfangreiche Bautätigkeit ist Gegenstand der Ausstellung und der begleitenden Publikation. Ziel ist es, einen Überblick über die wichtigsten Bauaufgaben dieser Epoche an ausgewählten Beispielen zu geben. Die königlichen Schlösser sind dabei ein Teil dieser Betrachtung, aber es soll an erster Stelle der Blick so breit wie möglich auf die anderen Bauten unter Ludwig II. gerichtet werden, um die unterschiedlichen Leistungen für das Bauen in dieser Zeit zu beleuchten. Die grundlegende, hier vorgestellte These ist: Das Interesse Ludwigs II. an der Architektur in Bayern erstreckte sich

[2] Schloss Neuschwanstein, „Das letztvollendete Lustschloss“ (Holzschnitt: K. PITZNER, *Das Buch für Alle,* 1884)

weit über seine privaten Bauten hinaus, und sein Einfluss auf die Architektur seiner Zeit war – trotz vieler politischer Beschränkungen seines Amtes – nicht zu unterschätzen.

[3] Life Magazin, Mai 1954, Titelblatt

Anlass für Ausstellung und Katalog ist das 150. Jubiläum der Technischen Universität München, die 1868 durch König Ludwig II. als „Neue Polytechnische Schule" gegründet wurde [5]. Es ist die Zeit, in der die Architektur als planende Disziplin in die Konkurrenz mit den technischen Wissenschaften gestellt wurde. Leider sind von dem Vorgängerbau der heutigen TUM, den Ludwig II. nach Plänen Gottfried von Neureuthers 1864–1868 in prominenter Lage in der Arcisstraße errichten ließ, infolge seiner starken Zerstörung im Zweiten Weltkrieg nur noch wenige Fassadenfragmente erhalten. Dank des umfangreich bewahrten Plan- und Bildmaterials zu diesem Bau kann in der Ausstellung ein Bild dieses Hochschulbaus rekonstruiert werden, der in mehrfacher Hinsicht wegweisend war: Er markiert den stilistischen Bruch mit dem vorhergehenden synthetischen Maximilianstil und den Wandel hin zur Neorenaissance, die sich im öffentlichen Bauwesen unter Ludwig II. allgemein durchsetzte.

Es war auch Ludwig II., der der Architekturfakultät eine Sammlung architektonischer Zeichnungen, darunter Gottfried Sempers Festspielhausentwürfe, vermacht und damit den Grundstein für die umfangreiche Sammlung des heutigen Architekturmuseums gelegt hat. Dieses Museum hat sich in seiner Aufgabe als forschende Institution

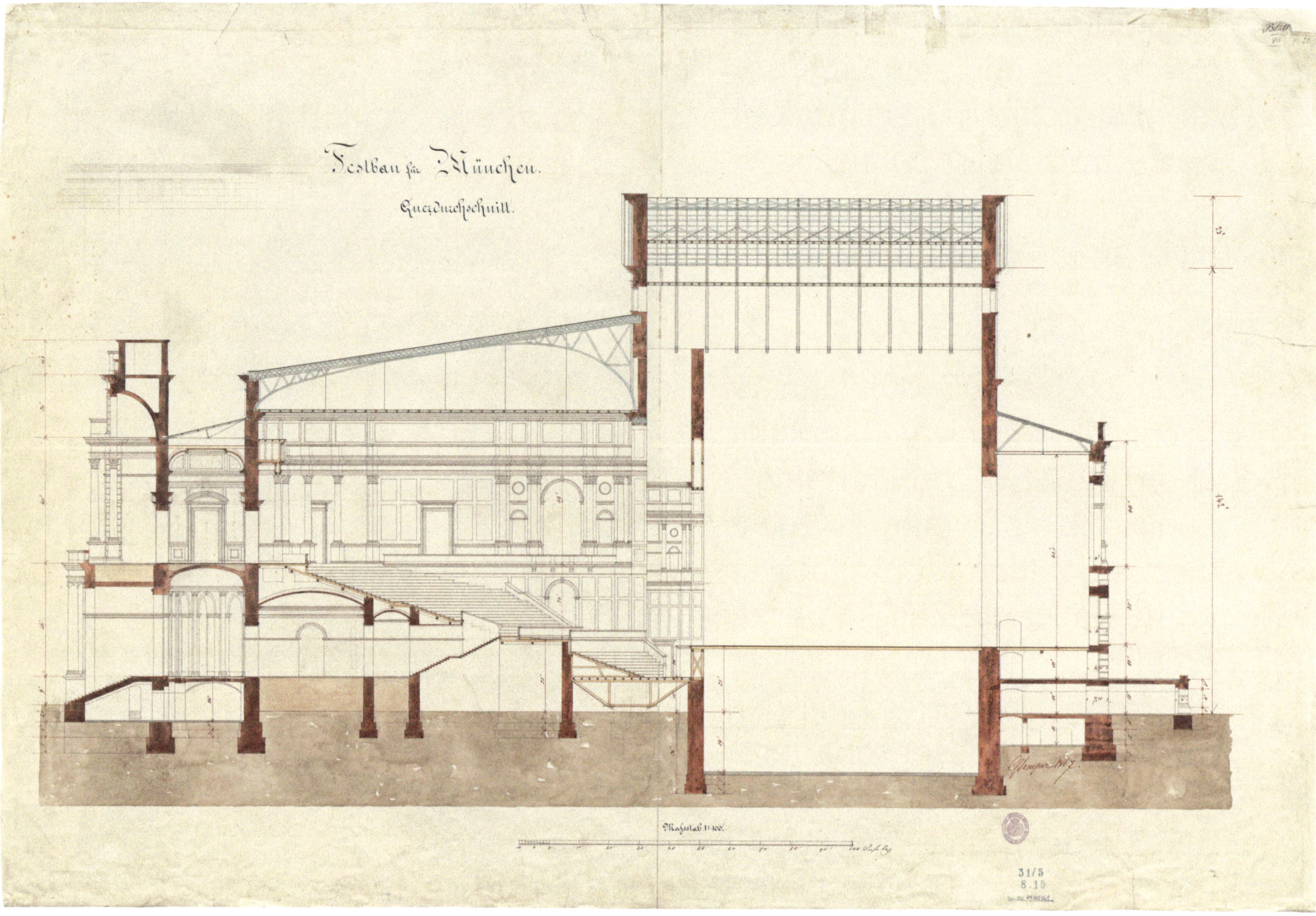

[4] München, Projekt für ein Richard-Wagner-Festspielhaus, Längsschnitt, GOTTFRIED SEMPER, 1867

seit jeher intensiv mit der Betrachtung der Architekturgeschichte in Bayern, speziell auch mit den bayerischen Königen befasst, davon zeugen die Ausstellungen und ihre begleitenden Kataloge: *Klassizismus in Bayern, Schwaben und Franken. Architekturzeichnungen 1775–1825* (1980), *Romantik und Restauration. Architektur in Bayern zur Zeit Ludwigs I. 1825–1848* (1987), *Zwischen Glaspalast und Maximilianeum. Architektur in Bayern zur Zeit Maximilians II. 1848–1864* (1997) und dann auch *Die Prinzregentenzeit* (1989). All diese Darstellungen sind in enger Zusammenarbeit mit dem Münchner Stadtmuseum entstanden und wurden dort präsentiert. Mit der Ausstellung *Königsschlösser und Fabriken – Ludwig II. und die Architektur* können wir zum Jubiläum der TUM nun endlich die offene Lücke dieser Reihe schließen und diese Epoche bewusst in unseren Räumen in der Pinakothek der Moderne präsentieren. Denn es ist offensichtlich, dass Ludwig II. sehr genau über die zu seiner Zeit neuesten Errungenschaften der Moderne – wie etwa Bautechnik, Chemie, Elektrotechnik, Fotografie, Hygiene, Medizin, Physik – Bescheid wusste und für seine Zwecke eingesetzt hat. Es ist Zeit, die Architektur seiner Regentschaft einmal neu zu betrachten und das verklärte Bild eines Königs, der nur an seinen Schlössern interessiert gewesen sei, endlich zurechtzurücken. Und der neue Blick auf diese Epoche wird hoffentlich dazu beitragen, dass die anderen Bauten und Bauaufgaben dieser Zeit aufmerksamer wahrgenommen und damit auch geschützt werden.

[5] München, Neue Polytechnische Schule, Südflügel, GOTTFRIED VON NEUREUTHER, 1864–1868 (Foto: Georg Böttger, um 1870)

München, Technische Universität (ehemals Neue Polytechnische Schule), GOTTFRIED VON NEUREUTHER, 1864–1868

Augsburg, Mietshäuser in der Volkhartstraße,
KARL ALBERT GOLLWITZER, 1885–1890

Augsburg, Stadttheater,
FELLNER & HELMER, 1876/77

THE ROCKY HORROR SHOW
30. JUNI BIS 29. JULI 2017
THEATER AUGSBURG
FREILICHTBÜHNE AM ROTEN TOR
PRÄSENTIERT VON: STADTSPARKASSE AUGSBURG
Richard O'Brien's
THE ROCKY HORROR SHOW
30. JUNI BIS 29. JULI 2017

München, Augustiner-Brauerei,
XAVER RENNER, 1885–1890

Schloss Linderhof, GEORG VON DOLLMANN, JULIUS HOFMANN und andere, 1870–1886

NICHT NUR KÖNIGSSCHLÖSSER

Zur Architektur im Königreich Bayern unter Ludwig II.

Von ANDRES LEPIK und KATRIN BÄUMLER

„Mögen Kunst und Gewerbe
zur Wohlfahrt Meines geliebten Volkes
sich stets ungestörten Blühens
und Gedeihens erfreuen: Dies ist und bleibt
Mein Wunsch und Meine Sorge.“[1]

Mit dem populären Narrativ vom „Märchenkönig“, das bereits zu Lebzeiten Ludwigs II. aufkam und das heute immer noch in nahezu allen Medien präsent ist, wurde das Bild eines an den grundlegenden Problemen und Entwicklungen seiner Zeit desinteressierten und seine politischen Pflichten vernachlässigenden Monarchen über viele Jahrzehnte hin fortgeschrieben.[2] Wie jedoch jüngste Forschungen zeigen, wird dieses Klischee dem real existierenden Regenten Bayerns im letzten Drittel des 19. Jahrhunderts in den meisten Punkten nicht gerecht.[3] Zum einen lässt die Darlegung der komplexen politischen Situation in dieser von der Industrialisierung und den drei deutschen Einigungskriegen (1866–1871) geprägten Umbruchzeit – einer der schwierigsten Phasen der bayerischen Geschichte – erahnen, welchem Spannungsfeld der erst 18-jährige König ausgesetzt war, als er 1864 den Thron bestieg.[4] Zum anderen wird anhand einer erstmaligen Auswertung der Quellen aufgezeigt, dass Ludwig II. zeitlebens nicht nur gewissenhaft seinen Amtsgeschäften nachkam, sondern auch nach einer Verbesserung der Lebensumstände seiner Untertanen strebte –

[1] München, Wettbewerbsentwurf zum Neuen Rathaus, LUDWIG und EMIL LANGE, 1866

[2] München, Entwurf zum Künstlerhaus am Lenbachplatz, GABRIEL VON SEIDL, 1886

etwa durch die Einführung sozialer Reformen und die Aufrechterhaltung eines „glückliche[n] Verhältnis[ses] der Industrie zur Landwirtschaft“.[5] Am treffendsten kann er daher wohl – wie von Hermann Rumschöttel vorgeschlagen – als „Grenzgänger“ charakterisiert werden, dessen ambivalentes Wesen Gegensätze wie „Realität und Irrationalismus, absolutistisches Majestätsbewußtsein und volksnahes Herrschertum, Natur und Kunst, Regierungspflicht und Künstlerfreiheit, Gesundheit und Krankheit, sexuelle Konvention und Libertinage, Frömmigkeit und Kirchenkritik“ in sich vereinte.[6]

Damit entsprach er jedoch ganz seiner Zeit, die sich durch divergierende Strömungen auszeichnet: Der ausgeprägten Technikbegeisterung und Fortschrittsgläubigkeit auf der einen Seite stehen eine Rückbesinnung auf Vergangenheit und Natur auf der anderen Seite gegenüber.[7] Dieser Dualismus manifestiert sich auch in der damaligen Architektur: Bei den Königsschlössern, die gleich „begehbaren Bildern“[8] mittelalterliche Sagen, das Ancien Régime oder die Welt des „Orients“ thematisieren und deren Einzigartigkeit auch auf ihrer abgeschiedenen Lage sowie einem außergewöhnlichen Naturbezug beruht, strebte Ludwig II. durch den Einsatz aller ihm zur Verfügung stehenden Mittel – und vor allem auch innovativer Techniken – eine möglichst vollkommene Immersion in eine imaginäre Welt an. Aber auch in Hinblick auf das öffentliche Bauwesen kontrastieren die zunehmende Industrialisierung Bayerns und die Entwicklung Münchens zur Metropole mit der gleichzeitigen Blüte des Späthistorismus und einer pluralistischen Bezugnahme auf vergangene Epochen.

Beim Blick auf die Architektur im Königreich Bayern unter Ludwig II. fällt auf, dass die staatliche, städtische und private Bautätigkeit seiner Zeit sowohl in der Forschung als auch in den zahllosen Annäherungsversuchen an seine Person bislang weitgehend unberücksichtigt blieb – die Berühmtheit seiner Schlösser hat offensichtlich alle anderen Fragestellungen komplett überstrahlt. Ein weiterer Grund mag darin liegen, dass Ludwig II. seine architektonischen und städtebaulichen Visionen nur begrenzt durchsetzen konnte. Beispielhaft hierfür ist das prominente Festspielhaus-Projekt, das der junge König ab 1864 für Richard Wagner auf dem

[3] Nürnberg, Vogelschau der Bayerischen Landes-, Gewerbe-, Industrie- und Kunstausstellung, ADOLF GNAUTH, 1882

östlichen Isarhochufer errichten lassen wollte. Dieses innovative Opernhaus, das von Gottfried Semper in Zusammenhang mit einer vom Hofgarten ausgehenden Prachtstraße geplant war, scheiterte am Widerstand der Hofkamarilla; es zog jedoch das Bayreuther Festspielhaus (1872–1875) und das Münchner Prinzregententheater (1900/01) als Folgeprojekte nach sich.[9]

Blockiert wurden aber nicht nur vom König selbst initiierte Projekte, auch sein Einfluss auf staatliche Bauvorhaben wurde zurückgedrängt. Deutlich wird dies am Präzedenzfall des spätgotischen Herstalltores in Aschaffenburg, das Anfang 1865 aufgrund von geplanten Bahnbauten geschliffen werden sollte. Wider Erwarten bescheinigte der junge Monarch den Abbruchantrag aufgrund des historischen Wertes des Stadttores zunächst negativ – was sprachloses Erstaunen hervorrief. Er kapitulierte jedoch, nachdem das Innenministerium in Zusammenschluss mit der unterfränkischen Kreisregierung und der Stadt Aschaffenburg in einem zweiten Abbruchantrag indirekt damit drohte, die öffentliche Meinung gegen ihn zu mobilisieren.[10]

Dass Ludwig II. nicht mehr als feudaler Bauherr mit großer Geste in der Residenzstadt auftrat, wie noch sein Großvater Ludwig I. oder sein Vater Maximilian II., ist weniger als Desinteresse zu deuten, sondern resultiert wohl vielmehr aus einer veränderten Machtverteilung infolge der fortschreitenden Erosion des monarchischen Systems gegen Ende des 19. Jahrhunderts und aus einem Wandel der gesellschaftlichen, rechtlichen und politischen Verhältnisse: Wichtige Faktoren waren dabei vor allem das wirtschaftlich und politisch emporstrebende Bürgertum, die zunehmend unabhängigeren Städte – ihre mit der Gemeindeordnung von 1869 gewonnene Autonomie kommt beispielhaft in dem von Thomas Weidner erörterten Wettbewerb zum Neuen Rathaus in München zum Ausdruck [1] – sowie das wachsende Selbstbewusstsein der liberalen Minister, die sich nun als eigentliches Rückgrat der Regierung begriffen.[11] Hinsichtlich des öffentlichen Bauwesens blieb Ludwig II. jedoch nach wie vor höchste Instanz der Obersten Baubehörde. Demnach mussten nicht nur alle staatlichen Bauvorhaben, sondern auch die Besetzung der für die architektonische Entwicklung entscheidenden Positionen, wie etwa die der Stadtbauräte oder der Professuren der Architekturfakultät an der Neuen Polytechnischen Schule, von ihm genehmigt werden.[12]

Dennoch hatte Ludwig II., wie im Folgenden exemplarisch gezeigt wird, Kunst und Wissenschaft in Bayern gezielt gefördert und auch die Modernisierung des Königreichs vorangetrieben – etwa durch den Ausbau einer zukunftsweisenden Infrastruktur, wie Peter Christensen in seinem Beitrag erstmals aufzeigen konnte. Vor allem aber hat er wesentlich dazu beigetragen, dass München auch im letzten Drittel des 19. Jahrhunderts neben Paris als bedeutendste Kunststadt Europas galt: Zunächst setzten – wie im Beitrag von Alexander Rauch dargelegt – sein außergewöhnlicher Kunstsinn und sein hoher Qualitätsanspruch Maßstäbe für die Architektur seiner Zeit. Darüber hinaus förderte er aktiv wichtige Kultur- und Bildungsinstitutionen und trug damit maßgeblich zum Renommee der Residenzstadt bei.

FÖRDERUNG VON KUNST UND WISSENSCHAFT

Bereits wenige Jahre nach seiner Thronbesteigung gründete Ludwig II. die Neue Polytechnische Schule (die heutige Technische Universität) als selbstständige Institution und ließ hierfür 1864–1868 nach Plänen von Gottfried von Neureuther in der Arcisstraße, gegenüber der Alten Pinakothek, einen repräsentativen Neubau errichten. Dieser nur noch fragmentarisch erhaltene, an Sempers 1864 fertiggestelltem Polytechnikum in Zürich orientierte Flügelbau mit Mittel- und Eckrisaliten gilt als Gründungsbau der Neurenaissance in Bayern. Er löste den von Ludwig II. abgelehnten synthetischen Maximiliansstil ab und wurde bereits von Zeitgenossen als „Beginn einer neuen Ära in der Münchner Architektur" gepriesen.[13] Dabei sollte die neue Hochschule nicht nur zur Modernisierung Bayerns im Bereich Naturwissenschaft und Technik beitragen, sondern spielte durch die angegliederte Architekturschule, deren Professuren in letzter Instanz vom König bestimmt wurden, auch eine wichtige Rolle für die Entwicklung des Bauwesens in Bayern.

Von erstrangiger Bedeutung für den Stellenwert Münchens als Kunststadt war auch der Neubau der bereits 1808 als Institution gegründeten Akademie der Bildenden Künste, der ab 1875 ebenfalls nach Plänen Neureuthers im Neorenaissancestil ausgeführt wurde. Auch diesen Bau förderte Ludwig II. aktiv – etwa durch finanzielle Zuwendungen und die Zuweisung des Baugrunds in herausragender Lage.[14] Damit setzte er einen weiteren Akzent in der Maxvorstadt und schuf mit der städtebaulichen Verklammerung zwischen den von Ludwig I. gegründeten Museen (Alte Pinakothek, Neue Pinakothek und Glyptothek) und den drei Hochschulen (Akademie, Polytechnikum und Universität) ein bis heute wirksames Bezugssystem zwischen Kunst und Wissenschaft.

Ludwig unterstützte noch weitere wichtige kulturelle Institutionen der Residenzstadt, die zu ihrem Ruf als Kunststadt beitrugen: Wie Regine Hess in ihrem Essay erstmals anhand von bislang unveröffentlichten Quellen aufzeigt, genehmigte er kurz nach Herrschaftsantritt den vom Kunstverein bereits seit zwei Jahrzehnten vergeblich angestrebten Neubau eines eigenen Ausstellungshauses. Das von der bisherigen Forschung weitgehend unbeachtete Kunstvereinsgebäude, das bis 1866 nach Plänen des Hofbauintendanten Eduard von Riedel auf den Renaissancearkaden des unteren Hofgartens fertiggestellt wurde, kann als frühester königlicher Bau in München angesehen werden.

Wenig bekannt ist auch, dass Ludwig II. den – erst nach seinem Tod in den Jahren 1893–1900 ausgeführten – Bau des Künstlerhauses am Lenbachplatz in die Wege leitete, der bereits unter Maximilian II. ein Desiderat der Künstlergenossenschaft gewesen war. Nachdem es der Vereinigung nicht gelang, einen geeigneten Baugrund zu erhalten – beispielsweise wurde ihr Gesuch zur Bebauung des nordöstlichen Areals des Maximiliansplatzes Ende der 1870er-Jahre vom Magistrat abgelehnt –, überließ er ihr 1883 den „Platz beim Leinfelder" aus der Zivilliste für einen symbolischen Kaufpreis mit der Auflage, diesen ausschließlich für den Bau des Künstlerhauses zu nutzen.[15] Auch dessen Erscheinungsbild wurde im Wesentlichen noch zu Lebzeiten des Königs bestimmt: So geht der 1886 vorgelegte Plan Gabriel von Seidls für das Künstlerhaus am heutigen Lenbachplatz auf einen früheren Entwurf des Architekten von 1880 zurück, der noch eine Adaptierung des Himbsel-Hauses am Karlsplatz vorsah, jedoch bereits die charakteristische Silhouette mit erhöhtem turmartigen Mittelteil und Giebel-Dach-Kreuzung im Stil der deutschen Renaissance aufweist [2].[16]

WECHSELWIRKUNGEN ZWISCHEN KUNSTGEWERBE UND ARCHITEKTUR

Bekanntlich erfuhr das Kunstgewerbe in Bayern unter Ludwig II. eine bis um 1900 andauernde Blüte.[17] Bislang noch kaum untersucht ist jedoch die enge Verknüpfung dieser Entwicklung mit der Architektur: Begünstigt wurde dieser Boom der Ausstattungskünste durch den mit der Thronbesteigung Ludwigs II. im öffentlichen Bauwesen vollzogenen Stilwandel hin zur Neurenaissance mit ihrem „Gesamtkunstwerk"-Ansatz.[18] Aber auch die umfassenden und höchst anspruchsvollen Aufträge, die der Regent in Zusammenhang mit der Ausstattung seiner Schlossbauten erteilte, ließen das Metier florieren.

Bahnbrechend für den Aufschwung des Kunstgewerbes, das nun auch im Bürgertum großes Interesse hervorrief, wirkte die *Allgemeine deutsche Kunst- und Kunstindustrie-Ausstellung* von 1876 im Münchner Glaspalast mit der viel beachteten Abteilung *Unserer Väter Werke*, die unter dem Protektorat und mit finanzieller Unterstützung Ludwigs II. ausgerichtet wurde. Eine besondere Attraktion stellte die von Lorenz Gedon und Rudolf Seitz konzipierte Ausstellungsarchitektur dar, die als eine frühe Form der „Period Rooms" die komplette Einrichtung historisch und funktional differenzierter Räume mit sowohl kunstgewerblichen als auch industriell gefertigten Objekten von höchster Qualität vorsah.[19] Als eine Folge dieser Ausstellung, die zum 25-jährigen Jubiläum des Münchner Kunstgewerbevereins veranstaltet wurde, erhielt die Organisation 1877 vom Münchner Magistrat ein eigenes Haus in der Pfandhausstraße, für dessen Adaptierung zahlreiche Architekten Pläne einreichten, darunter Lorenz Gedon, Georg Hauberrisser, Ferdinand Knab, Joseph von Schmädel, Gabriel Seidl, Rudolf Seitz und August Voit.[20]

Aber auch die Bayerischen Industrieausstellungen [3], die unter Ludwig II. eine regelrechte Hochzeit erfuhren und von ihm sowohl finanziell als auch durch Übernahme der

[4] Kaiserslautern, Pfälzisches Gewerbemuseum, Schnitt durch Foyer und Treppenhaus, KARL SPATZ, 1875–1880

[5] München, Hauner'sches Kinderspital, AUGUST HARTMANN und ARNOLD ZENETTI, 1875–1879 (Foto: M. STETTMEYER, 1900)

Schirmherrschaft gefördert wurden, trugen wesentlich zur Popularisierung des Kunstgewerbes bei. Sie waren nach dem Vorbild der Weltausstellungen konzipiert, die der junge Monarch begeistert rezipierte und die – wie im Beitrag von Robert Stalla erörtert – nach neuesten Forschungen auch für die Interpretation seiner Königsschlösser von herausragender Bedeutung sind.[21]

Die Blüte des Kunstgewerbes schlug sich auch in Museumsgründungen und -bauten nieder: Auf Anregung des Industriellen Lothar von Faber wurde 1869 das Bayerische Gewerbemuseum in Nürnberg gegründet, nachdem dieser den König zuvor in München für die Idee gewinnen konnte.[22] Diese Gründung zog den bereits unter Ludwig II. projektierten, jedoch erst 1897 nach Plänen von Theodor von Kramer realisierten neubarocken Monumentalbau nach sich; vor dem Umzug in den Neubau war das Gewerbemuseum in der Norishalle untergebracht, die ursprünglich von Adolf Gnauth als Kunsthalle für die Nürnberger Landesausstellung 1882 errichtet und dann an den Marientorgraben transloziert wurde.[23]

Auch in Kaiserslautern wurde 1874 ein Gewerbemuseum gegründet [4]: Initiator war der zuvor im Bayerischen Innenministerium tätige pfälzische Regierungspräsident Paul von Braun, den Ludwig II. aufgrund seiner Verdienste in den persönlichen Adelsstand erhob. Karl Spatz, ein Schüler Neureuthers am Münchner Polytechnikum, plante hierfür den 1880 vollendeten Museumsbau, der heute das Museum Pfalzgalerie Kaiserslautern beherbergt: ein lang gestreckter Neorenaissancebau mit erhöhtem Mittelrisalit und Eckpavillons, der eine deutliche Bezugnahme auf die Münchner Bauten seines Lehrers erkennen lässt.[24]

ARCHITEKTUR UND SOZIALE FRAGE

Ludwig II. versuchte aber nicht nur durch die Förderung von Kunst, Wissenschaft und Gewerbe, sondern auch durch Maßnahmen im sozialen Bereich die Lebensumstände der Bevölkerung zu verbessern, wie Hermann Rumschöttel 2011 anhand einer erstmaligen Auswertung der einschlägigen Quellen nachweisen konnte.[25] Abgesehen von großzügigen Almosen und Ausgaben für karitative Zwecke, die weit über die traditionelle königliche Wohltätigkeit hinausgingen, kann die sogenannte Sozialgesetzgebung, die Ludwig II. Ende der 1860er-Jahre – also noch viele Jahre vor der Sozialgesetzgebung Bismarcks – erlassen hatte, als aktive Sozialpolitik angesehen

[6] München, Brunnen im Innenhof des ehem. Marstalls am Jakobsplatz (Foto: GEORG PETTENDORFER, 1913)

werden: ein Gesetzesbündel, das neben Gewerbefreiheit, weitgehender Autonomie der Gemeinden, Freizügigkeit und Wehrgerechtigkeit auch eine nachhaltige Reform der öffentlichen Armen- und Krankenpflege bewirkte.[26] Dies schlug sich auch in der Architektur nieder: In dieser Zeit wurden wichtige Bauten der Sozialfürsorge errichtet oder entsprechend den neuesten Erkenntnissen in der Hygiene adaptiert, darunter das jüdische Waisenhaus in Fürth, das 1868 nach Plänen des dortigen Stadtbaurats Friedrich Friedreich entstand und das heute die Synagoge der israelitischen Kultusgemeinde beherbergt; oder das ehemalige Waisenhaus vor dem Sendlinger-Tor-Platz in München, das 1869 durch Stadtbaurat Arnold Zenetti um ein Ökonomiegebäude erweitert und durch den Einbau von Belüftungsanlagen und sanitären Einrichtungen mit fließend Wasser modernisiert wurde – wahrscheinlich auch, um der hohen Sterblichkeit bei Waisen- und Findelkindern entgegenzuwirken.[27]

Als eine Folge der Sozialgesetzgebung, die erste Weichen für ein staatliches Gesundheitswesen stellte, erfuhr auch die Bauaufgabe Krankenhaus eine generelle Aufwertung. In der Residenzstadt realisierte Arnold Zenetti gleich mehrere bedeutende Hospitalbauten und -erweiterungen: 1868–1870 entstand auf dem Oberwiesenfeld das heute zum Deutschen Herzzentrum der TU München gehörende Garnisonslazarett, das auf ausdrückliche Anordnung des Königs zur Lärmschonung der Kranken und zur Ansteckungsverhütung weiter von der ebenfalls unter ihm ausgebauten Max-II-Kaserne abgerückt wurde.[28] Das Krankenhaus rechts der Isar und das Allgemeine Krankenhaus, die heute an die Münchner Universitäten angegliedert sind, wurden in dieser Zeit sukzessive durch den Anbau von Pavillons erweitert – ein bereits in England und Frankreich bewährtes System, das sich in Deutschland in den 1870er-Jahren allgemein durchgesetzt hatte. Es resultierte nicht nur aus der Berücksichtigung hygienischer Aspekte, sondern auch aus der damals gerade aufgekommenen baulichen Differenzierung in Fachkliniken.[29]

Prominente Beispiele hierfür sind das Hauner'sche Kinderspital [5], von Ludwig II. gefördert durch eine Spende und eine Lotterie in Höhe von 300 000 Mark, sowie das – weltweit erste – Institut für Hygiene, das 1879 auf Initiative des vom König geschätzten Arztes und Apothekers Max von Pettenkofer in der Findlingsstraße errichtet wurde.[30] Pettenkofers Forschungen zur Stadthygiene und Seuchenvorbeugung – in den Jahren 1836 und 1854 grassierte in Bayern die Cholera – führten ab 1874 in München und anderen bayerischen Städten zur Entwicklung eines fortschrittlichen Kanalisationssystems nach englischem Vorbild, das heute noch weitgehend erhalten ist, sowie ab 1883 zur zentralen Versorgung der Residenzstadt mit Frischwasser aus dem Mangfalltal [6]. So wandelte sich München, das noch bis zur Mitte des 19. Jahrhunderts wegen seiner unzureichenden hygienischen Bedingungen einen schlechten Ruf hatte, unter Ludwig II. zu einer auch im Ausland gepriesenen „healthy town".[31]

Mit der Ausstellung *Königsschlösser und Fabriken – Ludwig II. und die Architektur* und der vorliegenden Publikation wird die Komplexität und Vielfalt der damaligen Baukultur exemplarisch vorgestellt. Zugleich soll ein Anstoß gegeben werden, das Wirken Ludwigs II. in Hinblick auf die Bautätigkeit unter seiner Regierung differenzierter zu beurteilen und das längst überholte Bild vom realitätsfernen „Märchenkönig" grundsätzlich zu überdenken. Inwiefern er die hier behandelten Bauten jeweils aktiv mitgestaltete oder ob sein Einfluss eher indirekt war, ist im Einzelfall zu entscheiden. Eines hat sich jedoch gezeigt: Auch wenn er nicht mehr in gleichem Maße wie seine Vorgänger als königlicher Bauherr in Erscheinung trat – was auch auf einen generellen gesellschaftlichen, politischen und rechtlichen Wandel im letzten Drittel des 19. Jahrhunderts zurückzuführen ist –, hat er die Architektur im Königreich Bayern weit mehr geprägt als bislang angenommen.

Diese These konnte mit den in der Ausstellung gezeigten Beispielen zur Architektur unter Ludwig II. noch nicht abschließend erörtert werden. Im Rahmen der Ausstellungsvorbereitungen wurden jedoch zahlreiche, von der bisherigen Forschung unberücksichtigte Materialien gefunden, die neue Themen- und Fragestellungen eröffnen: Bislang kaum untersucht sind nicht nur die Gesamtwerke der unter Ludwig II. tätigen Hofarchitekten – Eduard von Riedel, Julius Hofmann und Georg von Dollmann –, sondern auch die Leistungen der damaligen Stadtbauräte, wie Arnold Zenetti oder Ludwig Leybold, trotz des teilweise umfangreich erhaltenen Planmaterials.[32] Noch kaum bearbeitet sind auch einige damalige Bauaufgaben in Bayern, wie etwa der Wohnbau, der gerade in dieser Zeit einen Großteil des erbrachten Bauvolumens ausmachte und sich sowohl funktional als auch typologisch ausdifferenzierte; oder der Städtebau, bei dem sich etwa im Zuge der Schleifung der Befestigungsanlagen im letzten Drittel des 19. Jahrhunderts eine Reihe von Ringstraßenprojekten nach Wiener Vorbild ausmachen lassen.[33] Wenig Berücksichtigung fanden bislang auch die Bayerischen Landesausstellungen, die gerade während der Regentschaft Ludwigs II. – und unter seinem Protektorat – eine Blüte erfuhren und zu deren ephemeren Architekturen ebenfalls umfassendes Plan- und Bildmaterial erhalten ist.[34]

Die vorliegende Publikation und die Ausstellung möchten somit auch Anregungen dazu geben, den kritischen, auf Quellen basierten Diskurs zur Architektur des 19. Jahrhunderts, zu ihren historischen Entstehungsbedingungen und ihrer Bedeutung für die Gegenwart weiterzuführen.

1 Autograf von König Ludwig II. an Freiherrn von Stromer vom 24. Oktober 1882 anlässlich der Nürnberger Landesausstellung. StadtA Nürnberg, E 6 / 766, Bestellnr. 2.
2 Vgl. Kraus 1988², 577. – Bosl 1990⁷, 217. – Botzenhart 2004, 1.
3 Siehe etwa Botzenhart 2004. – Rumschöttel 2013.
4 Zur Vielzahl der gewichtigen politischen Probleme seiner Regierungszeit zählt die deutsche oder nationale Frage, die 1871 infolge des Deutsch-Französischen Kriegs in die Gründung des preußisch dominierten deutschen Kaiserreichs mündete, was für Bayern weitgehende Einbußen seiner Souveränität und den Verlust der staatsrechtlichen Unabhängigkeit mit sich brachte. Weitere Hauptprobleme bestanden in der zunehmend drängenden „sozialen Frage", den als „Kulturkampf" bezeichneten Auseinandersetzungen zwischen Staat und Kirche, der Diskussion um parlamentarische Mitwirkung der politischen Parteien sowie den Folgen von Industrialisierung und Technisierung. Siehe dazu: Rumschöttel 2011a, 11. – Rumschöttel 2013, 862.
5 Ludwig II., zit. nach Rumschöttel 2011a, 45.
6 Rumschöttel 2013, 871.
7 Siehe dazu auch Wiesneth 2015, 65.
8 Friedrich Piehl, zit. nach Rauch 1993, 10.
9 Vgl. Habel 1970. – Nerdinger/Oechslin 2003, v. a. 409–422. Dennoch trug Ludwig II. zur Musikförderung Bayerns bei: 1867 gründete er auf Anregung Richard Wagners und Hans von Bülows die Königlich bayerische Musikschule, aus der die heutige Musikhochschule hervorging; sie war bis 1944 in dem von Klenze errichteten Odeon an der Ludwigstraße untergebracht, in dem sich Ludwig II. im Gründungsjahr der Musikschule eine Königsloge auf der Nordempore errichten ließ. Siehe dazu: Habel 1967, 60. – Habel 1980, Abb. 4.
10 Vgl. Körner 1992, 401–402. Auch wenn Ludwig II. angesichts des Drucks alle auf die Aschaffenburger Affäre folgenden Abbruchanträge genehmigte, förderte er die Denkmalpflege in Bayern auf andere Weise: 1868 veranlasste er die Anbindung der nun „Königliches Generalkonservatorium der Kunstdenkmale und Alterthümer Bayerns" genannten Generalinspektion an das Bayerische Nationalmuseum und berief den Aschaffenburger Kunsthistoriker Heinrich von Hefner-Alteneck zum „Generalkonservator" mit der Aufgabe, die Inventarisation der Kunst- und Baudenkmale Bayerns voranzutreiben. Damit beendete er nicht nur eine nahezu 20-jährige Phase faktischer Untätigkeit der Generalinspektion (1848–1868), sondern realisierte auch einen weiteren Schritt der behördlichen Institutionalisierung der Denkmalpflege. Siehe dazu Fehr/Hallinger 2008, 177–178. – Grau 2008, 139. – Hallinger 2008, 83–87. – Erichsen 2011b, 155.
11 Vgl. Gross/Selig 2004, 76–77. – Rädlinger 2005, 38–47. – Rumschöttel 2011a, v. a. 27–32.
12 Vgl. Joerg 1980, 13–14. – Volkert 1983, 59 ff. Auch in Hinblick auf die königlichen Bauten gab es Veränderungen unter Ludwig II.: Die Zuständigkeit oblag zunächst der Hofbauintendanz, wurde jedoch Anfang 1872 von Ludwig II. auf das im Hofsekretariat eingerichtete Baubüro übertragen – wahrscheinlich, um seine direktere Einflussnahme zu ermöglichen. Siehe dazu das Vorwort von Gerhard Immler zum Repertorium Hofbauintendanz, BayHStA, GHA. Unser herzlicher Dank gilt Dr. Gerhard Immler für diesen freundlichen Hinweis.
13 Reber 1876, 688. Siehe dazu auch: Nerdinger 1978, 63–93. – Hufnagl 1979, 169–204.
14 Vgl. Nerdinger/Hufnagl 1978, 118–138. – Hufnagl 1979, 205–246.
15 Die gesetzlichen Bestimmungen erlaubten keine Schenkung von Liegenschaften aus der Zivilliste. Siehe dazu Striedinger 1900, 10. Archivalien zur Genese des Künstlerhauses sowie Kaufvertrag mit Zweckbestimmung des künftigen Baus: StadtA München DE-1992-KULA-0146. – DE-1992-KULA-0148.
16 Vgl. Striedinger 1900, 9–13.
17 Vgl. Petzet 1968, 7–70. – Evers 1986, 236 ff. – Schick 2003, 30–37.
18 Vgl. Nerdinger 1978, 84.
19 Vgl. Lösel 1986, 20. – Bachmeier 1988, 37. – Gedon 1994, 105–110.
20 Die Fassadenentwürfe sind publiziert in der Vereinszeitschrift: ZKGVM 26.1877, Heft 1/2, 13–16; Heft 3/4, 41–42; Heft 5/6, 60; Heft 9/10, 92–93; Heft 11/12, 108–109; 1879, Taf. 1. Siehe dazu auch Gedon 1994, 110–116.
21 Siehe hierzu auch Wiesneth 2015, 47–66.
22 Zu den Gründervätern gehören zudem Theodor von Cramer-Klett und der 1. Nürnberger Bürgermeister Karl Otto Stromer von Reichenbach, an den das eingangs zitierte Schreiben Ludwigs II. gerichtet war. Das Gewerbemuseum geht auf eine Idee von Johann Caspar Beeg zurück, der u. a. in seiner 1846 erschienenen Publikation *Die Form* ein Konzept zur Gewerbeförderung Bayerns entwickelte. Siehe dazu Glaser 2008, 328–330. – Mundt 1974, 16 ff.; 22 ff.; 44.
23 Vgl. Bach-Damaskinos 2011, 72–76.
24 Vgl. Mundt 1974, 22 ff., 46–49. – Rasp 1995, 79–127.
25 Vgl. v. a. Rumschöttel 2011b, 122–124.
26 Hesse 1971, 146–242, 312–319, 368–371. – Liebhart 1997², 156–157. – Rumschöttel 2011b, 123. Dass diese Reformen vom König selbst zumindest mitinitiiert wurden, geht auch aus einem Schreiben an den Schweizer Juristen Dr. Friedrich Schreiber vom 15. Januar 1879 hervor: „Ich preise das Geschick, dass Bayern durch günstig gemischte Erwerbsarten, durch ein glückliches Verhältnis der Industrie zur Landwirtschaft nicht annähernd so von der [sozialen] Frage betroffen ist. Einen Theil dieses Glückes darf Ich wohl auch dem Umstande zuschreiben, dass Meine Regierung auf Meinen Befehl sich schon zu einer Zeit mit der Frage beschäftigte, als man andernwärts ihre Wichtigkeit völlig verkannte." Zit. nach Rumschöttel 2011b, 123.
27 Zum Fürther Waisenhaus siehe: Blume 2010, 59–86, besonders 63–67. Zum Münchner Waisenhaus siehe: Meilinger 1906, 23 ff. – Baumann 1999, 18 ff.
28 Vgl. BayHStA, KA, MKr 9029. – Lankes 1993, 597–600.
29 Vgl. Knauß 1983, 123–128; 220–221.
30 Zum Hauner'schen Kinderspital siehe: Stehr 1982, 18–26. – Locher 1996, 55–68. – Locher/Reinhardt/Schweinitz 2008, 1. Zum Hygiene-Institut siehe: Locher 2008, 56–67. – Meyer 2016, v. a. 6–7 [https://edoc.ub.uni-muenchen.de/19077/1/Meyer_Nadine.pdf (10.04.2018)].
31 Vgl. Gordon 1876. – Baureferat Tiefbau 1969, v. a. 11–19. – Gross/Selig 2004, 75. – Spinrad 2017. Siehe zudem den Artikel in der Londoner *Morning Post* vom 5. Mai 1890: „Munich a healthy town" (StadtA München, DE-1992-GES-0135).
32 Zu Eduard von Riedel siehe etwa den umfangreichen Nachlass in der Bayerischen Staatsbibliothek [BSB Nachlass_7.12.2012 / 1. – BSB Cod. icon. 207 k (4-7. – BSB Cod. icon. 506. – BSB Cod. icon. 507] und Materialien im Architekturmuseum der TU München [AM rie_e-1 bis rie_e-53] sowie in der Bayerischen Schlösserverwaltung, im Stadtarchiv München und im Bayerischen Landesamt für Denkmalpflege. Georg von Dollmann plante neben den Königsschlössern ab 1866 auch die Heilig-Kreuz-Kirche in München-Giesing und ab 1869 das Telegrafenamt gegenüber dem Münchner Hauptbahnhof. Umfangreiches Plan- und Archivmaterial zu Arnold Zenetti findet sich im Münchner Stadtmuseum [MStM G VIII / 12 / 1 ff.], im Bayerischen Hauptstaatsarchiv und im Stadtarchiv München. Auch zu Ludwig Leybold hat sich im Stadtarchiv Augsburg, in der Grafischen Sammlung der Kunstsammlungen und Museen Augsburg und im Landbauamt Augsburg ein umfangreicher Nachlass erhalten. Siehe dazu auch Arnold 1979.
33 Eine Ringstraße plante zum Beispiel Ludwig Leybold ab 1866 für Augsburg (lediglich partiell ausgeführt mit dem Ensemble Fuggerstraße/Volkhartstraße/Schaezlerstraße); in Nürnberg entwarf der Architekt Adolf Gnauth auf Initiative des Großindustriellen Lothar von Faber ein – in dieser Form nicht umgesetztes – Ringstraßenprojekt (publiziert 1879 von Lothar von Faber in der Schrift *Die Zukunft Nürnbergs*). In Würzburg realisierte 1878–1896 Jöns Person Lindahl einen von öffentlichen Solitärbauten gesäumten Ringpark.
34 Eine Publikation von Katrin Bäumler ist hierzu in Vorbereitung.

Fürth, ehem. israelitische Waisenanstalt (heute Synagoge), FRIEDRICH FRIEDREICH, 1868

München, ehem. Garnisonslazarett (heute Deutsches Herzzentrum), ARNOLD ZENETTI, 1868–1870

Deggendorf, ehem. „Kreisirrenanstalt für Niederbayern“ (heute Klinik Angermühle), LEONHARD SCHMIDTNER, 1863–1869

L

ESSAYS

LUDWIG II.

Über das Vermächtnis eines Künstlers auf dem Thron

Von ALEXANDER RAUCH

Von keiner historischen Gestalt könnten wir behaupten, sie wirklich zu kennen. Ihr selbst sind wir nicht begegnet, sie lebte nicht in unserer Welt. Ihr Bild erscheint uns stets nur als Summe überlieferter Abbilder, immer wieder übermalt, wie Korrekturen an einem Porträt. Anders gesagt: Auch das Bild Ludwigs II. war und ist Kopie von Kopien. Recht ausführlich wurde es innerhalb der letzten Jahrzehnte neu interpretiert, durch Publikationen und Ausstellungen,[1] wie jene damals die Sicht so verändernde Präsentation des Jahres 1968, *König Ludwig II. und die Kunst*, oder die jüngste von 2011 mit dem Titel *Götterdämmerung*. Wenn sich die Wissenschaft erneut dieser ebenso bewunderten wie umstrittenen Persönlichkeit des 19. Jahrhunderts widmet, so liegt es nahe, danach zu fragen, wie groß der Einfluss der Kunst Ludwigs II. auf seine Zeit und die danach war, auch, ob und wieweit sich ein solches Erbe überhaupt erkennen lässt. Wenn wir also hier, anders als etwa bei Maximilian II., nirgends Anregungen für einen neuen Stil finden, so bietet es sich immerhin an, in den Nachwirkungen seiner Kunst- und Bauaufträge sein verborgenes Erbe zu erfragen. Das soll heißen: Der genauere Blick auf die Persönlichkeit Ludwigs und seiner Schlösser lässt uns seine Zeit besser begreifen – wie ebenso der Blick in die Epoche auch sein Werk besser verständlich macht.

Für Ludwig II. gilt das besonders, weil gerade er als ein „Märchenkönig“ in die Geschichte eingegangen ist. Sein mysteriöser Tod überzieht sein Bild zudem mit einem trüben Schlussfirnis, der die Konturen verwischt. Welche Diskrepanz liegt doch zwischen jenem postumen Fantasieporträt des Malers Gabriel Schachinger, der uns den König in schwer wallendem blauen Hermelinmantel vorgezaubert hat, grimmigen Blicks und tatentschlossen auf das Schwert gestützt – gegenüber den lebensnahen, jeder Theatralik fernen Fotoaufnahmen, die Ludwig in ungebügeltem Anzug und Wollmantel zeigen; einziger Schmuck des tatsächlich uneitlen Königs: eine Agraffe am Hut [1]. Selbst in seinen goldenen Kutschen jagte er schlicht und dunkel gewandet durchs nächtliche Land. Die Raumfluchten seiner Schlösser durchschritt er wie ein fremder Gast, eingehüllt in schwarzes Tuch, gleich einer Trauerfahne seiner Lebenstragik. Und obschon falsch verdächtigt, er hätte sich in historischen Kostümen gefallen – welcher Gegensatz doch zu dem sich tatsächlich historisch kostümierenden Wilhelm II. Dagegen bekunden die Bildnisse des schönen jungen Ludwig in Uniform in den bürgerlichen Wohnstuben und Wirtshäusern nahezu Heldenverehrung, just eines Königs, dem doch gerade alles Militärische, wie Uniformen, zuwider war. Auch dies: verherrlichende, gut gemeinte Geschichtsklitterung.

In diese Persönlichkeit wurde so viel hineingeheimnisst wie nur bei den wenigsten seiner Zeit. Bayerisch-patriotische wie französisch-literarische Verehrung, daneben spöttische Verachtung, hat selten so gleichzeitig ein Herrscher erfahren.[2] Schon die Frage, *was* er eigentlich war, sucht und findet immer neue Antworten. Zu verschlossen gegenüber der Öffentlichkeit war er, zu wenig konform mit seiner politischen Gegenwart oder den Dogmen der Kirche. Zu wenig bekannt ist auch heute noch sein politisches Wirken, für dessen Klugheit ihn selbst Bismarck in seinen Erinnerungen weit über seine Minister stellte. Auch scheint sein Bild davon geprägt, dass er fast ausschließlich durch seine Schlösser und die Förderung Richard Wagners weltbekannt wurde. Erst die jüngere Forschung zeigt, dass dieser zurückgezogene Nachtmensch sich ebenso akribisch wie gewissenhaft tagespolitischen Entscheidungen gewidmet hat.[3]

LUDWIG II. BESSER VERSTEHEN

Längst wissen wir, dass Ludwigs Bauten nur zum geringeren Teil das Werk seiner Architekten und Künstler waren, sondern überwiegend die Leistung dieses unermüdlichen Auftraggebers, der selbst allerkleinste Details bestimmte.[4] Schon darin ist er als Künstler zu sehen. Aber auch was er darüber hinaus war, ist nicht allgemein verständlich. Über die Entwicklungen in Deutschland äußerte er sich mehrfach gegen den Trend der Zeit. Nach 1866 und der Reichsgründung 1871 sowie der von Preußen annektierten Kaiserwürde sah er sein Bayern der Souveränität beraubt, sich selbst nur noch als „Unterschreibungsmaschine“. Anders als seine Zeitgenossen beargwöhnte er die

[1] König Ludwig II.
(Foto: JOSEPH ALBERT, um 1883)

[2] Versailles, Escalier des Ambassadeurs, FRANÇOIS D'ORBAY und CHARLES LE BRUN, 1672–1679 (Stich: J. M. CHEVOTET, 1723)

politische Zukunft. Schleichend kündigte sich der Untergang einer alten Welt der Monarchien an. Hier lässt sich Ludwig II. vielleicht als die markanteste Symbolfigur im Verlauf des Scheiterns der alten Ordnungen sehen. Als „allein wahrer Fürst des Äons" (Paul Verlaine), als Mythos. Die Weltbühne hat alsbald die letzten Szenen eines historischen Trauerspiels inszeniert: Ludwigs ehemalige Verlobte und Cousine Sophie von Bayern kam bei einem Theaterbrand ums Leben, Kaiserin Elisabeth, seine Cousine „Sisi", wurde erdolcht, ihr Sohn, Habsburgs Kronprinz Rudolph, nahm sich das Leben. Mit dem Weltkrieg, dem letzten Akt aller monarchischen Inszenierungen, den Ludwig unter anderen Umständen wohl noch hätte erleben können, fiel der Vorhang endgültig. Wieweit sich Ludwig der Entwicklungen dahin bewusst war, ob er diese Endzeit geahnt hat, wissen wir nicht. Doch war sein persönlicher Lebensentwurf so eingerichtet, dass an eine dynastische Weiterführung durch ihn selbst nicht mehr zu denken war. Die Krone hinterließ er seinem umnachteten Bruder Otto, letztlich ging sie an die Wittelsbacher Nebenlinie über den Prinzregenten Luitpold an dessen Sohn, den späteren Ludwig III. Unverstanden war er nicht allein wegen seiner Distanz der Öffentlichkeit gegenüber, auch seine nach 1871 so befremdliche Bourbonenaffinität wurde als „merkwürdig", später als Indiz für „Verrücktheit" gesehen.[5]

Doch weitgehend unbekannt ist, dass Ludwigs Problematik noch in etwas anderem lag: Bereits ab dem Zeitpunkt seiner Thronbesteigung war er einem ständigen, gefährlichen Absetzungs- ja, Beseitigungsdrängen ausgesetzt – nicht erst nach den später verbreiteten Zweifeln an seinem geistigen Zustand. Nichts erklärt besser seine wahnhaft gewordene Angst vor Zugriffen und damit begreiflicherweise auch die neurotische Flucht in seine Refugien.[6]

LUDWIGS SYMBOLISMUS

Nicht weniger irritierten die Themen seiner Schlösser. Wie konnte ein deutscher Fürst nach 1871 dem „Erzfeind" Frankreich durch eine „Kopie" von Versailles huldigen? Warum dieser Bourbonenkult? Erst wenn man weiß, dass sein Taufpate Ludwig I., dessen Pate wiederum Ludwig XVI. von Frankreich war, erschließt sich, dass er sich durch diese Paten-Verwandtschaft von Gottes Gnaden sehen konnte, und so wird deutlich, wie wichtig für ihn das Taufsakrament war. Es setzte ihn in sakrosankte Verbindung zu Frankreichs Königslinie, bis hin zu Ludwig dem Heiligen. Erst so auch versteht man, warum er etwa im Paradeschlafzimmer auf Herrenchiemsee das Deckenbild Johann Baptist Zimmermanns von Nymphenburg, dem Ort seiner Taufe, durch Eduard Schwoiser wiederholen ließ, wenngleich verrätselt. Bald musste seiner Familie und den Zeitgenossen klar geworden sein, was heute kaum gesehen wird: Seine Schlösser beziehen sich nirgends auf das Haus Wittelsbach. Ob das die Folge des lieblosen Verhältnisses zum Vater Maximilian war oder ob alte Gerüchte über seine leibliche Abkunft ernst zu nehmen sind, spielt für uns heute keine Rolle.[7] Welche psychische Komplexität auch immer seinen Hang beflügelt haben mag, jeden Aspekt seines Lebens mit symbolischen Bezügen zu verknüpfen, sie ließ ihn letztlich zum Schöpfer bedeutender Werke werden – Denkmäler seines persönlichen Symbolismus. Spät erst wurde erkannt, dass den Räumen und Symbolen[8] eine tiefgründige, verschlüsselte Thematik innewohnt. So ist ihre Ausstattung keineswegs bloße Ansammlung beliebiger Bildmotive aus Historie und Spätromantik. Jeder Raum wurde für Ludwig zur „Zeitmaschine", jeder Bildzyklus erzählt Geschichten von Geschichte, sei es aus der mittelalterlichen Mythenwelt, sei es vom Königtum Frankreichs. Dass diese Schlösser als begehbare Bilder der Geschichte bei Weitem nicht so viel mit Historismus zu tun haben wie mit Symbolismus, ist für die Zeit zwischen 1870 und 1886 völlig neu. Überraschend ist auch, wie viele Parallelen sich zur Literatur des Symbolismus und der Décadence feststellen lassen.[9] Es hat wohl der persönlichen Tragik dieses Künstlers auf dem Thron bedurft, dass durch seine innere Zerrissenheit Werke mit einer solch dichterischen, auch ver-dichteten Symbolik entstanden sind.

Nicht zuletzt gilt es, dem verbreiteten Missverständnis zu entgegnen, Ludwig hätte politisch den Absolutismus eines Louis XIV herbeigesehnt. Nein, die Kunst selbst wollte er auf diesen Thron erheben. Überdeutlich zeigt sich das im Treppenhaus von Herrenchiemsee, der völlig abgeänderten Wiederholung der Gesandtentreppe von Versailles [2–3]. Anstelle der Herrscherbüste des Sonnenkönigs in Versailles steht hier Apollo, der Sonnengott der Künste. Statt gemalter Darstellungen der Gesandten thematisieren bei Ludwig die Wandbilder nun: Lehrstand – Wehrstand – Handel und Gewerbe. Dies kann als Ludwigs Anspruch und damit auch Vermächtnis verstanden werden: die Kunst als Gebieterin über Bildung, Lehre und Handwerk.

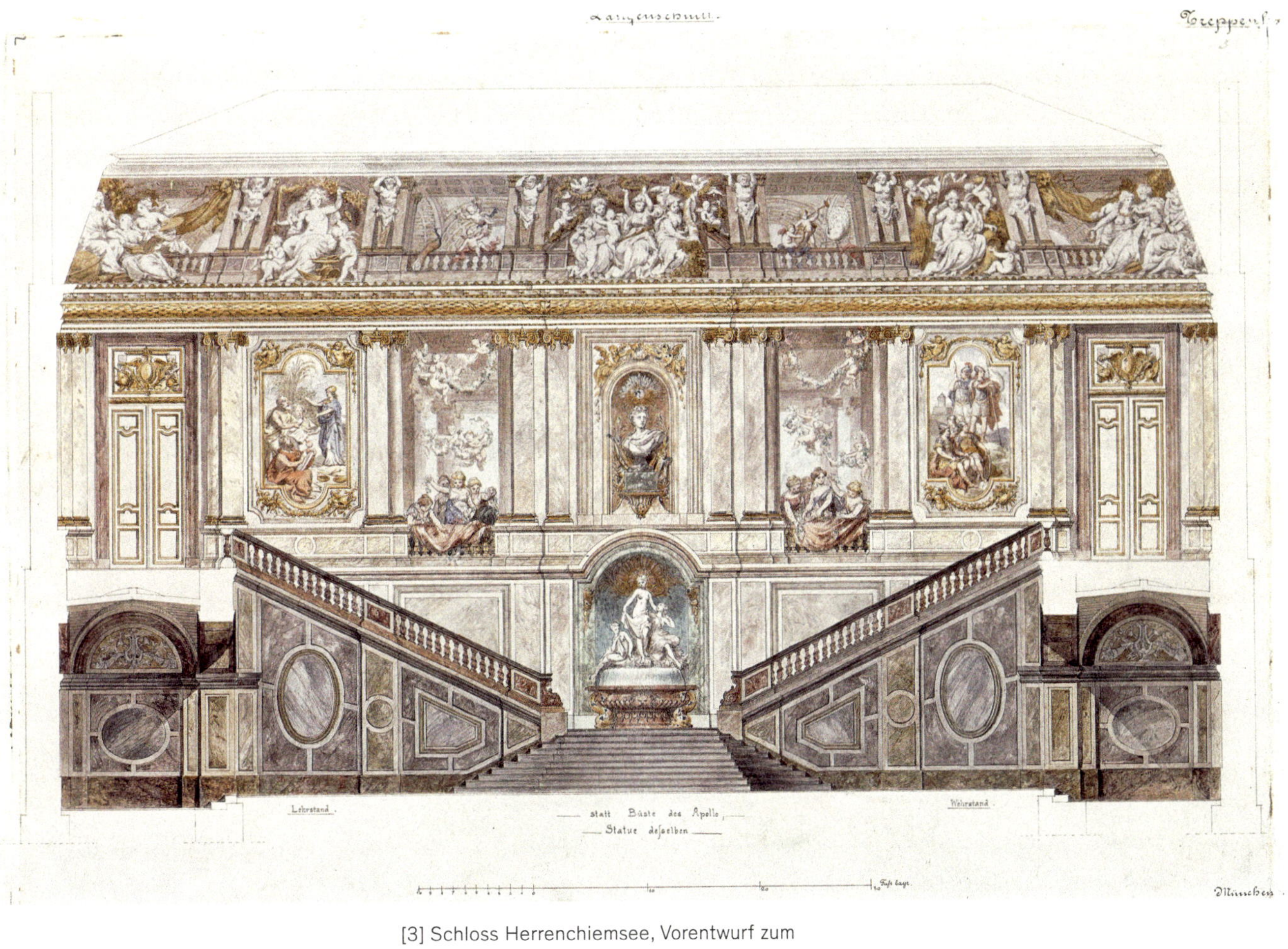

[3] Schloss Herrenchiemsee, Vorentwurf zum Prunktreppenhaus, GEORG VON DOLLMANN, 1879

WERKPROZESSE[10]

Ludwigs Projekte erforderten einen komplexen Architekturbetrieb und zogen Aufträge an ein Heer von Malern, Bildhauern und Zeichnern nach sich. Die Münchner Kunst, schon seit Ludwig I. führend in Deutschland, sollte erneut einen enormen Aufschwung erleben. Von den Planungen bis zur Ausführung wurden umfangreiche Werkprozesse in Gang gesetzt: Literaturbeschaffung, Historienrecherche, Auftragsverwaltung, Bauhüttenbetrieb, Einrichtungen für Maler und Bildhauer, nicht zuletzt die Einbindung neuester Techniken. Längst bekannt sind die Anweisungen, das damals neue Elektrizitätswesen in diesen Dienst zu stellen, aber auch Ludwigs visionäre Ideen der Luftfahrt- oder Seilballontransporte, etwa über den Chiemsee.[11] Dass so umfassende Bauvorhaben unermüdliche Aufmerksamkeit erfordern, begreift heute jeder Bauherr eines Einfamilienhauses. Ludwig hatte alle Arbeitsvorgänge unter Kontrolle, und das bis ins letzte Lebensjahr, was gegen die Annahme einer geistigen Einschränkung spricht.

Wie hoch die Anforderungen waren, die Ludwig gestellt hat, belegen zahlreiche Quellen. So erfahren wir über den Maler Wilhelm Hauschild:[12] „Erwähnung verdienen [seine ...] Altarbilder zu Oberau bei Ettal, welche im Auftrage Ludwigs II. geschaffen wurden [...,] wenn[gleich] sich Hauschild in den [...] Schlössern nicht immer im eigenen Sinne bewegen konnte, da ja des Königs Wünsche strenge Beachtung forderten. [...] Hauschild hatte sich [die königlichen] Auszeichnungen auch redlich verdient, denn die Anforderungen, welche der Monarch an seine Künstler stellte, waren keine geringen. Eine rastlose Tätigkeit war nötig, dem hohen Auftraggeber gerecht zu werden.“[13] Das Zitat zeigt: Ludwig vergab auch Aufträge für Werke außerhalb der Schlossbauten; es beweist seine unbedingte Kontrolle über das Werkgeschehen; zudem wird der hohe Anspruch deutlich, der unter Ludwig II. gefordert war. Die Heranziehung so vieler Kräfte aus ganz Deutschland war es also nicht allein, was Architektur und Kunst diesem Auftraggeber zu verdanken hatte – es war auch dieser hohe Anspruch.

ANSPRUCH, LEISTUNG UND TRADITION

Gemeint sind nicht allein die Anforderungen meisterhafter Leistungen im Sinne des kunsthandwerklich Machbaren. Weiter greifend ist das damals in hohem Maße angeregte Bewusstsein für Qualität, und zwar auch die Bedeutungsebene betreffend. An eine von Allegorie und Symbol bereinigte Architektur war zu Ludwigs Zeiten noch nicht zu denken, standen doch Architektur und Bildende Künste ganz im Zeichen eines Deutungshintergrunds, den es zu lesen galt. Nicht zuletzt war es das Privileg derer, die die verrätselte Botschaft dechiffrieren konnten.

Das 19. Jahrhundert hat intensiv daran gearbeitet, der Allgemeinheit, vor allem im Lehrbereich, Bildung durch Bilder zu vermitteln. Eine solche Bildungsanstalt war das Maximilianeum in München, wo großformatige Gemälde ein belehrendes Bildprogramm zeigen. König Maximilian II. ließ dieses „Athenäum“ hoch über der Stadt errichten, und Erhabenheit sollten auch die Studierenden dieser Elitestätte empfinden, ganz im Sinne eines auch ideellen Weitblicks. In einer solchen Wirkungstradition hat sich auch Ludwig gesehen. Auch er hatte diesem Gedanken entsprechend das Festspielhaus Gottfried Sempers für Wagners Werke geplant, ebenfalls erhaben auf der Isarhöhe gelegen. Der Widerstand der Münchner Stadtstiefväter hat es verhindert. Dass der Begriff Anspruch als an-sprechende Herausforderung zu verstehen ist, zeigen die öffentlichen wie privaten Bauten, die in der Zeit und in der Folge der Ludwig-Schlösser entstanden. Rückbesinnung auf historische Stile war Kunstausdruck der Zeit. Ihr Qualitätsanspruch jedoch – sowohl was das Handwerkliche, aber auch was das Inhaltliche betrifft – setzte Maßstäbe. Von Werken mit beliebiger Anhäufung von Zierrat und Bildmotiven heben sich auch solche mit durchdachten Programmen merklich ab. Schulen, Justizpaläste und Rathäuser, Verwaltungsgebäude, aber auch Künstlervillen bedienten sich zumeist durchdachter Bildprogramme, sei es mit historischen Reminiszenzen, sei es mit Aussagen über die Funktion.

Bei der Architekten- und Künstlerschaft im Kreis um Ludwigs Bauten lässt sich sehen, wie der hier schon gewohnt höchste Anspruch auf das gesamte Baugeschehen einwirkte. Immerhin waren die obersten königlichen Baubehörden mitprägend und Vorbild für Ausbildung und Lehre an den Polytechniken und Architekturhochschulen und damit maßgebend für alle anderen Bauämter und Baubüros im Land. Das galt für Repräsentativbauten ebenso wie für Verwaltungsgebäude oder sogar Fabriken. An wenigen Beispielen mag das deutlich werden.

BEISPIEL: SCHULBAU

Exemplarisch für die Bildungspolitik des höchst belesenen Königs ist das 1875–1877 nach Plänen von Carl von Leimbach errichtete Wilhelms-Gymnasium in München [4].[14] Es liegt an der Ecke des für Maximilian II. errichteten Denkmals,

[4] München, Wilhelms-Gymnasium, CARL VON LEIMBACH, 1875–1877 (Foto: CARL SPETH, um 1919)

gestaltet 1865 von Kaspar von Zumbusch. Der Zusammenklang dieses Ensembles mit der Prachtstraße im neogotischen Maximilianstil gilt als eine der bedeutendsten Leistungen der Urbanistik jener Zeit. Der Schulbau selbst lässt sogleich den hohen Anspruch der architektonischen Gestaltung erkennen. Der Baustil hebt sich merklich von dem der Straße ab, trotz farblicher Angleichung. Für den humanistischen Bildungsgedanken bot die Renaissance nun die Vorbilder. Der Außenbau belehrt durch Nischenfiguren bedeutender Denker der Antike, ähnlich dem Fassadenprogramm der Glyptothek Leo von Klenzes am Königsplatz. Die noble Eingangshalle empfängt mit einem kunstvollen Wandrelief, das auf Ludwig II. und seine Förderung hinweist. Nicht minder prächtig führt das Marmortreppenhaus in das obere Geschoss hinauf. Einen „Palast der Bildung" ließe sich diese Lehranstalt nennen. Dass hier neben einer bedeutenden Bibliothek, einem Turn- sowie einem Physiksaal auch ein Kunstsaal eingebaut wurde, spricht für den spezifischen Geist der damaligen Bildungsvorstellungen, ja, einer heute nicht mehr in diesem Sinne gepflegten Bildungsethik. Hier wird der hohe Anspruch besonders deutlich: Er manifestiert sich in der Thematik der Figuren, in der Erhabenheit der Ausstattung, nicht zuletzt auch in dem rein materiellen Wert, der den Schülern vor Augen kommt und damit auch ihre Lernarbeit als einen hohen Wert würdigt. Allein schon die Idee der Elevatio, das Hinaufschreiten über prächtige Marmorstufen, steht ganz in jenem Sinne, den schon Maximilian II. in seinem Kultur- und Bildungsanliegen vorbereitet hatte.

Dieses Anspruchsverständnis wirkte auch auf spätere Schulbauten ein. Hier sei nur ein einzelnes Beispiel genannt: Noch das in der Prinzregentenzeit erbaute Wittelsbacher-Gymnasium am Marsplatz folgte durch wertgebende Materialien wie Marmorbrunnen etc. den tradierten Ansprüchen. Zudem wurde die Hauptfassade ganz im Sinne dieses Bildungsgedankens aufgewertet. Im Artikel der *Neuesten Nachrichten* zur Einweihung 1907 war zu lesen: „Und wenn erst noch auf der neben dem Haupteingang befindlichen Terrasse die vom Bildhauer Albertshofer geschaffene Pallas Athene thront, dann wird dieser Bau auch äußerlich als eine Quelle der Wissenschaft gekennzeichnet sein!"[15]

BEISPIEL: RATHAUSBAUTEN

Wenn die Kunstwissenschaft zwischen Stil und Modus unterscheidet, so lässt sich im Blick auf die Architektur vereinfacht sagen: Ein Bau – in welchem Stil auch immer – kann sich phänotypisch und im Wirkungscharakter deutlich von Bauten gleicher Nutzung unterscheiden, und sich etwa eher höfisch-festlich oder aber bewusst bürgerlich-schlicht zeigen. Ähnliches gilt für das unterschiedliche Erscheinungsbild von Bauten gleicher Funktion in jeweils anderen Regionen. Um Vergleichsbeispiele zu nennen: Der Münchner Rathausbau ab 1867 von Georg Hauberrisser mit seinen Arkaden, Loggien und Fialen, seiner an Bauplastik so reichen malerischen Fassade, seinem narrativen Figurenprogramm und nicht zuletzt seinem theaterhaften Figuren-Glockenspiel zeigt sich deutlich in der Tradition süddeutscher Kunstauffassung [5]. Damit unterscheidet er sich ganz wesentlich etwa von der kaufmännisch- und pragmatisch-nüchternen Gestaltung des etwa zur gleichen Zeit durch die Architekten um Martin Haller errichteten Hamburger Rathauses (1886–1897). Noch deutlicher zeigt sich der Gegensatz zum 1860–1869 nach Plänen von Hermann Friedrich Waesemann erbauten Rathaus in Berlin-Mitte. Bewusst verzichtete dort die Nüchternheit des Klinkerbaus auf jeden malerischen Schmuck zugunsten eines Eindrucks funktionaler Verwaltung. Wie ja überhaupt der wilhelminische Historismus unverkennbar martialische Züge aufweist – herrschaftliche Demonstration des damaligen politischen Anspruchs. Die genannten Bauten lassen sich daher als regionaltypisch ansehen. So versteht man auch die Nachwirkungen einer Auffassung von Baugestalt, wie sie aus einer in Bayern beliebten erzählerischen Modushaltung tradiert und von Ludwigs Baugeschehen wohl auch beeinflusst wurden.

Freilich wird man einwenden können, dass auch in anderen Städten in ähnlich repräsentativer Weise gedacht, geplant und gebaut wurde. Hier jedenfalls lässt sich sehen, dass das von Ludwig geförderte Münchner Kunstgeschehen prägenden Einfluss auf andere Städte Bayerns hatte. So etwa errichtete Hauberrisser nach dem Münchner Neuen Rathaus noch unter Ludwig II. neben anderem das Neue Rathaus in Kaufbeuren (1879–1881), die Paulskirche in München (1881–1891) und später das neogotische Rathaus in Saarbrücken (1897–1900).

LUDWIG II. – TOLERANZEDIKT UND SAKRALBAU

Kaspar von Zumbusch, der die Denkmalplastik des oben genannten Maxmonuments entwarf, schuf 1875 in Erlangen ein weiteres Denkmal, und zwar für den Arzt Jakob Herz. Dieses in der NS-Zeit zerstörte Monument wäre beim Blick auf die Architektur unter Ludwig II. nicht weiter relevant, wenn sich darin nicht auch eine damals keineswegs selbstverständliche Haltung des Königs für die Belange der jüdischen Gemeinden in Bayern zeigte: 1871 erwirkte Ludwig II. für die Juden in Bayern

[5] München, Neues Rathaus, GEORG VON HAUBERRISSER, ab 1867 (Photochrom: PHOTOGLOB ZÜRICH, um 1890)

[6] München, nicht realisierter Entwurf für eine Synagoge am Wittelsbacher Platz, EDWIN OPPLER, um 1872

die Gleichberechtigung, die mit dem Toleranzedikt von 1813 noch lange nicht völlig gewährleistet war.[16] 1862 war der in Bayreuth gebürtige Jakob Herz[17] der erste jüdische Arzt, der an einer Universität in Bayern eine Dozentur erhielt. Dieses Denkmal war auch das erste, das einer jüdischen Persönlichkeit in Bayern und darüber hinaus errichtet wurde. Dies mag heute kaum mehr befremden, aber für die Zeit des damals erneut aufflammenden Antisemitismus war die Haltung des bayerischen Königs vorbildlich.[18] Dass Ludwig II. sich jeglichen Antisemitismus verbeten hatte, ist vielleicht nur wenigen bewusst, auch, dass er sich ab einem gewissen Zeitpunkt von Wagner aufgrund von dessen Germanenkult und Judenfeindschaft distanzierte. Der Enttäuschung des Komponisten, dass Ludwig sich nicht weiter oder großzügiger für das Bayreuth-Unternehmen einsetzen wollte, entgegnete der König: „Ich opfere nun auf anderen Altären." Diese standen in Frankreich und, wie seine weiteren Projekte zeigen, in ferneren Kulturen und Welten. Die Haltung des Königs lässt auch die Blüte des jüdischen Sakralbaus in neuem Licht erscheinen.

BEISPIEL: HAUPTSYNAGOGE IN MÜNCHEN[19]

Die Beziehungen zwischen der jüdischen Gemeinde und der örtlichen Verwaltung waren zur Zeit Ludwigs II. längst nicht einhellig positiv. Fast immer stellte sich der Magistrat gegen die Bedürfnisse der Gemeinde.[20] Der Suche nach einem Bauplatz für die neue Synagoge standen etliche Verzögerungen im Wege, und es ist bemerkenswert, dass sich die jüdische Gemeinde gehalten sah, die Versicherung abzugeben, „daß der beabsichtigte Neubau keine Unzierde für die Stadt werden soll". Aber dennoch hat „das Projekt der Erbauung einer Synagoge [in der nordwestliche Ecke am Wittelsbacher Platz] die baupolizeiliche Genehmigung nicht erlangt" [6]. Die Architekten Mathias Berger und Emil Lange sowie der für den Synagogenbau renommierte Edwin Oppler hatten bereits mehrere Entwürfe geliefert. Erst nach Jahren vergeblicher Bauplatzsuche stellte die Königliche Krongutsverwaltung auf persönliche Anordnung König Ludwigs II. ein Areal gegenüber der Maxburg zur Verfügung, das die Gemeinde 1882 schließlich erwerben konnte. Planung und Bau übernahm der Architekt Albert Schmidt, der bereits zuvor und auch in der nachfolgenden Zeit mit Aufträgen in München betraut war [7].[21] Ihm wurde von Ludwig II. der St.-Michael-Verdienstorden verliehen. Während noch 1824 bei der Vorgängersynagoge in der Westenriederstraße die Einweihung im Beisein König Ludwigs I. vollzogen worden war, fand die Grundsteinlegung diesmal ohne öffentliche Teilnahme des Regenten statt. Auch der Baubeginn 1884 blieb ohne Resonanz,[22] was die damals angespannten Verhältnisse kennzeichnet. Allerdings gestaltete sich die Einweihung dann umso feierlicher, wenngleich erst 1887, ein Jahr nach dem Tode des Königs. Rabbiner Joseph Perles wusste „in erhebenden Worten für Bayerns König [...] den Dank im Namen der jüdischen Gemeinde" auszusprechen – dies wohl auch im Hinblick auf die unter Ludwig II. endlich erlangte Gleichstellung der Juden in Staat und Öffentlichkeit.

[7] München, ehem. Hauptsynagoge, ALBERT SCHMIDT, 1882–1887 (Foto: ANONYM, um 1890)

Als selbstbewusster Ausdruck des gesellschaftlich Erreichten wurde der Bau auch verstanden. Bauform und Material nehmen wie selbstverständlich auf städtebauliche Bezüge Rücksicht; der neoromanische Stil sollte die Blüte jüdischer Geschichte im frühen Mittelalter reflektieren – also vor den Zeiten der Pogrome, die auch in München im 15. Jahrhundert gewütet hatten. Roter Klinker nahm auf die Frauenkirche Bezug. So beschrieb der Herausgeber der *Allgemeinen Bauzeitung*, Karl E. O. Fritsch, 1889 die Wirkung des Baus: „Wie trefflich auch der architektonische Maassstab des Gebäudes mit demjenigen der älteren Denkmale der Stadt in Einklang gebracht ist, [...] in Zusammenstellung mit den [dahinter] aufragenden Thürmen der Frauenkirche [...]. Nicht wie ein neuer Eindringling innerhalb seiner Umgebung, sondern wie die von jeher beabsichtigte, endlich zur Ausführung gelangte Ergänzung des Stadtbildes."[23] Wiederum zeigt sich, wie eine Gemeinde trotz äußerster finanzieller Belastung einen inzwischen Norm gewordenen hohen Anspruch erfüllt hat. Letztlich wurde die Synagoge alles andere als die gefürchtete „Unzierde für die Stadt". Dieser beispielhafte Bau jüdisch-sakraler Architektur des 19. Jahrhunderts war der drittgrößte seiner Zeit, übertroffen nur noch von den Synagogen in Berlin und Breslau. So entstanden in der Folge auch in anderen größeren und kleineren Gemeinden Bayerns jüdische Gotteshäuser, stilverwandt mit dem Münchner Bau, da von diesem auch manche Detailanregungen ausgegangen sind.[24] So wurde etwa bei der 1882/83 ebenfalls im Stil der Neoromanik errichteten Synagoge in Kitzingen sowohl Haustein wie auch Klinker verwendet; zudem griff man das Münchner Motiv der dreibogigen Portalfront auf.[25]

Der Schlusssatz der Festschrift von Fritsch für den Münchner Bau war als eine Würdigung, aber auch als Ausdruck der Hoffnung zu verstehen: Die Synagoge „ist mit einem Wort das, was jede reife baukünstlerische Schöpfung sein soll: ein Denkmal [...] auch der Zeit, in der es entstanden ist. Möge es als solches, widrigen Schicksalen bewahrt, bis in ferne Jahrhunderte übergehen!"[26] Diese Hoffnung hat sich nicht erfüllt. Schon 50 Jahre danach war diese Synagoge die erste, die Adolf Hitler 1938 persönlich abzureißen befahl, bereits fünf Monate vor der Reichspogromnacht. Wohl als Exempel, um die öffentliche Reaktion zu prüfen, wurde gleichzeitig auch die protestantische Hauptkirche in der Sonnenstraße geopfert, beides unter dem Vorwand der Verkehrsbehinderung. Der Einweihungsrede zur Synagoge wäre aus heutiger Sicht hinzuzufügen: Das Bauwerk war nicht nur Denkmal der Zeit, in der es entstanden ist, sondern es war letztlich auch dem Toleranzverständnis und dem unterstützenden Wirken Ludwigs II. zu verdanken.

BEISPIEL: PROTESTANTISCHE ERLÖSERKIRCHE IN EICHSTÄTT

Auch dieses Beispiel [8] veranschaulicht Ludwigs tolerante Kulturpolitik.[27] In der Bischofsstadt Eichstätt, einem barocken Stadtensemble ersten Ranges und seit jeher eine der Hochburgen der katholischen Kirche, siedelten sich erst nach 1800 Bürger protestantischen Glaubens an, die lange auf ein eigenes Gotteshaus hatten warten müssen.[28] Erst in den 1880er-Jahren konnte der Bauauftrag an den Münchner Architekten August Thiersch ergehen.[29] Dem ersten Entwurf folgte aus Kostengründen ein weiterer. Die Baugenehmigung durch König Ludwig II. wurde 1885 erteilt, der Grundstein am 11. Mai des darauffolgenden Jahres gelegt und die Einweihung dieser Erlöserkirche am 24. November 1887 gefeiert.

Die neoromanische, in Backstein errichtete Basilika zeigt sich in Schrägstellung auf engstem Raum. Statt mit dominierender Fassade wendet sich der Bau mit einer Eingangsvorhalle in der Art eines Chors dem Straßenraum zu. Wenngleich der Stil eine Beziehung zum romanischen Dom herstellt, ist die Annäherung an den frühchristlich-italienischen Stil, nicht zuletzt wegen des Campanile-Charakters des Turms, unverkennbar. Nur wenige gestalterische Elemente sind es, wie die Bogenfenster im Obergaden und die Blendbogen des Choräußeren, die dem Bau Würde verleihen. Keineswegs selbstverständlich war die Wahl des roten Klinkers. In kühnem Selbstbewusstsein hebt sich daher das Gebäude farblich aus dem barocken Ensemble mit ausschließlich getönten Putzfassaden heraus.

Weit weniger als beim Synagogenbau in München war also hier an eine stilistische Einbindung in die historisch gewachsene Umgebung gedacht. Da Ludwig II. diese Eigenheiten bekannt gewesen sein durften, lässt seine Bewilligung um so deutlicher die tolerante Gesinnung erkennen, wenn am 1. Dezember 1885 dem Eichstätter Magistrat mitgeteilt wurde, „dass seine Majestät der König den Plänen des zweiten Entwurfs für den Neubau einer protestantischen Kirche in ästhetischer Hinsicht die Genehmigung ertheilt haben". Der Bau präsentiert sich als Solitär. Höchst einfallsreich ist die Idee Thierschs, den Haupteingang mit Rundbogenportal in den chorartigen Vorbau zu platzieren. Damit hat der Architekt ein malerisches Element in den Platzraum eingebracht und die Dominanz einer etwaigen Fassade vermieden, was durchaus als Zugeständnis an die Forderung nach städtebaulichem Bezug zu würdigen ist.

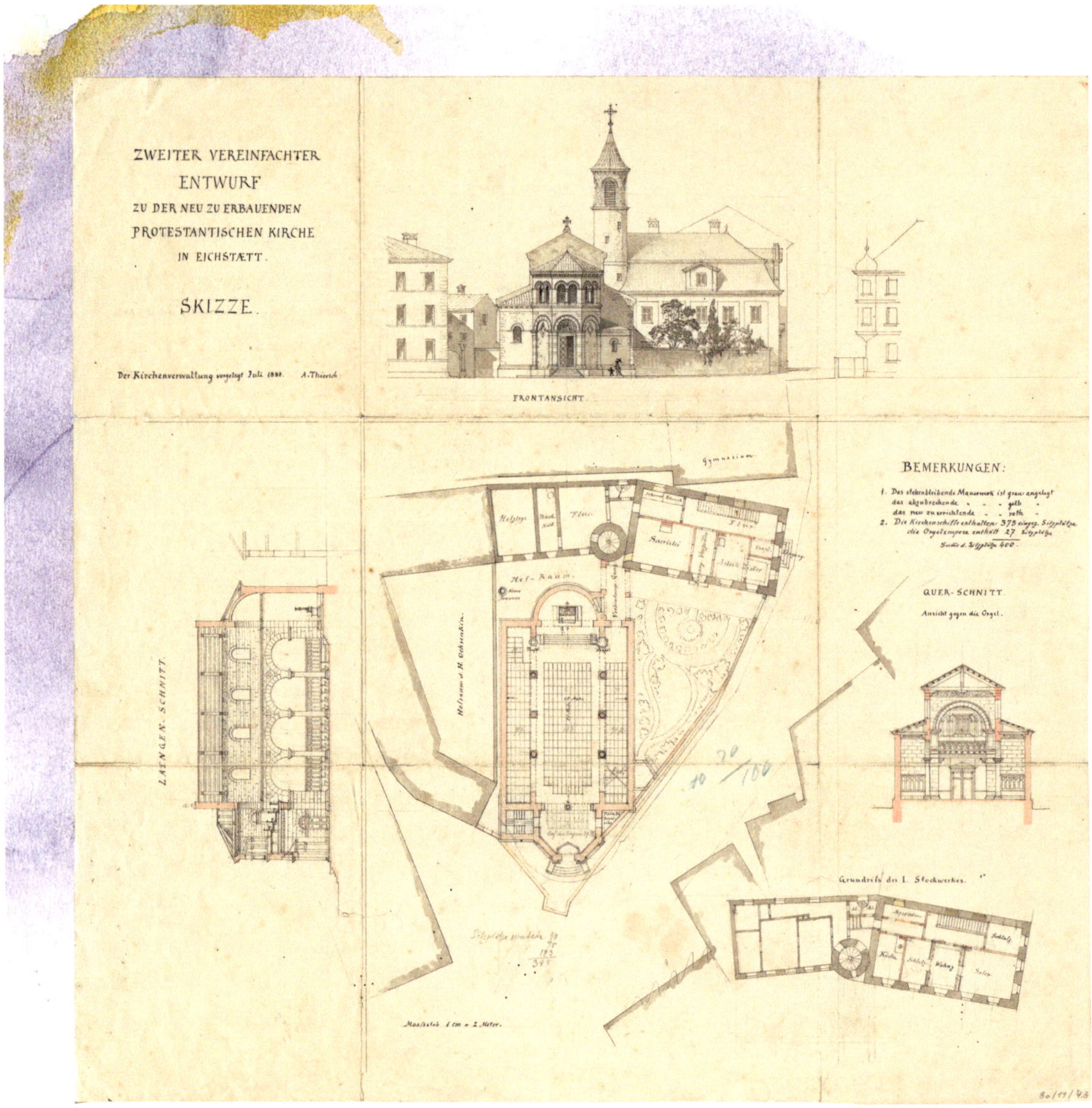

[8] Eichstätt, Vorprojekt zur protestantischen Erlöserkirche, AUGUST THIERSCH, 1884

LUDWIGS REICH – „NICHT VON DIESER WELT […] IN DIE LUFT GESPRENGT"?

Mit seinem oft falsch verstandenen Begriff „Gesamtkunstwerk" erhob der Komponist, Textautor und Inszenator Richard Wagner die Verschmelzung der Gattungen zum Ziel. Was er anstrebte, war ein Zeitkunstwerk neuer Art: das totale Hineinversetzen des Zuschauers in eine künstliche, irreal-fantastische Wirklichkeit. Auch Ludwig schuf sich solche von der Realität enthobenen Welten. Somit stellt das Phänomen des Films im 20. Jahrhundert eigentlich eine konsequente Folge gleichermaßen der Ideen Wagners und Ludwigs dar: bei Ludwig die völlige Abgeschiedenheit in seinen Separatvorstellungen und in andere Zeiten versetzenden Raumwelten, bei Wagner die Enthebung des Zuschauers aus seiner realen Sphäre, hinein in eine pseudohistorische Scheinwirklichkeit.[30] Das die Illusion störende Orchester musste im Graben verschwinden. Erstmals in der Theatergeschichte wurde der Raum verdunkelt!

Wie sehr diese Vorstellungen Wagners und Ludwigs dem spätromantischen Ziel entsprachen, Leben und Kunst Einheit werden zu lassen, zeigen Friedrich Nietzsches Formulierungen von 1871 über seine Philosophie als „umgedrehter Platonismus: Je weiter ab vom wahrhaft Seienden, um so reiner, schöner, besser ist es. Das Leben im Scheine ist das Ziel […]. Einzige Möglichkeit des Lebens: In der Kunst."[31] Das entspricht völlig den Anschauungen Wagners in seinen Briefen an Ludwig: „Auch der Künstler kann sich sagen: mein Reich ist nicht von dieser Welt [… Die ideale

Welt ...] werde eben da erst eintreten, wo die gegenwärtige aufhörte."[32] Was Wagners Idee mit Ludwigs Separatvorstellungen verband, war: ungestörte Faszination. Auch das damals beliebte Panorama folgte diesem Gedanken – noch vor dem Film. Und so versteht man die Rundumwelten in Ludwigs Schlössern als erweiterte Panoramen, verzaubert durch Lichteffekte tausender Kerzen oder modernster Elektrotechnik.[33]

Die Schöpfungen Ludwigs können durchaus neben großen Werken, etwa des Barock, gesehen werden. Was alle anspruchsvolle Kunst verbindet, ist, dass sie in jeder Ebene des Zugangs ansprechen – den Unvorbereiteten, den allein schon das in sich Stimmige in der Fülle überzeugt, und umso mehr den Kundigen, der das Programm zu lesen versteht. Ludwigs Bauten haben mit der Kathedralkunst oder den barocken Programmkonzepten eine Art verschlüsselte Komplexität gemeinsam und, wie der Manierismus, so etwas wie eine aristokratische Verachtung alles leicht Überschaubaren.

Das irritierende überlieferte Ansinnen Ludwigs, seine Schlösser sollten nach seinem Tod in die Luft gesprengt werden, lässt sich doch auch sehr viel tiefer verstehen! Wagner wollte ja mit seinem Kunst-Germanenkult faszinieren und damit tatsächlich ein in die Gesellschaft hineinwirkendes Erbe hinterlassen. Ein Erbe, das als Botschaft politisch instrumentalisiert werden konnte – und auch wurde. Dergleichen lag Ludwig keineswegs im Sinn. Er wusste zu genau, dass die Realitätsferne seiner Welten nicht verstanden würde. Sie sollte weder Vorbild noch Vermächtnis sein. Anders als Wagners Absicht, didaktisch zu wirken, wollte Ludwig keinesfalls seine Weltentrücktheit zum allgemeinen Vorbild erheben. Ihm war wohl klar, dass sein Volk keineswegs in den Rausch irrealer Künstlichkeit geführt werden dürfe wie er selbst – in eine Scheinwelt, die einzig für ihn, den seelisch Leidenden, Ausflucht war. Sein Werk war Vermächtnis in anderer Hinsicht: Anregung und Anspruch.

LUDWIG II. – UND DANACH

Ludwigs Zeit war noch fern von der Suche nach der reinen Form symbolfreier Architektur. Noch galt es, den immanenten Sinn an einem Werk ablesbar zu machen, dadurch aber auch dessen Bedeutung zu erhöhen. Die Zeichensprache der Architektur[34] deutet auf Zweck und Inhalt, die Ikonografie klärt die Bedeutung, die Ikonologie deckt die nicht sofort sichtbaren Bedeutungsbezüge auf. Ein Uhrturm kann für ein Rathaus stehen, die Justitia-Statue für ein Gerichtsgebäude, ein geflügelter Hermeskopf für den Handel, das technische Zeitalter erfand das Flügelrad als Symbol für die Eisenbahn. Nietzsches, Wagners und Ludwigs idealistische Spätromantik hatte sich überlebt. Angebahnt hat sich Schellings in letzter Konsequenz gesehene „Aufhebung des Idealismus". Die Gattungsbegriffe wie Architektur, Malerei, Bildnerei, Musik usw. mussten Verschiebungen erfahren. Was folgte, war ein Reinigungsprozess des Purismus, diskutiert durch Adolf Loos in *Ornament und Verbrechen*. Der Verzicht auf Symbol und Allegorie, ja auf Ikonografie überhaupt, hat einen veränderten Umgang mit Deutung im Bauwesen ausgelöst. Der Forderung Kunst am Bau steht seither eine neue Aufgabe gegenüber, nämlich Bau als Kunst. Der Bau selbst soll sich als schöpferische Form präsentieren, eine nur selten eingelöste Forderung. Dass mit der Purifizierung oft auch eine Simplifizierung einherging und der in der Zeit Ludwigs so hohe Anspruch weithin aufgegeben wurde – formal, inhaltlich wie materiell –, sehen wir an den bedeutungsbefreiten Beispielen von heute. Le Corbusiers Satz „Ein Haus ist eine Maschine zum Wohnen" kann auch im Sinne von Investorenarchitektur umgesetzt werden. Das moderne Bauen hat uns – von bewundernswerten Beispielen abgesehen – vom Anspruch der Reflexion enthoben. An die Stelle einstiger regionaler Stile ist eine weltweit allgemeingültige, daher nirgends wirklich verbindliche Formensprache getreten, ein Dilemma der Moderne schlechthin, kommentiert mit dem Argument der Logik der reinen Form.

Vielleicht ist auch dies als verborgenes Erbe oder eine Art Vermächtnis Ludwigs und seiner Zeit zu sehen: die Überlegung, ob es neben entseeltem Rationalismus und Materialismus nicht doch noch etwas anderes geben sollte als Fassaden nach dem Wabenmuster von Arbeitsbienen. Es ist vor allem der wirtschaftlich errechenbare Funktionalismus, der die menschlichen Bedürfnisse statistisch erfasst und mit der Logik physikalischer Gesetzmäßigkeiten Form werden lässt. Bereits drei Jahre nach dem Tod Ludwigs hat das der Kunstkritiker Octave Mirbeau 1889 vorausgesehen: „Nicht in den Ateliers der Bildhauer und Maler bereitet sich die Erneuerung vor, sondern in den Fabriken."[35]

1 1968: *Ludwig II. und die Kunst*. Ausstellung Residenz München. Kuratiert von Michael Petzet. Siehe Petzet 1968. – 2011: *Götterdämmerung*. Bayerische Landesausstellung Schloss Herrenchiemsee. Kuratiert vom Haus der Bayerischen Geschichte. Siehe Wolf/Loibl/Brockhoff 2011. Darin: Rauch 2011; der Beitrag folgt dem Vortrag anlässlich des Kolloquiums zur Ausstellung.

2 Z. B.: Greciano 1967, 111. Zu Fama und Verehrung Ludwigs in Bayern siehe Lindl 2011, 75 ff. Dagegen: Grein 1925. – Linde 1928. Jüngere negative Beurteilungen: Knopp 1970. – Prinz 1993 zu Ludwigs Bauten: „[...] ihre künstlerische Qualität bleibt dennoch zweifelhaft – oder vielfach unzweifelhaft mißglückt".

3 Siehe Rumschöttel 2011b, 122–124. Ferner darin zit.: Botzenhart 2004. – Schuster-Fox 2011, 85–90.

4 Siehe dazu Rauch 1993, mit einem kompletten Plankatalog und dem gesamten Schriftwechsel aus GHA und BSV sowie einer erstmaligen Darstellung des gesamten Werkprozesses.

5 Lampert 1890: „Merkwürdig und unheimlich ist diese Schwärmerei für das Siècle de Louis XIV, diese sklavische Nachahmung". Zit. nach Rauch 1993, 15.

6 Vgl. Wagner 1976–1982, darin eine erschreckende Reihe von Berichten über Absetzungsabsichten. Ausführlich zit. in: Rauch 1993, 8, 15, 28–47.

7 Schon zu Lebzeiten Ludwigs entstand das Gerücht, Maximilian II. sei als Folge einer Krankheit zeugungsunfähig gewesen. Der Gesandte De Bourgoing schrieb 1844 nach Paris: „Es ist ziemlich sicher, dass seit der Heirat [Prinz Luitpolds, des späteren Prinzregenten] und vor allem seit der erlauchten Schwangerschaft [seiner Gemahlin Auguste] die Krone Bayerns einen Erben verspricht, wozu die Heirat des Kronprinzen Max weder die Hoffnung noch die Wahrscheinlichkeit gibt." Zit. nach Schrott 1962, 36. So sei Ludwig Freiherr von der Tann-Ratsamhausen der leibliche Vater. Dieser wurde am 11. Oktober 1844, also etwa zehn Monate vor der Geburt Ludwigs II., zum persönlichen Adjutanten Max II. ernannt, mit dem ihn bis zu dessen Tode eine innige Duz-Freundschaft verband. Ferner: Fürst Eulenburg-Hertefeld: Ludwig habe von seiner Mutter behauptet, ihn nicht von König Max empfangen zu haben. Von Prof. Karl Bosl Schreiben vom 17. Januar 1992: „Sehr geehrter Herr Direktor Dr. Rauch! [...] Mein verehrter Lehrer Karl Alexander von Müller hat über die Sache in seinem 1. Hauptseminar 1928 mündlich berichtet. Es gibt Gerüchte, die wahr sind, die man aber nicht bezeugen oder/und belegen kann. Deshalb schweigt man am besten in der Öffentlichkeit darüber [...]." Von Müller war Sohn des persönlichen Sekretärs Ludwigs II., Ludwig August von Müller, 1886 bei der Verhaftung Ludwigs II. beauftragter Regierungsvertreter, 1890–1895 bayerischer Kultusminister. Darüber hinaus hierzu zahlreiche weitere Presseberichte.

8 Siehe Rauch 1993.

9 Etwa: Edgar Allan Poe, Oskar Wilde, Mallarmé, Barbey d'Aurevilly, Joris-Karl Huysmans. In Textpassagen dieser Dichter finden sich Welten, sogar einzelne Raumbeschreibungen, die als nahezu ideengleich mit denjenigen Ludwigs II. angesehen werden können.

10 Siehe hierzu Rauch 1993, 41–69.

11 Erstmals veröffentlicht in Rauch 1993, 288 f. (Quellenanhang; mit Abb. der vom Architekten Dollmann gefertigten Skizze zu einer Seeüberquerung per Drahtseil und Ballon).

12 Wilhelm Hauschild in den Schlössern tätig neben Eduard Schwoiser, Wilhelm Rögge, Wilhelm Marc, Heinrich und August Spieß, Christian Jank oder Josef Munsch etc.

13 Vgl. Holland 1905, 77–81. – Verein für christliche Kunst 1910.

14 Zum Wilhelms-Gymnasium siehe auch 229 in der vorliegenden Publikation.

15 Münchner Neueste Nachrichten, 28.8.1907. Zit. nach Gebauer o. J. Georg Albertshofer studierte an der Kunstakademie München unter dem für Ludwig II. tätigen Wilhelm von Rümann. Der König verlieh ihm 1885 die „Ehrenmünze der Königl. Bayer. Academie der Bildenden Künste". Für sein Modell zu der am Wittelsbacher-Gymnasium realisierten Athena-Statue erhielt er bereits Jahre zuvor einen Preis anlässlich einer Ausschreibung für eine Athena-Figur an der Ludwigsbrücke. Dort war sie als Allegorie für München als „Isar-Athen" geplant, und erst später wurde sie an diesem Schulbau in Stein ausgeführt. Wurm 1998. Biografie und Werkverzeichnis zu Albertshofer werden derzeit vom Verf. vorbereitet.

16 Bereits 1861, unter Maximilian II., wurden die bis dahin gültigen, sehr strengen Registrierungsgesetze, die eine jüdische Zuwanderung stark einschränkten, aufgehoben. In der Folge wuchs die jüdische Gemeinde an: 1852 lebten nur 1 208 Juden in der Stadt, 1875 bereits 3 600 und 1880 4 144. Siehe Hammer-Schenk 1981, Bd. 1, 379.

17 Jakob Herz wurde 1869 als erster Jude in Bayern ord. Prof. der Anatomie. Guss von Christoph Lenz. Holzmarkt, heute Hugenottenplatz, 1933 zerstört. Siehe Herlitz 1927–1930, Bd. 2, 1567.

18 Vgl. Wiedemann 1967, 79 ff. – Merta 1986, 738–739.

19 Vgl. Rauch 1994, 6–33. – Selig 1988, 131–147. – Hammer-Schenk 1981, Bd. 1, 375, 379–388.

20 Vgl. Selig 1988, 39. Der Streit bei der Standortsuche zog sich schon vor dem Bau der ersten Synagoge von Jean Baptiste Métivier über Jahre hin und musste durch königliche Anweisung entschieden werden.

21 Nach Plänen von Albert Schmidt wurden in München zum Beispiel der Löwenbraukeller am Stiglmaierplatz (1882–1883), die St. Lukaskirche an der Isar (1893–1896) sowie später die Bank für Handel und Industrie, die Deutsche Bank und die Bayerische Staatsbank (1893–1894) errichtet.

22 Vgl. Selig 1988, 65.

23 Karl E. O. Fritsch. *Die neue Synagoge in München*. München, 1889 (Wiederabdruck in Selig 1988, 131).

24 In den Denkmallisten des Bayerischen Landesamts eingetragen – hier nur Bauten während oder kurz nach der Regierungszeit Ludwigs II. (siehe Petzet 1994, 115): Walsdorf, Brunnenweg 2, ehem. Synagoge, um 1860/70. – Lichtenfels, ehem. Synagoge, 1797, 1867 erneuert. – Theilheim, Kreuzgraben 2, ehem. Synagoge, 1872. – Kronach, Johann-Nikolaus-Zitter-Straße 27, ehem. Synagoge, Baumeister Porzelt, 1882/83.

25 Kitzingen, Landwehrstraße 1, 1938 zerstört, unter Verwendung erhaltener Teile ab 1993 restauriert, Turmaufsätze erneuert. Siehe: Schwierz 1988.

26 Zit. nach Rauch 1994, 16.

27 Vgl. Rauch 1989, 144 f.

28 1845 wurde in einem Saal des Rathauses ein Provisorium für Gottesdienste eingerichtet. Der Versuch, in der ehem. Domdechantei eine Bleibe zu finden, scheiterte am Veto des Herzogs von Leuchtenberg. Er war nicht gesinnt, das Gebäude an Protestanten zu veräußern. Zwischenzeitlich erwarb die Gemeinde den ehem. Domherrnhof Welden. Siehe Rauch 1989. – Stenger 1981.

29 August Thiersch, Assistent von Gottfried von Neureuther an der Polytechnischen Schule München, lehrte dort ab 1875 als ordentlicher Professor für Bauformenlehre und Baugeschichte. Neben der Erlöserkirche errichtete er u. a. 1870 die Kirche in Augsburg und plante ab 1879 St. Ursula in München. Siehe Stenger 1981.

30 Siehe dazu Rauch 1993, 24 ff.

31 Zit. nach Rauch 1995, 173.

32 Vgl. Wagner um 1920, Bd. 8, 7.

33 Für Ludwig bedeutende Räume in Herrenchiemsee folgen der Panorama-Rundumidee: Ovalsalon, Marmorbad. Ludwig wollte auch das Schlafzimmer rund gestalten lassen, was sich allerdings technisch nicht mehr ausführen ließ.

34 Reinle 1976.

35 Zit. nach Sedlmayr 1988[10], 55.

Eichstätt,
Protestantische
Erlöserkirche,
AUGUST
THIERSCH,
1885–1887

Schloss Herrenchiemsee, GEORG VON DOLLMANN und JULIUS HOFMANN, 1868–1886

Schloss Herrenchiemsee, Prunktreppenhaus,
GEORG VON DOLLMANN, 1878–1885

ARCHITEKTUR ALS VERFÜGBARKEIT VON GESCHICHTE?

Überlegungen zu einem Neuverständnis der Bauten König Ludwigs II. von Bayern

Von ROBERT STALLA

„Ein ewig Rätsel will ich bleiben mir und Anderen“

Dieses Selbstzeugnis Ludwigs II. vom 25. April 1876,[1] aus Schillers *Die Braut von Messina* entlehnt, gilt bis heute noch für Teile der bisherigen Forschungsliteratur.[2] Die Beurteilung seiner Königsschlösser Linderhof, Neuschwanstein und Herrenchiemsee sowie seiner übrigen Bauprojekte stand von Anfang an in Abhängigkeit von Legendenbildungen, die den Monarchen als Mythos überhöhten. Grundlagen hierzu lieferten unter anderem die Weltabgeschiedenheit des Königs, die Entfremdung von seinem Volk und die ausschließlich private Nutzung dieser „geweihten Stätten“, da „der Blick des Volkes sie entweihen, besudeln würde“;[3] dann Ludwigs Entmündigung am 8. Juni 1886 sowie sein rätselhafter Tod im Starnberger See nur fünf Tage später; und schließlich die Öffnung seiner Schlösser für die voyeuristischen Blicke des Publikums bereits am 1. August 1886 – begleitet von einem touristisch gelenkten Interesse und Gerüchten, der König wollte sie eigentlich sprengen lassen.[4] Seither schwankt die Beurteilung Ludwigs zwischen einem narzisstischen Psychopaten und dem Urbild eines geheiligten Königtums, die seiner Bauten als Ausbund einer kranken Königsseele oder als bedeutender Architekturbeitrag in der zweiten Hälfte des 19. Jahrhunderts.

Die erneute Beschäftigung mit König Ludwigs architektonischem Erbe fokussiert nicht das Einzelwerk, sondern die ganze zwischen 1867 und 1886 realisierte Werkgruppe. Im nachfolgenden Thesenabriss werden im ersten Teil Besonderheiten und Rahmenbedingungen für das Verständnis dieser Werkgruppe

[1] Paris, Weltausstellung 1867, Vogelperspektive (Lithographie: EUGÈNE CICÉRI)

skizziert. Im zweiten Teil sollen zwei neue Interpretationsansätze zur Diskussion gestellt werden, die dazu dienen könnten, die Bauten und Projekte Ludwigs II. aus ihrer Isolation zu befreien und nicht nur als Ergebnis persönlicher Krisen, sondern als wichtigen Beitrag zum Historismus zu begreifen: Der eine fragt nach möglichen Grundlagen der Bauten in der Antike, der andere nach ihrem enzyklopädischen Anspruch.

DIE WERKGRUPPE: BESONDERHEITEN UND RAHMENBEDINGUNGEN

Bemerkenswert an der von Ludwig II. in Auftrag gegebenen Werkgruppe erscheint ihre direkte, teilweise wörtliche Anlehnung an historische Vorbilder. Sie fokussieren, was unten genauer ausgeführt werden soll, Höhepunkte europäischer und außereuropäischer Herrschersitze, die, wie in einem Musterbuch zusammengestellt, als Eins-zu-eins-Modelle das Graswangtal, den Ammerwald und die Herreninsel bevölkern. Auffallend ist weiter das ungewöhnlich breite Spektrum dieser Bauten: ihre Bezugnahmen auf das Mittelalter und die Themenwelt Richard Wagners (Schloss Neuschwanstein, Projekt Burg Falkenstein, Venusgrotte, Hundinghütte, Einsiedelei des Gurnemanz), die Glanzzeit der Bourbonen (Schloss Linderhof, Schloss Herrenchiemsee, Projekt Meicost Ettal) sowie den Orient Maurischer Kiosk, Marokkanisches Haus, Alhambra-Projekt) einschließlich China und Byzanz (Projekte für einen chinesischen bzw. byzantinischen Palast).[5] Singulär innerhalb des Historismus ist der nichtöffentliche Charakter dieser Bauten und Projekte, beispiellos die ungeheure Intensität, mit welcher der König selbst ihre Konzeption und ihre auf ihn zugeschnittene Ikonografie betrieb.

Jeden Entwurf bereitete Ludwig II. mit größtem Rechercheaufwand auf Basis seiner umfassenden Studienbibliothek und Vorbildersammlung aus Zeichnungen, Kupferstichen und Fotografien sowie eigens für ihn zusammengestellter Materialien vor.[6] Die von ihm überwachte Weiterentwicklung der höchst komplexen Planungsgenesen erfolgte unter Auslotung aller Möglichkeiten der Visualisierung – bis zur Erprobung der Raumwirkungen im Bühnenbild. Die bauliche Umsetzung, die er bis ins Detail kontrollierte und dabei seine Architekten und Künstler zu Erfüllungsgehilfen seiner Ideen degradierte, fand unter Einsatz aller technischen Möglichkeiten statt. Alles war dem Ziel untergeordnet, „eine vergangene Kulturepoche oder eine ferne Welt in Gänze durch alle erreichbaren Informationen möglichst täuschend echt, authentisch nach Ludwigs Vorstellungen zu verwirklichen, visuell und körperlich erlebbar zu machen".[7]

Als Vorbild für Ludwigs Selbstverständnis als Bauherr, mit dem er sich in die lange Tradition der seit 1180 in Bayern regierenden Wittelsbacher einreihte, darf sein von ihm hochverehrter Großvater König Ludwig I. angesehen werden. Dessen Neugestaltung Münchens mit großen urbanistischen Projekten und monumentalen Einzelbauten zielte auf ein „Isar-Athen", das zu einer der führenden deutschen Städte aufrücken sollte.[8] Hierbei spielten bereits architektonische „Kopien" beziehungsweise konkrete Vorbilder eine entscheidende Rolle, die aber noch weitgehend auf die Antike und die italienische Renaissance beschränkt blieben. Doch im Gegensatz zu den späteren Schlössern seines Enkels hatte Ludwig I. fast ausschließlich öffentliche Repräsentationsbauten geplant, die er als Manifestation der Selbstüberhöhung seiner Person und zugleich als Medium verstanden hatte, um sich einen ruhmreichen Platz in der Geschichte zu sichern.[9]

Von herausragender Bedeutung für das Verständnis der architektonischen und bildräumlichen Konzepte Ludwigs II. erscheint die Technik der romantischen Ideenverknüpfung, mit der er seit seiner Kindheit vertraut war. Wichtige Eindrücke hierzu erhielt er während seiner langen Aufenthalte in dem von seinem Vater, König Maximilian II., wiederaufgebauten Schloss Hohenschwangau, wo Michael Neher auf einem Wandbild Lohengrins Abschied von der Gralsburg am Rhein nach Hohenschwangau am Alpsee verlegte.[10] Als Weiterführung dieser Idee ließ Ludwig II. am 21. November 1865 auf dem Alpsee vor dem Schloss Lohengrins Ankunft inszenieren und die Szene mit elektrischem Licht ausleuchten.[11] Anregungen für eine solche Geschichtskonstruktion lieferte ihm möglicherweise eine anonyme, um 1837 zu datierende Schrift, die sich wie die Prophetie seiner späteren Planungen liest: „Hohenschwangau zum Schwanstein könnte [...] die Wiege einer neuen Romantik werden [...]. Dann könnten [...] auch die Ruinen von dem vorderen Schlosse Schwangau [...] zu einem großen einfachen Fest- und Sänger-Saal wiederaufgerichtet werden."[12]

Eine ganz neue Dimension von Erlebniswelten eröffnete sich dem jungen König 1867 anlässlich seines Besuchs der Weltausstellung in Paris [1-2]. Enthusiastisch hielt er am 8. August 1867 in einem Brief an Cosima Wagner fest: „Es grenzt an das Wunderbare [...]. Ohne Ermüdung war ich 6–7 Stunden en suite in der Ausstellung, die ich mir sehr genau ansah."[13] Hier konnte man einem Ausstellungsbericht zufolge „in kürzester Zeit gleichsam eine Reise um die Welt ausführen und ebenso gewissermaßen von der Gegenwart bis in die fernste Vergangenheit zurücksehen".[14] Die Verfügbarkeit der Geschichte der verschiedensten Völker, „gleich einem riesigen Kaleidoskop der Erde",[15] erstmals unter Einbeziehung des umgebenden

Freigeländes mit Länderpavillons, Gartenanlagen und Vergnügungsparks für ein Massenpublikum in Szene gesetzt,[16] präsentierte sich als „Museum der Weltarchitektur en miniature".[17] In dieser „dreidimensionalen begehbaren Illusionswelt" war es möglich, „etwa im Palast des Vizekönigs von Ägypten die Räumlichkeiten des Harems [zu] besichtigen, im amerikanischen Indianerzelt einen Longdrink [zu] nehmen und im türkischen Kaffeehaus Wasserpfeife [zu] rauchen".[18] Wie die Bauten Ludwigs II. wenige Jahre später, zeigte sich die Ausstellungsstadt in der Tradition der im 19. Jahrhundert beliebten „imaginären Reisen"[19] und „jenseits der profanen, gewöhnlichen Wirklichkeit"[20] als „irdisches Paradies", als „Garten der Lüste und Verführungen", in dem eine „schönere, poetische Welt" zu erleben war.[21]

König Ludwigs eigener architektonischer Kosmos, mit dessen baulicher Umsetzung er 1867 begann, zeigt sich diesen Eindrücken verpflichtet.[22] Doch im Gegensatz zu den Weltausstellungen, die sich an den Massentourismus wandten – 1867 kamen knapp 10 Millionen, 1900 bereits knapp 50 Millionen Besucher –, verstehen sich Ludwigs Bauten und Projekte als Rückzugsorte in die privaten Reiche eines Einzelnen. 1866, ein Jahr nach Ludwigs gescheitertem Versuch, Wagner an seinen Hof in München zu binden, hatte der König auf die vernichtende Niederlage seines Heeres gegen Preußen noch mit Rücktrittsgedanken reagiert und später bekannt: „[...] daher bin ich [...] kalt und verschlossen und lebe mehr in meinen geliebten Büchern als in der verhassten Gegenwart".[23] Seine Bauten eröffneten ihm, wie 1869 in einem Brief festgehalten, neue Perspektiven: als „poetische Zufluchtsorte, wo man einige Zeit die schauderhafte Zeit, in der wir leben, vergessen kann".[24] Hier saß er laut Louise von Kobell „bisweilen stundenlang einsam darin, in irgendeine Lektüre vertieft [...]. Oder er ergötzte sich an den lebenden Bildern, die ein auf sein Geheiß inszeniertes Metgelage im altgermanischen Stile darbot".[25] Die Immersion, „das möglichst authentische und vollständige Eintauchen in eine perfekte Erlebniswelt", als kulturgeschichtliches Phänomen des 19. Jahrhunderts wissenschaftlich noch immer zu unscharf konturiert,[26] darf als ein Leitgedanke für König Ludwigs Planungs- und Bautätigkeit angesehen werden.

DIE VILLA HADRIANA IN TIVOLI – IMPERIALES VORBILD FÜR KÖNIG LUDWIG II.?

Die Villa Hadriana in Tivoli hier erstmals als Grundlage für die Königsschlösser zur Diskussion zu stellen könnte nicht nur neue Perspektiven für das architektonische Bezugssystem Ludwigs II., sondern auch für sein Verhältnis zum Historismus eröffnen. Zwischen 117 und 138 n. Chr. als Sommerresidenz und Alterssitz des Kaisers errichtet, ist die Hadriansvilla [3-4] mit einer Fläche von mindestens 130 Hektar mit Abstand die größte und aufwendigste der Kaiservillen. Sie nimmt hinsichtlich ihrer Konzeption und ihres Formenapparats eine singuläre Stellung in der Antike ein.[27] Im 18. und 19. Jahrhundert stand sie, nach ihrer umfassenden, in der Renaissance einsetzenden Rezeptions- und Forschungsgeschichte, im besonderen Fokus von Archäologen, Künstlern, Bauherren und Touristen.[28]

Mit Ludwigs Bauten vergleichbar, wählte Hadrian als Bauplatz für seine Villa eine Gegend etwa 30 Kilometer außerhalb Roms, an den Rändern eines Tuffplateaus, von wo sich ein weiter Blick über die Campagna eröffnet.[29] Parallelen zwischen beiden Baugruppen lassen sich ebenso in ihrem spezifischen Verhältnis zu architektonischen Vorbildern erkennen: Auch Hadrian ließ in Tivoli, wie von Spartius überliefert und im 19. Jahrhundert in Enzyklopädien und Lexika nachzulesen, inmitten großzügiger Grünanlagen historische Bauwerke und prominente Gegenden unterschiedlichster Zeiten und Kunstlandschaften nachbilden – darunter Lyzeum, Akademie, Prytaneon, Canapo, Picilien, Tempe, die ihm während seiner Reisen durch das Römische Reich bekannt geworden waren.[30] Auffallend ist ferner das mit Ludwigs Bauten vergleichbare breite historische Spektrum dieser Denkmälergruppe, das hier von ägyptischen über griechische bis hin zu römischen Vorbildern reichte. Sie umfasste, von mythischen Bereichen wie dem „Inferno" abgesehen, in einem architektonischen Mikrokosmos exemplarisch die gesamte Antike. Zur Differenzierung der jeweiligen Einzelbauten, die keine wörtlichen Zitate, sondern lediglich Anspielungen waren, welche „beim kundigen Betrachter eine entsprechende Erinnerung wachrufen" sollten,[31] dienten die Ausstattung und ein spezifischer Formenapparat. So präsentierte sich die Nachbildung des Kanopus-Kanals, die im Zusammenhang mit Hadrians 130–134 n. Chr. unternommener Ägyptenreise gesehen werden darf, im ägyptischen Geschmack.[32]

Die Voraussetzungen für Ludwigs Bezugnahme auf das prominente imperiale Vorbild lagen in seinem familiären Selbstverständnis begründet: Der Wittelsbachische Stammbaum, den der Kronprinz seit seiner Kindheit im Ahnensaal der Münchner Residenz studieren konnte, erwuchs nämlich aus augusteischen Wurzeln.[33] In Hermann Hinrichs *Entwicklungsgeschichte des Königtums*, die zu Ludwigs Lesestoff gehörte[34] und wohl auch dessen Herrschaftsverständnis beeinflusste, wird der römische Imperator als „das nothwendige Ergebniß

[2] Paris, Weltausstellung 1867,
chardin réservé au Champ-de-Mars

aus dem Streben nach Alleinherrschaft“ gepriesen.[35] Tiefere Einblicke in das antike Caesarentum verdankte er Suetons Kaiserviten, die er nachweislich konsultierte. Programmatische Bedeutung dürfte somit auch der Aufstellung römischer Imperatorenbüsten – auch derjenigen Hadrians – in der Spiegelgalerie von Herrenchiemsee zuerkannt werden. Hier fügen sich die Urbilder des abendländischen Königtums, die familiären Wurzeln von Ludwig und dessen „Andenken an Ludwig XIV.“, dem der Bau von Herrenchiemsee als „Tempel des Ruhmes“ gewidmet war,[36] zu einer idealen Herrschergenealogie zusammen, in die er sich selbst mittels komplexer Ikonografie integrierte.[37]

Besondere Beachtung verdient in diesem Zusammenhang Gregorovius’ 1851 erschienene Hadrians-Biografie.[38] Sie weist in Passagen so auffallende Analogien zu Ludwig II. auf, dass man seine Kenntnis dieser Lektüre, die gleichsam als Leseanleitung für Ludwigs Bauten verstanden werden kann, annehmen möchte. Dies gilt für die Schilderung Hadrians als „Liebhaber der Künste“, dessen „größte Leidenschaft [...] das Bauen“ war.[39] Besonders betrifft dies die Ausführungen zur Villa, die Hadrian „nach eigenen Zeichnungen entworfen“ habe, in der „das Gemeine und Alltägliche fehlte“ und die „ohnegleichen in der Welt“ dastehe:[40] „Auf den Wink des Kaisers konnten sich diese Haine, Täler und Säulenhöfe mit der Mythologie des Olymp bevölkern, Priesterprozessionen nach dem Canopus wallfahren, der Tartarus und das Elysium mit den Schatten Homers sich bevölkern, Baccantenschwärme durch das Tempetal schweifen.“[41] „Leibgarden, Schwärme von Künstlern, Sängern und Schauspielern [...] hatten keinen anderen Zweck, als diesen [...] weltmüden Mann zu erheitern, seine Langeweile mit dionysischen Festen zu maskieren, und ihm vorzuspiegeln, dass jeder Tag hier ein olympischer Feiertag ist.“[42] „Hadrian versenkte sich dort in die Erinnerungen seines olympischen Wanderlebens, denn diese Villa [...] war Abbild und Spiegel des Liebsten und Schönsten, was er in der Welt bewunderte.“[43]

Wie auch immer man dieses „Sanssouci eines weltbeherrschenden Kunstenthusiasten“,[44] unter dem das Imperium Romanum eine zivilisatorische, technische und kulturelle Blüte erlebte, im 19. Jahrhundert verstehen konnte – als Ausweis von Hadrians hohem Bildungsanspruch, als Inszenierung seiner kaiserlichen Macht oder als Abbild der weit gespannten Grenzen

[3] Tivoli, Villa Hadriana, Canopo

seines Imperiums. Seine Palaststadt, in der bis zu 50 000 Menschen lebten und arbeiteten, war eine reale Kunstwelt, in der sich sein Herrschaftsverständnis manifestierte. Im Gegensatz dazu schuf sich Ludwig II., zunehmend bar von jedem politischen Einfluss, wie in einer Kompensationsstrategie künstliche Realwelten: Konstrukte der Sichtbarmachung einer idealen Herrschaft, der er allein Gestalt verlieh.

DIE SCHLÖSSER UND PROJEKTE LUDWIGS II. – EINE GEBAUTE ENZYKLOPÄDIE VON HERRSCHERSITZEN?

Alle Schlösser und Projekte Ludwigs II. scheinen einer Idee verpflichtet: der gebauten Enzyklopädie der bedeutendsten Herrschersitze aller Zeiten, Länder und Kulturen. Diese hier gleichfalls erstmals zur Diskussion gestellte These, die mit Blick auf die „Baupolitik Friedrich Wilhelm[s] IV. als Realisierung architektonischer Idealtypen" eine zeitnahe Entsprechung findet,[45] stützt sich auf die Analyse der Auswahlkriterien für Ludwigs architektonische Vorbilder. Sie entstammen, wie oben ausgeführt, dem Orient, dem Mittelalter sowie dem Barock und Rokoko und zielen damit auf jene Regionen und Epochen, in denen der Herrscher uneingeschränkt – autokratisch, theokratisch oder absolutistisch – regieren konnte. Bezeichnend ist ebenso das Fehlen jeglicher Bezugnahmen auf die Renaissance,[46] deren Wiederaufblühen im 19. Jahrhundert unter anderem in den Schriften Friedrich Hegels, Jacob Burckhardts und Gottfried Sempers mit Vorstellungen von einem liberalen Bürgertum gekoppelt war.[47] Bei genauerer Betrachtung fokussierte Ludwig dezidiert jene Burgen, Schlösser oder Paläste der Geschichte, die prototypisch als Herrschersitz für eine bestimmte Zeit beziehungsweise für die Auffassung von Königtum einer Epoche oder eines Landes gelten konnten: Schloss Neuschwanstein kennzeichnet, ähnlich wie sein zwischen 1883 und 1886 vorangetriebenes Bauprojekt für Burg Falkenstein,[48] den Herrschaftsanspruch im deutschen Mittelalter. Die Schlösser Herrenchiemsee und Linderhof mit ihren Rückbezügen auf Schloss Versailles und das Petit Trianon feiern die Höhepunkte des französischen Absolutismus unter Louis XIV und Louis XV. Ideen für ein Alhambra-Projekt (Kubba) zielten auf den Symbolbau der maurischen Könige.[49] Die Planungen von 1885 für einen Byzantinischen Palast im Graswangtal [5], mit dem wörtlichen Rückgriff auf die Hagia Sophia, beziehen sich auf die Tradition des justinianischen Kaisertums.[50] Das 1886 ausgearbeitete Projekt für einen Chinesischen Sommerpalast im Ammerwald rekurrierte auf Beschreibungen des zerstörten kaiserlichen Sommerpalastes Yuen-Ming-Yuen.[51] In diesem Kontext gewinnen auch das indianische Königszelt im Wintergarten der Münchner Residenz sowie die Venusgrotte, die Hundinghütte und die Einsiedelei des Gurnemanz im Park von Linderhof an Bedeutung. Sie könnten, unter Bezugnahme auf Wagners 1850 publizierte Schrift *Die Wibelungen. Weltgeschichte aus der Sage*, als Belegstellen für jenes „Urkönigtum" gelten, aus dem sich dem Autor zufolge unter anderem die römische Kaiserwürde, das Kaisertum Karls des Großen und Friedrichs I. speiste.[52]

Auch wenn Ludwig von seinen Architekten und Ausstattungskünstlern stets historische Präzision einforderte, die er jeweils aufs Genaueste kontrollierte,[53] ließ er diese Vorbilder nicht einfach wörtlich kopieren. Vielmehr zielte er auf „konstruierte Identitäten",[54] wenn er in komplexen Planungsprozessen die Konzentration auf spezifische bauliche Merkmale festlegte, die das äußere Erscheinungsbild, die Auswahl besonders signifikanter Räume oder Raumfluchten oder spezielle Eindrücke, Stimmungen respektive Effekte betrafen. Teils folgte man, wie in Herrenchiemsee, fast pedantisch den Maßverhältnissen des Originals, teils sah man sich gezwungen, wie bei der geplanten Nachbildung der Hagia Sophia des byzantinischen Schlossbauprojekts, mit deutlich verkleinertem Maßstab zu rechnen.[55] Manche Bauten präsentieren sich gar als Essenz eines Ideals. So lässt sich etwa die Planungsgenese von Schloss Linderhof als höchst kenntnisreiche Auseinandersetzung mit dem Bautypus der Maison de Plaisance beschreiben.[56] Und Schloss Neuschwanstein erweist sich als freie, verschiedenen Vorbildern verpflichtete Komposition, die – gleich Ludwigs anderen Bauten – eine ganz eigenständige Ikonografie verfolgt:[57] Über der mittelalterlichen Burgruine von Vorderhohenschwangau errichtet, orientiert sich das in den Dokumenten als „Neue Burg Hohenschwangau" geführte Projekt konzeptionell an dem ab 1857 im Auftrag Napoleons III. von Eugène Viollet-le-Duc durchgeführten Ausbau der Burg Pierrefonds zum kaiserlichen Residenzschloss beziehungsweise an der 1867 fertiggestellten „Restauration" der Wartburg, die er beide in diesem Jahr besuchte. Konkret versteht sich der Außenbau mit seinen partiellen Bezugnahmen auf das Bühnenbild der Münchner *Lohengrin*-Inszenierung von 1867 als Schwanenritterburg, während der Sängersaal wörtlich auf den in der Wartburg bezogen ist. Der Thronsaal, dessen Planung – wie auch in den anderen Projekten – ein besonderes Augenmerk galt, präsentiert sich hingegen unter formaler Bezugnahme auf Leo von Klenzes Allerheiligenhofkirche als Gralstempel. So wurde Neuschwanstein wie jeder andere seiner Bauten einem komplexen Transformationsprozess unterzogen, diktiert vom Willen und den Vorstellungen des Monarchen.

Das hier greifbare Verständnis von Architektur – im weitesten Sinn von Bildräumen – als Medium zur Verfügbarmachung von Geschichte, von König Ludwig in sehr spezifischer Weise genutzt und knapp 50 Jahre später unter gänzlich veränderten Vorzeichen in der ersten Gründungswelle architektonischer Miniaturparks in Mode gekommen,[58] fand in der zweiten Hälfte des 18. Jahrhunderts in der architektonischen Möblierung der Landschaftsgärten ein wichtiges Vorbild. Der Parcours von Einzelbauten und Naturschönheiten, den Fürst Franz von Anhalt-Dessau ab 1769 in seinem Park in Wörlitz unter Bezugnahme auf die Villa Hadriana in Tivoli in Auftrag gab – unter anderem mit

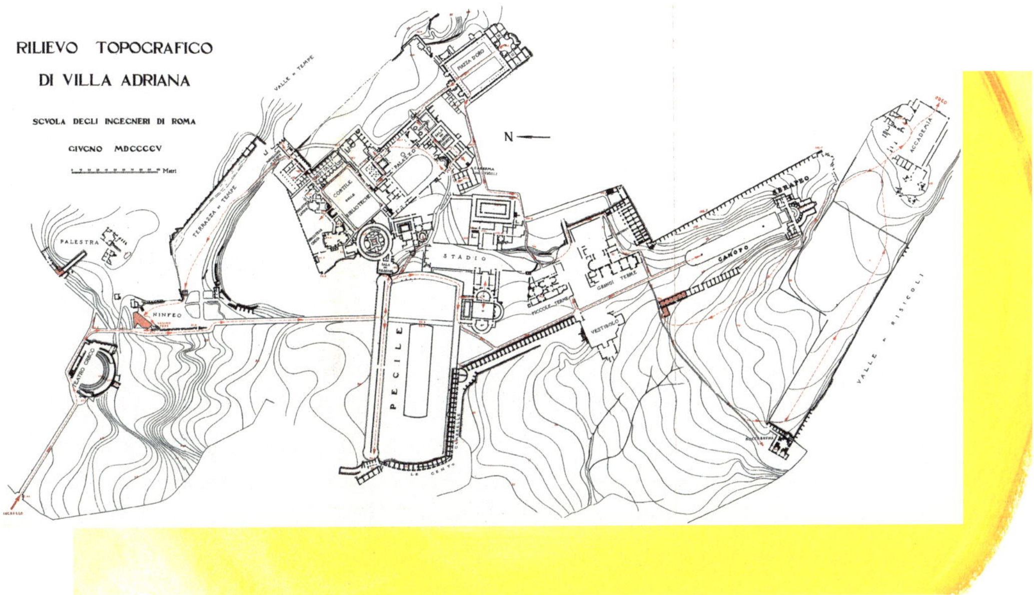

[4] Tivoli, Villa Hadriana, Plan des Geländes, 1905

[5] Byzantinischer Palast (zweites Projekt), Seitenansicht, JULIUS HOFMANN, 1885

Pantheon, Canope, Synagoge und gotischem Haus oder einer Miniaturausgabe des Golfs von Neapel samt feuerspeiendem Vesuv –, versteht sich als Teil eines umfassenden, von der Aufklärung geprägten Reformprogramms: Die Anlage sollte Schönes und Nützliches verbinden – erfreuen, belehren, einen besseren Menschen formen.[59]

Die Baugruppe, die König Ludwig II. rund 100 Jahre später im oberbayerischen Raum inmitten unberührter Natur, teilweise eingebettet in Parkanlagen, im Graswangtal, im Ammerwald und auf der Herreninsel, errichten ließ und die als historistische Denkmallandschaft aufgefasst werden kann,[60] zeigt sich zwar partiell noch dieser Tradition verpflichtet. Sie setzt sich davon aber in zentralen Punkten ab: Die Modellhaftigkeit der Parkbauten ist nun ins Große gesteigert, die „Reisezitate" und exotischen Einzelbauten durch eine Auswahl ikonischer Herrschersitze ersetzt. Die frühere Bildungsabsicht verdrängte ein neuer, enzyklopädischer Anspruch, der sich, in den großen lexikalischen Unternehmungen des 19. Jahrhunderts vorbereitet[61] und in den mit ihrem Totalitätsanspruch vorgetragenen Weltausstellungen als Erlebnisräume neu definiert, infolge von Ludwigs frühem Tod freilich nur ausschnitthaft beurteilen lässt. Hatte Fürst Franz die architektonischen Planungen seinem Architekten Friedrich Wilhelm von Erdmannsdorff übertragen, so war König Ludwig selbst der Schöpfer und Programmgestalter seiner Bauten. Stand der Park in Wörlitz dem Wunsch seines Auftraggebers zufolge für jedermann offen, so waren die Schlösser und Bauprojekte des bayerischen Monarchen ausschließlich auf dessen alleinige Nutzung hin ausgerichtet. Ihr architektonischer Kosmos kann ebenso nicht mehr, wie noch bei Hadrian, als Ausdruck königlicher Macht verstanden werden und ist auch anders als die von König Friedrich Wilhelm IV. zur „Verbildlichung seines monarchischen Herrschaftsanspruchs" geplanten Potsdamer Schlösser zu interpretieren.[62]

Ludwigs Bauten präsentieren sich im Vergleich dazu als „poetische Zufluchtsorte", als Erinnerungs- und Denkmalorte, als Bühnen seines komplexen, unter Zugrundelegung einer sehr persönlichen Geschichtskonstruktion imaginierten Königtums. Hier frönte er in sublimierter Form – unter Nutzung aller Möglichkeiten des Gesamtkunstwerkgedankens und auf Basis eines umfassenden, weitgehend singulären Bildungshorizonts – einem neuen Herrschaftsverständnis, das eine letzte Konsequenz aus der nach der Revolution von 1848 in die Krise geratenen Monarchie zieht:[63] Der Preisgabe seiner politischen Macht auf der einen Seite stand auf der anderen der Gewinn einer neuen, weit über das nationalstaatliche Denken seiner Zeit hinausreichenden Bemächtigung des gesamten Geschichtsraums gegenüber, in dem Ludwig II. einem entgrenzten und bewusst von der Realität abgekoppelten Königtum huldigte. So betrachtet können die Bauten des bayerischen Monarchen den Höhepunkten des europäischen Historismus zugerechnet werden.

1 Brief an die Schauspielerin Marie Dahn-Hausmann, 25. April 1876, in: Böhm 1924, 438.

2 Ein Überblick über die umfangreiche Forschungsliteratur zuletzt bei Wolf/Loibl/Brockhoff 2011.

3 Zitiert nach Hacker 1986, 273.

4 Vgl. zu den touristischen Aspekten: Wienrank 2015, 67–88. – Göldl 2015, 119–131. – Spangenberg 2015a, bes. 161–177. Die Aussage, Ludwig II. habe seine Schlösser sprengen lassen wollen, geht auf Alfons Weber zurück, der im Juni 1886 auf Schloss Neuschwanstein Dienst tat. Seither wurde sie fleißig kolportiert. Freundlicher Hinweis von Marcus Spangenberg, Regensburg.

5 Zu den Bauten und Projekten Ludwigs II. siehe besonders: Baumgartner 1981. – Evers 1986. – Hojer 1986. – Wolf/Loibl/Brockhoff 2011. – Petzet 1995; eine gute Zusammenfassung verschiedener Problemstellungen bei Wiesneth 2015, 36–75. Siehe ebenso: Mennell 1892. – Craemer 1898.

6 Hierzu und zum Folgenden bes. Wiesneth 2015, 41–44; siehe ebenso Hacker 1986, 261–262.

7 Wiesneth 2015, S. 41.

8 Vgl. Nerdinger 1999, 187–204.

9 Vgl. Bauer 1980, 315–324. – Putz 2013, 303–314.

10 Zum Schloss Hohenschwangau: Karnapp 1971, 157–189. – Baumgartner 1987, 65–76.

11 Vgl. Hüttl 1996, 296.

12 GHA, Nachlass Max II., 73/6/12, Hohenschwangau, Kunstideen. Zitiert nach Evers 1986, 47.

13 Zitiert nach Schad 1996, 411.

14 Bericht 1867–1869, Bd. 1, Heft 1, 4 f.

15 *Illustrierte Zeitung* 1867, 236.

16 Vgl. Wörner 2014, 158–168.

17 Fehle 1987, 114. Die Länderpavillons im Parc de l'Exposition gingen mit ihrem „ausgesprochenen Nationalcharakter" als „Geburtsort der eigenständigen staatlichen Repräsentationsgebäude in die Geschichte der Weltausstellungsarchitektur ein". Den Auflagen zufolge sollten sie „in möglichst deutlicher und zugleich interessanter Weise die Eigenthümlichkeiten des betreffenden Volkes in Bezug auf seine Sitten und Gebräuche wie auf seine ganze Lebensweise" veranschaulichen (Ebeling 1867, 114). Hier erwarb Ludwig II. Carl von Diebitschs Maurischen Kiosk der preußischen Ausstellungsabteilung für Linderhof, den er nach seinen Bedürfnissen umgestalten ließ. Hierzu: Sigel 2014, 38. – Fehle 1987. Siehe auch den Beitrag von Eva-Maria Troelenberg, 104–110.

18 Storch 2009, 21.

19 Hierzu, zu den Illusionstechniken Laterna magica, Panorama und Diorama, aber auch zu den frühen Erlebnisparcours wie dem 1840 in Wien eröffneten „Neuen Elysium", der „eine unterirdische Wanderung durch die ganze Welt" in Kellerräumen bot, siehe: Storch 1996, 120–151. – Storch 2009. – Wiesneth 2015, bes. 48 f.

20 Hofmann 1991, 86.

21 Ebd., 110.

22 Noch in späteren Jahren ließ sich Ludwig ausführlich über die Weltausstellungen informieren. Siehe hierzu Georg von Dollmann, *Allerunterthänigster Bericht über die Besichtigung der Weltausstellung im Jahr 1878 mit Berücksichtigung für die innere Ausstattung der Appartements im königlichen Schloss Herrenchiemsee*, wo es u. a. heißt: „In diesem Abschlußgebäude der Trocaderos befindet sich das Musée retrospectif, eine Sammlung historischer Gegenstände vom Jahre 800 n. Chr. bis zum Schluß des 18ten Jahrhunderts des Abend- und Morgenlandes", GHA, Kabinettsakten König Ludwig II., Nr. 330. Freundlicher Hinweis von Katrin Bäumler.

23 Brief an Baron Varicourt vom April 1873, zitiert nach Hacker 1986, 232.

24 Ludwig II. an seine Erzieherin Sybilla von Leonrod, 7. Januar 1869, in: Haasen 1995, 79.

25 Kobell 1898, 110.

26 Vgl. Wiesneth 2015, 53.

27 Zur Villa Hadriana siehe: Winnefeld 1895. – Kähler 1950. – Knell 2008, bes. 79–110.

28 Diesem Themenkomplex gilt das aktuelle Forschungsprojekt von Dr. Cristina Ruggero, Rom/München, *Mikrokosmos Villa Hadriana. Ein „künstlerischer Interaktionsraum" im Europa des 18. und 19. Jahrhunderts.*

29 Hierzu besonders Mielsch 1987, 77 f.

30 „Tiburtinam villam mire exaedificavit, ita ut in ea provinciarum et locorum celeberrima nomina inscriberet velut Lycium, Academian, Prytanium, Canopum, Picilen, Tempe vocaret, et ut nihil praetermitteret etiam Infernos finixit". Zitiert nach Winnefeld 1895, 41, Anm. 1; hierzu auch Ersch/Gruber 1818, 443–445. – Meyer 1890, 996.

31 Mielsch 1987, 99. Zum Aspekt antiker Architekturkopien ebenso: Felten 1997, 61–69.

32 Winnefeld 1895, 42–52. – Knell 2008, 103–110.

33 Der 1726 von Kurfürst Karl Albrecht in Auftrag gegebene Ahnensaal sollte auf den Rang und die Verbindungen der Dynastie hinweisen und dessen Anspruch auf die Kaiserkrone untermauern, die er 1742 erlangte. Vgl. Seelig 1980, 253–327.

34 Baumgartner 1981, 13.

35 Hinrichs 1852, 139.

36 Brief Ludwigs II. vom 17. Dezember 1868 an seinen Hofsekretär Düfflipp. Zitiert nach Böhm 1924, 756.

37 Zum Verständnis von Schloss Herrenchiemsee und seinem Programm grundlegend: Rauch 1993.

38 Gregorovius 1851. – Gregorovius 1884^2.

39 Gregorovius 1884^2, 460, 469.

40 Ebd., 486 f.

41 Gregorovius 1884, 489.

42 Ebd., 487.

43 Ebd., 487.

44 Ebd., 486.

45 Vgl. Werquet 2010, 215–354; Zitat 215.

46 Ausgenommen Gottfried Sempers Entwurf für das nicht realisierte Festspielhaus von 1865, also wenige Jahre vor der 1867 einsetzenden Welle an Bauprojekten König Ludwigs.

47 Vgl. v. a. Krause/Laudel/Nerdinger 2001.

48 Vgl. Baumgartner 1981, 109–130. – Rösch 2016, v. a. 127–138.

49 Vgl. v. a. Petzet 1995, 82, 160 f., 163 f.

50 Projektbeschreibung von Julius Hofmann in GHA, Nachlass Ludwig II. (abgedruckt bei Baumgartner 1981, 240–242).

51 Hierzu: *Project zu einem chinesischen Sommerpalast, München im Januar 1886, J. Hofmann K. Hofbaurath*, GHA Nachlass Ludwig II. (abgedruckt bei Baumgartner 1981, 224–226).

52 Wagner 1850.

53 Eindrücklich hierzu u. a. Ludwigs penible Bemühungen um historische Genauigkeit bei den Bühnenbildern für seine Separatvorstellungen. Vgl. Hommel 1963, 280–284.

54 Zum Aspekt der „konstruierten Identitäten" in den Länderpavillons der Pariser Weltausstellung von 1867 siehe Prügel 2014, 115–121.

55 Zum Transfer zwischen verschiedenen Medien und Maßstäben bei Ludwig II. siehe ausführlich den Beitrag von Gabriella Cianciolo Cosentino, 116–123.

56 Vgl. Hoffmann 1999. – Bachmayer 1977.

57 Zum Folgenden besonders Petzet/Petzet 1970, 133–140. – Russ 1974. – Tschoeke 1977. – Evers 1986, 178–215.

58 Vgl. Stalla 2012, 20–25.

59 Vgl. Buttlar 1989, 141–152. – Bechtoldt/Weiss 1996. – Eisold 2000, bes. 15–22, 133–149. Zur Antikenrezeption im Park von Wörlitz siehe Rößler 2007, 47–53. Später äußerte Fürst Franz, auch Hadrian habe in seiner Villa in Tivoli alles nachgebildet, „was er auf seinen Reisen durch die römischen Provinzen an Kunst- und Naturwundern gesehen hat". Zitiert nach Lein 1980, 92.

60 Zum Begriff der Denkmallandschaft siehe Breuer 1993, 16–18.

61 Siehe u. a. von Friedrich Arnold Brockhaus. *Der große Brockhaus*, 1796–1808, 6 Bde. – Johann Samuel Ersch und Johann Gottfried Gruber. *Allgemeine Encyclopädie der Wissenschaften und Künste*, 1818–1889, 167 Bde. (unvollständig). – Heinrich August Pierer. *Universal-Lexikon der Gegenwart und Vergangenheit*, 1824–1836, 26 Bde. – Bartholomä Herder. *Herders Conversations-Lexikon*, 1854–1857, 5 Bde. – Joseph Meyer. Meyers Konversations-Lexikon, 1857–1860, 15 Bde. – Otto Spamer. *Illustriertes Konversations-Lexikon*, 1870–1882, 10 Bde.

62 Siehe hierzu Sonne 2001, 148.

63 Siehe hierzu auch Oexle 2007, 11–116.

Schloss Linderhof, GEORG VON DOLLMANN, JULIUS HOFMANN und andere, 1870–1886

Schloss Linderhof, zweites Schlafzimmer,
JULIUS HOFMANN, EUGEN DROLLINGER und
FRANZ STULBERGER, 1884–1886

SAKRALITÄT IN DEN BAUTEN LUDWIGS II.

Von UWE GERD SCHATZ

Ja, diese Kunst ist heilig, ist reinste, erhabenste Religion" schrieb Ludwig II. am 5. September 1865 an Richard Wagner, der ihm das Konzept zu Parzival gesandt hatte – jenem Musikdrama, das Wagner später *Parsifal* und *Bühnenweihfestspiel* nannte.[1] Es ist ein Paradebeispiel für das Amalgam von Religion und Kunst, das sich seit der literarischen Empfindsamkeit um 1740 entwickelt hatte und das im Lauf des 19. Jahrhunderts die Kunst in Theorie und Praxis wesentlich bestimmte. Die Aufklärung hatte der Religion viel von ihren kulturellen und ideellen Bindungskräften genommen. Eine Folge dieser immer stärker werdenden Säkularisierung war, dass man die Kunst von den jahrhundertealten vermittelnden, dienenden Aufgaben gegenüber der Religion befreien wollte, unter anderem indem man sie hieratisch auflud, wie etwa der um 1770 sich entwickelnde Geniekult ausweist. Hegel, ein Hauptvertreter des deutschen Idealismus, benutzte in seiner *Phänomenologie des Geistes* als Erster den Begriff „Kunstreligion" für ein anzustrebendes Durchdringen von Kunst und Religion, was eine neue Ebenbürtigkeit der Kunst mit der Religion impliziert, aber auch eine neue Gläubigkeit.

Entscheidend wurden Begriff und Inhalt „Kunstreligion" für die Romantiker. Der Kult des subjektiven Empfindens, der damit auch das Irrationale anerkennt, ist ein Kern der romantischen Bewegung gegen den Rationalismus. Dazu gehört auch das Übertragen seelischer Empfindungen auf und in die Natur. Wilhelm Wackenroder formulierte 1797 in seinen berühmten und programmatischen *Herzensergießungen eines kunstliebenden Klosterbruders*: „Ich vergleiche den Genuß der edleren Kunstwerke dem Gebet. [...] Der [...] ist ein Liebling des Himmels, welcher mit demütiger Sehnsucht auf die auserwählten Stunden harrt, da der milde himmlische Strahl freiwillig zu ihm herabfährt, die Hülle irdischer Unbedeutenheit [...] spaltet, und sein edleres Innere[s] auflöst [...] dann knieet er nieder, wendet die offene Brust in stiller Entzückung gegen den Himmelsglanz, und sättiget sie mit dem ätherischen Licht [...]. Das ist die wahre Meinung, die ich vom Gebet hege."[2] Das war das Gründungsbuch der Nazarener, jener Künstlergruppe, die ebenso idealistisch wie romantisch eine neue religiöse Kunst ins Werk zu setzen versuchte. Die Kunst, schrieb Wackenroder, ist „himmlischen Ursprungs und muss dem Künstler eine religiöse Liebe werden oder eine geliebte Religion". Aus Sehnsucht nach der alten Bindungskraft der Religion wollten die Nazarener eine neue Religiosität durch die Kunst hervorrufen, durch eine neue Kunst mit alten Zitaten.

Diese Bindungskraft sah schon der junge Ludwig I. von Bayern nicht wie die Romantiker nur im Subjektiven, sondern vornehmlich im Gesellschaftlichen, mithin auch Politischen, als eine Festigung der Verhältnisse. Deswegen förderte er nachdrücklich nicht nur die Religionspflege, sondern auch die nazarenische Kunst. Er schrieb über die neuen, von ihm für mehrere Kirchen gestifteten Glasfenster, auf denen Gemälde mittelalterlicher Maler zitiert wurden: „Und nun leuchten ihre Bilder [gemeint: der historischen Maler], Andachtsglut erweckend."[3] Auch das blieb ein Versuch in diesem Jahrhundert der Versuche. In diesem Satz ist noch eine weitere *idée fixe* des 19. Jahrhunderts – die „Vollendung" – ausgedrückt, hier die „Vollendung" historischer Kunst und Kunstformen durch moderne (handwerks-)technische Errungenschaften.

Der Enkel Ludwigs I. wuchs mit dieser Kunst, mit diesem Historismus, auf und sie prägten ihn. Maler, die in den Nibelungensälen des Großvaters tätig gewesen waren, malten seine Neue Burg aus, das nachmalige Neuschwanstein. Für ihn, nicht für „das Volk". Die Kunstauffassung Ludwigs I. war gesellschaftlich, die Ludwigs II. hermetisch. Das ist bei aller Ähnlichkeit – Beschwören hatten beide im Sinn – der diametrale Unterschied, der in der Kunst für Ludwig II. zu inhaltlichen Extremen führte.

VORBILDER

GRALSTEMPEL

Der Mythos vom Heiligen Gral, der wohl folgenreichste des europäischen Mittelalters, beschäftigte seit Beginn des 19. Jahrhunderts nicht nur die Romantiker, sondern auch die Mediävisten und die Architekten. Mittelhochdeutsche Epen des 13. und 14. Jahrhunderts schildern den „Tempel", in dem der

[1] Entwurf einer Gralshalle in Gestalt der Hagia Sophia, EDUARD ILLE, um 1869

Gral mit dem Blut Christi verwahrt wird, meist als Zentralbau. Die Gotikverehrer sahen in ihm den „Urdom", und so entstanden etliche idealisierte bildliche und architektonische „Rekonstruktionen". Die umfangreichste, das Hauptwerk der Münchner „Gothiker", ist ein Entwurf von 1834 zur Ruhmeshalle Ludwigs I. als „gotischer" Zentralbau auf achteckigem Grundriss. Einer der Vorfahren Ludwigs II., Kaiser Ludwig der Baier, hatte im Jahre 1330 Kloster Ettal gegründet. Ludwig II. verehrte seinen kaiserlichen Vorfahren und Namensvetter, der einzige Wittelsbacher, der im Mittelalter Kaiser geworden war, und bezog auch von ihm, neben dem Wittelsbacher Karl VII. (reg. 1742–1745), seinen eigenen Kaiseranspruch in Konkurrenz zu den Hohenzollern seit 1870, deren Geschlecht keinen historischen Kaiser aufzuweisen hatte.

1835 hatte der Kunsthistoriker Sulpiz Boisserée, ein führender Kopf der Münchner „Gothiker", die Gestalt der Ettaler Klosterkirche, ein Zentralbau, von den mittelalterlichen Schilderungen der Gralshalle – etwa in Wolfram von Eschenbachs *Parzival* – hergeleitet, in einem Buch, das den Entwurf zur Ruhmeshalle Ludwigs I. programmatisch begleiten sollte und das Ludwig II. schon im Knabenalter gelesen hatte.[4] Ludwig II. übernahm diese in Bezug auf Ludwig den Baiern durchaus mögliche These. Jener hatte nämlich Ettal als „Ritterkonvent", mit Blick auf die sagenumwobene Artusrunde, vorgesehen und errichtet, was ein Zitat der Gralshalle nahelegt. Dies steigerte die Anciennität seiner Abkunft von Kaiser Ludwig für Ludwig II. noch. „Die Ettaler Kirche ist nach dem Plane des Gralstempels zu Mont Salvat gebaut worden", schrieb er am 21. Juni 1865 an Wagner.[5] So war im Bildprogramm des Mediävisten Hyazinth Holland von 1869 für die Neue Burg auch ein Wandbild zu ihm vorgesehen: „Kaiser Ludwig der Baier unter den Werkleuten seiner im Bau begriffenen Gralsburg zu Etal". Direkter konnte der Bezug Ludwigs II. auf seinen Vorfahren nicht formuliert sein.

„Über den Hlg. Gral gelesen", vermerkte Ludwig II. im Mai 1869 in seinem Tagebuch und ließ sich mehrere Ansichten zu einer Gralshalle nach dem Vorbild der Hagia Sophia entwerfen [1]. Joseph Görres, auch zu den Münchner „Gothikern" gehörend, hatte schon 1813 in seinem Buch *Lohengrin. Ein altdeutsches Gedicht* postuliert, die Schilderung der Gralshalle im *Jüngeren Titurel* des Albert von Scharfenberg (um 1270) gehe auf die Gestalt der Hagia Sophia in Konstantinopel zurück.[6] Aus diesen rekonstruktiv gemeinten Ansichten gingen Idee und Entwürfe für einen Thronsaal in Ludwigs Neuer Burg hervor.

LUDWIG XIV.

Der Namensheilige und -patron Ludwigs des Baiern, Ludwigs XIV. und Ludwigs II., König Ludwig IX., der Heilige, von Frankreich – ein Stammvater der Bourbonen –, hatte 1241–1248 als Verehrungsort für seine Passionsreliquien, vor allem der Dornenkrone Christi, in Paris die Sainte-Chapelle als seine Hofkapelle erbauen lassen. Sein Nachfahre Ludwig XIV., Hauptgestalt des Absolutismus, ließ seine neue Hofkapelle in Versailles zwar in barocken Architekturformen, aber in gezielt enger Anlehnung an eben die Sainte-Chapelle seines Vorfahren errichten. So ist es nur logisch, dass Ludwig II. sein Projekt eines „Tempels des Ruhmes" für Ludwig XIV. von Frankreich im Umfeld Ettals, in Linderhof, realisieren wollte, in diesem dichten persönlichen Beziehungsfeld aus dem nahen „Gralstempel" seines kaiserlichen Vorfahren, dem verehrten, beschworenen Ludwig XIV., und dem allen dreien gemeinsamen Namensheiligen. Er benannte es intern mit einem Anagramm des berühmten Ausspruches Ludwigs XIV. „L'état c'est moi": „Tmeicos-Ettal".

[2] Schloss Herrenchiemsee, Paradeschlafzimmer, GEORG VON DOLLMANN und andere, 1870–1881

[3] Schloss Neuschwanstein, Idealentwurf zum Thronsaal, EDUARD ILLE, 1876

PARADESCHLAFZIMMER IM NEUEN SCHLOSS HERRENCHIEMSEE

Das Paradeschlafzimmer im Neuen Schloss Herrenchiemsee [2] hat kaum noch Ähnlichkeit mit dem vergleichsweise schlichten historischen Chambre de Parade Ludwigs XIV. im Schloss Versailles, in dem die wesentlichen höfischen Zeremonien des Lever (Aufstehen) und Coucher (Zubettgehen) stattgefunden hatten, die den Monarchen in einen allegorischen Zusammenhang mit der Sonne und ihrem Lauf stellten. Im Schloss Herrenchiemsee ist dieser Raum mit einer letztmöglichen Fülle ausgestattet, zumal die goldgestickten Panneaux sind in ihrem handwerklich-qualitativen Aufwand ohne jeden Vergleich. Dieser Raum ist die Klimax der Ausstattungskunst des 19. Jahrhunderts. Er war als Denkmalraum zur Verherrlichung des absolutistischen Königtums errichtet wie das ganze Große Appartement, im Programm ganz auf die Glorifizierung Ludwigs XIV. als einzige Nutzung fixiert. Die ideologische und zeremoniell ausgedrückte

[4] Schloss Neuschwanstein, Thronentwurf für die Apsis im Thronsaal, JULIUS HOFMANN, 1884

Gleichsetzung des Herrschers mit der Sonne hatte allegorisch und im Grunde blasphemisch die Theorie des Absolutismus vollzogen, der Herrscher sei der weltliche Stellvertreter Gottes, also auch Jesu, auf Erden. Das historische Vorbild in Versailles war ein zeremonieller Raum, das Paradeschlafzimmer Ludwigs II. für ihn ein sakraler. Genauso ein Vollzug romantischer Kunstauffassung wie in seinen Räumen mit tatsächlich sakralen Zitaten.

THRONSAAL IN SCHLOSS NEUSCHWANSTEIN

Der Thronsaal von Schloss Neuschwanstein [3] vereint die monarchischen und dynastischen Bezüge Ludwigs II. Am 30. Mai 1876 diktierte dieser seinem Hofsekretär: „Die Münchener Allerheiligenkirche ist als Vorlage zu nehmen. [...] Das Kuppelgewölbe soll den Himmel, besät mit goldenen Sternen darstellen. Das Blau des Himmels ist so glänzend als möglich zu behandeln. Alle Marmorsorten, die der Architekt Salzenberg in seiner Beschreibung der Sophienkirche in Constantinopel aufzählt,[7] sind zur Verwendung in diesem Thronsaal gedacht. An der Rückseite des Saales ist eine große Nische [...]. Die Nische ist ganz vergoldet und werden auf diesen Grund gemalt und durch Palmen abgetheilt 6 Könige, die heilig gesprochen wurden, darüber Christus, segnend, als König des Himmels. [...] Der Thronsessel [4] ist mit einem auf Säulen ruhenden Dache überwölbt, ähnlich wie in der Sophienkirche der Altar.“[8]

Das ikonografische Raumprogramm, eines der vielschichtigsten des 19. Jahrhunderts, entwickelte der geistesgeschichtlich belesene Ludwig im Wesentlichen selbst; es bezieht auch die „Gesetzgeber der großen Culturvölker der Heiden, die Inder durch Manu, die Perser durch Zoroaster, die Egypter durch Hermes, die Griechen durch Solon und die weltbeherrschenden Römer durch Augustus“ mit ein.[9] Moses mit den Gesetzestafeln Gottes ist dargestellt, Jesus als göttliches Licht. Also eine umfassende Allegorie der legitimierten Machtausübung unter Gottes Gnade. Die Allerheiligenhofkirche der Münchner Residenz hatte Ludwig I. ab 1826 errichten lassen; von dort stammt vor allem die Gestalt der Seitenwände mit den überkuppelten Säulenarkaden, ein vom Bauherrn verlangtes Motiv aus San Marco in Venedig. Ein weiterer Bezug zu seinem Großvater ist die Thronapsis, deren malerische Komposition direkt von der Apsis der Klosterkirche St. Bonifaz übernommen wurde, bis 1850 von Ludwig I. als seine Grabkirche in München errichtet. Hier in

[5] Schloss Neuschwanstein, Hauskapelle, Flügelaltar und Glasfenster mit Darstellungen des hl. Ludwig, 1881–1884

Neuschwanstein ist jedoch das Thema anders: die sechs heiliggesprochenen Könige, darunter der heilige Ludwig IX. von Frankreich, Namenspatron der bayerischen Könige Ludwig I. und II., die ja auch beide am Tag des Heiligen, dem 25. August, geboren worden waren. So bildet dieser Weiheraum des herrscherlichen Gottesgnadentums ein dichtes Beziehungsgeflecht aus ferner Geschichte, Religion und Ludwigs II. eigener Dynastie.

SCHLAFZIMMER IN SCHLOSS NEUSCHWANSTEIN

Das Schlafzimmer ist Neuschwansteins einziger Raum in gotischen Formen, was mit dem heiligen französischen König Ludwig IX., Erbauer der gotischen Sainte-Chapelle in Paris, zusammenhängt, dem das direkt anschließende kleine Oratorium gewidmet ist. Allerdings sind hier Formen

[6] Burg Falkenstein, Entwurf des Schlafzimmers, MAX SCHULTZE und AUGUST SPIESS, 1885

reichster deutscher Spätgotik gewählt. Viele sakrale Zitate finden sich: die Bettbekrönung in Form eines Altargesprenges; der taufbeckenartige Waschtisch mit Toilettegefäßen, die historischen Vasa Sacra nachgebildet sind; Lesesessel mit Baldachin in Form der Stalle eines Chorgestühls; eine Ewiglichtampel im Kronleuchter. Die prachtvollen Textilien zeigen Krone und Wappensymbole Ludwigs II.: Löwe, Schwan und Rauten, aber auch die weiße Lilie als Symbol der Patrona Bavariae, Maria. Es ist eine Beschwörung des christlichen Königtums, ein Weiheraum wie der Thronsaal. Die Wandbilder, die Glasfenster und das Mittelbild des Altars im Oratorium [5] beziehen sich auf Ludwig IX. von Frankreich, den Heiligen und Namenspatron Ludwigs II. König Ludwig XVI. – ein direkter Nachfahre von Ludwig IX. –, war 1786 der Taufpate seines Großvaters König Ludwig I. gewesen. Dies fasste Ludwig II. als eine Art von dynastischer Verbindung auf. Das erklärt die sakralen Zitate. Dass Tristan der Überlieferung nach ein Sohn Ludwigs IX. war, ist Anlass für das Bildprogramm des Schlafzimmers gewesen – Szenen aus der Tristansage – und hat für Ludwig II. die Identifikation mit Richard Wagners tragischem Helden noch verstärkt.

SCHLAFZIMMER FALKENSTEIN

Der erste Entwurf von 1884 sah einen nur mäßig großen rechteckigen Raum mit einem polygonalen Bettalkoven vor. Das Bildprogramm des Raumes sollte Liebespaare aus den mittelalterlichen Sagen zeigen, die Richard Wagner für seine Musikdramen herangezogen hatte: Venus und Tannhäuser, Siegfried und Brünnhilde, Tristan und Isolde (die auch im Schlafzimmer von Neuschwanstein dargestellt sind), Elsa und Lohengrin, Parzival und Condwiramurs, Gahmuret und Herzeloide (die Eltern Parzivals).

Ludwig II. befahl umgehend mit genauen Angaben ein ganz anderes Schlafzimmer. Die Entwürfe aus dem Spätjahr 1884 zeigen einen quadratischen Raum in byzantinischen Formen mit Blendarkaden, einer zentralen blauen Kuppel mit goldenen Sternen und einer Apsis mit Baldachinbett. Dies ist eine Kombination aus Schlafzimmer und dem Thronsaal Neuschwansteins. Ansicht und Querschnitt von 1885 zeigen das Konzept nochmals erweitert [6]. Vier Arkaden tragen die nun 14 Meter hohe blaue Mittelkuppel. Die Säulen unter den Gurtbogen sind nach Anordnung Ludwigs II. aus San Marco in Venedig zitiert. Auch sein Großvater Ludwig I. hatte in seiner Allerheiligenhofkirche architektonische Zitate aus San Marco verlangt. Der Boden musste auf Befehl Ludwigs genau nach einer Schilderung des Bodens im Herrscherschlafraum des Kaiserpalastes von Byzanz gestaltet werden, in einem Buch über *Die Byzantiner des Mittelalters* von 1869, das Ludwig dem Architekten zur Verfügung stellte.[10]

Die Wände sind vollständig mit Goldmosaik inkrustiert. Vorne rechts steht ein Thronsessel, über dem zwei der sagenumwobenen Liebespaare im Wandbild erscheinen. Unter der Kuppel sind Tugendallegorien dargestellt. Vor der mittleren Bettapsis, die mit Vorhängen vom Raum abgetrennt ist, schwebt ein weißer Falke, der, aus Alabaster gefertigt, ein Nachtlicht aufnehmen und leuchten sollte. In der linken Apside ein Flügelaltar mit Kniebank, in der rechten ein Waschtisch in Formen eines Tabernakels aus San Marco, dessen Toilettegefäße genau nach historischen Vasa Sacra im Kirchenschatz von San Marco gestaltet werden mussten; aus einer Weinkanne wurde eine Kanne für Waschwasser, aus Salbgefäßen wurden Parfümflakon und Pomadetöpfchen, aus einer Pyxis ein Schwammbehälter und aus einem Abendmahlskelch ein Zahnputzbecher. Im Zentrum das Bett in Formen eines byzantinischen Baldachinaltars, der Bettkasten als Mensa mit Figurenreliefs gestaltet, flankiert von zwei hohen Standleuchtern. In der Apsiskalotte ist die thronende Mutter Gottes mit dem Jesuskind dargestellt, nach einer Ikone in der Hagia Sophia. Die flankierenden Engel sind, ebenfalls nach Befehl Ludwigs II., Zitate aus der Allerheiligenhofkirche seines Großvaters.

Diese Raumvision ist die letztmögliche Steigerung eines Weiheraumes des Königtums, eine „Vollendung“ mit allen Mitteln. Der Waschtisch als Tabernakel, die Toilettegefäße als Vasa Sacra, vor allem das Bett als Altar, sind eigentlich blasphemisch. Man bedenke: Ein Bett hat mit diesem hieratischen Zusammenhang historisch nichts zu tun. Was Ludwig II. hier kühn und in höchster Qualität vollziehen wollte, ist die Verschmelzung von byzantinischem Kaiser, Ludwig IX., dem Heiligen, und Ludwig XIV. Nur in dessen absolutistischem Zeremoniell hatte ein Bett königliche Bedeutung. Eine faszinierende Conclusio aller Ideale des späten Ludwig II., aber auch tragisches Zeugnis seiner Beschwörungsversuche, mit den Schwerpunkten Heiligung des herrscherlichen Gottesgnadentums, das in seiner Epoche nur noch auf dem Papier präsent war, und persönliche Erlösung. Eine Sentenz Nietzsches aus seinem *Zarathustra* trifft das kunstreligiöse Lebenskonzept Ludwigs II: „Auf eignen Flügeln in eigne Himmel.“[11]

1 Strobel 1936–1939.
2 Wilhelm Wackenroder. *Herzensergießungen eines kunstliebenden Klosterbruders*. Berlin, 1797.
3 Geheime Tagebücher König Ludwigs I., GHA.
4 Sulpiz Boisserée. *Ueber die Beschreibung des Tempels des Heiligen Grales*. München, 1835.
5 Strobel 1936–1939.
6 Joseph Görres. *Lohengrin. Ein altdeutsches Gedicht*. Heidelberg, 1813.
7 Wilhelm Salzenberg. *Alt-christliche Baudenkmale von Constantinopel vom V. bis XII. Jahrhundert*. Berlin, 1854.
8 Düfflipp-Korrespondenz, GHA.
9 Projekt zum Thronsaal vom 15. Oktober 1880, GHA.
10 Johann Heinrich Krause. *Die Byzantiner des Mittelalters in ihrem Staats-, Hof- und Privatleben*. Halle, 1869.
11 Friedrich Nietzsche. *Also sprach Zarathustra*. Chemnitz, 1883, 55.

Schloss Neuschwanstein, EDUARD VON RIEDEL, GEORG VON DOLLMANN und JULIUS HOFMANN, 1868–1892

Schloss
Neuschwanstein,
Schlafzimmer,
JULIUS
HOFMANN,
1881–1884

Schloss Neuschwanstein, Thronsaal, Apsis mit sechs heiliggesprochenen Königen, JULIUS HOFMANN, 1881–1887

Schloss
Neuschwanstein,
Thronsaal
nach Süden,
JULIUS HOFMANN,
1881–1887

GEGENWÄRTIG IN DER VERGANGENHEIT

Ludwig II. und die Architekturfotografie 1864–1886

Von ULRICH POHLMANN

Wie andere Monarchen seiner Zeit[1] stand der bayerische König Ludwig II. dem neuen Medium Fotografie ausgesprochen aufgeschlossen gegenüber. Deren Nutzen sah er zunächst in der Herstellung und Verbreitung repräsentativer Bildnisse seiner Person. Während ihm langwierige Porträtsitzungen selbst für berühmte Maler und Bildhauer ein Gräuel waren, stand der junge Herrscher zeitlebens dem Fotografen Joseph Albert im Atelier bereitwillig Modell. Diese Porträts wurden dann an Familienangehörige oder sonstige Persönlichkeiten als höfischer Freundschafts- oder Gunstbeweis verschickt beziehungsweise öffentlich in Umlauf gebracht. Zudem erkannte Ludwig II. bald die Möglichkeiten, welche die Fotografie für seine architektonischen Planungen bieten konnte. Mithilfe von Architekturaufnahmen ließ sich nicht nur profundes Wissen über die Bauformen und Innenausstattung der jeweiligen Vorbilder gewinnen. Die fotografischen Vorlagen trugen auch entscheidend dazu bei, die Vorstellungen des Königs bezüglich der Architektur der Königsschlösser zu konkretisieren. Unter Zuhilfenahme von Fotografien ließen sich seine architektonischen „Träumereien" visualisieren, die sich im Wesentlichen an der französischen Baukultur des Ancien Régime, des Orients und des Mittelalters orientierten [1]. Die unter der Bourbonen-Herrschaft von Louis XIV bis Louis XVI errichteten Schlösser von Versailles und Umgebung hatte Ludwig II. auf zwei Paris-Reisen in den Jahren 1867 und 1874 kennengelernt, während ihm die Originalschauplätze orientalischer oder mittelalterlicher Architektur mit Ausnahme der Wartburg aus eigener Anschauung unbekannt waren.

Der Fotografie kam die Aufgabe zu, den aktuellen Zustand der Architekturen authentisch, sprich wirklichkeitsgetreu, aufzuzeichnen. Die bauliche Umsetzung der Vorlagen wurde dann penibel kontrolliert, kleinste Abweichungen von den Vorbildern wurden sofort bemängelt und vom König ent-

[1] Versailles, Chambre de Parade von Ludwig XIV. (Foto: ADOLPHE BRAUN, um 1877)

[2] München, Innenansicht des leeren Glaspalasts (Foto: JOSEPH ALBERT, 1865)

sprechende Korrekturen veranlasst. Außerdem waren nach Fertigstellung der Bauwerke Darstellungen zu repräsentativen Zwecken nötig, wofür sich die Fotografie ebenfalls hervorragend eignete. Wie die meisten seiner Zeitgenossen sah Ludwig II. die Fotografie nicht als Kunst, sondern vor allem als Dienstleistung an. Doch wusste er die individuelle Qualität von Aufnahmen durchaus einzuschätzen und vergab auf diesem Urteil basierend Aufträge an führende Fotounternehmen für Kunstreproduktionen und Architekturfotografien.

Die Ausgaben Ludwigs II. für Fotografien vervielfachten sich im Vergleich zu denen seines Vaters, allerdings waren diese Kosten in Relation zu den Auftragsarbeiten an Maler, Bildhauer und Kunsthandwerker zwecks Herstellung von Repliken relativ gering. Die Vorliebe des Königs für das Sammeln von Fotografien sprach sich offensichtlich auch international herum. So bat Henry Cole, damaliger Direktor des Londoner South Kensington Museums, den bayerischen Monarchen um seine Teilnahme an einer von England ausgehenden Initiative, verbindliche Richtlinien für die Reproduktion von Kunstwerken in europäischen Museen und ihre kostengünstige Verbreitung durchzusetzen.[2]

Einen verlässlichen Einblick in die künstlerischen Interessen Ludwigs II. und sein Verhältnis zur Architektur gibt das umfangreiche Verzeichnis sämtlicher Bildwerke, das posthum im Jahr 1899 angelegt wurde. Dieses Inventar verzeichnet akribisch, ohne weiterführende Angaben zu Urheber, Technik und Datierung der Bildwerke, etwa 20 000 Blätter sämtlicher Drucktechniken wie Lithografie, Kupferstich, Fotografie etc., gegliedert nach fünf verschiedenen Themenkomplexen: Die Sektion „Historische Darstellungen“ beinhaltet dynastische Bildnisse der europäischen Aristokratie sowie Geschichts-, Schlachten- und Kostümbilder nebst öffentlichen Ereignissen.[3] Die zweite Rubrik, „Darstellungen aus der Länderkunde“,

[3] München, Atelier von Wilhelm von Kaulbach mit dem Monumentalgemälde Schlacht bei Salamis (Foto: JOSEPH ALBERT, um 1868)

repräsentiert geografische Karten sowie Ansichten von Städten, Landschaften und Sehenswürdigkeiten in Europa, Russland, Japan und dem Orient, die von den Fotografen Pascal Sébah, Antonio Beato, Abdullah Frères, Carl Durheim, Juan Laurent, Alinari, Anderson oder Sommer & Behles stammen. Das dritte Kapitel mit dem Titel „Architektonische Darstellungen" vereint Kunstreproduktionen aus europäischen Kunstsammlungen und Museen sowie Architekturveduten. Hier finden sich thematisch aufgefächert die Schlösser und Bauprojekte Ludwigs II., herrschaftliche Residenzen und Parkanlagen in Bayern sowie die wichtigsten französischen Schlossbauten des Ancien Régime, aber auch Profan- und Kirchenbauten. Die verbleibenden Rubriken „Kunstgewerbliches" und „Theater-Darstellungen" umfassen Raumdekorationen, Ausstattungsgegenstände ebenso wie Abbildungen von Bühnenaufführungen, Theaterdekorationen und Kostümbilder aus Oper und Theater.[4]

ADOLPHE BRAUN – FOTOGRAF VON KUNST UND ARCHITEKTUR DES ANCIEN RÉGIME

Unter den zahlreichen Originalfotografien in der königlichen Bibliothek ragen vor allem Aufnahmen der Firmen Franz Hanfstaengl, Joseph Albert und Adolphe Braun heraus.[5] Erst vor Kurzem wurde das genaue Ausmaß der Zusammenarbeit des bayerischen Königshauses mit dem elsässischen Fotounternehmen Adolphe Braun bekannt, das der Firmengründer Adolphe gemeinsam mit seinem Sohn Gaston leitete. Diese Kooperation währte von 1872 bis Ende Mai 1886, nur wenige Wochen vor dem tragischen Tod des Königs.[6] Braun lieferte über die bayerische Legation in Paris nach München oder Schloss Berg Hunderte Aufnahmen von den Schlössern in Versailles, Kunstreproduktionen und Architekturdarstellungen aus der Epoche von Louis XIV bis Louis XVI. Diese Fotografien spiegeln die Verehrung des Wittelsbacher Monarchen für Figuren der französischen Geschichte wie Jeanne d'Arc, Marie Antoinette und deren absolutistische Herrscher wider.

Brauns Aufnahmen im sepiagetonten Kohledruck dienten den Architekten und der Kunstindustrie als Matrizen, wie an folgenden Beispielen ersichtlich wird. So nahm der Fotograf das Marokkanische Haus auf der Pariser Weltausstellung des Jahres 1878 auf, bevor dieses nach seiner Erwerbung durch den König im Park von Schloss Linderhof in veränderter Form wiederaufgebaut wurde. Aus den zahllosen Aufnahmen Brauns in der Königlichen Bibliothek der Wittelsbacher sei als Prunkstück die vierteilige Innenansicht der Galerie des Glaces (Galerie de Louis XIV) herausgegriffen, die im Schloss Herrenchiemsee nachgebildet wurde. Nicht minder einflussreich waren Brauns Recherchen für den bayerischen König in den Privatsammlungen der französischen Metropole, wie jener der Brüder Goncourt, oder in schwer zugänglichen Stadtpalästen und Museen.

Die enge Anlehnung an die höfische Kultur des sogenannten Erbfeindes Frankreich und die Zusammenarbeit Ludwigs II. mit dem französischen Fotografieunternehmen, das als erster Global Player in der Fotogeschichte gelten kann, missfiel vielen im Deutschen Reich, aber auch in Frankreich. Intensive Kontakte eines deutschen Monarchen zu Repräsentanten der französischen Kultur waren nach 1871 höchst ungewöhnlich und riefen nach dem Ableben des Königs offene Kritik hervor. Doch auch in Paris stieß Brauns Kooperation mit der preußischen Obrigkeit und dem Königreich Bayern aus patriotisch-nationalistischen Gründen auf Missfallen, sodass Gaston Braun die Verleihung des Titels eines königlich-bayerischen Hoffotografen durch Ludwig II. zeitlebens verschwieg.

DIE KOOPERATION ZWISCHEN JOSEPH ALBERT UND KÖNIG LUDWIG II.

Während es zwischen den Betreibern des Fotounternehmens Braun und Ludwig II. vermutlich nie zu einer persönlichen Begegnung kam, kann das Verhältnis zu dem bayerischen Fotografen Joseph Albert als geradezu familiär bezeichnet werden.[7] Albert genoss seit der Zeit König Maximilians II. das Privileg, seine Kamera auch in der privaten Umgebung der königlichen Familie aufstellen zu dürfen. Den Grundstein für dieses Vertrauen legte ein Album zum Königsschloss in Hohenschwangau und zu anderen Gebäuden, das Albert Maximilian II. dedizierte und ihm Ende Dezember 1857 den Titel des ersten „königlich bayerischen Hofphotographen" einbrachte. Unter den Aufnahmen des Albums mit Einband aus königsblauem Samt befanden sich auch mehrere Ansichten vom Standort des späteren Schlosses Neuschwanstein sowie Aufnahmen der alten Marienbrücke über die Pöllatschlucht, die Ludwig II. 1866 durch eine filigrane Eisenkonstruktion ersetzen lassen sollte. Die Aufnahmen zählen qualitativ zu den herausragenden Architektur- und Landschaftsfotografien in Deutschland im 19. Jahrhundert.

Joseph Albert galt als „ein genialer Kopf und ein angenehmer Gesellschafter, aber es fällt schwer, seiner habhaft zu werden; er eilt umher, wie ein ruheloser Geist, der überall etwas vergessen zu haben scheint, wonach er emsig sucht, stets beschäftigt mit seinen Plänen und Entwürfen, forschend und combinirend".[8] Obwohl Albert am Polytechnikum in München studiert hatte und nach elterlichem Wunsch den Beruf des Architekten beziehungsweise Bauingenieurs ergreifen sollte, zählten Architekturaufnahmen eigentlich nicht zu seinem zentralen Geschäft. Das florierende Unternehmen, das sich in München die „hervorragendste sociale Stellung erobert"[9] hatte und erfolgreich an den Weltausstellungen in Paris, London, Wien und Philadelphia zwischen 1855 und 1876 teilnahm, war vielmehr auf die lukrative Herstellung von Kunstreproduktionen und Porträts spezialisiert. In einer ausführlichen Schilderung des Atelierbetriebs hieß es schon 1860: Albert „beherrscht sein Material derart, daß er den Ton der Originale so täuschend nachzuahmen weiß, daß selbst der Künstler Original und Kopie kaum mehr zu unterscheiden vermochte".[10]

Außerdem brillierte Albert 1865 im Münchner Kunstverein mit einer spektakulären Innenansicht des Glaspalasts, die von der Zwischengalerie im Westen aus mithilfe eines neuen Objektivs, des Periskops von Steinheil, entstanden war und deren strenge Monumentalität selbst in Paris für erhebliches Aufsehen sorgte [2].[11] Gelegentlich veröffentlichte Albert auch Ansichten von Ateliers bekannter Münchner Künstler wie jenem Wilhelm von Kaulbachs, das als Schauatelier vom kunstinteressierten Bürgertum aufgesucht wurde, um dem schöpferischen Künstlergenius bei seiner Arbeit sozusagen über die Schulter zu schauen [3].

Erstmals konnte Albert dem Regenten seine besonderen Fähigkeiten anlässlich einer Dokumentation des Wintergartens unter Beweis stellen, den Ludwig II. ab 1867 auf dem Dach der königlichen Residenz in München hatte errichten lassen. Auch für die Planung einzelner Gebäude spielten Fotografien eine gewisse Rolle. Als der König einen ersten Entwurf von Franz Seitz für den Maurischen Kiosk als „sehr unpoetisch" empfand, folgte seine Anweisung, dass der Künstler die Architektur „dem photographirten Kiosk ähnlich machen" sollte.[12] Bei der Errichtung der künstlichen Landschaft im Wintergarten über dem Festsaalbau wollte der König das Tonnengewölbe, eine Eisenträgerkonstruktion mit Verglasung, vollständig ausgeblendet wissen. Der von Carl von Effner entworfene Landschaftsprospekt sollte in sich möglichst geschlossen wirken. Nichts sollte den beabsichtigten Eindruck einer indisch-orientalischen Märchenwelt stören. An Joseph Albert erging eine entsprechende Anweisung des Königs, den Wintergarten „ohne das Glasdach" aufzunehmen.[13]

ILLUSIONSTHEATER UND MODERNSTE TECHNIK

Michael Petzet hat eingehend auf den theatralischen Charakter der Architekturen der Königsschlösser hingewiesen und des Königs Eklektizismus, seine Vorliebe für exotische Stile, die der arabischen und indischen Kultur entliehen waren, in Zusammenhang mit Bühnenbildern analysiert. Die „erstrebte Realität der Illusion“ von Natur und Architektur[14] bestimmt auch das Erscheinungsbild jener Aufnahmen im Imperialformat, die Albert vom Interieur des Wintergartens 1871 mithilfe des nassen Kollodium-Verfahrens realisierte. Wie ein elegantes Bühnenbild breitet sich die artifizielle Landschaft aus Maurischem Kiosk, Indischem Königszelt, künstlich angelegtem See samt Kahn, „indischen“ Schwänen, exotischer Flora, Fischerhütte, Grotte und gemalter Himalaya-Landschaft vor den Augen des Betrachters als theatralische Einheit aus [4]. Gleichwohl ließ sich die skelettartige Außenhaut der Halle selbst durch einretuschierte Schwäne auf dem Gewässer nicht gänzlich ausblenden. Doch unterscheiden sich die Aufnahmen Alberts in ihrem Bestreben, die Gartenlandschaft als märchenhafte Idylle wiederzugeben, grundlegend von seinen Darstellungen des 1854 vollendeten Wintergartens von Maximilian II. in der Münchner Residenz, der im Vergleich dazu wie ein gewöhnliches Gewächshaus wirkte. Wie überwältigend dieses Illusionstheater auf Besucher gewirkt haben muss, mag ein Augenzeugenbericht der Infantin von Spanien, Maria de la Paz, aus dem Jahre 1883 veranschaulichen: „Plötzlich glaubte ich mich in die Alhambra verzaubert. Ein kleines maurisches Zimmer mit einem Brunnen in der Mitte, von Blumen umgeben, versetzte mich in meine Heimat. An den Wänden zwei prächtige Divane. [...] Von meinem Platz aus sah ich durch den Bogen hindurch herrliche Pflanzen im Schein verschiedenfarbiger Lichter, während unsichtbare Chöre leise sangen. Plötzlich war ein Regenbogen zu sehen.“[15]

DIE KÖNIGSSCHLÖSSER ALS TOURISTISCHE ATTRAKTION

Alberts Aufnahmen wurden exklusiv für Ludwig II. hergestellt und haben vermutlich zu dessen Lebzeiten keinerlei Öffentlichkeit erfahren. Der König war bestrebt, sein eigenes Traumreich vor den Blicken Dritter abzuschirmen und den Zugang zu seiner Retraite restriktiv zu handhaben, weshalb selbst Familienangehörige keinen Zutritt erhielten. Nur wenige dieser beeindruckenden Fotografien, die zu den herausragenden Leistungen der europäischen Architekturfotografie im 19. Jahrhundert zählen, haben sich in öffentlichen Sammlungen erhalten. Erst posthum erschienen einzelne Motive im Kabinettformat im Handel.

[4] München, Residenz, Wintergarten Ludwigs II. mit indischem Zelt (Foto: JOSEPH ALBERT, um 1870)

[5] Kulmain, Bau der Fichtelgebirgsbahn, Tunnel bei Oberwappenöst (Foto: GEORG BÖTTGER, 1877)

Für den Bau seiner Schlösser nahm der König die Dienste seines Hoffotografen unablässig in Anspruch. Albert wurde, wie andere Hofkünstler und -handwerker auch, nach Paris entsandt, um nach detailgenauen Anweisungen ausgewählte Kunstwerke und Innenausstattungen aufzunehmen. Beispielhaft sei hier ein Auftrag erwähnt, der den Fotografen nach Versailles führte: „Photographirt sollen werden [...] 1. die Gemächer der Königin, 2. die drei Säle der Garden, 3. die kleinen Appartements des Königs inclusive des Medaillenkabinets. Die Aufnahmen sollen – womöglich – immer mit Plafonds erfolgen."[16] Wenn der König mit dem Ergebnis von Aufnahmen Brauns nicht zufrieden war, schickte er Albert ebenfalls nach Paris, um die Bildwerke erneut fotografieren zu lassen.[17] Diese Aufnahmen dienten häufig als Vorlagen für die Ausführung dekorativer Wandelemente, Skulpturen und Gemälden in den Königsschlössern,[18] deren Architektur und Bildprogramme als Repliken weitgehend auf französischen Vorbildern basieren.

Zu den Auftragsarbeiten gehörten ebenfalls fotografische Baudokumentationen. Diese dienten dem Auftraggeber und ausführenden Bauingenieur beziehungsweise Architekten, um den Fortgang der Arbeiten zu kontrollieren.[19] Aufnahmen des eingerüsteten Schlosses Neuschwanstein hielten den ungeduldig auf Fertigstellung drängenden Monarchen über den aktuellen Stand informiert. Dieselbe Funktion übernahm die Fotografie im Zusammenhang mit anderen Großbaustellen, etwa von Industriearchitekturen und vor allem dem Eisenbahnbau. Im Zuge der Industrialisierung Bayerns und dem damit verbundenen Ausbau des Verkehrsnetzes hielten Fotografen wie Johann Laifle in Regensburg oder Georg Böttger in München Eisenbahntrassen, -brücken und Bahnhöfe mit ihren Kameras fest. Letzterer dokumentierte im Auftrag der Eisenbahngesellschaften in München Eisenbahnbrücken sowie den Bau der Fichtelgebirgsbahn 1877 mit Tunnelbauten und Trassenlegung über einen längeren Zeitraum hinweg. Diese Aufnahmen, meist mit großformatigen Glasnegativen im Nassverfahren realisiert, bezeugen, obwohl sie die Symbole technischen Fortschritts feiern sollten, eindringlich die umfassende Zerstörung der Naturlandschaft als Folge der Industrialisierung [5].

Das Hauptaugenmerk des Königs lag jedoch zweifelsohne auf den Königsschlössern. Nachdem Schloss Linderhof fertiggestellt war, beauftragte er Albert mit der Herstellung von Stereoskopbildern – jener hatte mit dieser Technik bereits 1859/60 erfolgreich experimentiert – sowie einer Serie großformatiger Innenansichten der Schlösser Neuschwanstein und Linderhof. Der Fotograf, durch ein Leiden mittlerweile an den Rollstuhl gefesselt, konnte diesen Auftrag nicht mehr persönlich ausführen. Und weder Albert, der nur wenige Wochen vor Ludwig II. verstarb, noch der König sollten die Veröffentlichung dieser Aufnahmen erleben, die der Kunstverlag Joseph Albert unter dem Titel *Die bayerischen Königsschlösser* vermutlich im Sommer 1886 öffentlich in Umlauf brachte, zunächst als Mappenwerk mit Albuminpapierabzügen auf Karton montiert, später dann als Lichtdruck in Massenauflage. Die Schlösser waren nach dem Ableben des Königs dem Publikum zum Besuch freigegeben, und infolge des einsetzenden Touristenstroms stieg auch das Bedürfnis nach entsprechenden Bildsouvenirs. Das Unternehmen, nunmehr von Alberts Witwe mit Geschick weitergeführt, realisierte daraufhin in den 1890er-Jahren zahlreiche Neuaufnahmen der Schlösser von innen und außen, die in den verschiedensten Formaten in großen Auflagen angeboten wurden.[20]

Neben den bayerischen Schlossbauten waren nun auch die französischen Vorbilder Ludwigs II. für ein größeres Publikum in München im Bild zugänglich. Das von August Fuhrmann gegründete Unternehmen „Kaiserpanorama" präsentierte stereoskopische Aufnahmen von den Pariser Weltausstellungen 1867–1900 und stellte darüber hinaus die Kunstschätze in den französischen Museen und die Sehenswürdigkeiten der kaiserlichen Schlösser Versailles und Trianon zur Schau. Der gemeinsame Besuch im Kaiserpanorama bot auch bürgerlichen Zeitgenossen die Illusion, am Ort des Geschehens zugegen zu sein und dank des dreidimensionalen Raumeindrucks in den herrschaftlichen Gebäuden regelrecht promenieren zu können.[21] Damit trug die Fotografie dazu bei, dass die höfische Architektur nicht länger nur den Blicken weniger Privilegierter vorbehalten blieb, sondern Teil des kollektiven Bildgedächtnisses wurde.

1 Die britische Königin Victoria und ihr Gemahl Prinz Albert legten bereits um 1850 umfangreiche Fotosammlungen an, die heute in den Royal Collections in Windsor Castle aufbewahrt werden. Vgl. Lyden 2014.
2 Brief von Henry Cole an Baron Maximilian von Perglas, Diplomat an der Bayerischen Gesandtschaft in Paris, vom 20. Juli 1867. BayHStA München, Akte *Gesandtschaft 1867, Paris 528*. Ein Antwortschreiben von Ludwig II. ist nicht bekannt.
3 In der königlichen Bibliothek befinden sich mehr als 90 Fotografien von der Weltausstellung in Paris 1867 von Bisson jeune, die im Auftrag von Pierre Petit realisiert wurden, sowie zahlreiche Aufnahmen der Weltausstellungen in Wien 1873, Paris 1878 sowie der Münchner Kunstausstellungen 1876 und 1879 und der Blumen-Ausstellung im Münchner Glaspalast 1882. Weitere Fotokonvolute stellen die Kriegsschauplätze 1870/71 und Künstlerfeste in München, wie das Waldfest 1879, dar.
4 *Verzeichnis der neugeordneten Bilderwerke aus dem Nachlasse Seiner Majestät König Ludwig II.*, 1899, Bibliothek der Wittelsbacher, Schloss Nymphenburg. Für die Einsichtnahme danke ich Andreas von Majewski, Thomas Wöhler und Albrecht Vorherr.
5 Erstaunlicherweise fehlen die fotografischen Mappenwerke von Édouard Baldus, die dieser vom Palais de Louvre (1869), von Versailles mit Grand et Petit Trianon (1877) sowie dem Hôtel de Ville in Paris (1884) in Umlauf brachte.
6 Vgl. Pohlmann 2017, 334–337.
7 Vgl. Ranke 1977.
8 Zit. nach Wilhelm Hackländers Beschreibung von Joseph Albert im 1872 erschienenen Roman *Der Sturmvogel*. In Nekrolog 1886, 354.
9 Ebd.
10 Zit. nach Die Dioskuren 1860, 56.
11 Münchner Kunst-Anzeiger 1865, 49. Die Aufnahme, deren Belichtungszeit 90 Sekunden betrug, wurde auf einer Sitzung der einflussreichen Société Française de Photographie in Paris präsentiert. Vgl. Prissette/Trillat 1979, o. P.
12 Brief Ludwigs II. an Hofsekretär Düfflipp vom 19. März 1869, zit. nach Schmid 1986, 71. Möglicherweise war die indische Landschaft mit dem Himalaya-Gebirge an der Ostwand des Wintergartens auch von populären zeitgenössischen Fotografien angeregt, die der britische Fotograf Samuel Bourne auf der Pariser Weltausstellung 1867 gezeigt hatte. Ludwig II. waren die Darstellungen der Gebrüder Schlagintweit von den Himalaya-Expeditionen vertraut, die Joseph Albert reproduziert hatte.
13 Schreiben von Lakai Welker an Hofsekretär Bürkel vom 14. Mai 1879. Zit. nach Petzet 1986, 54, Anm. 112.
14 Vgl. Petzet 1986, 55.
15 Zit. nach Schmid 1986, 90.
16 Zit. nach Petzet 1995, 232.
17 Vgl. Kobell 1898, 161 f.
18 Vgl. Rauch 1993, 149, 287 (Anm. 46), 294 (Anm. 83), 308 (Anm. 187), 313 (Anm. 224).
19 Vgl. Pohlmann/Scheutle 2011, 7–10.
20 Einen Überblick zum Verlagsprogramm mit Aufnahmen der Schlösser liefert Kobell 1898, 493–496.
21 Lorenz 2010.

Hof, Bahnhof,
Empfangsgebäude
mit „Königssaal“,
GEORG FRIEDRICH
SEIDEL, 1874–1880

Hof, Bahnhof mit Empfangsgebäude,
GEORG FRIEDRICH SEIDEL, 1874–1880

DB
Zentrum

SB-Backwaren
flotter
2,70 EURO

Hof, Bahnhof, Empfangsgebäude,
GEORG FRIEDRICH SEIDEL, 1874–1880

ZUM WELTBILD KÖNIG LUDWIGS II.

Von SABINE HEYM

Neuschwanstein, Linderhof und Herrenchiemsee, die Schlösser König Ludwigs II., sind heute die weltweit bekanntesten Bauten dieser Epoche in Bayern. Als der Bauherr starb, war keines von ihnen vollendet. Viele Pläne, wie die für byzantinische und chinesische Paläste oder die Burg Falkenstein, blieben unausgeführt. Alle diese Bauten wurden fern vom Regierungssitz in unberührten Naturlandschaften konzipiert – auf Bergeshöhen, in abgelegenen Tälern oder gar auf einer Insel. Sie waren nicht für die Öffentlichkeit bestimmt, dienten weder gesellschaftlichen noch zeremoniellen Zwecken oder der Legitimation der eigenen Dynastie.[1] Auch waren sie im traditionellen Sinn keine Sommersitze oder Jagdschlösser und auch keine Bauten staatlicher Repräsentation. Ludwig II. finanzierte sie aus seinen privaten Mitteln,[2] doch angesichts seiner im Lauf der Zeit exorbitant zunehmenden Bautätigkeit verwundert es nicht, dass diese schließlich nicht ausreichten und seine Schulden ein enormes Ausmaß annahmen,[3] was letztlich zu seiner Entmachtung führte. Als die Schlösser sechs Wochen nach dem Tod des Königs am 1. August 1886 öffentlich zugänglich gemacht wurden, sollten sie unter anderem ein Beleg für die ihm attestierte Geisteskrankheit sein; tatsächlich entwickelte sich in der Wahrnehmung des Publikums aber eine bis heute ungebrochene Faszination für diese Schöpfungen Ludwigs II.

Was macht diese Schlösser so einzigartig? Warum sind diese Bauten, wie das Theater, die Literatur und die Musik, so wesentlich für den König? Jenseits seiner in der Literatur thematisierten psychischen und physischen Verfasstheit sowie der historischen, politischen und gesellschaftlichen Zeitumstände scheint der ungewöhnlich belesene König [1] in seinem Kunstverständnis in hohem Maße von seinem erklärten Lieblingsdichter Friedrich Schiller geprägt worden zu sein.[4]

An seinem 13. Geburtstag vermerkte Ludwig in seinem Tagebuch, dass er drei Bände von Schillers Werken geschenkt bekommen habe.[5] Seit der Kronprinzenzeit war seine Begeisterung für Schillers Dramen, die er allesamt mehrfach auf der Bühne sah, ungebrochen.[6] Seinen „unsterblichen Schiller“ konnte er über weite Passagen auswendig rezitieren.[7] So sind auch in seine Tagebücher und Briefe unzählige Zitate aus dessen Werken eingeflochten. Aber – und darauf wurde bereits verschiedentlich hingewiesen – auch Schillers philosophische Schriften, besonders die Abhandlung *Über die ästhetische Erziehung des Menschen* (1795), haben sein Selbst- und Weltverständnis, sein Herrscherethos, sein Kunstwirken wie seine Förderung des Sprech- und Musiktheaters – insbesondere des Werks von Richard Wagner – maßgeblich beeinflusst.[8] Dass Ludwig II. als König auch sein Bauen als Verwirklichung des von Schiller postulierten „ästhetischen Staats“ sah, soll im Folgenden kurz skizziert werden.

In der Schrift *Über naive und sentimentalische Dichtung* (1795/96) sagt Schiller über den von ihm hochgeschätzten Mediziner, Naturforscher und Dichter Albrecht von Haller:[9] „Von einem Ideal ist seine Seele entzündet, und sein glühendes Gefühl für Wahrheit sucht in den stillen Alpentälern die aus der Welt verschwundene Unschuld.“[10] Spätestens seit dem 1757 erschienenen Werk *Philosophische Untersuchung über den Ursprung unserer Ideen vom Erhabenen und Schönen* von Edmund Burke[11] fand man in der Natur zunehmend das Erhabene, das auch in der *Kritik der Urteilskraft* (1790) von Immanuel Kant wichtig ist und in der Diskussion zunehmend mit dem Schönen verbunden wird. So schreibt Schiller, Burke und Kant folgend: „Das Erhabene, wie das Schöne, ist durch die ganze Natur verschwenderisch ausgegossen, und die Empfindungsfähigkeit für beides in alle Menschen gelegt […].“[12] Und weiter: „Ein größerer Maßstab wird ihm [dem Menschen] von der simplen Majestät der Natur vorgehalten, und von ihren großen Gestalten umgeben, erträgt er das Kleine in seiner Denkart nicht mehr.“[13]

Was aber ist mit dieser Denkart gemeint? Im Zusammenhang mit dem Gemeinen[14] schreibt Schiller: „*Gemein* ist alles, was nicht zu dem *Geiste* spricht und kein anderes als ein sinnliches Interesse erregt […].“[15] Gemein ist, kurz gesagt, wer ausschließlich auf seinen Nutzen bedacht ist. Im sechsten Brief seiner Abhandlung *Über die ästhetische Erziehung des Menschen* (1795) sagt Schiller, mit deutlicher Kritik an den Thesen von Adam Smith in dessen Buch *An Inquiry into the Nature and Causes of the Wealth of Nations* (1776),[16] an der Aufklärung und

[1] König Ludwig II. auf ein Buch gestützt
(Foto: JOSEPH ALBERT, 1865)

[2] Schloss Neuschwanstein, Idealentwurf, CHRISTIAN JANK, 1869

an der in Terror abgeglittenen Französischen Revolution: „Diese Zerrüttung, welche Kunst und Gelehrsamkeit in dem innern Menschen anfingen, machte der neue Geist der Regierung vollkommen und allgemein [...]. Auseinandergerissen wurden jetzt der Staat und die Kirche, die Gesetze und Sitten; der Genuß wurde von der Arbeit, das Mittel vom Zweck, die Anstrengung von der Belohnung geschieden. Ewig nur an ein einzelnes kleines Bruchstück des Ganzen gefesselt, bildet sich der Mensch selbst nur als Bruchstück aus [...] und anstatt die Menschheit in seiner Natur auszuprägen, wird er bloß zu einem Abdruck seines Geschäfts, seiner Wissenschaft."[17] Und Schiller weiter: „Der Geschäftsgeist in einen einförmigen Kreis von Objekten eingeschlossen und in diesem noch mehr durch Formeln eingeengt, mußte das freie Ganze sich aus den Augen gerückt sehen."[18]

Diese Gedanken enthalten neben der angeführten allgemeinen Kritik eine Kurzfassung wichtiger Ideen der Philosophie Kants.[19] Als körperliche Wesen, so Kant, unterliegen wir, wie alle körperlichen Dinge den Naturgesetzen und sind wir alle Bürger des Reichs der Notwendigkeit. In diesem Reich folgt der Mensch allein seinen Sinneswahrnehmungen, zu denen auch Hunger, Durst und Lust gehören, und dem, was er als seinen persönlichen Nutzen bezeichnet. In dieser Welt gibt es zwar Sinneseindrücke, aber kein Erhabenes, kein Schönes, keine Moral, die über blanken Egoismus hinausgehen würde. Doch, so Kant weiter, das ist nur ein Teil des Menschen. Der Mensch kann auch denken, er kann von etwas Schönem denken, etwas Gutem, etwas Edlem. Schiller dazu: „Ein Mensch handelt *gemein*, der nur auf seinen Nutzen bedacht ist und insofern steht er dem *edlen* Menschen entgegen, der sich selbst vergessen kann [...]."[20] Als körperliches Wesen ist der Mensch Kant zufolge den Naturgesetzen unterworfen, als denkendes Wesen ist er frei. Das, so Kant, ist die eigentliche Bestimmung des Menschen und, wie er in dem Essay *Beantwortung der Frage: Was ist Aufklärung?* (1784) darlegt, auch der Auftrag jedes Einzelnen.

Die Welt der Notwendigkeit findet sich, so entwickelt Schiller diese Gedanken weiter, in dem, was er als den „*dynamischen* Staat" bezeichnet. Dieser hat zwar durchaus seine Berechtigung, aber die Bestimmung des Menschen ist eine andere: „Wenn in dem dynamischen Staat der Rechte der Mensch dem Menschen als Kraft begegnet und sein Wirken beschränkt – wenn er sich ihm in dem *ethischen* Staat der Pflichten mit der Majestät des Gesetzes entgegenstellt und sein Wollen fesselt, so darf er ihm im Kreise des schönen Umgangs, in dem *ästhetischen* Staat, nur als Gestalt erscheinen, nur als Objekt des freien Spiels gegenüberstehen. *Freiheit zu geben durch Freiheit* ist das Grundgesetz dieses Reichs."[21] Nur in diesem ästhetischen Staat kommt das Individuum zu sich selbst und verlässt damit die Fesseln des Nutzens und der sinnlichen Lust, es wird frei und erkennt die Menschheit in sich: „Das Schöne allein genießen wir als Individuum und als Gattung zugleich, d. h. als *Repräsentanten* der Gattung."[22]

Ein entscheidendes Element wird für Schiller die vom Genie geschaffene Kunst, denn: „Nur dem Genie ist es gegeben, außerhalb des Bekannten noch immer zu Hause zu sein und die Natur zu *erweitern*, ohne über sie *hinauszugehen*."[23] Damit schließt sich für Schiller der Kreis der Argumentation. Der Mensch vermag mithilfe seiner Sinne das Erhabene und das Schöne in der Natur wahrzunehmen. Mithilfe seiner Empfindungsfähigkeit für beides vermag er aber auch Kunst zu erkennen. Das ist von Menschen geschaffenes Schönes. Dieses geschaffene Schöne verweist, wie der Mensch als denkendes Wesen zu erkennen vermag, auf die unendliche Idee des Schönen. Jedes Kunstwerk ist, so Schiller, der hier ähnlich wie der Philosoph Friedrich Wilhelm Joseph Schelling argumentiert,[24] Ausdruck des Schönen und zugleich Hinweis auf die Idee des Schönen. Diese Idee aber ist nur in uns Menschen als frei denkende und spielende Wesen und muss daher von jedem aus sich selbst gewonnen werden. Das Kunstwerk, das er über seine Sinne wahrnimmt, hilft ihm dabei.

[3] Schloss Neuschwanstein, Wohnzimmer mit Wandgemälden zur Lohengrin-Sage

[4] Sogenanntes Tagebuch König Ludwigs II. mit Porzellangemälde des Gralstempels, CARL GRÜNWEDEL, München, 1885

Beachtet man dies, wird am Verhalten Ludwigs II. vieles verständlicher: Als König von Gottes Gnaden mit einem ausgeprägt absolutistischen Monarchieverständnis sah er sich in der Pflicht, für das Wohlergehen seiner Untertanen zu sorgen. Den „materiellen" Teil dieser Aufgabe hatte aus seiner Sicht aber der dynamische Staat (die Regierung) zu leisten. Seine Pflicht, seine wahre Bestimmung als König war es in seinem Verständnis, sich von diesem Staat fernzuhalten, um den ästhetischen Staat zu schaffen, in dem allein sich die Bestimmung und damit das Wohlergehen der Menschen erfüllen kann. Dieser Staat konnte, da in ihm die Freiheit das wesentlichste Element war, nicht verordnet werden; Vorschriften (Regeln) aufstellen, das konnte innerhalb gewisser Grenzen der ethische Staat. Jedoch: Bürger des ästhetischen Staats konnte der einzelne Mensch nur aus freien Stücken, nur aus freier Einsicht werden. Die Aufgabe der Kunst war es, ihm den Weg zu weisen.

Das Reich der Freiheit ist also das Reich der Kunst. In diesem ästhetischen Reich, dem eigentlichen Ziel menschlichen Daseins, wollte Ludwig II. König sein. Hier war herrschen als handeln gleichbedeutend mit Kunst schaffen. Damit erklären sich seine Bauten [2]: Inmitten der erhabenen Natur mit ihrem Naturschönen sollten sie als Ausdruck des vom

König geschaffenen Kunstschönen sowohl auf die Idee des Schönen wie auf die Idee des Königtums verweisen, denn für Ludwig II. war der König – ganz in der Tradition der hochabsolutistischen Staatstheorie eines Jean Bodin[25] – der Abgesandte Gottes; als solcher baute er, sinnlich wahrnehmbar, das Schöne, um den Menschen in seine Freiheit zu führen und zum Bürger des monarchisch gedachten ästhetischen Staats zu machen: „Der Mensch, der es so weit gebracht hat, alle Schönheit, Größe, Vortrefflichkeit im kleinen und großen der Natur aufzulesen und zu dieser Mannigfaltigkeit die große Einheit zu finden, ist der Gottheit schon sehr viel näher gerückt."[26]

Die rationale Schlüssigkeit der Schiller'schen Philosophie, die klare Trennung zwischen dem Reich der Notwendigkeit und dem ästhetischen Staat, der das Reich der Freiheit, der selbst gesetzten Zwecke umfasst und der in seiner höchsten Form poetisch ist, hat offensichtlich früh das Selbst- und Weltbild König Ludwigs II. geprägt. In der konsequenten Umsetzung dieser philosophischen Grundgedanken sah der mit 18 Jahren ohne politische Erfahrung in einer schwierigen Phase der Bayerischen Geschichte[27] auf den Thron gekommene Ludwig in seiner extrem übersteigerten Vorstellung vom Königtum seine Bestimmung – und nicht in der Funktion eines konstitutionellen Monarchen im Reich der Notwendigkeit. Nur durch den Rückzug aus dem Tagesgeschäft konnte er aus seiner Sicht Schöpfer des ästhetischen Staats werden. Da diese ästhetische, in Freiheit, aus einer Vision heraus geschaffene Welt die einzig wirkliche ist, weil nur sie der Freiheit des Menschen angemessen ist, beschränkte sich Ludwig II. nicht auf die Förderung der Künste und Künstler seines Königreichs, sondern agierte in hohem Maße selbst als königlicher Bauherr, Ideator und künstlerischer Urheber – aus heutiger Sicht als Konzeptkünstler. Dafür setzte er alle Mittel (auch die finanziellen) ein. Um seine Vorstellungen zu verwirklichen, integrierte er vielfältige Anregungen aus der Geschichte, der Mythologie und Literatur, orientierte sich an den zeitgenössischen Kunstströmungen und Moden sowie den neuesten technischen Entwicklungen – ohne jemals in direkten Kontakt mit den ausführenden Architekten, Künstlern und Handwerkern zu treten. Zur Realisierung seiner Vorstellungen ließ er sich bildhafte Entwürfe und detaillierte Pläne vorlegen, bestimmte und korrigierte bis in das letzte Detail Form und Inhalte, Art und Qualität der Ausführung, was ständige und teure Um- und Neuplanungen nach sich zog.

Ludwig II. sah sich offensichtlich als König berufen – wie der Künstler aus sich selbst heraus, also in frei gewählter Isolation, in einem Rückzug aus der Notwendigkeit –, sich nach seinem Verständnis der unendlichen Idee des Schönen zu nähern. In dem Moment, in dem der Künstler aber ein Werk fertiggestellt hat, entgleitet es ihm, denn es wird Teil der endlichen, der materiellen Welt, und der Näherungsprozess muss von Neuem beginnen. Insofern sind die Schlösser Ludwigs II., die tatsächlich nie vollendet wurden, in unterschiedlichsten Ausprägungen Stein gewordene Zeugnisse des sogenannten Deutschen Idealismus in der absolutistischen Interpretation eines Königs. In diesem Sinne war es Ludwig II. nicht um *l'art pour l'art*, um Kunst um der Kunst willen, zu tun, sondern – Schiller folgend – darum, den Menschen durch das Ideal-Schöne zur Freiheit im moralisch verstandenen Sinn zu führen. Schließlich geht es im ästhetischen Staat um das Glück aller, um die Erkenntnis der ewigen Ideen. Wenn Ludwig II. nicht nur in Frankreich des Fin de Siècle als Künstler-König und Ästhet auf dem Thron, von Paul Verlaine als „le seul vrai roi de ce siècle" tituliert wurde, ist das nur zutreffend, wenn er dabei nicht zugleich als Prototyp des décadent vereinnahmt wird oder als der verkannte Künstler, dessen einziger Lebensinhalt sein Werk ist und der deshalb unsozial und arrogant die Werte der Gesellschaft in herausfordernder Weise missachtet.[28]

Allerdings haben die Neigungen Ludwigs II. und sein Hang zu elitärem Denken die Einseitigkeit und Unbedingtheit, mit der er Schillers Philosophie offenbar aufgenommen und umgesetzt hat, gefördert. Bei Schiller traf er auf ein Programm, in dem er, nachdem er es in seinem Selbstverständnis interpretiert hatte, vollständig aufgehen konnte. Ähnlich weitgehend hat er sich seit seiner Kindheit mit Lohengrin identifiziert, dem Schwanenritter, der vom Heiligen Gral in die Welt gesandt wurde, um der zu Unrecht in Bedrängnis geratenen Elsa beizustehen. Als Elsa Lohengrin, gegen ihr Versprechen, nach seinem Namen fragt, muss er gehen. Ein von einem Schwan gezogener Kahn bringt ihn in das Reich des Grals zurück. Ludwig II. kannte diese Geschichte aus der Literatur, aus Wandgemälden in Schloss Hohenschwangau, und Lohengrin war 1861 die erste Oper Wagners, die er erlebt hat.[29] In der Gedankenwelt des Königs konnte sich das Reich des Heiligen Grals durchaus mit dem unendlichen Reich des Schönen verbinden [3–4].[30]

Auch Ludwig II. sah sich nach seinem Herrscherverständnis als von Gott eingesetzt und muss es als ungeheuerliche Usurpation der Macht, als Anschlag auf die Königswürde, auf das Reich des Unendlichen empfunden haben, als er in der Nacht vom 11. auf den 12. Juni 1886 aufgrund der ihm attestierten Geisteskrankheit von Abgesandten der

Regierung in Neuschwanstein in Gewahrsam genommen wurde.[31] Der Regierung hatte er weitestgehend freie Hand gelassen und verlangte dafür für sein Handeln als bauender Künstler-König ebenfalls freie Hand, auch dann noch, als die Ausgaben für die Bauten gefährliche Dimensionen anzunehmen begannen. Durch seine Entmachtung wurde ihm aus seiner Sicht sein Auftrag, den ästhetischen Staat zu begründen, von jenen unmöglich gemacht, die den dynamischen Staat, das Reich der Notwendigkeit, vertraten. Festgesetzt in Berg am Starnberger See, verbanden sich für den König offenbar auf fatale Weise mehrere Linien der Argumentation: Weil es ihm die Welt, sein Land, unmöglich machte, dieses aus den Fesseln des dynamischen Staates zu befreien und den ästhetischen Staat zu begründen, konnte er am 13. Juni 1886, einem Pfingstsonntag, der auch der Tag des Heiligen Gral war, meinen, wie Lohengrin in die andere, die unendliche Welt zurückgerufen zu werden. Damit wurden Ludwig II. und seine Idee vom Königtum zu dem, was am besten aus der späten Philosophie Schellings zu verstehen ist: zum Mythos.[32] Nicht wenige Menschen stellen sich bis heute einen echten König so vor: Ausdruck einer besseren, nicht dem Kleinkram verhafteten Welt, lebend in traumhaft schönen Schlössern, unendlich fern und zugleich so nah.[33]

1 Vgl. Ottomeyer 2011, 169 f.

2 Seit der Verfassung von 1818 war das Hausgut der Wittelsbacher mit dem Staatsgut vereinigt. Als Ausgleich dafür wurde dem König 1834 im Gesetz über die Festsetzung einer permanenten Zivilliste der Unterhalt des Hofes und der Familie garantiert. Aus der Zivilliste hatte der König als Staatsoberhaupt die ihm zur ausschließlichen Nutzung zugewiesenen Liegenschaften (das Krongut) sowie alle Kosten des Hofstaats (einschließlich des Personals und der Verwaltung, alle Kosten der Repräsentation sowie die Apanagen der volljährigen Prinzen u. a. m.) zu bezahlen. Was übrig blieb, bildete das Privateinkommen des Königs. Daraus und nicht aus dem Staatshaushalt finanzierte Ludwig II. seine Schlösser, was schließlich durch die wachsenden Ausgaben zur Überschuldung der Hof- und Kabinettskasse führte. Aretin 2006, 20 f.

3 Die Schulden betrugen 1880 ungefähr 4,5 Millionen Mark, 1884 rund 8 Millionen Mark, 1886 etwa 14,5 Millionen Mark.

4 Vgl. Merta 1993, bes. 738–744. – Seitz 2004. – Erichsen 2011a, 13. – Merta 2011. – Seitz 2011.

5 Tagebucheintrag vom 25. August 1858 zitiert in Evers 1986, 70.

6 Vgl. ebd., 268 ff.

7 Vgl. ebd., 70. – Hacker 1986[3], 128.

8 Vgl. Merta 1993, 741. – Merta 2011, 180. – Seitz 2004, 33f.

9 Vgl. Fueter/Elschenbroich 1966. Haller zählt zu den größten Universalgelehrten der Schweiz und der Aufklärung. Nach einer Alpenreise 1728 entstand sein erstes großes und zugleich sein einflussreichstes Gedicht *Die Alpen*.

10 *Über naive und sentimentalische Dichtung* (1795/96). In Schiller o. J., Bd. 2, 710.

11 Der irisch-britische Schriftsteller, Staatsphilosoph und Politiker war erbitterter Gegner der Französischen Revolution und gilt als geistiger Vater des Konservatismus. *A Philosophical Enquiry into the Origin of our Ideas of the Sublime and Beautiful* gilt als der klassische Text einer empirisch begründeten sensualistischen Ästhetik.

12 *Über das Erhabene* (1801). In Schiller o. J., Bd. 2, 767.

13 Ebd., Bd. 2, 768.

14 *Gedanken über den Gebrauch des Gemeinen und Niedrigen in der Kunst* (1802). In Schiller o. J., Bd. 2, 775–781.

15 Ebd., Bd. 2, 775.

16 Der schottische Moralphilosoph und Aufklärer Adam Smith gilt seit dem Erscheinen seines Buches *Der Wohlstand der Nationen* als Begründer der klassischen Nationalökonomie. Erstmals in die deutsche Sprache übertragen wurde das Werk 1776 und 1778 in zwei Bänden von Johann Friedrich Schiller, einem Cousin des Dichters Friedrich Schiller.

17 Schiller 1795 (1965), 6. Brief, 20 f.

18 Ebd., 6. Brief, 22.

19 Ebd., 1. Brief, 3 f.: „Zwar will ich Ihnen nicht verbergen, daß es größtenteils Kantische Grundsätze sind, auf denen die nachfolgenden Behauptungen ruhen werden [...]".

20 *Gedanken über den Gebrauch des Gemeinen und Niedrigen in der Kunst* (1802). In Schiller o. J., Bd. 2, 776.

21 Schiller 1795 (1965), 27. Brief, 125.

22 Ebd., 27. Brief, 126 f.

23 *Über naive und sentimentalische Dichtung* (1795/96). In Schiller o. J., Bd. 2, 686.

24 F. W. J. Schelling. *Philosophie der Kunst* (Vorlesung 1802/03). Schelling, einer der Hauptvertreter des Deutschen Idealismus, wurde 1827 von König Ludwig I. zum Professor berufen und war in München sehr einflussreich.

25 Jean Bodin. *Six livres de la République*, erstmals erschienen 1583.

26 *Philosophische Briefe* (1786). Schiller o. J., Bd. 2, 456.

27 Vgl. Rumschöttel 2011a, 11.

28 In Frankreich war es insbesondere der Wagner-Kult, der die dekadent-ästhetische Ludwigsverehrung förderte. Kiefer 2011. – Lindl 2011. – Riedl 2011.

29 Seitz 2004, 152 f., 195 ff. Ludwigs Vater verbot seinem 13-jährigen Sohn den Besuch der Erstaufführung von Wagners Lohengrin am 28. Februar 1858.

30 Am 22. Juni 1868 schrieb Ludwig II. an Richard Wagner: „Die Worte Schiller's können auch Wir dem Volke zurufen: Du siehst nur das Gewöhnliche der Dinge, denn Deinen Blick umhüllt das ird'sche Band. Ich habe das Unsterbliche mit Augen gesehen, ja mir ist es, als hätte ich in das Allerheiligste des Himmels selbst geschaut, - - - - es heißt der Gral und selig reinster Glaube ertheilt durch Ihn sich seiner Ritterschaft." Zit. nach Strobel 1936–1939, Bd. 2, 233.

31 Die von Ludwig II. durch seine Bauleidenschaft herbeigeführte Schuldenkrise führte aufgrund eines Gutachtens des Psychiaters Professor Bernhard von Gudden (8. Juni) zur Entmündigung des Königs und der Proklamation der Regentschaft des Prinzen Luitpold (9./10. Juni). Nach der Inverwahrnahme in Neuschwanstein (11./12. Juni) wurde Ludwig II. nach Schloss Berg verbracht (12. Juni), wo er und sein Arzt von Gudden im Starnberger See starben (13. Juni).

32 Schelling beschäftigte sich spätestens seit seiner Schrift *System des transzendentalen Idealismus* (1800) mit Mythologie. Zwischen 1828 und 1831 entwickelte er diese Gedanken besonders in seinen Münchner Vorlesungen, die immer ein öffentliches Ereignis waren, weiter; sie wurden posthum veröffentlicht unter dem Titel *Philosophie der Mythologie. Philosophie der Offenbarung* (1856–1858). Mythos steht hier für etwas, was man nicht rational erfassen kann.

33 Für viele Gespräche, die mir Einblicke insbesondere in den philosophischen Kontext eröffneten, danke ich herzlich Anton Hueber, München, der auch das Entstehen der Studie mit viel Geduld begleitet hat.

Schloss Herrenchiemsee, GEORG VON DOLLMANN und JULIUS HOFMANN, 1868–1886

Schloss Herrenchiemsee, GEORG VON DOLLMANN und JULIUS HOFMANN, 1868–1886

EXOTISCHE RAUMORDNUNGEN?

Vermittlungswege und Rezeptionsvarianten islamischer Architektur bei Ludwig II.

Von EVA-MARIA TROELENBERG

„[...] doch kam es noch in neuerer Zeit vor, dass gelegentlich des Aufenthaltes seiner Majestät auf dem Schachen Stallleute im dortigen, im türkischen Style eingerichteten Zimmer in orientalischer Weise sitzend, mit seiner Majestät Sorbet trinken und aus türkischen Pfeifen rauchen mussten.“[1]

„[...] alles, was [Ludwig II.] tat, war von einer fremdartigen, schaurigen Großartigkeit, die eher an einen asiatischen Sultan denn an einen europäischen Landesherrn gemahnte.“[2]

Die Textquellen, aus denen diese beiden Zitate stammen, könnten unterschiedlicher nicht sein – und doch sind sich der zeitgenössische forensische Bericht und die kritische literarische Rückschau in einem Punkt einig: Beide betonen Ludwigs Hang zum Orientalisieren, um damit seine Andersartigkeit zu markieren. Sie positionieren ihn als Exoten außerhalb des Rahmens europäischer Konvention, als aus der Zeit gefallen und antimodern, jenseits der Normen geistiger Gesundheit.

[1] München, Residenz, Wintergarten Ludwigs II. nach Westen mit Kiosk (Foto: JOSEPH ALBERT um 1870)

[2] Schachen, Königshaus, Landschaftsmotiv des östlichen Teils des Münchner Wintergartens mit Architekturprospekt, JULIUS LANGE, 1872

Ludwigs Interesse am sogenannten Orient lässt sich durch seine gesamte Regierungszeit hindurch verfolgen. Die Pläne zu byzantinisch, chinesisch oder islamisch angeregten Architekturen blieben zwar im Umfang stets hinter den großen Schlossprojekten zurück, beweisen in ihrer Gesamtschau aber eine intensive Auseinandersetzung.

Eine Reihe von Kleinarchitekturen, die sich insbesondere an Charakteristika traditioneller islamischer Architektur orientieren, bildet dabei eine eigene Werkgruppe. Um der Herkunft und Bedeutung dieser Motive auf die Spur zu kommen, bietet sich zunächst insbesondere der Blick auf ihre Vermittlungswege an: Anders als zahlreiche seiner Zeitgenossen reiste Ludwig II. selbst nur wenig. Den östlichen Mittelmeerraum, Nordafrika und selbst Spanien hat er nie betreten – mithin kannte er also kein einziges islamisches Bauwerk aus eigener Anschauung. Umso wichtiger waren zeitgenössische Repräsentationsmedien, die sich in unterschiedliche architektonische Modi übersetzen ließen: Mit dem Orient kam Ludwig II. etwa gefiltert durch die Perspektive der Weltausstellungen in Kontakt.[3] Noch intensiver rezipierte er dieses Thema mittels literarischer Beschreibungen und Abbildungen, wie die folgenden drei Beispiele aus der Werkgruppe der orientalisierenden Architekturen – der Wintergarten Ludwigs II. in der Münchner Residenz, der Türkische Saal im Königshaus auf dem Schachen und das Kubba-Projekt für die Stockalpe – zeigen.[4]

PANORAMA: DER WINTERGARTEN IN DER MÜNCHNER RESIDENZ

Auf dem Dach des Festsaalbaus der Münchner Residenz entstand ab 1867 im Auftrag Ludwigs II. ein Wintergarten, der von einer frei gespannten tonnenförmigen Stahl-Glas-Konstruktion überwölbt war und die Atmosphäre eines Kaschmirtals evozieren sollte [1].[5] Inmitten tropischer Vegetation befanden sich neben einem See und einer künstlichen Grotte ein maurischer Laubengang, ein sogenanntes indisches Königszelt sowie ein Kiosk. Das

[3] Schachen, Königshaus, Wandaufriss des „Türkischen Saals", GEORG SCHNEIDER, 1872

interessanteste Element war die halbkreisförmige Ostwand, die mit einem gemalten Prospekt verkleidet war. Hier konnte der König wahlweise ein Landschaftsbild einspannen lassen, welches ihm die Gipfel des Himalaja nach München holte – oder alternativ die Version einer sogenannten indischen Palastanlage am Wasser, die durch ihren Tiefenzug den Raum des Wintergartens illusionistisch verlängerte. Besonders deutlich demonstriert diesen Effekt eine Ansicht der vollendeten Wintergartenanlage, die Ludwig II. im Jahr 1872 von Julius Lange in Öl malen ließ [2]: Sie zeigt ein Zusammenwirken von Botanik, Gewässer und Ausstattung, innerhalb dessen wie in einem Panorama die Übergänge zwischen gebauter und gemalter Architektur kaum noch auszumachen sind.[6] Da der Wintergarten nach Ludwigs Tod abgebrochen wurde, ist dieses Gemälde neben den Fotografien von Joseph Albert das wichtigste Dokument zum Aussehen des Architekturprospekts.

Im Detail lassen sich die Einzelelemente der gemalten Architektur auf typische Merkmale indischer Bauten aus der Mogulzeit beziehen: Es erscheinen offene überkuppelte Pavillons auf polygonalem Grundriss, wie sie sich bei den Repräsentationsbauten Delhis, Lahores oder Agras finden. Wie etwa beim Taj Mahal sind die Schäfte der gemalten Minarette durch mehrere umlaufende Balkons gegliedert. Verglichen mit indischen Beispielen sind sie aber von wesentlich schlankerer Proportion und enden nicht in überkuppelten Pavillons, sondern in zierlichen Spitzen, die auch an osmanische Architektur denken lassen könnten. Insgesamt ging es hier offensichtlich nicht um den konkreten Bezug zu einem bestimmten Monument, vielmehr wurden einzelne Versatzstücke zu einer Art Capriccio zusammengestellt. Eine solche Architekturikonografie des Wintergartens, auf dem Dach der Residenz buchstäblich als Antithese zum realpolitischen Schauplatz konstruiert, stützt gewiss die These einer weltabgewandten Psyche des Auftraggebers. „[...] Sehnsucht nach dem Osten, [...] in indischen Sagen gelesen, auch 1001 Nacht gelesen, Dattelpalme, Palmwein [...]",[7] schrieb Ludwig II. etwa im Frühjahr 1868 in sein Tagebuch, während das Wintergartenprojekt gerade in eine wesentliche Planungsphase ging.

Zugleich lassen die Quellen, aus denen diese Motive geschöpft waren, eine durchaus rege Anteilnahme an den zeitgenössischen Techniken der Welterfassung erkennen. In Briefen und Kabinettsakten aus dieser Zeit wird eine

Reihe von Werken genannt, anhand derer sich Ludwigs intensive Auseinandersetzung mit dem orientalischen Sujet in Literatur und Bild exemplarisch verfolgen lässt.[8] So befand sich in seiner Bibliothek etwa Thomas und William Daniells *Oriental Scenery*,[9] eine Serie von Stahlstichen, unter denen einige Abbildungen von Moscheen und Mausoleen der Mogulzeit waren. Die unmittelbarsten Eindrücke aus Indien aber konnten ihm die Brüder Schlagintweit vermitteln. Hermann, Robert und Adolf Schlagintweit hatten in den 1850er-Jahren den Subkontinent bereist. Ihre Beschreibungen, Aquarelle und Zeichnungen wurden 1881 unter dem Titel *Indien in Wort und Bild*[10] veröffentlicht. Eines der beiden Exemplare, die sich heute in der Bayerischen Staatsbibliothek befinden, enthält eine persönliche Widmung an König Ludwig II.[11] Die neuere Forschung hat gezeigt, dass der Kontakt schon vor der Herausgabe des Werks bestand und bis in die Jahre der Entstehung des Wintergartens zurückreichte.[12] Das Bild des indischen Orients erscheint damit von einem zeitgenössischen pittoresken Darstellungsmodus vermittelt, der sich mit Ludwigs literarischen Vorlieben jener Jahre idealtypisch verbinden ließ.

[4] Eyüp, Palast, Innenansicht eines Saales, THOMAS ALLOM, um 1840

[5] Projekt für eine Kubba,
Innenansicht, GEORG DEHN, 1878

INTERIEUR: DER TÜRKISCHE SAAL IM SCHACHENHAUS

Noch während der Arbeiten am Wintergarten entstand 1871/72 der Türkische Saal im Königshaus auf der Schachenalpe über Garmisch – also wieder an einem abgeschiedenen Standort. Dieser Saal, der das gesamte Obergeschoss des Alpenchalets einnimmt, verdankt seine orientalisch anmutende Grundstimmung allein seiner Ausstattung. Offenbar beschäftigte Ludwig sich zu diesem Zeitpunkt mit Literatur über Konstantinopel.[13] Primär stand dies wohl im Zusammenhang mit seinem Interesse an byzantinischer Architektur, das sich im Thronsaal von Neuschwanstein ebenso niederschlug wie in zwei unverwirklichten Projekten für große eigenständige byzantinisierende Schlossanlagen.[14] Offenbar bedingte dieser geografische Rahmen zugleich die Berührung mit einer weiteren Variante islamischer Architektur.

Ein typisches Beispiel deskriptiver Reiseliteratur ist die Publikation *Constantinople and the scenery of the seven churches of Asia Minor* von Robert Walsh, die eine Serie von Stichen nach Zeichnungen von Thomas Allom enthält.[15] Eine der Bildtafeln steht in direktem Zusammenhang mit dem Türkischen Saal, dessen Ausstattung als eine Kombination aus Orient- und Rokokorezeption angesehen werden kann [3–4].[16] Wie in einem Guckkasten zeigt Thomas Alloms Stich eine Szene in einem Saal des Palasts von Eyüp am Bosporus.[17] Dieser wurde um die Wende zum 19. Jahrhundert unter Sultan Selim III. gebaut oder ausgestattet und stellt ein spätes Beispiel des türkischen Barocks oder Rokoko dar. Da sich dieser Stil durch die Verwendung europäischer Dekorformen auszeichnet, kann die Übernahme einer solchen Raumausstattung durch Ludwig II. als eine Art Rückimport betrachtet werden. Alloms Wiedergabe des Interieurs mit dem schmalen, durch eine Balustrade abgegrenzten Vorraum, dem quadratischen Hauptraum mit schwerer Kassettendecke, den umlaufenden Diwanen und den von Okuli überkrönten Fenstern wurde für den Türkischen Saal fast wörtlich übernommen, lediglich die Anordnung leicht verändert. Über die architektonischen Motive hinaus stimmen auch die Prinzipien der Dekoration weitgehend überein, bis hin zu den Festons in der Kassettendecke, den aus Akanthusblättern zusammengesetzten Säulen und der geschwungenen Leiste der Wandvorlage. Hier wurde also ein gesamtes herrschaftliches Interieur übernommen und mit einigen weiteren Versatzstücken komplettiert, um ein luxuriöses orientalisches Ambiente zu evozieren.

Obwohl mit diesem Beispiel also eine regelrechte Kopie vorliegt, hat Ludwig II. gerade an dieser Stelle offensichtlich nicht nach dem Typischen einer historischen osmanischen Kunst gesucht. Vielmehr scheint hier eine Schnittmenge gefunden zwischen seiner Begeisterung für den Stil des Barocks und Rokokos und der vielbeschworenen Sehnsucht nach dem Osten. Die ästhetischen Codes des europäischen Absolutismus werden auf diese Weise mit denen des osmanischen Sultanats verbunden. Die Idealisierung europäischer Vergangenheit geht Hand in Hand mit einer stereotypen Vorstellung fremder Kulturen. Beides zusammen spricht durchaus für eine anachronistische, im Weltbild des Königs aber auch konsequente räumliche Inszenierung von Alterität als Ausdruck idealer – in der modernen Realpolitik unmöglich gewordener – Herrschaft.

PALAST: DAS KUBBA-PROJEKT FÜR DIE STOCKALPE

Einige Jahre nach dem Türkischen Saal gab Ludwig II. bei Georg von Dollmann für die Stockalpe bei Linderhof eine Kubba mit Hof in Auftrag. Dieses Projekt wurde nie ausgeführt. Die überlieferten Pläne und Entwürfe lassen jedoch darauf schließen, dass hier eine eigenständige kleine Schlossanlage geplant war, die sich an nasridische Architektur anlehnte, insbesondere an den längsrechteckigen Löwenhof der Alhambra mit seinem zentralen Brunnen am Schnittpunkt zweier axial angeordneter Wege, die zur Erschließung repräsentativ überkuppelter Innenräume dienen.[18] Eine kolorierte Entwurfszeichnung [5] zeigt einen Blick vom Säulenumgang des Hofs in den zentralen Innenraum des angrenzenden Saals.[19] Der Raum wirkt wie eine Abbreviatur aus dekorativen und architektonischen Versatzstücken der Alhambra. Die angeschnitten wiedergegebene Kuppel mit dem kleinteiligen Muqarnas-Gewölbe und dem biforischen Fenstermotiv etwa erinnert an diejenige des Saales der zwei Schwestern, während die Arkadenzone mit dem System aus senkrecht ineinander verschränkten Friesen und ornamental gefüllten Feldern sowohl aus dem Repertoire des Löwenhofs als auch des Myrtenhofs schöpft.

„Ich las heute die herrliche Beschreibung Schack's über die Alhambra", hatte Ludwig schon im Frühjahr 1869 an seinen Kabinettssekretär geschrieben. „Aus allem geht hervor, daß dieses gottvolle Denkmal der Blüthezeit des maurischen Baustyles zu dem Vollendetsten gehört, was je Menschen zu schaffen vermochten [...]."[20] Die Lektüre dieser Reisebeschreibung ergänzte er durch kunsthistorische Literatur, etwa Carl Schnaases *Geschichte der bildenden Künste*, die der islamischen Architektur Spaniens breiten Raum einräumt.[21] Dass die Alhambra-Rezeption beim Kubba-Projekt so umfangreich, konsequent und konkret zur Anwendung kommen konnte, ist jedoch nicht zuletzt auf das praktische Potenzial zurückzuführen, das in Owen Jones' und Jules Gourys Publikation *Plans, elevations, sections and details of the Alhambra*[22] lag. Sie stellt eine detaillierte und umfassende Bestandsaufnahme von Architektur und Dekor des nasridischen Palasts dar, der damit zum am besten dokumentierten Monument der islamischen Kunst wurde. Die Entwürfe zur Kubba sind zweifellos an diesem Vorlagenwerk geschult – und damit Teil einer großen europäischen Welle der Alhambra-Begeisterung, die sich in einem breiten Rezeptionsspektrum bis ins 20. Jahrhundert hinein fortsetzen sollte.[23]

Gerade vor diesem Hintergrund zeigt sich, dass Ludwigs Alhambra-Abbreviatur keineswegs beliebig oder launenhaft einer Mode folgte: Im Gesamtbild seiner orientalisierenden Räume dekliniert sie eine weitere Variante von Herrschaftsarchitektur. Ebenso wie der Wintergarten und der Türkische Saal war dieses Projekt für einen abgeschiedenen Standort vorgesehen – es hat jedoch gerade im Vergleich zu den vorhergehenden Projekten deutlich an Volumen und historischer Detailtreue gewonnen.

Sicherlich spiegeln all diese Projekte die Gedankenwelt eines exzentrischen Auftraggebers wider. Zugleich aber sind sie im Detail planvoll und in der Ikonografie durchaus politisch konnotiert. Weder die abgelegenen Standorte noch ihre exotische Ästhetik sprechen dabei für eine irrationale oder gar pathologische Variante der Alterität. Vielmehr sind sie Teil einer komplexen Inszenierung von Herrschaft, die sich von der Moderne abwendet, technisch aber auf ihre

Möglichkeiten der Konstruktion und medialen Vermittlung zurückgreift.[24] Damit können sie durchaus als typisch für einen größeren zeitgenössischen Kontext gelten: Gerade in den Jahrzehnten von Ludwigs Regierungszeit erweiterten sich die Perspektiven auf die islamisch geprägte Welt rasant. Politische, ökonomische und technische Entwicklungen – am konkretesten vielleicht die Eröffnung des Suez-Kanals 1869[25] – rückten die Geografien näher zusammen. Moderne Technologien wie Dampfschifffahrt und Fotografie trugen dazu bei, das Bild der Ferne auf immer schnelleren Wegen zu transportieren.[26] Die Weltausstellungen wurden zum Schau- und Umschlagplatz dieses neuen Weltbilds.[27] Damit war die islamische Welt westlichen Blicken, Einflüssen und Begehrlichkeiten auf besondere Weise ausgesetzt. Es begann die späte Blüte jenes Orientalismus, den Edward Said kritisch als asymmetrische Strategie westlicher Aneignung und Ausbeutung beschrieben hat.[28]

Gleichzeitig bedienten sich auch die gesellschaftlichen Eliten und Herrscher des Nahen Ostens moderner Medien und Techniken. Ludwigs Zeitgenossen Sultan Abdulaziz im Osmanischen Reich oder Nasr ad Din Shah Qajar in Persien etwa trieben zahlreiche innere Reformen an und öffneten ihre Reiche mehr und mehr gegenüber Europa. Die Einführung zunehmend moderner Standards in Bauforschung und Denkmalpflege ist integraler Teil dieser transkulturellen Geschichte, die in unterschiedlichem Maß kolonial oder imperial geprägt sein konnte.[29] Insgesamt trug dies zu einer erweiterten Kenntnis gerade im Bereich der außereuropäischen Kunst- und Architekturgeschichte bei – ein Wissenszuwachs, der sowohl im sogenannten Orient selbst als auch in der westlichen Welt zu unterschiedlichen Varianten hybrider historistischer Anwendung führte.[30] Auch wenn die einzelnen Beispiele in ihrer Qualität und ikonografischen Ausrichtung höchst unterschiedlich zu bewerten sind – sie alle sind direkt oder indirekt Teil einer vielschichtigen „Verwandlung der Welt", deren Machtkonstellationen sich nicht zuletzt in der Konstruktion und oft höchst künstlichen Verschränkung geografischer, historischer und architektonischer Raumordnungen spiegelten.[31]

1 Ärztliches Gutachten über den Geisteszustand Ludwigs II., Juni 1886; zit. nach Grein 1925, 141.
2 Oskar Maria Graf. *Das Leben meiner Mutter*, 1940; zit. nach Graf 2017, 46.
3 Hierfür stehen vor allem der Maurische Kiosk im Schlosspark von Linderhof sowie das Marokkanische Haus, das ursprünglich auf der Stockalpe bei Linderhof stand. In beiden Fällen handelt es sich um Weltausstellungsbauten, die Ludwig II. als Fertigprodukte ankaufen und modifizieren ließ. Vgl. Fehle 1987. – Eichner 1998.
4 Die folgenden Baubeschreibungen basieren partiell auf: Troelenberg 2007, 392–406. – Troelenberg 2008, 115–120.
5 Vgl. Schmid 1986, 63–94. – Tauber 2013, 176–181.
6 Landschaftsmotiv aus dem östlichen Teil des Wintergartens mit Architekturprospekt, Julius Lange, 1872, Öl auf Leinwand, 82 × 135 cm, BSV, in situ im Königshaus auf dem Schachen, Speisezimmer, Inv.-Nr. Scha. G. 4.
7 Tagebucheintrag Ludwigs II. zwischen 17. März und 10. April 1868, zit. nach Evers 1986, 172.
8 GHA, Kabinettsakten Ludwig II., Nr. 314 und 315.
9 Daniell/Daniell 1813–1815.
10 Schlagintweit 1881.
11 Vermerk im Quart-Katalog der Bayerischen Staatsbibliothek.
12 Kleidt 2014, 129, 131.
13 Vgl. Evers 1986, 172. Die Konstantinopel-Lektüre erwähnte Ludwig II. in derselben Tagebuchnotiz vom Frühjahr 1869, in der auch von Literatur zu Indien und *1001 Nacht* die Rede ist.
14 Vgl. Berger 2003, 75–85.
15 Vgl. Allom/Walsh um 1840.
16 Vgl. Restle 1979, 52. – Koppelkamm 2015, 105–111.
17 „Apartment in the Palace of Eyoub", Thomas Allom, um 1840, Stich (Allom/Walsh um 1840, Taf. 33).
18 Erster Grundrissvorschlag zur Kubba mit Hof, Georg von Dollmann, 1878, kolorierte Federzeichnung, 71,2 × 48,3 cm, BSV, Ludwig II.-Depot, Inv.-Nr. 309/I in Baumgartner 1981, 203, Nr. 358.
19 Innenansicht der Kubba, Georg Dehn, 1878, Gouache, 60,5 × 71,4 cm, BSV, Ludwig II.-Depot, Inv.-Nr. 310.
20 BSV, Korr. Düfflipp, 21. März 1869; zit. nach Baumgartner 1981, 220, Anm. 50.
21 Vgl. Schnaase 1869[2]; erwähnt in Tagebuch Ludwigs II. vom 12. Juli 1869, GHA, Kabinettsakten Ludwig II., Nr. 70 (mit Dank an Dr. Gerhard Immler, GHA München, für die Überprüfung dieser nicht frei zugänglichen Archivale). Siehe auch Tauber 2013, 116–122.
22 Vgl. Goury/Jones 1842–1845. – Ferry 2003, 175–188.
23 Siehe z. B. Rosser-Owen 2010, 108–145. – Troelenberg 2018 (im Druck).
24 Dies ist sicherlich auch im Zusammenhang mit den etwa von Christine Tauber geschilderten Flucht- und Exilfantasien Ludwigs II. zu sehen, die eine zwar eigenwillige, aber sehr konkrete Reaktion auf realpolitische Tatsachen darstellten: Tauber 2013, 195–212.
25 Vgl. Huber 2013.
26 Vgl. Osterhammel 2009.
27 Vgl. Geppert 2017. – Çelik 1992.
28 Vgl. Said 1981.
29 Siehe etwa Troelenberg 2015, 287–313.
30 Vgl. Ersoy 2015.
31 Vgl. Osterhammel 2009, bes. 168–173.

Schachen,
Königshaus,
GEORG VON
DOLLMANN,
1869–1872

Schachen, Königshaus,
GEORG VON DOLLMANN, 1869–1872

Schachen, Königshaus, „Türkischer Saal“,
GEORG VON DOLLMANN, 1869–1872

VERMITTELTE ARCHITEKTUR(T)RÄUME

Ludwig II. und das Mittelalter aus „dritter Hand“

Von GABRIELLA CIANCIOLO COSENTINO

KITSCH ODER MYTHOS? NEUSCHWANSTEINS AMBIVALENTE REZEPTION

„Man weiß, daß alle diese Schlösser im Gedanken, in der Gesamtanlage, ja bis in jede einzelne Kleinigkeit seine Schöpfung sind. […] Im ganzen, rein sachlich, eine große Arbeitsleistung, Zeugnis einer außergewöhnlichen Tatkraft. […] Sein Unglück war, daß seine Bauleidenschaft in eine Zeit fiel, die künstlerisch aus zweiter Hand lebte.“[1]

König Ludwig II. fand Inspiration und Anregung für seine Bauunternehmungen weniger in „echten“ mittelalterlichen Gebäuden, sondern vorwiegend in zeitgenössischen Bauten des Historismus und in einer ganzen Reihe von literarischen und historischen Quellen. Hierfür lassen sich mehrere Beispiele anführen, von denen einige in den folgenden Überlegungen näher analysiert werden sollen.

Dass der Nachahmung historischer Formen eine Komplexität zugrunde liegt, die weit über die einfache „Kopie“ hinausgeht, haben sowohl die Ludwig-II.-Forschung als auch die Kunsthistoriografie des 19. Jahrhunderts schon früh erkannt.[2] In diesem Aufsatz wird allerdings weniger auf das schon mehrfach untersuchte Thema der Nachahmung – Architekturkopie, Stilimitation usw. – von (neo-)mittelalterlichen Bauten und die Beziehung zu den jeweiligen Vorbildern eingegangen, sondern vielmehr auf die Frage der Perspektive, aus der wir Ludwigs Werke betrachten, sowie auf die Besonderheit seiner Bauten und seine Rolle als Bauherr. Anhand von Projekten, die in Anlehnung an (neo-)mittelalterliche Gebäude entworfen wurden – insbesondere in Bezug auf Neuschwanstein –, wird erläutert, wie der König seinen Raumvorstellungen konkret Gestalt verlieh und worauf sein umfassendes Konzept des Mittelalters basierte.

Die Kunsthistoriografie des 20. Jahrhunderts hat gegenüber Ludwig II. und seiner Bautätigkeit zwei extreme und zum Teil gegensätzliche Positionen eingenommen. Einerseits wurde seine Persönlichkeit als Legende dargestellt und seine Bautätigkeit als Höhepunkt des Historismus, für manche auch als Vorläufer des Jugendstils angesehen.[3] Andererseits haben die Vertreter der Moderne seine Bauten als unoriginell, unkreativ und geschmacklos verurteilt. So meinte etwa Henry-Russell Hitchcock in seinem Buch *Modern Architecture* von 1929, der „finstere“ Maximilianstil habe den „Wagnerian horrors“ Ludwigs II. den Weg bereitet.[4] Dementsprechend galten Ludwigs Schlösser lange Zeit als Inbegriff des Kitsches.[5]

Beide Urteile wurden allmählich relativiert, und heute liegt eine umfangreiche Literatur vor, in der Ludwig II. in seinen historisch-wissenschaftlichen Kontext eingeordnet und seine Werke mit ähnlichen Phänomenen verglichen wird. Trotzdem taucht die Frage nach der künstlerischen Originalität und Authentizität von Ludwigs Schöpfungen – die in diesem Aufsatz thematisiert werden – immer wieder auf.[6] Inzwischen ist Neuschwanstein eine der meistbesuchten Sehenswürdigkeiten Deutschlands. Warum hat gerade dieses Schloss den Status einer „Ikone“[7] und eines „Touristenmagneten“ gewonnen? Woran liegt die außergewöhnliche Anziehungskraft, die dieses Schloss auf das Publikum ausübt? Viele Faktoren tragen dazu bei, die Wahrnehmung von Ludwigs Werken zu beeinflussen, darunter auch die besondere Herangehensweise des Königs beim Entwurfsprozess [1].

VON DER SCHALE BIS ZUM SCHLOSS: MASSSTABS- UND MEDIENWECHSEL

Bekanntermaßen griff Ludwig II. sehr stark in den Gestaltungsprozess ein und bestimmte maßgeblich die Konzeption seiner Bauten.[8] Seine Rolle als Bauherr wurde trefflich mit der eines Regisseurs verglichen, der zugleich Bühnenbildner, Zuschauer und Hauptdarsteller ist.[9] Wie wurde das in Neuschwanstein verwirklichte Bild des Mittelalters komponiert und inszeniert? Durch welche intellektuellen und materiellen Mittel hat der König sein mittelalterliches „Gesamtkunstwerk“ errichten lassen? Einige Antworten hierauf sind

[1] Schloss Neuschwanstein, EDUARD VON RIEDEL, GEORG VON DOLLMANN und JULIUS HOFMANN, 1868–1892

in Ludwigs Nachlass zu finden. Dieser weist eine beeindruckende Vielfalt an Elementen auf, die zum Entwurfsprozess der einzelnen Bauten beigetragen haben.

Ein Merkmal von Ludwigs Tätigkeit als „Bauleiter" ist seine Fähigkeit, jedes einzelne Detail miteinzubeziehen sowie die unterschiedlichen Maßstäbe des Entwurfsprozesses, von der Miniatur bis zum Monumentalen, zu beherrschen. Das Ergebnis ist eine Gesamtwirkung von Architektur, Landschaft, Ausstattung, Ausschmückung, Farbgebung, Malerei, Ikonografie und Kleidung (Ludwig besaß historische Kostüme, beispielsweise eine Lohengrin-Rüstung), eine Art subtiles Spiegelspiel mit Wechselbeziehungen zwischen den Gebäuden und Objekten, Möbeln und miniaturisierten Architekturen.

[2] Entwurf zur Lohengrin-Schale, Brautgemach (3. Aufzug), LEOPOLD ROTTMANN, 1863–1866

Ein Verschließbuch aus Ludwigs Jugendzeit mit Entwürfen zu einer Lohengrin-, Tannhäuser- und Fliegender-Holländer-Schale steht beispielhaft für den engen Zusammenhang und den Transfer zwischen Architektur und anderen Medien, mit dem sich Ludwig II. schon früh beschäftigte.[10] Das Album enthält eine Serie von Miniaturaquarellen, die mittelalterliche Architekturen mit Szenen aus Wagner-Opern darstellen [2]. Diese von Leopold Rottmann entworfenen Bilder, die der Porzellanmaler Otto Wustlich auf die drei als Geschenke für Wagners Geburtstage 1865–1867 vorgesehenen Schalen übertragen hat, zeigen stilistische Ähnlichkeiten mit dem Interieur Neuschwansteins und wurden deswegen als eine Art Vorentwurf für das Schloss angesehen.[11] Diese kleinen Aquarelle erinnern sehr stark an Julius Hofmanns Entwürfe für den Sängersaal in Neuschwanstein mit seinen gekoppelten Säulen, Rundbogen und Verzierungen. Hans Gerhard Evers schrieb dazu: „Die Schalen waren Ludwigs erste eigene Leistung. Mit diesem Auftrag beginnt die Selbständigkeit als Kunstfürst – als Bauherr –, hier beginnen die Schlösser, konkret besonders der Bau von Neuschwanstein."[12]

Zudem wirken einige Möbel und Kunstgegenstände von Neuschwanstein gleichsam als miniaturisierte Architekturen, wie das Bett für das Schlafzimmer, das der König sich als „gothisch reich geschnitzt" wünschte und das eine elaborierte spätgotische Architektur widerspiegelt.[13] Oder die Kachelöfen, die mit ihrer Vielfalt eine Art Anthologie der Architektur des Mittelalters bilden: Der Kachelofen des Ankleidezimmers wurde im „romanischen Stil" entworfen[14] [3], der Kachelofen des Bettzimmers ist im „gotischen Stil", die Kachelöfen des Arbeits- und Speisezimmers sind fantasievolle Varianten zum Thema Mittelalter mit Rundbogenstilelementen.

Diese Beispiele zeigen keinen Stilbegriff als „sterilisiertes naturwissenschaftliches Präparat" auf,[15] sondern ein dynamisches Konzept von Stil; sie sind nicht philologisch-archäologisch „korrekt" (obwohl immer konsequent in der sorgfältigen Auswahl der einzelnen Motive und Vorbilder), sondern zeigen ein archetypisches, rituales, mythisches, poetisches, evokatives und inklusives Mittelalter, in das verschiedene Elemente integriert sind, darunter Ludwigs orientalische Vorstellungen.

Die Welt des Orients, mit der sich Ludwig intensiv auseinandergesetzt hat, spielte eine große Rolle in seiner Stilkosmologie. Es ist darauf zu verweisen, dass der Orient nicht nur als Alternative zum Mittelalter verstanden und verwendet wurde – wie im Falle der beiden Projekte zu byzantinischen Palastanlagen aus den Jahren 1869/70 und 1885. Vielmehr war er auch Bestandteil von Ludwigs Auffassung des Mittelalters und findet sich entsprechend in der Architektur der Schlösser wieder, in die islamische und byzantinische Elemente integriert sind.[16] Der Thronsaal im byzantinischen Stil und der unausgeführte

Maurische Saal mit Stalaktitengewölbe in Neuschwanstein[17] sowie das an byzantinischen Vorbildern orientierte Schlafzimmer in Schloss Falkenstein sind nicht das Ergebnis einer unreflektierten Stilwahl, sondern ein bewusster Bezug auf bestimmte politische und architektonische Ordnungen. Dies wird unter anderem durch die umfangreiche Dokumentation in Ludwigs Nachlass mit dem Titel „Berichte und Abhandlungen über das Zeremoniell am byzantinischen Hof" bestätigt.[18]

KATEGORIEN UND WERTE: DIE FRAGE DER AUTHENTIZITÄT

Ludwig II. reiste wenig und war kein Sammler. Seine „anti-museale und anti-antiquarische"[19] Haltung spiegelt sich in seinen Schlössern wider. Dafür war er mit einer unerschöpflichen Neugier und umfangreichen Bildung gesegnet, die ein breites literarisches, historisches und künstlerisches Wissen

[3] Schloss Neuschwanstein, Aufriss der Südwand des Ankleidezimmers mit Kachelofen, JULIUS HOFMANN, 1880

[4] Serie von Bronzeplastiken und Leuchtern,
C. W. FLEISCHMANN Hof-Kunst-Anstalt München, 1882

umfasste, das seit der Kindheit durch Romane, Theaterstücke und Dichtungen genährt wurde. Schon seit seiner Kindheit war er mit mittelalterlichen Sagen und Mythen vertraut.[20] „Der Text des Nibelungenlieds war Teil von Ludwigs literarischem Rüstzeug zum Verständnis des Mittelalters."[21]

Das Verzeichnis der Bibliothek Linderhof & Berg bietet einen klaren Überblick über die Interessen und Kenntnisse des Königs.[22] Hunderte von Titeln decken sämtliche Wissensbereiche ab: Geschichte, Kunst, Philosophie, Literatur, Reisen, Theater. Darunter sind auch Architektur-, Kupferstich- und Vorlagenwerke, Fotoalben, Innendekorationsbücher usw. Diese Bücher und die Illusionswelt des Theaters trugen gleichermaßen dazu bei, seine Schlösser als „Abbild eines mehr oder minder fiktiven architektonischen Urbilds"[23] zu gestalten und in diese illusionäre Welt einzutauchen. Mehrere Dokumente bezeugen, wie stark Bücher Ludwigs Wünsche und Aufträge für seine Architekturen beeinflusst haben.[24]

Sein Verhältnis zu Kunst und Architektur – und insbesondere zum Mittelalter – war nicht direkt, sondern hauptsächlich vermittelt und mithin indirekt. So beauftragte er beispielweise seine Architekten, über Reisen und Sehenswürdigkeiten zu berichten beziehungsweise Gebäude zu zeichnen, die er dadurch indirekt kennenlernen und erleben konnte.[25] Inspiration für die mittelalterlichen Räume und Formen in Neuschwanstein und für die „gotische" Burg Falkenstein waren keine „echten" mittelalterlichen Bauten, sondern deren Umsetzungen aus dem 19. Jahrhundert: historistische Bauten wie die Allerheiligenhofkirche und die Basilika Sankt Bonifaz in München sowie freie Rekonstruktionen wie Pierrefonds und die Wartburg.[26]

Jeweils im Mai und Juli 1867 besuchte Ludwig II. diese zwei Burganlagen, die sein romantisches Bild des Mittelalters und später die Gestaltung seiner „mittelalterlichen" Schlösser stark geprägt haben: die Wartburg bei Eisenach, ein deutscher national-politischer „Mythos",[27] im 11. Jahrhundert gebaut und in der zweiten Hälfte des 19. Jahrhunderts aus einem ruinösen Zustand wiederhergestellt und ausgebaut, und Schloss Pierrefonds in Frankreich, das ebenfalls aus einer mittelalterlichen Burgruine von Eugène Viollet-le-Duc zwischen 1857 und 1885 zu einem Schloss mit gotisierenden Formen umgestaltet wurde.

Ludwig wurde von diesen Schlössern inspiriert und ließ, zurückgekehrt nach Bayern, von dem Bühnenbildner Christian Jank die ersten Vorstellungen für Neuschwanstein entwickeln. Janks „malerische" Ansichten von einem Schloss mit Alpenpanorama erinnern an Pierrefonds' Gesamtanlage und seine abwechslungsreiche Silhouette mit Türmen, dicken Mauern und seiner insgesamt imposanten Erscheinung. Aus der Wartburg kamen hingegen mehrere genauere Nachempfindungen: Einzelne Dekorationsmotive und Schmuckelemente, ikonografische Themen sowie ganze Räume, insbesondere der Fest- und Sängersaal, wurden in Neuschwansteins Sängersaal kombiniert.[28]

Weitere Impulse und Anregungen für Neuschwanstein fand Ludwig II. bei zeitgenössischen Münchner Bauten seines Großvaters, Ludwig I., die wiederum freie Nachahmungen von italienischen frühchristlichen und mittelalterlichen Vorbildern aus Venedig, Ravenna, Rom und Palermo waren. Bekanntlich war die Hauptreferenz für den neobyzantinischen Thronsaal in Neuschwanstein die Allerheiligenhofkirche in der Residenz, die Ludwig I. nach „byzantinischen" Vorbildern (insbesondere nach der Cappella Palatina in Palermo und San Marco in Venedig) von Leo von Klenze errichten ließ.[29] Von der neoromanischen Basilika Sankt Bonifaz in München, die der Architekt Ludwigs I., Georg Friedrich Ziebland, in Anlehnung an Kirchen in Rom und Ravenna gebaut hatte,[30] ließ Ludwig II. die Apsis zeichnen, als Bezugspunkt für die Apsis des Thronsaals.[31] Die architektonischen Vorlieben und Träume Ludwigs I. prägten die Bauten seines Enkels – die Form wie auch den Stil betreffend. Ludwig II. schöpfte also nicht aus den „authentischen" alten Quellen, sondern aus deren „modernen" Interpretationen.

Ferner ist das „dekorative Ensemble" von Neuschwanstein keine mittelalterlich-originale Einrichtung mit historischen Ausstattungsstücken, sondern eine Zusammenstellung kunsthandwerklicher Gegenstände, die im Auftrag des Königs von Münchner Firmen und Ateliers (spezialisiert auf die „Imitation hervorragender Kunstwerke früherer Zeit zur Dekoration und zum praktischen Gebrauche" und „Nachbildungen kunstgewerblicher Erzeugnisse früherer Zeit") im „Geiste des Mittelalters" realisiert wurden [4].[32]

Dies beeinträchtigt allerdings nicht die Authentizität von Ludwigs „mittelalterlichen" Schlössern, die „im echten Styl der alten deutschen Ritterburgen" gebaut werden sollten und die alle Werte der romantischen Mittelalterrezeption verkörpern: Wirkung, Stimmung, Eindruck, Erhabenheit, Zauber, malerischer Effekt, pittoreske Ausgestaltung und emotionale Vision. Wenn das „Echtheitssiegel" nicht zur Materialität oder Altertümlichkeit eines Objekts oder der Bausubstanz einer Architektur gehört, sondern zu komplexeren immateriellen (sozialen, kulturellen, ideologischen) Zusammenhängen und Werten,[33] dann weisen Ludwigs Bezug zur Geschichte und seine Vorliebe für das Mittelalter eine moderne Idee der Vergangenheit auf, die nicht als organisches Corpus und Autorität, sondern als „fransiges, mehrdeutiges, zwiespältiges Gefüge" verstanden wird:[34] die Geschichte als unendliches Reservoir und kreatives Forschungsfeld, mit der sich Ludwig gleichzeitig absichtlich, zufällig und emotional auseinandersetzte.

MUSEALISIERUNG UND VERMITTLUNG: LUDWIGS ERBE HUNDERT JAHRE SPÄTER

Der wissenschaftlichen Bearbeitung und Neubewertung von Ludwigs Kunst und Architektur wurde durch ihre musealen Präsentationen ein enormer Impuls verliehen. Die wichtigsten Momente waren dabei gleich nach dem Tod des Königs im Jahr 1886 die Öffnung der Schlösser für die touristische Besichtigung,[35] die Gründung des König Ludwig II.-Museums auf Herrenchiemsee im Jahr 1926 und die Ausstellung *Ludwig II. und die Kunst* von 1968 – hundert Jahre nach Neuschwansteins Grundsteinlegung –, die nicht nur internationale Resonanz fand, sondern auch „einen wesentlichen Anstoß zur endgültigen Rehabilitierung einer [...] kunstgeschichtlichen Epoche gegeben" hat.[36] Mit 115 000 Besuchern und sehr positiven Kritiken war diese Schau ein großer – und unerwarteter – Erfolg. Sie fand im Festsaalbau der Münchner Residenz statt und wurde von dem Architekten Paolo Nestler als „phänomenale Raum-Inszenierung"[37] gestaltet. Die Herausforderung für den Kurator Michael Petzet lag hier in der Natur der Exponate selbst: keine „originalen" Kunstwerke, sondern Einrichtungsgegenstände, die als isolierte, ihres Kontexts beraubte Stücke zwangsläufig an Ausdruckskraft und Bedeutung verloren.

[5] München, Residenz, Ausstellung *Ludwig II. und die Kunst*, MICHAEL PETZET (Kurator) und PAOLO NESTLER (Gestaltung), 1968

Nestler gelang es jedoch, durch theatralische Inszenierung, Kulisseneffekte, labyrinthische Wege, überraschende Perspektiven sowie suggestive Beleuchtung, Spiegelungen, Farbgebung und Projektionen eine faszinierende und surreale Stimmung zu schaffen und dabei die Wirkung der Exponate zu steigern [5]. Diese waren nicht mehr isolierte Fragmente, sondern Bestandteile eines Zusammenhangs, der seine Kraft im „totalen Schauspiel"[38] fand. Diese Mischung aus Pop-Art und Romantik wurde als sensationell empfunden und in der Presse mehrfach gelobt: „Nestler hat nicht etwa historisiert, vielmehr übersetzte er den theatralischen und poetischen Geist, mit dem der König seine Umgebung stilisierte, in eine phantasievolle und praktikable Raumführung. Sie ordnet die Fülle des Materials und reproduziert gleichzeitig mit Licht und Farben die Aura üppiger Künstlichkeit, in welcher der König lebte".[39] Im Grunde hat Nestler den Geist von Ludwigs Werken interpretiert und mit „historischer Einfühlung und modernem Schwung" wiedergegeben.[40] Es ist aber nicht nur von Ludwigs Scheinwelt und ihrer magischen Aura die Rede. Wie der damalige Kurator Michael Petzet in seinem Rückblick auf die Ausstellung hervorhob, habe die Schau wesentlich zur Wertschätzung von Ludwigs Schlössern und des Historismus überhaupt beigetragen und sei ein wichtiger Schritt in Richtung eines bewussten Denkmalschutzes dieses Erbes gewesen. Der Grund, weshalb heute Millionen von Touristen nach Neuschwanstein strömen, liegt nicht zuletzt in dem außerordentlichen Erhaltungszustand dieses Schlosses sowie in seiner Atmosphäre, bei dem sich Natur und Kultur gegenseitig ergänzen.

1 Müller 1952. Zit. nach Spielmann 1977, 6.
2 „Wer den Finger darauf legt, daß [...] Ludwig II. ‚eine Kopie kopiere', hat nicht begriffen, was eine Reminiscenz ist. Wir müssen die kosmologischen, reminiszierenden Kräfte des ‚Historismus' spüren." Evers 1986, 193. Siehe dazu auch Rauch 1993, „Einleitung und Überblick", 17. – Traeger 1991.
3 Siehe z. B. Wiesneth 2015, 74–75.
4 Hitchcock 1929, 61.
5 Bis in die 1960er-Jahre galten Ludwigs Schlösser als „Kitschschlösser", die Architektur des Historismus wurde oft als Ergebnis von unreflektiertem Pastiche missachtet. Siehe dazu Petzet 2011, 258.
6 Siehe z. B. Wiesneth 2015, 41.
7 Zur Ikonisierung von Neuschwanstein und dessen Geburt als Symbol für ein Land und als Archetypus des mittelalterlichen Schlosses siehe: Spangenberg 2011, 217–226. – Spangenberg 2015b, 89–118.
8 Siehe z. B. den Ausstellungskatalog *Götterdämmerung. König Ludwig II. und seine Zeit*, insbes. den „3. Akt" („Wie der König seine Gegenwelten schuf"), 94 ff.
9 Petzet 1986, 31–61.
10 GHA, Kabinettsakten Ludwig II., Nr. 73. Ich danke Dr. Gerhard Immler für die Hinweise zur Datierung dieses Dokuments. Siehe dazu auch Evers 1986, 75–81, 261–264 (Transkription).
11 Eine dieser Schalen, die in Wagners Haus in Bayreuth aufbewahrt wird, wurde in der Schau *Designs for the Dream King* (London 1978/New York 1979) ausgestellt. Laut Evers wurden alle drei Schalen 1945 zerstört (Evers 1986, 77). Siehe auch Jervis 1979, 23.
12 Evers 1986, 77.
13 Der Vorentwurf von Peter Herwegen zum Schlafzimmer des Königs in Neuschwanstein wurde nach dem Vorbild von Viollet-le-Ducs „Gotik" gestaltet (Petzet 1995, 71). Siehe Julius Hofmanns ausgeführten Entwurf für Neuschwansteins Bett in Jervis 1979, 25.
14 Siehe dazu Hojer 1986, 297.
15 In einem Typoskript mit Zusätzen zu seinem Aufsatz über *Das Kunstwerk im Zeitalter seiner technischen Reproduzierbarkeit* notierte Walter Benjamin: „Erst dem 19. Jahrhundert dürfte der Stilbegriff sterilisiert und in seinem Jahrhundert wie ein naturwissenschaftliches Präparat in Spiritus konservierbar erschienen sein" (Benjamin 1992, 674).
16 Die Verbindung zwischen Mediävismus und Orientalismus ist weder charakteristisch für Ludwig II. noch exklusiv für diese Epoche, sondern durchzieht das ganze 19. bis hinein ins 20. Jahrhundert. Siehe Cianciolo Cosentino 2014, 153–180.
17 Der Entwurf für ein Stalaktitengewölbe in Neuschwanstein aus dem Jahr 1886 bestand aus 3 401 Prismenelementen aus Gips („Aufrisse und Grundrisse der einzelnen Prismen-Elemente". GHA, Hofsekretariat, Nr. 1760).
18 GHA, Kabinettsakten Ludwig II., Nr. 303.
19 Evers 1986, 195.
20 Vgl. Schweiggert 1995, 124–125.
21 Schulze 2013, 25.
22 *Bibliothek Linderhof & Berg nebst Ergänzungen*. GHA, Administration König Otto v. Bayern, Nr. 1926.
23 Traeger 1991, 341.
24 In einem Schreiben vom 9. Juni 1879 bemerkte der Schlossverwalter Josef Almesberger zum Marokkanischen Haus: „Seine Majestät der König hat sich geäußert daß bei der äußeren Verschalungswand die Farbe der braunen Streifen nicht schön wären, er hätte *gelesen* daß die marokkanischen Häuser auch blau und weiß von außen sind [...]." GHA, Hofsekretariat, Schloss Linderhof, Akt 1884. Im Hinblick auf das unausgeführte Projekt zu einem Kubba-Pavillon erwähnte Georg Baumgartner die Bezugnahme auf die Alhambra, mit der sich Ludwig II. u. a. durch das Buch von Adolf Friedrich von Schack, *Poesie und Kunst der Araber in Spanien und Sicilien* (Berlin, 1865), eingehend beschäftigt hatte. Baumgartner 1981, 220, Anm. 50.
25 1868 schickte Ludwig II. seinen Hofsekretär Lorenz Düfflipp, Hofbaurat Eduard von Riedel und den Bühnenbildner Christian Jank nach Eisenach, um die Wartburg zu besichtigen und zu zeichnen. Es handelte sich jedoch nicht um eine genaue Bauaufnahme, sondern um eine freie, idealisierte Darstellung der Burg (vgl. Baumgartner 1981, 80–81). Mehrere Reiseberichte und Beschreibungen von Gebäuden werden in Ludwigs Nachlass aufbewahrt. Siehe dazu Waldemar Kaden. *Eine Hundstagsreise durch Süditalien*. GHA, Kabinettsakten Ludwig II., Nr. 85. – Georg von Dollmann. *Zusammenstellung über die hervorragendsten Bauwerke Italiens*. O. J. [um 1883]. GHA, Kabinettsakten Ludwig II., Nr. 317.
26 Unter Einbeziehung weniger erhaltener Teile wurden die Wartburg wie auch Pierrefonds im 19. Jahrhundert fast vollständig neu gebaut und sind deshalb großenteils historistische Komplexe. Zu Ludwigs mittelalterlichen Visionen sowie zu Pierrefonds und der Wartburg als Vorbilder siehe z. B.: Hojer 2003, 107–114.
27 Lieb 2010, 254–263.
28 Vgl. Wiesneth 2015, 55.
29 Zur Allerheiligenhofkirche in München siehe z. B. Zimmermann 1987. – Berger 2016.
30 Vgl. Reiß 2008, 111–113.
31 GHA, Kabinettsakten Ludwig II., Nr. 352.
32 Mehrere Entwürfe, Fotografien, Kostenvoranschläge und Rechnungen für „Stickereien, Tapezierarbeiten, Prunkgegenstände, Geschirre, Meubels, Broncen" für den „Burgbau Hohenschwangau" aus dem Jahr 1882 sind in Ludwigs Nachlass im Geheimen Hausarchiv zu finden. GHA, Hofsekretariat, Akt 1756.
33 Zum Authentizitätsbegriff in der Architektur und im Kulturerbe siehe Mager 2016.
34 Cellini 2016, 231.
35 Siehe dazu Spangenberg 2015a, 8–34.
36 Herzog Franz von Bayern. „Zum Geleit". In Petzet 1995, 44.
37 Münchner Merkur 1968, 18.
38 Rosendorfer 1968, 16.
39 Münchner Merkur 1968, 18.
40 Stankiewitz 1968, 38.

Schloss Neuschwanstein, EDUARD VON RIEDEL, GEORG VON DOLLMANN und JULIUS HOFMANN, 1868–1892

TECHNISCHE HÖCHSTLEISTUNGEN IM MÄRCHENLAND

Infrastrukturbauten unter Ludwig II.

Von PETER H. CHRISTENSEN

Die Bauwerke von König Ludwig II. sind weitbekannt, sind sie doch das Sinnbild für eine stürmische, ja, phantasmagorische Ära, in der Bayerns Identitätsbewusstsein und politische Stärke aufblühten. Die Schlösser Neuschwanstein, Linderhof, Herrenchiemsee und die Münchner Residenz sowie diverse zum Zeitpunkt von Ludwigs Tod im Jahr 1886 nicht verwirklichte Bauprojekte zeichnen das Bild eines Königs, dem mehr als allen anderen europäischen Herrschern jener Zeit bewusst war, dass Prunkbauten sowohl Grundpfeiler als auch notwendiges Mittel sind, um die Macht einer Dynastie zu demonstrieren.[1] Als großer Förderer der Kunst, insbesondere von Richard Wagner, und des Theaters im Allgemeinen trug Ludwig auch zu seiner Selbstinszenierung als König der Künste bei. Auf vielerlei Weise übernahm er die ganzheitliche Gesinnung von Wagners Gesamtkunstwerk als eine Art politische Überzeugung (zulasten der eigentlichen Regierungsgeschäfte, wie einige behaupteten).[2]

Weniger sichtbar, aber doch untrennbar mit der intensiven Förderung von Kunst und Architektur verbunden, war sein Engagement für die Weiterentwicklung der Infrastruktur, die für solch ambitionierte Projekte nötig war. Die wenigen überlieferten Schriftstücke Ludwigs, von denen ein Großteil im Zweiten Weltkrieg verloren ging, vermitteln den Eindruck, sein Interesse am Ingenieurwesen und der Infrastruktur sei nur von untergeordneter Bedeutung gewesen. Dennoch belegen seine persönlichen Projekte sowie zahlreiche öffentliche Bauten in ganz Bayern, dass ihm viel an modernster Ingenieurskunst gelegen war. Diese Tatsache geht allerdings häufig im romantischen Ethos dieser Epoche unter und vor allem seine Schlossbauten bestimmen das Vermächtnis des Landesfürsten. In diesem kurzen Essay soll anhand vielfältiger Fallstudien belegt werden, dass Ludwigs Erbe auch für die Infrastruktur von Bedeutung war, da sie den technologischen und wirtschaftlichen Aufschwung Bayerns innerhalb des Deutschen Reichs überhaupt erst ermöglichte.

Der Ausbau der Infrastruktur war in der Tat schon seit Generationen ein Hauptanliegen der Wittelsbacher. Ludwigs II. Großvater väterlicherseits, Ludwig I., verwandelte das einst bescheidene, größtenteils landwirtschaftlich geprägte Bayern bis zu seiner Abdankung 1848 in eine der moderneren Regionen Europas. Er initiierte den Bau diverser regionaler Eisenbahnlinien, den Bau des Ludwigskanals zwischen der Donau in Kelheim und dem Main bei Bamberg sowie die umfangreiche Modernisierung von München. Mit diesen Projekten stärkte er die Position Bayerns im deutschsprachigen Raum. Ludwigs II. Vater, Maximilian II., setzte die Modernisierung der Münchner Infrastruktur fort. Aus diesem Grund könnte man Ludwigs nicht ausdrücklich betontes Interesse an infrastrukturellen Neuerungen als Familientradition ansehen, die gepflegt wurde, weil man sich der Triebkraft von Technologie und Ingenieurwesen im 19. Jahrhundert durchaus bewusst war.

Technologischer Fortschritt und Verbesserungen der Infrastruktur auf gebäudetechnischer Ebene waren auch in Ludwigs weltberühmten Schlössern allgegenwärtig. So ließ der König in Linderhof und Herrenchiemsee modernste Rohrleitungssysteme verlegen, dank derer er in seinen versteckten Badezimmern die Annehmlichkeiten von Wasserklosetts und fließendem Wasser genießen konnte. Dass diese damals hochmodernen Anlagen nicht wie so vieles andere zur Schau gestellt wurden, ist Beleg für Ludwigs Überzeugung, dass unverzichtbare moderne Infrastrukturelemente das Leben verbessern, aber nicht im Vordergrund stehen sollten. Herrenchiemsee verfügte sogar über eine Zentralheizung und ein beheizbares Badebecken. Jedoch ist es Neuschwanstein, das einige der beeindruckendsten Innovationen vorzuweisen hat. Das Schloss steht auf einem Felsen, der an seiner Südseite dramatisch in die Pöllatschlucht abfällt. Seine berühmte Lage am Steilhang – so unverwechselbar in vielen Bildern dargestellt – scheint einer perfekten Inszenierung zu entstammen, die den Blick auf diese malerische Komposition lenkt, in der das Schloss von seiner einzigartigen Position aus auf das bayerische Voralpenland herabzuschauen scheint, als wolle es seine Erhabenheit über die Ländereien im

[1] Hohenschwangau, Marienbrücke über den Pöllatfall,
HEINRICH GOTTFRIED GERBER, 1866

Norden demonstrieren. Diese Szenografie war keinesfalls zufällig. In der Tat wurde die Marienbrücke, die über die Pöllatschlucht führt, bereits drei Jahre vor der Grundsteinlegung für Neuschwanstein 1869 fertiggestellt [1].

Ludwig ließ die Marienbrücke von der Maschinenbau-Gesellschaft Nürnberg unter Leitung des Königlichen Oberbaurats Heinrich Gottfried Gerber errichten und ersetzte damit den 1845 von seinem Vorgänger Maximilian II.

[2] Eisenbahnbrücke bei Regensburg, Aquarell aus der Serie „Ansichten von Ortschaften an den bayerischen Ostbahnen", ALBERT EMIL KIRCHNER, 1859

angelegten hölzernen Reitersteg.[3] Besonders beachtenswert ist, dass die Brücke in einer Höhe von 90 Meter über der Schlucht auf jeder Seite von nur zwei Felsankern gehalten wird. Doch sicher am wichtigsten war ihre perfekte Lage, die dem König beste Sicht auf sein künftiges Schloss verschaffte.

Gerbers Rolle in Ludwigs Infrastrukturprojekten darf keinesfalls unterbewertet werden. Nach seinem Studium an den Polytechnischen Schulen in Nürnberg und München erwarb er als Eisenbahningenieur im Bayerischen Staatsbaudienst großes Renommee. Zu Gerbers frühen Projekten unter Maximilian II. gehörten die Großhesseloher Eisenbahnbrücke und die Rheinbrücke bei Mainz. Für beide Bauwerke verwendete er innovative Stahlkonstruktionen aus Fertigteilen. Auch wenn Gerber für seine eleganten Brückenentwürfe, die extrem leicht und filigran wirkten, die größte Bewunderung erntete, nutzte er seine staatlichen Bauaufträge – besonders jene unter Ludwig – dafür, neue Methoden und Elemente für den Fertigteilbau zu entwickeln. Dies führte zu diversen Patenten und international anerkannten Erfindungen, wie dem Balkenträger mit freiliegenden Stützpunkten oder der Auslegerbrücke, die er sowohl in Bamberg als auch in Haßfurt ausführen ließ.[4] Gerber hatte zudem eine Führungsposition in der Maschinenfabrik Augsburg-Nürnberg (MAN) inne, wo er später Aufsichtsratsmitglied wurde, und leitete dort einige der spektakulärsten Eisenbahn- und Brückenbauprojekte des Deutschen Reichs.

Obwohl die Eisenbahnbrücken als Vorzeigeobjekte für den Bahnbau galten, war die Trassierung der größte Zeit- und Kostenfaktor. Doch trotz der zunehmenden Staatsverschuldung hielt Ludwig während seiner gesamten Amtszeit am Ausbau des Schienennetzes fest. Unter Maximilian II. wurden die Investitionen in die bayerische Ostbahn, eine der profitabelsten Strecken, gestoppt. Auch wenn oft angenommen wird, Ludwig II. sei ausschließlich mit sich und seinen Schlössern beschäftigt gewesen, zeugt seine Reinvestition in die bayerische Ostbahn von seiner breiteren, gesellschaftlichen Vision für Bayern, die auf Infrastrukturbauwerken basierte [2]. Noch vor der Gründung des Deutschen Kaiserreichs bewilligte der König Maßnahmen zur Problembeseitigung und den Bau von Umleitungen im vorhandenen Schienennetz, die dieses deutlich effizienter und vor allem profitabler machten.[5] Bis 1880 und trotz der Rezession nach dem Deutsch-Französischen Krieg wurden weiterhin ganze Strecken neu gebaut. Als mehrere Bahnlinien während der Rezession finanziell ins Trudeln gerieten, unterstützte Ludwig den Beschluss, die meisten Strecken Bayerns zu verstaatlichen. Das Land vergab Obligationen im Wert von insgesamt 167 Millionen Mark, womit im Grunde eine Stiftung für die öffentliche Infrastruktur gegründet wurde.[6]

Während das Bahnwesen florierte, gewannen andere Probleme an Bedeutung. Trotz der Modernisierungsmaßnahmen von Ludwigs Vorgängern gelang es nicht, München vor dem mehrmaligen Ausbrechen der Cholera zu schützen, die im 19. Jahrhundert in ganz Europa wütete. Im Jahre 1811 entstand in der Stadt unter Maximilian I. Joseph der erste geschlossene Abwasserkanal vom Promenadenplatz zum Hofgraben. Obwohl die großen Pandemien erst noch bevorstanden, galten schon damals geschlossene Kanäle als förderlich für die Gesundheit und Hygiene. In wenigen Jahren wurden Kanäle von fast 20 km Länge unter den am dichtesten besiedelten Stadtteilen erstellt. Trotzdem fand ein Großteil des industriellen und häuslichen Abfalls seinen Weg in die Isar und war damit wahrscheinlich für die Ausbreitung der Cholera in den Jahren 1836 und 1854 mitverantwortlich. Die letztere dieser beiden Epidemien ist besonders berüchtigt, überschattete sie doch die Ausstellung im Glaspalast (ein Gebäude aus Stahl und Glas, als dessen Vorbild der 1851 fertiggestellte Crystal Palace von Joseph Paxton diente) und war ursächlich für den Tod von Therese, der Frau Ludwigs I. (und Großmutter Ludwigs II.). Das Ableben von Königin Therese gab den Ausschlag für den Bau eines neuen Rohrsystems für Regenwasser und Küchenabwässer, doch aufgrund geltender Verordnungen mussten Fäkalien noch immer weggekarrt werden – ein Vorgang, der Kosten verursachte.[7] Um diese zu vermeiden, schlichen sich viele Münchner des Nachts nach draußen, um ihre Bettpfannen illegal in die neuen Abwasserrohre zu entleeren.[8]

[3] München, Kanalisation
(Foto: BERND HALSNER, 2017)

[4] München, Fischbrunnen am Marienplatz, KONRAD KNOLL, 1862–1866 (Foto: ANONYM, um 1870)

Als 1873 die dritte Cholerawelle über die Stadt schwappte und dabei die Gefängnisinsassen besonders hart traf, unternahm Ludwig, den der Tod seiner Großmutter stark mitgenommen hatte, den entscheidenden Schritt, um die Abwasserinfrastruktur zu verbessern. Ludwig wies die Stadtväter an, die Dienste des britischen Ingenieurs James Gordon in Anspruch zu nehmen, der zu jener Zeit am Frankfurter Abwassernetz arbeitete und als Experte für flächendeckende Kanalisationssysteme für alle Arten von Abwässern bekannt war. Gordons Ansatz überschnitt sich mit den Arbeiten des prominenten Münchner Chemikers und Apothekers Max von Pettenkofer, dem ersten Professor für Hygiene in den deutschen Landen und Verfasser zahlreicher Aufsätze zu hygienischen Entsorgungsverfahren.[9] Mit Nachdruck vertrat Pettenkofer die Meinung, dass Kanäle mit undurchlässigem Zement und Klinkerstein zu errichten seien, und Gordon berücksichtigte dies in seinen Plänen, die ab 1881 realisiert wurden und am Ende 225 Leitungskilometer umfassten [3].[10] Ludwig stimmte mit Pettenkofer auch darin überein, dass Münchens erweitertes Abwassersystem so ausgelegt sein müsse, dass es einen Bevölkerungszuwachs auf weit mehr als die damals rund 150 000 Einwohner verkraften würde.[11] Pettenkofers Einfluss auf die Münchner Wassersysteme beschränkte sich jedoch nicht auf das Abwasser, sondern war auch im Bereich der Trinkwasserversorgung der Stadt deutlich wahrnehmbar. Im Jahr 1865 wurde das Pettenkofer-Brunnhaus eröffnet, das die südlichen Stadtbezirke unterirdisch mit Quellwasser versorgte. Pettenkofers Gesuch an die Regierenden von München und ganz Bayern, für die Wasserversorgung der Stadt das frischere Quell- und Flusswasser aus dem Mangfalltal am Fuße der Bayerischen Alpen zu nutzen, fand unter Ludwigs Regentschaft Gehör.[12] Somit wurde München zu einer Stadt, die weltweit eine der höchsten Trinkwassergüten aufwies, und das ist noch heute so.[13]

Die neue, unbeschwerte Beziehung der Münchner zu ihrem Wasser wurde durch den Bau imposanter Brunnen zur Schau gestellt, die im Vergleich zu den Quellen und Pumpen der vorherigen Jahrhunderte die Wasserversorgung der Stadt unübersehbar prominent präsentierten. Einer der wichtigsten Münchner Brunnen seit dem 14. Jahrhundert befand sich am Schrannenplatz, dem heutigen Marienplatz.[14] Der von Ludwig II. bei dem Bildhauer Konrad Knoll in Auftrag gegebene neue Brunnen wurde im September 1866 eingeweiht [4].[15] Die dreigeteilte zentrale Brunnensäule stellte im unteren Bereich vier Metzger dar, im Mittelteil vier Kinder mit Musikinstrumenten und an der Spitze einen Wandergesellen mit erhobenem Kelch. Leider wurde dieser Brunnen im Zweiten Weltkrieg zerstört. Dass Knoll die Brunnenskulptur fertigen sollte, war verheißungsvoll, denn es zeigte, dass er in des Königs Gunst stand. Dies bescherte ihm weitere Aufträge, darunter die Marmorstatue der griechischen Dichterin Sappho sowie die Kolossalstatuen Heinrichs des Löwen und Ludwigs des Bayern am Alten Rathaus zu München.[16]

[5] München, Neue Polytechnische Schule, GOTTFRIED VON NEUREUTHER, 1864–1868 (Foto: CARL TEUFEL, um 1869)

Als Professor für Bildhauerei an der Technischen Hochschule München war Knoll Teil eines noch viel größeren Vermächtnisses. Denn die womöglich wichtigste gesellschaftliche Leistung Ludwigs II. war die Gründung der Polytechnischen Schule im Jahr 1868 (ab 1877 Technische Hochschule, heute Technische Universität München), die den Ruf Bayerns als Bildungs- und Wissenszentrum, insbesondere in den Naturwissenschaften, in Europa verbessern sollte [5]. Doch sie war auch für sämtliche mit der Infrastruktur verbundenen Wissenschaften segensreich. Während die benachbarte Ludwig-Maximilians-Universität bereits eine wichtige geisteswissenschaftliche Hochburg war, stieg die Stadt München – und darüber hinaus das Königreich Bayern, das bereits starke Universitäten in Nürnberg und Ingolstadt vorweisen konnte – mit der Technischen Hochschule in die erste Garde der technischen Ausbildungsorte in den deutschen Landen auf. Dies markierte einen Scheidepunkt vom Übergang einer landwirtschaftlich geprägten zu einer wissensbasierten Volkswirtschaft. Zahlreiche namhafte Experten, besonders aus dem Bauingenieurwesen, dem Vermessungswesen, dem Maschinenbau, Architektur, Chemie und Physik, folgten dem Ruf auf eine Professur und ließen sich in München nieder. In sehr kurzer Zeit verwandelte diese geballte Intelligenz die bayerische Metropole in eines der modernsten Zentren der Ingenieurtechnik in ganz Europa und konnte mit Städten wie Paris und London konkurrieren. Die Technische Hochschule bildete genau jene Generation von Ingenieuren aus, die aus den deutschen Kleinstaaten nach der Reichsgründung 1871 ein kohärentes infrastrukturelles Ganzes erschufen.[17]

Angesichts der Opulenz seiner Schlösser wird klar, warum die heimliche Leidenschaft Ludwigs II. für die Infrastruktur rückblickend nur wenig Beachtung fand. Und doch ist sie untrennbar mit den Zielen verbunden, die Ludwig in den ereignisreichen Jahrzehnten seiner Regentschaft mit der Neugestaltung der gebauten Umgebung verfolgte. Vielleicht ist sie sogar die fortschrittlichste, wenn nicht die avantgardistischste Komponente seiner Bauprogramme, mit der er Bayerns Reputation als Hauptstadt der technologischen und technischen Innovationen selbst in jenen Zeiten festigen konnte, da es durch die Gründung des Deutschen Reichs einen Großteil seines politischen Gewichts einbüßte.

1 Als hervorragende Originalquelle mit Abbildungen und Beschreibungen von Neuschwanstein, Hohenschwangau und Linderhof ist Steinberger 1907 zu nennen. Für Herrenchiemsee siehe Steinberger 1903. Beide Bände bieten Einblicke in die Neuerungen, die es in der Infrastruktur der verschiedenen Projekte gab. Siehe auch Petzet 1968. – Hojer 1986. – Merkle 2000. – Nöhbauer 2007. – Wrba/Kühler 2008.

2 Bezüglich der anhaltenden Bedeutung von Wagner, dessen Gesamtkunstwerk und der Architektur siehe Koss 2010.

3 Siehe Schlim 2001, 35.

4 Siehe Fernández Troyano 2003, 354–355. Siehe auch Sbrzesny 1964, 255. – Freytag 1920, 93–102. Zu Heinrich Gerbers Originalschriften gehören: *Über Berechnung der Brückenträger nach System Pauli. Nürnberg*, 1865. – *Das Pauli'sche Trägersystem und seine Anwendung auf Brückenbauten*. Nürnberg, 1869. – *Mittheilungen über pneumatische Fundationen beim Bau der kgl. bayer. Staatsbahnen*. München, 1874. – *Über zulässige Beanspruchung von Eisenkonstruktionen*. Berlin, 1896.

5 Siehe Bräunlein 2000. Bezüglich der Arbeitsverhältnisse und des Bahnbaus siehe Blessing 1978, 357–375.

6 Siehe Bräunlein 2000.

7 Siehe Reichlmayer 2013, 95–112.

8 Ebd., 103.

9 Siehe Roeske 2007, 7. Zu Max von Pettenkofers wichtigen Originalwerken gehören: „Boden und Grundwasser in ihren Beziehungen zu Cholera und Typhus". In *Zeitschrift für Biologie* 5, Nr. 2 (1869), 171–310. – *Über den Werth der Gesundheit für eine Stadt: Zwei populäre Vorlesungen*. Braunschweig, 1873. – *Ueber Chemie in ihrem Verhältnisse zur Physiologie und Pathologie*. München, 1848. – „Notiz über eine neue Reaction auf Galle und Zucker". In *Annalen der Chemie und Pharmacie* 52 (1844), 90–96. Um Pettenkofers Untersuchungen zu den Choleraausbrüchen in Münchner Gefängnissen auch im englischsprachigen Raum nutzen zu können, wurde die Studie sogar übersetzt: *Outbreak of Cholera Among Convicts: An Etiological Study of the Influence of Dwelling, Food, Drinking-Water, Occupation, Age, State of Health, and Intercourse upon the Course of Cholera in a Community Living in Precisely the Same Circumstances*. London, 1876.

10 Siehe Sanity Record 1879, 209–210. Auch Gordon veröffentlichte mehrere Schriften und kurze Abhandlungen zu seinen Entwürfen.

11 Ebd.

12 Siehe Childs 1898, 351.

13 Siehe Pantel 2014.

14 Zur Vorgeschichte der Innovationen des 19. Jahrhunderts siehe Winiwarter/Haidvogl/Bürkner 2016.

15 Siehe Biller/Rasp 2003^2, 233.

16 Siehe Holland 1906.

17 Siehe Herrmann 2006. – Dienel/Hilz 1993. – Wengenroth/Dienel 1993.

Hohenschwangau,
Marienbrücke
über den Pöllatfall,
HEINRICH GOTTFRIED
GERBER, 1866

Coca-Cola

Regen, Eisenbahnbrücke über die Ohe,
HEINRICH GOTTFRIED GERBER, 1877

STÄDTISCHE VOLLMACHT UND ÄSTHETISCHE WÜRDE

Der Wettbewerb zum Neuen Münchner Rathaus

Von THOMAS WEIDNER

Am Ende der königlichen Baupolitik, die der Hauptstadt Bayerns ab 1806 ihr Gesicht gegeben hatte, stand eine eigentümliche Volte. Während Großprojekte scheiterten wie insbesondere das Festspielhaus, über das seit 1865 für das Hochufer der Isar visioniert worden war in einer ambitionierten Konstellation aus König Ludwig II. als Bauherrn, Richard Wagner als Ideengeber und Gottfried Semper als Architekten, und sich die herrschaftliche Bauleidenschaft zunehmend auf die Errichtung abseits gelegener Alpenschlösser verlagerte, trat erstmals in München ein neuer Bauherr in Erscheinung. Dies war die Stadt München selbst. Mit dem Bau eines neuen Rathauses am Marienplatz unterhielt sie 1865–1907 die markanteste Baustelle innerhalb der Residenzstadt.

In der lokalen Architekturgeschichte ist weit zurückzublättern, um an eine kommunale Leistung vergleichbaren Volumens anschließen zu können – genau genommen zurück bis zum spätmittelalterlichen Vorgängerbau, dem Alten Rathaus oder Tanzhaus, das unter landesherrlichem Diktat rund 400 Jahre früher von der Stadt erbaut oder von ihr zumindest finanziert worden war. Die unentschiedenen Funktionsbezeichnungen dieses ersten Repräsentationsbaus deuten bereits an, dass die Stadtverwaltung freilich in einem separaten Gebäude untergebracht war, dem Kleinen Rathaus am benachbarten Petersbergl, das für die Amtsgeschäfte einer insbesondere durch Eingemeindungen seit 1854 rapide angewachsenen Großstadt in der Tat zu klein geworden war und aus dem heutigen Bewusstsein auch längst verschwunden

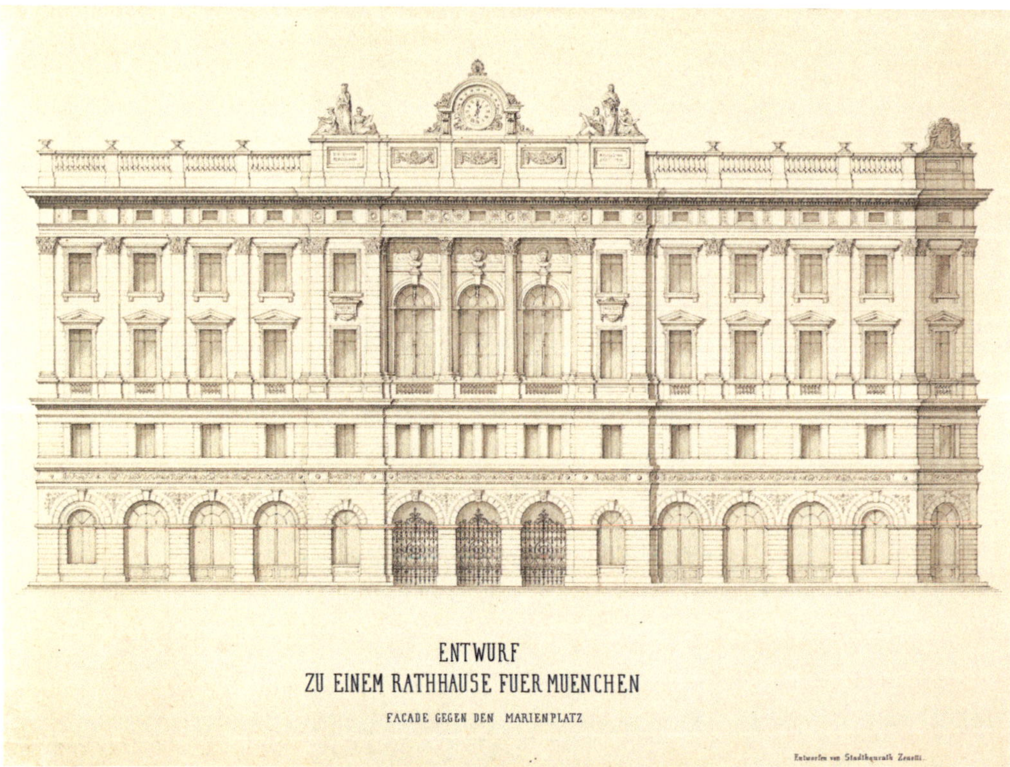

[1] München, Entwurf zum Neuen Rathaus, ARNOLD ZENETTI, 1865

[2] München, Wettbewerbsentwurf zum Neuen Rathaus, LUDWIG und EMIL LANGE, 1866

ist. Die Gelegenheit zur Neuplanung am Marienplatz bot sich, als die gleichfalls expandierende Regierung von Oberbayern zum Umzug in die Maximilianstraße ihren alten Sitz an der Ecke zur Dienerstraße räumte und das nördlich bis zur Landschaftstraße reichende Areal neu vergeben und verplant werden konnte.

Das neue Rathaus und die mit ihm behauptete Selbstbestimmung basierten aber auch auf einer Ausweitung der rechtlichen Grundlagen. Sie wurden mit der Einführung beziehungsweise mit der einschneidenden Reform der bayerischen Gemeindeordnung gelegt, die im Jahr 1869 endlich in Kraft trat und der Kommune eine so nie dagewesene Vollmacht übertrug. Strukturell bestand die Münchner Stadtvertretung aus zwei Gremien: zum einen aus dem Rat der Gemeindebevollmächtigten, dem der heutige Stadtrat mit seinen in öffentlicher Wahl zugeteilten Parteisitzen entspricht, zum anderen aus dem Magistrat als der von zwei Bürgermeistern und einigen Verwaltungsjuristen geleiteten Administration, die heute in Fachreferate verzweigt ist, zum Beispiel in das Baureferat mit seinem Apparat aus Hunderten von städtischen Beamten und Angestellten. Für Beschlussfassungen waren in beiden Gremien Mehrheiten herzustellen. Das galt von der Planung bis zur Auftragsvergabe auch für den Rathausbau.

In der Formfindung ist das zum touristischen Wahrzeichen gewordene Bauwerk – zumindest in seinem ersten Bauabschnitt – aus einem Architekturwettbewerb hervorgegangen. Man könnte in solchem Verfahren die Aufforderung zur Teilhabe an öffentlichen Entscheidungen ebenso sehen wie umgekehrt das Eingeständnis einer planerischen

[3] München, Wettbewerbsentwurf zum Neuen Rathaus,
ALFRED BLUNTSCHLI und OTTO TAFEL, 1866

Ratlosigkeit, wie sie im jungen Stadium ungeübter Freiheiten nur verständlich wäre. Nichts davon trifft zu. Kurz gesagt, bot die Wettbewerbsidee nur einen Vorwand, mit dem ein bereits vorab skizzierter und durchaus praktikabler Vorschlag zu verhindern war. Bei dieser Taktik ging es keineswegs um die aus dem höfischen System bekannte Konkurrenz intriganter Günstlinge, die ihre möglichst nah am Fürsten eingenommene Führungsposition stetig zu verteidigen hatten, wie wenig zuvor noch die Hofarchitekten Leo von Klenze und Friedrich von Gärtner beim intern auszutragenden Wettbewerb um den Bau der Bayerischen Ruhmeshalle. Ausschlaggebend in der Rathausfrage war die stilistische Deutungshoheit einer als deutsch verstandenen Gotik, die gegen ein fortschrittliches – und das heißt in diesen Jahrzehnten französisch geschultes – Formbewusstsein ins vermeintlich angestammte Recht des Älteren gesetzt werden sollte.[1]

Sowie der Baugrund im Sommer 1865 von der Stadt arrondiert worden war, gab es sofort einen konkreten Vorschlag zur Gestaltung des Neubaus und seiner räumlichen Disposition. Er wurde von Arnold Zenetti eingebracht, einem damals seit 15 Jahren in der Verwaltung tätigen Stadtbauingenieur – das modernisierte München verdankt ihm herausragende Versorgungsbauten bis hin zu einer funktionierenden Kanalisation. Für das neue Rathaus entwarf er einen an der italienischen Palastarchitektur orientierten Renaissancebau [1]. Zenettis Plan lässt sich als eine architekturgeschichtliche Fortschreibung des Alten Rathauses interpretieren, dem unter seiner Leitung soeben die barocke Überformung genommen und eine mittelalterliche Gestalt zurückgegeben worden war. Mit der historistischen Regotisierung des Altbaus war Zenetti selbst also schon den Vorstellungen von einer gotischen Stadt nachgegangen. Während der Magistrat den nicht zuletzt kostengünstigen Entwurf seines städtischen Baumeisters billigte, wurden im Stadtrat vereinzelt Stimmen laut, ob das Unternehmen nicht doch eine „reichere und würdigere“ Fassade verdient habe. Zur Lösungsfindung wurde besagter Wettbewerb angeregt, ein längst standardisiertes und vielfach erprobtes Verfahren, dessen Traditionen bis in die italienische Baupraxis des 14. Jahrhunderts zurückreichen, als zum Beispiel mit dem Dom von Florenz ein Monumentalbau entstand, der von den Langhauspfeilern bis hin zum späteren Kuppelprojekt über Wettbewerbe geregelt worden war.[2]

Der Wettbewerb zum Bau des Münchner Rathauses kam am 7. November 1865 zur öffentlichen Ausschreibung, und bis zum 31. März 1866 wurden meist zehnteilige Plansätze

eingesandt, die aus einer Fassadenansicht, Schnitten und Grundrissen zu den einzelnen Geschossen bestanden. Es beteiligten sich 27 Architekten. Ihre Vorschläge wurden einer Jury vorgelegt, in die mit den renommierten Architekten August von Voit, Joseph von Egle und insbesondere Gottfried von Neureuther ausgewiesene Fachleute berufen worden waren. Zu deren Unbefangenheit waren die Zeichnungen anonymisiert zu begutachten. Ein selbst gewähltes Codewort diente bei Bedarf der Auflösung.
Ein Teilnehmer warf sich mit der Parole „Vorwärts!“ ins

[4] München, Wettbewerbsentwurf zum Neuen Rathaus, GEORG VON HAUBERRISSER, 1866

[5] München, Ausführungsentwurf zum Neuen Rathaus, GEORG VON HAUBERRISSER, 1866

Rennen. Unter dem Motto „Zeit gebeut“ stellte sich der Münchner Akademielehrer Ludwig Lange der meist jungen Konkurrenz und reichte mit seinem Sohn Emil von Lange einen zeichnerisch fein ausgearbeiteten Entwurf im Stil der Neorenaissance ein [2]. Die in der künstlerischen Handschrift ablesbare Autorschaft dürfte der Fachjury kein Geheimnis gewesen sein. Lange wurde zum Sieger gekürt, erhielt jedoch nur den zweiten Preis, während der erste Preis zurückbehalten und überhaupt nicht vergeben wurde. Das ist – bis heute – nicht ungewöhnlich für solche Wettbewerbe, die dadurch freilich an Verbindlichkeit verlieren. Erfolglos klagte der Architekt – auch das ist nicht ungewöhnlich – die Umsetzung seines prämierten Entwurfs ein. Ein dritter Preis ging an einen ebenfalls an der Renaissance orientierten Entwurf der jungen Bürogemeinschaft von Alfred Friedrich Bluntschli und Emil Otto Tafel, einem Schüler Egles aus der Jury [3]. Für Bluntschli, einem Schüler Sempers, war die Teilnahme ohnehin keine ganz verlorene Investition: Mit Georg Lasius schrieb er später den Eintrag über die „Stadt- und Rathäuser“ für das enzyklopädisch aufgebaute *Handbuch der Architektur*, einen Beitrag, der präzise die typologischen, epochalen und ländertypischen Merkmale der Bauaufgabe bis hin zur zeitgenössischen Gegenwart benennt und mit dem sich nicht zuletzt auch begründen ließe, warum der eigene Entwurf für München sehr gut den dortigen Bestandsbauten im Sinne eines räumlich durchdachten Platzensembles entsprochen hätte.[3]

Bemerkenswert an der Auswahl der Juroren ist, dass sie zusammen mit der Ausgangsplanung Zenettis eine stilistische Empfehlung gab, ja eigentlich eine Festlegung traf. Sie entsprach – pauschal gesagt – einer Formensprache, die an der weltweit tonangebenden École des beaux-arts in Paris gelehrt wurde und gewissermaßen einen frischen Wind für München ankündigte. Unverkennbar hatte das

Votum seinen Wortführer in Gottfried von Neureuther, der gerade daran arbeitete, mit der Polytechnischen Schule, das heißt dem im Zweiten Weltkrieg zerstörten Vorgängerbau der Technischen Universität, das in ganz Bayern wohl überhaupt bedeutendste Bauwerk der Neorenaissance zu errichten. Man wünscht sich, er hätte auch das Münchner Rathaus gebaut.

Nach dem unentschiedenen Wettbewerb wurde eine mit lokalpolitischen Vertretern besetzte Kommission zur Ausarbeitung eines beschlussfähigen Ergebnisses gebildet. Sie verwendete die für den ersten Preis einbehaltene Prämie zum Ankauf drei weiterer Beiträge. Dazu gehörte nun auch ein neogotischer Entwurf, den die Jury noch aussortiert und für eine Arbeit von Heinrich von Ferstel gehalten hatte, dem Sieger des Architekturwettbewerbs zur Wiener Votivkirche, die zum Fanal des neogotischen Kirchenbaus geworden war. Der Entwurf stammte tatsächlich aus Österreich, allerdings von einem unbescholtenen, gerade 25 Jahre alten Neuling namens Georg von Hauberrisser aus Graz [4]. Dass seine Einsendung jetzt zur Grundlage der tatsächlichen Ausführung werden konnte, hatte mit der im Wettbewerb favorisierten Linie nichts mehr zu tun und bleibt eigentlich unbegreiflich.

Grundsätzlich gilt für Architekturwettbewerbe wohl die Regel, dass die Einreichungen selten die Qualität der Auslobung überbieten. Die in München gestellten Aufgaben entsprachen äußeren Bedingungen wie der Einhaltung von Kosten und Zeit sowie der zweckmäßigen Übersetzung der Raumaufteilungen im Grundriss – heute würde man vom „Nutzerbedarfsprogramm" sprechen. Keine der Vorgaben konnte, als die neogotischen Planungen schließlich realisiert wurden, im Übrigen gehalten werden; in der Zeit um 1870 hat man zwischenzeitlich sogar einen Baustopp und den Wiederabriss der den Terminplan und das Budget sprengenden Ausführungen erwogen. Jenseits administrativer Rahmensetzungen war letztlich aber doch ein ästhetisches Kriterium entscheidend für die Auftragsvergabe. In dem Eigenschaftswort „würdig", das in den Verlautbarungen zu den einzelnen Entwürfen durchgehend aufscheint, beziehungsweise im Bedürfnis nach einer „würdigen" Schauseite des Rathauses leben die schon in frühen Architekturtheorien formulierten Vorstellungen von *dignitas* und *decorum* fort, das heißt, von einer der Bauaufgabe angemessenen Form. So gewiss jedem stimmberechtigten Stadtrat begreiflich zu machen war, dass sein künftiger Tagungsort mit einer ihm angemessenen Würde zu versehen sei, so dringlich bedurfte es dennoch der Überredung, diese könne für ein deutsches Rathaus allein eine Sache der gotischen Architektur sein. Die scharfzüngigen Zeitungskommentare, mit denen der intellektuelle Kunstkritiker Friedrich Pecht das Vorgehen der Rathauskommission begleitete und dabei gegen den neogotischen „Pfaffenstyl" als eine „reaktionäre gotische Marotte" anschrieb, verdeutlichen die Situation. Die Mehrheit des Magistrats sei zwar gar „nicht gotisch gesinnt" oder überhaupt indifferent in solchen Fragen, doch sitze im Stadtrat „ein Freund des gotischen Styls", der partout „ein gotisches Rathaus" haben wolle. Gemeint war Ferdinand von Miller d. Ä., ein in der Münchner Kunstgeschichte bestens bekannter Erzgießer aus Fürstenfeldbruck. Mit seiner Begeisterung für die neogotische Idee hatte er den Kurs der Diskussion in die Bahnen eigener Interessen zu steuern vermocht.

Millers erstaunlich großer Einfluss auf die Geschicke der Stadt ist aus seiner Biografie abzuleiten, die über die technischen Leistungen wie den notorisch angeführten Guss der Bavaria weit hinaus einen gesellschaftlichen Aufstieg in Politik und Wirtschaft bereithielt.[4] Als gelernter Löffelschmied ist Ferdinand von Miller d. Ä. unter König Ludwig I. in der Königlichen Erzgießerei groß geworden, aus der er ein Exportunternehmen von Weltruf formte und nicht zuletzt auch einen privatwirtschaftlich organisierten Familienbetrieb, der eine in der Kunst- und Bierstadt München sonst nur den Brauern vorbehaltene, geradezu dynastische Dimension errang. Seit 1859 ein Gemeindebevollmächtigter der Stadt und also unmittelbar an den Entscheidungen zum Rathausbau beteiligt, zog Miller als Mitglied der Bayerischen Patriotischen Partei zunächst in den Landtag ein und war dann 1874–1881 Zentrumsabgeordneter im Berliner Reichstag. Er präfigurierte sozusagen den Typus des konservativen Politikers, der nach Berlin entsandt wird, um dort die Fahne Bayerns hochzuhalten. Aus dieser ultramontanen Perspektive galt es mit allen Mitteln zu verhindern, das eigene Rathaus in Formen errichtet zu sehen, die einer liberalen Haltung hätten zugeschlagen werden können und aus Frankreich stammten, dem Land des Erb- und Erzfeinds – im Zusammenhang mit einem Erzgießer ein besonders eigentümlicher Begriff.

Es wäre kaum übertrieben, Ferdinand von Miller den geistigen Architekten des Münchner Rathauses zu nennen. Als schwergewichtige Autorität innerhalb der monarchistischen Honoratiorenparteien und richtungweisende Kraft der Fachkommission hat er es verstanden, den ursprünglichen Vorschlag Zenettis mit einem Wettbewerb zu umgehen, aus dem er einen durchgefallenen Entwurf ankaufen und modifizieren ließ. Den elastisch formbaren Architekten schickte er „von der Au nach

[6] München, Marienplatz mit Neuem und Altem Rathaus
(Photochrom: PHOTOGLOB ZÜRICH, um 1890)

Haidhausen", um vor der Haustür der Ratskollegen für das überarbeitete Vorhaben zu werben, ehe am 21. September 1866 die Ermächtigung zur Ausführung des neogotischen Entwurfs von beiden Gremien erteilt wurde – wiewohl im Magistrat mit dem Vorsprung von nur einer Stimme. Kurios ist auch die architektonische Detaillierung in der Ausführungsplanung Hauberrissers. Zwei neu aufgenommene Gestaltungselemente fallen auf: zum einen der nun vorgeschaltete Mittelrisalit, zum anderen der mit Maßwerk verkleidete Stufengiebel, der ihn beschließt [5–6]. Beide Motive sind von Zenetti abgeschaut. Der Risalit ist in dessen Ausgangsplanung vorgegeben, die gestuften Zinnen charakterisieren die ebenfalls von Zenetti entworfene Regotisierung des Alten Rathauses. Die Angleichungen dürften Millers Überzeugung bestätigt haben, derzufolge „für ein deutsches Rathaus nur ein deutscher Baustyl passe". Dieses Wunschdenken erlitt auch keinen Einbruch, als sich in eben dieser Zeit die Erkenntnis durchsetzte, bereits die gotische Baukunst des Mittelalters als eine ursprünglich von Frankreich ausgegangene Entwicklung zu definieren. Dies hatte ausgerechnet August Reichensperger vom Kölner Dombauverein, der Parteifreund Millers im Reichstag und Apologet der deutschen Neogotik, bei seinen Forschungen zur Kathedrale von Amiens einzugestehen. Seinem alten Wettbewerbsmotto „Im deutschen Sinn. Für deutschen Sinn" und damit auch seinem 1887 verstorbenen Protektor hielt Hauberrisser aber erst recht die unverbrüchliche Treue, als er ab 1897 den westlich zur Weinstraße anschließenden Erweiterungsbau entwarf, mit dem das Münchner Rathaus das zentrale Innenstadtgeviert schließlich ganz besetzte: Sein Turm übertrumpft nicht nur die Rathaustürme anderer Städte, Hauberrisser schöpfte auch reichlich die Musterbücher der neogotischen Bau- und Ausstattungskunst aus mit all ihren schablonierten Verzierungen, Strebepfeilern, Strebebogen und Türmchen. Ein über die Baldachine verteiltes Statuenprogramm, das zurück bis zu Heinrich dem Löwen nicht weniger als 40 bayerische Landesfürsten aufbietet und zuletzt in Millers Reiterstandbild des Prinzregenten Luitpold von Bayern mündet, weist die optimistische Behauptung städtischer Vollmacht zurück in die alten Schranken von Gehorsam und landesherrlicher Unterwerfung. König Ludwig II. war zeitlebens in einem Porträtgemälde präsent, mit dem er in der Montur der Hubertusritter den Großen Sitzungssaal *in effigie* präsidierte. Der Zeremonie der Grundsteinlegung, die 1867 traditionsgemäß für den Geburtstag des Königs am 25. August – es regnete in Strömen – angesetzt worden war, hatte er die persönliche Teilnahme verweigert.[5]

Über das Bauvorhaben weit hinaus und ungeachtet seiner rückwärtsgewandten Formensprache, verdeutlicht der gescheiterte Architekturwettbewerb zum Münchner Rathaus dennoch, wie unabwendbar die Stadt in der Gegenwart angekommen war, war es doch das Prinzip des Wettbewerbs insgesamt, in dem die Gesellschaft des 19. Jahrhunderts zu ihrem bis heute ausdauernden Antrieb gefunden hatte.[6] Dieses Modell war auf ganz unterschiedlichen Ebenen bestimmend geworden, sei es in der Konkurrenz des parlamentarischen Parteiensystems, sei es im volkswirtschaftlichen Spiel angeblich freier Kräfte, die den Wettbewerb von Angebot und Nachfrage einer Kartellierung entgegensetzen und darüber den Markt regulieren sollen. Zum Ende des Jahrhunderts diktierten die Regeln des Wettbewerbs das Kräftemessen der Nationen, zunächst auf den olympischen Spielwiesen ritualisierter Wettkämpfe, wenig später auf den Schlachtfeldern der Weltkriege. Noch sehr viel elementarer gedacht, behauptete sich die Wettbewerbsidee schließlich in der naturgeschichtlichen Dimension des darwinistischen „struggle for life“, des evolutionstheoretischen Wettbewerbs um Ressourcen, aus dem das Recht des Stärkeren abzuleiten war und der unser Dasein an sich bestimmt. Die Baugeschichte des Münchner Rathauses bestätigt diese Theorie.

1 Ausführlich und entlang der archivalischen Quellen, insbesondere der im Stadtarchiv München unter „Bürgermeister und Rat“ sowie unter „Hochbauamt“ verwahrten Dokumente, ist der hier nur verkürzt darzustellende Verlauf des Wettbewerbs in dem Aufsatzband untersucht, der den kaiserzeitlichen Rathausbau in Deutschland systematisch abdeckt: Nerdinger/Stenger 1982, 151–177. Danach alle folgenden Zitate. Die erhaltenen, das heißt entweder prämierten oder angekauften Wettbewerbszeichnungen befinden sich im Münchner Stadtmuseum, Sammlung Graphik und Gemälde, G VIII 2b. Zum Bauwerk selbst siehe die werkmonografische Darstellung: Huber 2006.

2 Zu den frühen Architekturwettbewerben: Middeldorf Kosegarten 1980, 167–186. – Lepik 1995, 10–20. Ein historischer Abriss zur Geschichte des Architekturwettbewerbs allgemein bleibt ein offenes Thema; nur bedingt brauchbar und eigentlich unzulänglich: Haagsma/Haan 1988. Jüngst dazu: Chupin/Cucuzzella/Helal 2015.

3 Vgl. Bluntschli/Lasius 1900[2].

4 Zu Miller siehe: Volk 1994, 516–517. – Zuletzt: Seckendorff 2006.

5 Das von Hauberrisser neogotisch dekorierte Werkzeug der Zeremonie ist in der Dauerausstellung *Typisch München* des Münchner Stadtmuseums zu sehen.

6 Anregungen zu einer weiterführenden Auseinandersetzung mit dem Wettbewerbsgedanken gibt: Gerber 2001.

München, Marienplatz mit Neuem Rathaus,
GEORG VON HAUBERRISSER, 1866–1909

ÄSTHETISIERUNG DER TECHNIK IM HISTORISMUS

Die Neue Polytechnische Schule in München

Von DIETRICH ERBEN

Viele Orte und Güter der Industrieproduktion des 19. Jahrhunderts haben in der Gegenwart eine Ästhetisierung erfahren. Fabriken werden zu Apartments konvertiert, Kraftwerke zu Museen, Kohleabbaugebiete zu Naherholungsgebieten; damalige Arbeitskleidung wie Overall, Latz- und Jeanshose wird heute als Freizeitmode getragen. Viele Lebensbereiche der Produktion, die einmal Teil einer technisch-industriellen Arbeitswirklichkeit waren, verwandelten sich im Rahmen der Strukturveränderungen der Industriegesellschaft in Sektoren der Konsumtion.[1]

Im Folgenden soll die Perspektive umgedreht und der Blick auf die historische Ausgangssituation um die Mitte des 19. Jahrhunderts gerichtet werden. Die Ära Ludwigs II. war zugleich die einsetzende Epoche der Schwerindustrie und der sich anschließenden Entwicklung neuer Industrien, allen voran der Elektro- und Chemieindustrie seit etwa 1880. In diesen Jahrzehnten erweiterten sich auch der Begriff und die Inhalte der Bildung. Moderne Bildung setzte nun voraus, dass man mit den sich rasant verändernden Realitäten der technisch-industriellen Welt Schritt hielt. Unmittelbare Konsequenz aus diesem beschleunigten Wandel war die Einrichtung von naturwissenschaftlich-technisch ausgerichteten Realgymnasien und polytechnischen Hochschulen neben den traditionellen neuhumanistisch-bildungsintellektuellen Ausbildungsstätten.[2]

Da sich für die „echte" Kultur über Jahrhunderte hinweg Formen der bildlichen Repräsentation etabliert hatten, die für die technisch-industrielle Welt erst noch zu entwickeln waren, stellte sich bereits den Zeitgenossen die Frage, ob mit den traditionellen Darstellungsweisen mittels Erzählungen und Symbolfiguren den neuen Wirklichkeiten der arbeitsteilig organisierten Gewerbewerkstätten und Labore sowie den weitgehend verborgenen Wirkungsmechanismen technischer Apparate adäquat beizukommen war.[3] Oder schlicht formuliert: Konnte die „materielle" Wirklichkeit von Naturwissenschaft und Technik überhaupt zu einem Gegenstand der bildenden Kunst und damit der Kultur gemacht werden? Dieser bis heute keineswegs ausgestandene Konflikt spitzte sich im Verlauf des 19. Jahrhunderts dadurch zu, dass die technisch-industrielle Realität mit einer Kultur kollidierte, die ganz auf den Historismus ausgerichtet war. Diese bezog sich retrospektiv auf die Errungenschaften früherer Geschichtsepochen, um diese in „Rückrufaktionen" (Martin Warnke) für die Gegenwart fruchtbar zu machen.

DAS DARSTELLUNGSPROBLEM DER TECHNIK IN DER KUNSTTHEORIE

Jacob Burckhardt stellte in einem Vortrag 1887 im Zusammenhang mit der Darstellungsform der Allegorie am Beispiel der Institution der Börse fest, dass die überkommenen Mittel der Mitteilung in der Gegenwart versagten. Börsengebäude sollten als die „Mitte des Luxusquartiers einer großen Stadt" zwar durchaus „eine reiche bauliche Physiognomie erhalten", doch seien dafür „Löwen, von Genien gelenkt", sinnlos. Denn: „Die eigentlichen Abstracta wären auf einer Börse die Gestalten der Hausse und der Baisse, und diese könnte man ja auf dem Giebel eines solchen Gebäudes mit einem ehernen Waagebalken und vom Winde beweglich anbringen, weiterer Allegorien, wozu der Ort einladen würde, nicht zu gedenken, zum Beispiel der Dämonen des Kraches."[4] Hinter der Ironie und dem Sarkasmus des Aperçus steckt die Forderung, dass, wie schon in vormodernen Zeiten, auch die zeitgenössische Kunst die aktuellen Gesellschaftsbewegungen – neben der ökonomischen eben auch die Komplexität der Technik – zur Mitteilung zu bringen habe.

Auch der Altphilologe und Archäologe Hugo Blümner fragte nach der Relevanz symbolischer Verbildlichung technisch-naturwissenschaftlicher Neuerungen.[5] Er versuchte, unterschiedliche Bildstrategien einer Visualisierung

[1] Marmorstatue „La Nature se dévoilant à la Science“, LOUIS-ERNEST BARRIAS, 1899

aufzuzeigen. Aufgrund der Gleichförmigkeit mechanischer Verfahren zweifelte er zunächst, ob die Personifikation der Naturwissenschaften nach dem Vorbild der Künste gelingen könne, da kein Künstler imstande sei, „durch den seelischen Ausdruck die einzelnen Wissenschaften auseinanderzuhalten“. Denkbar sei hingegen die Verbildlichung der technisch gebändigten Naturkräfte, wobei sich etwa bei der Dampfkraft die Alternativen bieten, „eine allegorische Darstellung der Dampfkraft“, „eine wirkliche Handlung [des] Eisenbahnlebens“ oder das „sehr prosaische [Bild] eines dahinsausenden Bahnzuges“ zu malen. Auf der Ebene eines solchen „Realismus“ liegt auch der Vorschlag, man

[2] München, Neue Polytechnische Schule, Fassadendekoration des Nordflügels, GOTTFRIED VON NEUREUTHER, 1866

möge „wirkliche, aus dem Leben gegriffene Vertreter [der] Industrien und Gewerbezweige" zum Bildthema machen. Als akzeptabel erscheinen die Porträts von Erfindern und Industriellen, verworfen wird hingegen mit einer entschiedenen rhetorischen Ermahnung die Darstellung von Arbeitern: „Wie würde es aussehen, wenn man einen Bahnhof mit den Statuen eines Heizers, Lokomotivführers, Conducteurs u. dgl. ausstatten wollte!" Aus Blümners Bemühen, unterschiedliche Optionen zur Diskussion zu stellen, resultiert ein skeptisches Fazit: Sei bei der „Technik ein greifbares, darstellbares Objekt das Ziel, mag es nun ein Haus, ein Bild, eine Maschine u.s.w. sein", so werde die Technik selbst mit den Mitteln solcher Objektwiedergaben oder „mit den Darstellungen technischer Fertigkeiten" stets „rein äußerlich bleiben müssen", und man habe „die Kunst mit solchen Aufgaben zu verschonen". Die Kunst vermag, so lassen sich diese Überlegungen resümieren, kein Vorstellungsbild von der Technik als Institution zu vermitteln.

Die vielen Visualisierungen der Technik, die im Verlauf des späteren 19. Jahrhunderts entstanden, machen einerseits deutlich, dass die von Burckhardt und Blümner diagnostizierten Schwierigkeiten der Verbildlichung von Technik keineswegs bloße Vorbehalte von Gelehrten waren. Andererseits unterschätzten beide Historiker den damaligen Repräsentationsbedarf. Einem fatalistischen Bilderverbot folgten weder die Künstler noch deren Auftraggeber, denn all jene aufstrebenden technisch-naturwissenschaftlichen Institutionen konkurrierten auch mit den Mitteln der visuellen Repräsentation durch Architektur und Kunst mit den alten Kulturinstitutionen. Beispielhaft verdeutlicht dies das Renommierstück der Personifikation der „Natur, die sich den Wissenschaften entschleiert" [1]. Die Statue wurde 1898 von dem schon 1794 als technische Hochschule gegründeten Conservatoire National des Arts et Métiers bei Louis-Ernest Barrias in Auftrag gegeben.[6] Die Figur tritt dem Betrachter mit der sinnlichen Präsenz einer Gesicht und Brüste freigebenden weiblichen Allegorie vor Augen, die Barrias opulent und mit größtem handwerklichen Aufwand aus verschiedenen Marmorsorten ausarbeitete. Die Titelbezeichnung „La Nature se dévoilant à la Science" leitet das Verständnis an: Aufgenommen ist die alte Idee der ihre Geheimnisse verhüllenden *natura abscondita*, die sich nun den forschenden Wissenschaften ergibt. Die ebenso plakative wie affirmative Aussage des Werks liegt in der offensichtlichen Zuteilung eindeutig hierarchischer Geschlechterrollen, indem sich die Natur als weibliche Verführerin der forschenden Eroberung darbietet. Solchen Einzelstücken naturwissenschaftlicher Symbolisierung treten umfangreiche Ausstattungsprogramme an die Seite, in denen sich die visuelle Repräsentation von Technikinstitutionen ausführlicher entfaltet.

BILDAUSSTATTUNGEN TECHNISCHER INSTITUTIONEN: DAS POLYTECHNIKUM IN MÜNCHEN

Schon die Wahl des Standorts für das Hochschulgebäude in direkter Nachbarschaft zu den Antikensammlungen am Königsplatz sowie den Pinakotheken für die ältere und die damals zeitgenössische Kunst lässt keinen Zweifel an der Absicht aufkommen, dass sich die neue Bildungsinstitution nach dem Willen von Bauherr und Architekt in den Kanon musischer Bildung integrieren, sich ihm aber auch selbstbewusst gegenüberstellen sollte.[7] Darüber hinaus unterstreicht die Stilwahl für den Bau, der 1868 nach nur vier Jahren Planungs- und Bauzeit auf Grundlage der Entwürfe von Gottfried von Neureuther fertiggestellt wurde, den doppelten Anspruch von Kontinuität und Wettbewerb. Deutlich wird hier der Stil der Neorenaissance aus dem Bildungsgedanken des Neuhumanismus begründet. Neureuther vertritt in seinem Lebenslauf die Meinung, „daß die Kunst der Renaissance am meisten den Anforderungen der Schönheit und der geistigen Bildung unserer Zeit entspricht".[8] Julius Meyer, der spätere Direktor der Berliner Gemäldegalerie, beschrieb den Neubau aus den Modellen der Hochrenaissancearchitektur und verstand ihn als symbolischen Vermittler des humanistischen Bildungsgedankens in der Gegenwart: Sinn des Gebäudes sei es, „einen großen Zweck des Jahrhunderts, sein von echt weltlichen, realen Triebfedern bewegtes und doch ideales, weil auf die höchste Ausbildung des menschlichen Daseins gerichtetes Wesen in monumentalen Formen auszusprechen".[9]

Im Bildprogramm, das für den Außenbau und für die Repräsentationsräume des Treppenhausfoyers sowie für die Aula geplant war, wird dieser Grundgedanke aufgenommen und für die Geschichte von Naturwissenschaft und Technik

[3] München, Neue Polytechnische Schule, „Mechanik", Karton für die Wanddekoration an der Nordseite der mechanisch-technischen Abteilung, EUGEN NAPOLEON NEUREUTER, 1868

[4] München, Neue Polytechnische Schule, „Elektrizität, Galvanisieren", Entwurf zu einer Kuppel im Haupttreppenhaus, EUGEN NAPOLEON NEUREUTHER, 1868

weiterentwickelt. Es wurde von dem Maler Eugen Napoleon Neureuther offenbar in Zusammenarbeit mit seinem Bruder, dem Architekten der Hochschule, konzipiert und nur in Teilen realisiert: ein außergewöhnlich umfangreiches, thematisch weitläufiges Programm in mehreren Bildzyklen, das hier nur in den Hauptlinien rekapituliert werden soll.[10]

An der Hauptfassade gegenüber der Alten Pinakothek kam eine Ahnengalerie in Form einer Reihe von Porträtmedaillons unterhalb des Dachansatzes zur Darstellung. Sie führte die „bedeutendsten Männer der Vorzeit" aus den Bereichen der „exacten Wissenschaften, der schönen Literatur, der Nationalökonomie, der bildenden Künste und der Technik", insbesondere Chemiker, Ingenieure und Mechaniker, zusammen.[11] An der Fassade des Nordflügels, der die entsprechenden Institute beherbergte, waren diese Sparten als Bildfolge technischer Allegorien und industrieller Produktion dargestellt [2]. Technik wurde hier nicht nur in den Geschichtsverlauf integriert, sondern auch den übrigen Künsten und Geisteswissenschaften gleichgestellt. Die Mechanik erscheint beispielsweise in einem stets wiederkehrenden Bildformular als Personifikation in der Mitte, umgeben von technischen Gerätschaften und Nebenszenen [3]. Sie galt als eines der zentralen Fächer in jedem Polytechnikum, denn ihr verdankte sich maßgeblich die schwerindustrielle Produktion. Dementsprechend präsentiert ihre Stellvertreterin im Bild wie eine Personifikation der „Industrie" als Zepter eine mit Zahnrädern armierte Kurbelwelle. Der Mantel ist mit Formeln bestickt, als Mantelschließe dient ein Transmissionsriemen, geometrische Körper zu Füßen der Thronenden, mathematische Instrumente und die seitlichen Hermen der „Arithmetik" und „Geometrie" verweisen auf die mathematischen Grundlagen der Disziplin. In den Nebenszenen führen geflügelte Genien die Hebelgesetze vor und nutzen mit Karren die Schwerkraft. Damit werden rudimentäre Errungenschaften der Mechanik anekdotisch ausgemalt. Bei diesem wie auch bei weiteren Bildfeldern erweist sich die Motivik als keineswegs konsistent – Symbolik tritt neben genrehafte Szenen, elementare Naturgesetzlichkeit neben Naturwissenschaft, moderne Artefakte neben archaische Technikanwendungen.

Die Bildwelt von Bildnissen, Symbolen und Erzählungen wurde im Inneren des Polytechnikums nochmals gesteigert. In den Bildfolgen von Eingangsvestibül, Treppenhausgalerien und Aula hätte sich bei vollständiger Realisierung des Programms erstmalig in der Monumentalmalerei des 19. Jahrhunderts eine Entwicklungsgeschichte der Kultur manifestiert, deren Etappen nicht durch weltliche Geschichte, Religion und Geistesgeschichte bestimmt gewesen wären, „sondern durch fortschreitende Naturaneignung".[12] Im Hauptbild an der Decke des Eingangsvestibüls war der Mythos des Prometheus dargestellt, der unter der Obhut der Göttin Athena den Menschen beseelt. Prometheus machte im späteren 19. Jahrhundert einen markanten Rollenwechsel durch: Galt der rebellische Titanensohn zuerst als Archetyp des Künstlers, als der er etwa im Fresko der Eingangshalle der Glyptothek dargestellt war, so wandelte er sich in der Rezeption nun zu einem wohltätigen Heros im Dienste des menschlichen Fortschritts, auf den sich auch Fabrikherren berufen konnten.[13]

Die umlaufenden Galerien des groß dimensionierten Treppenhauses, das im Obergeschoss Bibliothek und Aula erschloss, boten Raum für eine weit ausgespannte

[5] Brighton, Royal Pavilion,
JOHN NASH, ab 1815

Kulturgeschichte der Technik. Die Deckenbilder in den Galerien setzten die „Auffindung der ewigen Gesetze der Natur durch die erleuchteten Forscher der späteren Zeit", die „Entdeckungen und Erfindungen, welche sich weiter daran geknüpft", sowie die „Benützung derselben für die Verbreitung der Erkenntnis und des physischen Wohles über die ganze menschliche Gesellschaft" ins Bild.[14] Eine der Kuppeln, die der Elektrizität gewidmet war, nahm Bezug auf die seinerzeit modernste technische Entwicklung [4]. Neureuther war weitgehend gezwungen, auf die ältere Wissenschaftsgeschichte und auf alchimistische Experimente zurückzugreifen. Im Hauptfeld wurde das berühmte Experiment von Luigi Galvani, der elektrische Ladung in Froschschenkel leitete und damit Bewegungsimpulse erzeugte, gezeigt. Die Seitenbilder nahmen das Thema der Belebungsexperimente auf, für welche Prometheus mit der Verlebendigung durch das Lebenselixier Pate stand. Ein Nebenbild zeigte hingegen die mechanische Erzeugung von Elektrizität durch ein von einer Kraftmaschine angetriebenes Schwungrad. Die rasante technische Entwicklung der Elektrizität, welche die Entdeckung elektromagnetischer Wellen, die Erfindung der Bogenlampe und die Patentierung der Stromerzeugung bereits vorzuweisen hatte, entzog sich jedoch noch vollkommen der Darstellung.

Die Treppenhausdekoration macht zusammen mit der geplanten Dekoration der Aula, die den Saal „gleichsam als Pantheon der *modernen* Kultur erscheinen lassen" sollte,[15] einen eminenten Anspruch deutlich. Denn wie die Architektur des Polytechnikums durch die Formensprache der Neorenaissance auf die gegenüberliegende Alte Pinakothek Bezug nahm, so gilt dasselbe formal und inhaltlich auch für die Kuppelausmalungen. Eugen Neureuther setzte in ihnen die Bilddisposition der von Peter Cornelius geschaffenen Kuppelfresken in den Loggien der Pinakothek fort und signalisierte damit auch eine thematische Kontinuität. Entfaltet sich im Kunstmuseum durch die Systematisierung der Sammlung und durch die Bilddekorationen im Piano nobile die Entwicklungsgeschichte der bildenden Kunst, so kommt es im Polytechnikum zu einer Fortsetzung der Kultur als Entwicklungsgeschichte der materiellen Zivilisation. Die Geschichte der Kunst wird als Fortschrittsgeschichte der Technik fortgeschrieben – darin besteht die herausfordernde Innovationsbehauptung nicht nur der Architektur und der Bildausstattung des Polytechnikums, sondern auch der Institution selbst.

KÖNIG LUDWIG II. VON BAYERN UND DIE TECHNIK

Es spricht nichts dafür, dass der Monarch, unter dessen Regierung das Gebäude der Polytechnischen Schule in München 1868 fertiggestellt und bezogen wurde, diese Absichten geteilt hätte. Ganz im Gegenteil hat man seine obrigkeitliche Intervention bei der Planvorlage im März 1866, in der er Vorbehalte gegen die entworfene Fassade äußert, da sie ihm „reicher als es nur angemessen erscheint", und er im Gegenzug „eine weniger gezierte Fassade" dekretiert,[16] als eine grundsätzliche Ablehnung des von einer Technikinstitution formulierten Dignitätsanspruchs zu verstehen. Ludwig II. wandte sich gegen ein Entwurfs- und Ausstattungskonzept für die Hochschule, welches den prinzipiellen Gleichrang von Kultur und Technik behauptet. Hinzu kommt, dass die Neorenaissance, die mit der ideologischen Verfestigung der Stilwahl im Historismus gleichermaßen mit der Bildungsepoche des Humanismus wie mit der bürgerlichen Emanzipation in den Stadtrepubliken assoziiert wurde, als explizit „bürgerlicher Stil" galt.[17] Folgerichtig hat Ludwig II. diesen Architekturstil für seine Schlossbauten konsequent ausgeschlossen und hier die, wenn man so will, „feudalen" mittelalterlichen und barocken Stilreminiszenzen ideologisch für seine Politik der monarchischen Restauration beglaubigt.

Bei der Realisierung seiner historistischen Wunschwelten trug Ludwig II. bekanntlich dafür Sorge, dass moderne konstruktive Verfahren und aktuelle Haustechnik zum Einsatz kamen.[18] Geradezu einen emblematischen Symbolwert für Ludwigs Ansprüche auf technische Standards gewannen die mechanischen Lifttische in den Schlössern Linderhof und Neuschwanstein, die Ausstaffierung von Kutschen und Schlitten mit elektrischer Beleuchtung, die Wellenmaschine in der Grotte von Linderhof, die Anschaffung eines Dampfbootes für den Chiemsee sowie die Erwerbungen des in Eisen vorfabrizierten Maurischen Kiosks und des Marokkanischen Hauses für Linderhof. Mit dem Wintergarten auf dem Festsaalbau wurde die avancierte Glas-Eisen-Montagebauweise für einen Residenztrakt adaptiert. Während diese von der Nürnberger Maschinenfabrik und Eisengießerei Cramer-Klett hergestellt wurden, lieferte die in Augsburg ansässige Maschinen- und Röhrenfabrik Johannes Haag die Zentralheizungen für die Schlösser.
Bei der künstlichen Tropfsteinhöhle der Venusgrotte in Linderhof wurde schon 1876 die innere Raumschale ähnlich der im Jahr 1878 patentierten Rabitz-Konstruktion eingebaut. Neben der Unterwasser-Wellenmaschine war die

Grotte zudem mit einer von der Firma Siemens gelieferten elektrischen Beleuchtungsanlage, unter anderem mit einem Projektor für einen Regenbogen, und einer Warmluftheizung ausgestattet.[19]

Die Schlossbauten des bayerischen Königs einschließlich der ihnen zugehörigen Illusionsräume folgten in ihrer konstruktiven Herstellung und in den technischen Ausstattungen den Möglichkeiten der Privatbauten zwischen der Mitte des 19. Jahrhunderts und der Gründerzeit. Deren Standards wurden von der Elite reicher Bankiers und Unternehmer gesetzt – man mag in Paris an das Palais Jacquemart André (1869–1875), an den Stadtpalast von Richard Wallace in London und an die dortigen Clubhäuser, in New York an das William K. Petit Chateau (1879–1883) oder an die Villa Hügel der Familie Krupp in Essen (1870–1873) denken.[20] Sein Faible für die Technik teilte Ludwig II. aber auch mit den Monarchen seiner Zeit: Er stand im Kreis dieser Herrscher, die sich ebenfalls der gesellschaftlichen Modernisierung entschieden, aber letztlich erfolglos entgegenstemmten, mit seinem persönlichen Spleen für die Technik nicht allein. Im Deutschen Bund ist Ludwigs Onkel Friedrich Wilhelm IV. von Preußen als Vertreter einer strikt neoabsolutistischen Staatsauffassung die markanteste Parallele.[21] Nach einer baulichen Realisierung von fürstlichen Gegenwelten strebte bereits der englische König George IV., der als Prince of Wales schon am Beginn des 19. Jahrhunderts den Royal Pavilion im Seebad von Brighton als eklektizistischen Fantasiepalast errichten ließ [5].[22]

Diese Vergleiche und Parallelen können nicht darüber hinwegsehen lassen, dass Ludwigs Interesse an technischen Raffinessen instrumentell beschränkt war. Avancierte technische Mittel kamen nur zum Einsatz, um eine Lebensführung des monarchischen Eskapismus und die Simulation von historisch fernen Rückzugswelten zu ermöglichen. Dies war der Sinn der Erzeugung perfektionierter ästhetischer Illusionen.[23] Solche Vorbehalte müssen gemacht werden, wenn vom populären Klischee der Technikaffinität Ludwigs II. die Rede ist.[24] Ludwig II. war, so könnte man es auf eine Formel bringen, ein Enthusiast der Technik, aber er war kein Systemanhänger der technischen Entwicklungen seiner Zeit.

1 Allgemein hierzu: Welsch 1996, 9–61. – Hieber/Moebius 2001. – Reckwitz 2012.
2 Siehe vor allem: Daum 1998. – Rüegg 2004. – Weber 2002, bes. 154–160, 195–219.
3 Siehe hierzu v. a.: Buddensieg/Rogge 1981. – Kittler 1986. – Maag 1986. – Pfeiffer/Jauß/Gaillard 1987. – Möbius/Berns 1990. – Harvie/Martin/Scharf 1976³. – Erben/Frenkler 2018 (in Vorbereitung).
4 Burckhardt 1997², 245 f.
5 Blümner 1881, folgende Paraphrasen und Zitate 78–82.
6 Vgl. Pierre 2018. – Orensanz 2016.
7 Zum Gebäude siehe Nerdinger 1978, 63–93. – Nägelke 2000, 118–122, 432–437.
8 Zit. nach Nerdinger/Hufnagl 1978, 12.
9 Meyer 1868, 150.
10 Zum Folgenden grundlegend: Wagner 1989, 217–238.
11 Neureuther 1870, 247.
12 Wagner 1989, 226.
13 Zum Fresko von Peter Cornelius in der Glyptothek: Büttner 1980–1999, Bd. I, 203–206. Zum Bedeutungswandel der Prometheus-Gestalt: Wagner 1989, 228 f.
14 Neureuther 1872, 27.
15 Neureuther 1870, 248.
16 Zit. nach Nerdinger 1978, 68.
17 Hierzu grundlegend: Brix/Steinhauser 1978, 199–327 (zur Neorenaissance als explizit „bürgerlichem Stil" bes. 268–272). – Dauss 2007, bes. 82–88, 364–366.
18 Als Materialübersicht: Schlim 2015⁴ sowie die Einträge zur Sektion „Ludwig II. und die Technik" in Wolf/Loibl/Brockhoff 2011, Bd. 2, 223–233.
19 Zur Grotte vgl. die Tagung *Die Venusgrotte in Linderhof. Illusionskunst und High-Tech im 19. Jahrhundert. Internationale Tagung von ICOMOS und der Bayerischen Schlösserverwaltung*, 11.–13.10.2017.
20 Zum Wohnkomfort vgl. Reulecke 1997. – Brönner 1994². – Buddensieg 1984.
21 Grundlegend: Barclay 1995. – Bartoschek/Betthausen/Kahlau 1995. Zu den engen Verbindungen zu Ludwig II. vgl. Tauber 2013, bes. 207–211.
22 Vgl. Saul 1998. – Morley 2003.
23 Argumente einer Revision bei Tauber 2013, bes. 174–181 zum Wintergarten auf der Residenz, 249–251 zur technischen Simulation, 279 f., 304 f. zu den Rückzugswelten.
24 Hierzu Schlim 2015⁴. – Einträge zur Sektion „Ludwig II. und die Technik" in Wolf/Loibl/Brockhoff 2011, Bd. 2, 223–233.

Regen, Eisenbahnbrücke über die Ohe, HEINRICH GOTTFRIED GERBER, 1877

München, Technische Universität, Reste der Fassade des Vorgängerbaus von GOTTFRIED VON NEUREUTHER im südöstlichen Hof

Kulmbach, Meußdoerffer'sche Malzfabrik
(heute Ireks GmbH), 1883

ARBEITERSIEDLUNGEN ZUR ZEIT LUDWIGS II.

Von VERA SIMONE BADER

DAS LEBEN DER ARBEITER

An den König gerichtete Briefe, Gesetzestexte und öffentliche Äußerungen prominenter Personen aus der Zeit der industriellen Revolution zeigen anschaulich, wie hart das Leben eines Fabrikarbeiters auch in Bayern war:[1] Im Jahr 1840 betrug die tägliche Arbeitszeit für gewöhnlich mindestens zwölf Stunden mit nur einer einstündigen Mittagspause und Pausen vor- und nachmittags von je 15 Minuten. Die Fabrik war mit der verbrauchten Luft, dem unerträglichen Lärm und den unzumutbaren Arbeitsbedingungen an den Maschinen zudem ein Ort, der die Gesundheit der Arbeiter stark beanspruchte. Je nachdem, was produziert wurde, verschlimmerte sich deren Lage. So schilderte der Sozialdemokrat Franz Josef Ehrhart in einem Bericht von 1901 über die Chemiefabrik BASF in Ludwigshafen die Ausbeutung „der Menschen durch Menschen" beispielhaft: „Während der Mittagsstunden kauerten bei Sturm und Regen Hunderte im Straßengraben in der Nähe der Fabrik, das armselige, ihnen zugetragene Mittagsbrot hinunterwürgend. Exotischen Menschenrassen gleichend, erregten die meisten der Arbeiter durch ihr elendes Aussehen, namentlich durch die in Bronze, Kupfer, Grün usw. gebeizte Hautfarbe bei jedem Fremden das große Aufsehen [...]. Arbeiter, deren Nasenbeine, Schleimhäute usw. von den Giften zerfressen [waren], waren in Massen zu sehen."[2]

Erschwerend zum Fabrikalltag kam die katastrophale Wohnsituation hinzu. Viele Arbeiter lebten außerhalb der Städte in Vororten, also weit weg vom Produktionsstandort, und mussten lange Arbeitswege in Kauf nehmen.[3] In ihren Unterkünften an der Peripherie sowie in den städtischen Zentren herrschten schlechte hygienische Bedingungen.[4] Die Gründe dafür sind verschieden: Neben der rasant steigenden Bevölkerung Bayerns in den Jahren zwischen 1840 und 1890 nahm die mit der Industrialisierung aufkommende Landflucht zu, wodurch die Städte explosionsartig wuchsen und Wohnungsmangel die Folge war. Dies führte dazu, dass mehrere Menschen zusammen in meist unbeheizten Zwei- bis Dreizimmerwohnungen hausten – mal mit, mal ohne Küche [1]. Der Abort lag nicht selten außerhalb der Wohnung.[5] Als Folge der steigenden Mieten wurden die ohnehin kleinen, stickigen Wohnungen überbelegt. Schlafgänger teilten sich das Bett mit den Mietern. Eine 1902 veröffentlichte Erhebung ergab, dass in Bayreuth bei über 73,5 Prozent der untersuchten Arbeiterwohnungen in einem Zimmer mindestens sechs Personen unterschiedlichen Geschlechts lebten.[6] „Daß diese Zustände sittlich nicht unbedenklich sind, steht außer allem Zweifel", lautete des Autors Fazit.[7] Tatsächlich stieg der Anteil unehelicher Geburten im Laufe des 19. Jahrhunderts von etwa 4 Prozent auf 25 Prozent an.[8]

DER „SOZIALE" ÖKONOM

Als „ehrgeiziges Projekt betrieblicher Wohnungsfürsorge", als „großzügig" und „bahnbrechend" wird in zahlreichen Firmenfestschriften der sogenannte Werkswohnungsbau gelobt, führte er doch zu einer verbesserten Wohnsituation der Arbeiter vor Ort.[9] Tatsächlich sahen sich viele Unternehmer veranlasst, ihren Facharbeitern passable Unterkünfte zur Verfügung zu stellen, um die hohe Fluktuation, die sich auch aus der Wohnungsnot ergeben hatte, einzudämmen und damit die Belegschaft an sich zu binden. Wie viele Arbeitersiedlungen in Bayern zwischen 1860 und 1890 entstanden, ist heute kaum mehr zu verifizieren. Eine Erhebung von 1873/74 über die bayerischen Fabriken und größeren Gewerbebetriebe ergab, dass sich von 692 Betrieben ungefähr die Hälfte mit Wohnungsbau und Wohnungsbauförderung befasste. Von diesen Unternehmen hatten 117 insgesamt 3 227 Mietwohnungen, wobei aus den Quellen nicht ersichtlich ist, ob es sich hier tatsächlich um Wohnungen oder nur um Schlafstellen handelte.[10] Vergleicht man die Zahlen in Bayern mit jenen in Preußen, wo zur gleichen Zeit allein die privaten Bergwerke 11 242 Mietwohnungen in rund 2 800 Häusern besaßen, dann wird deutlich, dass der Arbeiterwohnungsbau im süddeutschen Raum bis dahin ein eher überschaubares Ausmaß erreicht hatte.[11] In den darauffolgenden Jahren stieg der Bau von Arbeiterunterkünften jedoch stetig an: Im Jahr 1905 gab es bereits 2 000 Ein- und Mehrfamilienhäuser mit rund 10 000 Wohnungen.[12]

[1] Berlin, Arbeiterwohnung, um 1860

Die Betriebe nutzten dabei ganz unterschiedliche Methoden, um den Wohnungsbedarf ihrer Arbeiter zu decken. In kleineren Industriezweigen mit geringem Technisierungsgrad, wie der Glas-, Holz- und Papierindustrie, herrschte noch die aus den früheren Jahrhunderten bekannte Tradition vor, den Arbeiter in die Wohngemeinschaft des Meisters aufzunehmen.[13] Unternehmen mit großen Fabriken jedoch, wie Faber-Castell in Stein (ab 1858), die Mechanische Baumwoll-Spinnerei und Weberei Bayreuth (1861), die BASF in Ludwigshafen (ab 1872) [2], die Augsburger Kammgarn-Spinnerei (ab 1876) und die Zwirnerei und Nähfaden-Fabrik Göggingen (ab 1891), benötigten für die Vielzahl ihrer Angestellten ganz andere Konzepte und ließen Arbeiterhäuser in geschlossenen Siedlungen erbauen.

[2] Ludwigshafen, BASF, Hauptdreherei
(Foto: ANONYM, 1921)

Bei dieser Form von Wohnungsförderung konnten sie sich an Anlagen orientieren, die nur wenige Jahre zuvor in England und Frankreich entstanden waren.[14] Der englische Textilfabrikant Titus Salt beispielsweise hatte 1851 neben einer neuen Fabrikanlage die Arbeiterstadt Saltaire für 5 000 Menschen errichten lassen. Reihenhäuser addierten sich hier zu langen Zeilen, die rasterförmig angelegt waren. Zahlreiche Gemeinschaftseinrichtungen lagen entlang einer Achse, die zum Haupteingang der Fabrik führte.[15] Ähnlich sah die 1853 gegründete Cité Ouvrière in Mülhausen/Elsass aus, deren Pläne auf den Weltausstellungen 1855 und 1867 in Paris gezeigt wurden. Sie diente als Vorbild für gleichartige Anlagen in Deutschland, auch weil sie in zahlreichen zeitgenössischen Publikationen thematisiert wurde und die Ideen dahinter somit große Verbreitung fanden.[16] Die Autoren analysierten die Arbeiterhäuser in Mülhausen und bewerteten die verschiedenen Bautypen im Hinblick auf zukünftige Entwicklungen.

Den bayerischen Unternehmern mussten solche Veröffentlichungen bekannt gewesen sein. Lothar von Faber etwa, Inhaber der berühmten Bleistiftfabrik Faber in Stein bei Nürnberg, wusste von der Siedlung in Mülhausen durch das Bändchen *Extrait des bulletins de la Société industrielle de Mulhouse* aus dem Jahr 1865, das sich in seiner Bibliothek befand und heute im Archiv der Firma aufbewahrt wird.[17] Wahrscheinlich wird er sich auch mit den darin präsentierten Reihenhäusern und dem ebenfalls erwähnten neuen Haustyp – dem auf einem Kreuzgrundriss basierenden Cottage – auseinandergesetzt haben. Schließlich hatte er selbst verschiedene Hausformen erprobt und war, was Hygiene, Luftraum und Anzahl der Zimmer betraf, stets auf dem neuesten Stand.[18]

DIE ENTWICKLUNG DER HAUSTYPEN

In Bayern gab es im Bereich des Wohnungsbaus für Industriearbeiter vor allem zwei Haustypen, die seit den 1850er-Jahren in kleineren und mittelgroßen Städten entstanden: das Arbeitermietshaus und das Mehrfamilienhaus. Beide folgten unterschiedlichen Entwicklungen. Ersteres stand isoliert und war nicht zwingend gebunden an den Standort der Fabrik. Letzteres war dagegen entweder in zu Zeilen zusammengefügten Häuserketten eingebunden oder lag frei, jedoch auf einem Rastersystem angeordnet. Wo genau diese Anlagen der Mehrfamilienhäuser standen, zeigen Veduten aus dem 19. Jahrhundert [4]. Zu sehen sind die Fabriken mit ihren langgezogenen Produktionshallen, den rauchenden Schornsteinen, den hohen Bürogebäuden und den prächtig ausgestalteten Direktorenhäusern. Diese Gebäudetypen traten meist als einheitliches Gesamtbild in Erscheinung, wobei die einzelnen Funktionen architektonisch differenziert und so hierarchisch angeordnet waren. Die Arbeiterhäuser lagen zwar außerhalb des umzäunten Geländes, befanden sich aber in unmittelbarer Nähe, wie in Saltaire an der Hauptstraße, die zur Produktionsstätte führte. In ihrer schlichten Ausgestaltung gehörten sie unmissverständlich zum funktional ästhetischen Ensemble der Industrieanlage.

Lothar von Faber hatte sich bereits 1858 um Wohnungen für seine schnell wachsende Arbeiterschaft gekümmert. Aus der Not heraus ließ er eine aus dem 17. Jahrhundert stammende reformierte Kirche durch Trennwände und eine eingezogene Holzdecke umbauen.[19] Die daraus entstandenen Mietwohnungen auf den nunmehr eingelassenen vier Stockwerken hatten alle eine Küche, ein Wohn- und ein Schlafzimmer. Wie bei vielen anderen Mietshäusern dieser Jahre besaß nicht jede Wohnung ihren eigenen Ein- und Zugang, was bedeutete, dass man hier auf die völlige Trennung der Familien verzichtet hatte. Diese räumliche Offenheit entsprach allerdings nicht den sittlichen Vorstellungen, die wenige Jahre später in der Fachliteratur pro-

[3] Bayreuth, Arbeitersiedlung „Burg“ der Mechanischen Baumwoll-Spinnerei und -Weberei mit „Schweizerhäuschen“, 1861 (Foto: ANONYM, um 1910)

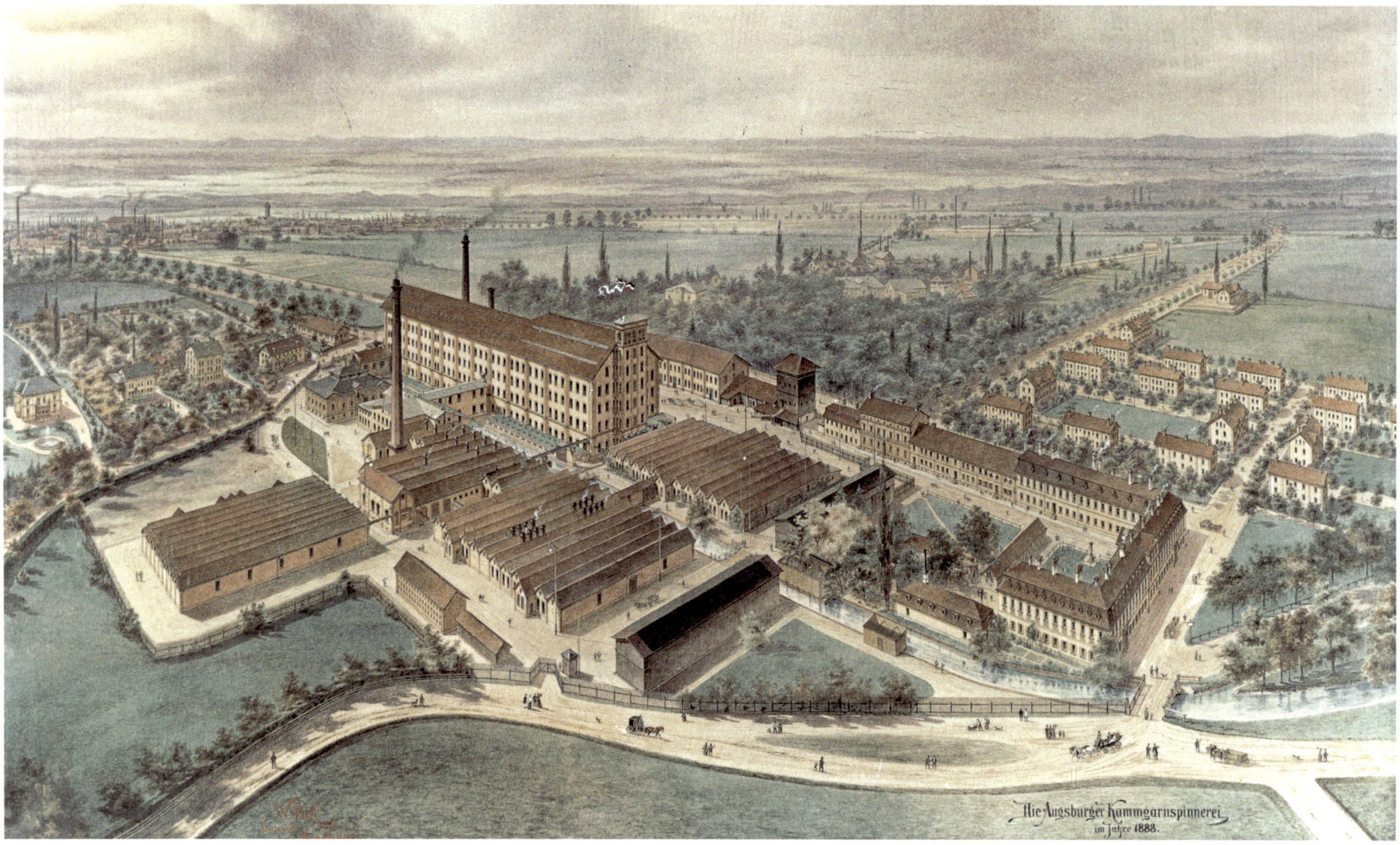

[4] Augsburg, Vogelschau
der Kammgarn-Spinnerei, 1888

pagiert wurden.[20] Obwohl das Arbeitermietshaus aus den erwähnten Gründen und spätestens seit der Weltausstellung von 1867 als unzureichender Bautyp verpönt war, ließ Lothar von Faber noch 1881 unweit seines eigenen Wohnheims ein Arbeitermietshaus bauen.[21] Seine Motive dafür sind nicht bekannt. Allerdings durften in dem Mietshaus keine Junggesellen, sondern nur Familien leben, und durch die Lage der Eingänge war jede Wohnung von der anderen getrennt.[22] Die sittliche Ordnung war hier also explizit berücksichtigt worden. Demnach verschwand das Arbeitermietshaus trotz vehementer Kritik nicht gänzlich aus dem Repertoire des Werkwohnungsbaus. Die „strenge Absonderung der Einzelwohnungen [...] für ein behagliches Familienleben"[23] wurde aber wohl zum Maßstab der Bausysteme erhoben.

Neben den Arbeitermietshäusern entstanden in Stein seit den 1860er-Jahren auch frei stehende, an einer Straße liegende Doppelhäuser.[24] Sie sind in ihrer Einfachheit und Größe mit den etwa zur gleichen Zeit errichteten Schweizerhäuschen der Mechanischen Baumwoll-Spinnerei und Weberei Bayreuth zu vergleichen [3]. Jene erstreckten sich auf einer Länge von 88 Metern in Form von zwölf Doppelhaushälften mit Wohnräumen von 52 Quadratmetern plus einem kleinen Garten, in dem Gemüseanbau und Kleinviehhaltung zur Selbstversorgung möglich waren.[25] Damit besaßen die Reihenhäuser für die damaligen Verhältnisse eine angemessene Größe. In ihrer Ausgestaltung waren sie allerdings äußerst sparsam gehalten. Außer dem Satteldach ließ kaum etwas den Anspruch erahnen, hier dem romantischen Vorbild in der Schweiz zu folgen – so wie es der Name suggeriert. Ein Kreisbaubeamter hatte die Planung der Reihenhäuser übernommen,[26] wie in Stein waren daran keine Architekten beteiligt.

Der Arbeiterwohnungsbau galt in dieser Entwicklungsphase in der Regel als eine Aufgabe, die den Planverfassern der Baubüros von Fabriken zukam.[27] Die bescheidenen Ausführungen namenloser Techniker können auch als einer der Gründe für den Abriss der ersten Siedlungshäuser in Bayern angesehen werden.[28] Zumindest sah man sich nicht dazu veranlasst, sie für die Nachwelt als Denkmal zu erhalten. Erst mit einer Auftragssteigerung Ende des 19. Jahrhunderts begannen sich auch Architekten für die Werksiedlung als Bauaufgabe zu interessieren, womit die Ästhetisierung der Häuser begann.[29] Ein frühes Beispiel dafür ist die Augsburger Kammgarn-Spinnerei, kurz AKS genannt [4]. Das Unternehmen beauftragte bereits 1873 mit Jean Keller einen versierten Architekten mit dem Bau ihrer Siedlung. Er hatte sich mit Mietshäusern, Verwaltungs- und Ausstellungsgebäuden bereits einen Namen gemacht und für wohlhabende Bürger repräsentative Villen entworfen.[30] Für die Fabrik gestaltete er etliche Gebäudeteile, so auch die 20 Arbeiterhäuser, die er für 138 Familien plante.[31] Die Außenwände dekorierte er mit Pilastern, Gesimsen und Bogenfriesen und verlieh ihnen damit einen offensichtlich hochwertigeren Charakter; ein Teil ist zumindest als Denkmal der industriellen Revolution erhalten geblieben.[32] Die Eingabepläne zeigen zudem, dass Keller für die Arbeiter drei unterschiedliche Bausysteme entwickelt hat, die von einfach bis aufwendig reichten und in ihrer Größe variierten, je nachdem, wer in den Häusern lebte – ob Facharbeiter oder Meister [5]. Mit dieser Form der Ausgestaltung untermauerte er die Struktur der Fabrikgesellschaft, deren Hierarchisierung sich in der architektonischen Form widerspiegelte. Von dieser Entwicklung in der Architektur konnte das Unternehmen nur profitieren, das mit der vollständigen Formalisierung des gesamten Geländes auch die darin lebenden und arbeitenden Menschen erreichte.

DIE AUSWIRKUNGEN

Wie bereits angedeutet, stellten viele Unternehmen ihren Arbeitern in größeren Siedlungen neben Wohnraum auch Gemeinschaftseinrichtungen wie Wasch- und Badehaus, Waschküche, Trockenräume, Bibliothek, Krankenstation und Badekabinen zur Verfügung.[33] Als Eigenversorger – jede Wohnung besaß einen eigenen Garten, der für Kleinviehhaltung und Gemüseanbau vorgesehen war – brauchten die Arbeiter also die Siedlungen kaum mehr zu verlassen. So selbstlos, wie sich die Betriebe mit diesem Vorgehen gerne darstellten,[34] war die Geste aber nicht. Vielmehr wurde damit die Kontrolle über die Arbeiter erhöht und deren Leben vollständig der Fabrik untergeordnet. Zudem waren die Siedlungen keineswegs für die gesamte Belegschaft der Fabrik vorgesehen.[35] Bei

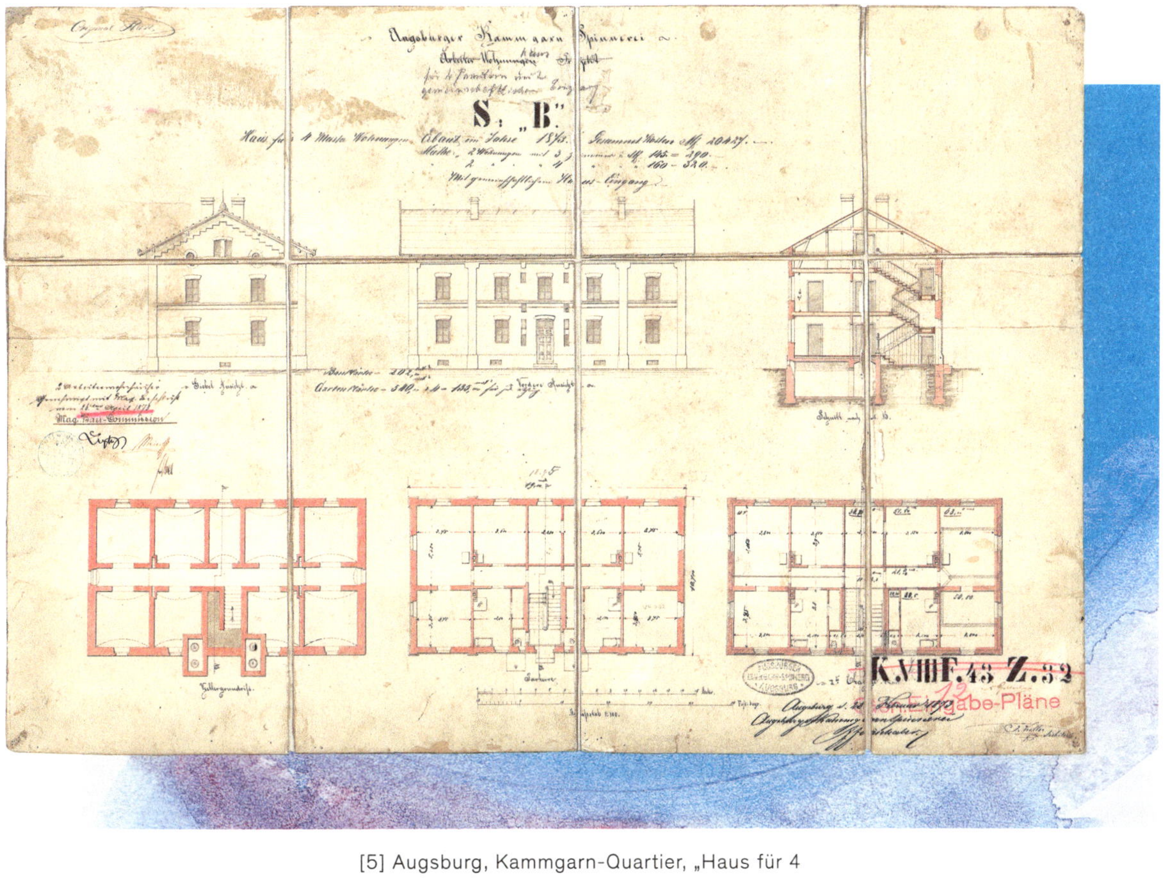

[5] Augsburg, Kammgarn-Quartier, „Haus für 4 Meister-Wohnungen“, JEAN KELLER, 1873

der AKS erhielt 1911 noch nicht einmal ein Viertel der Arbeiterschaft eine Wohnung. Die Unternehmen wollten hauptsächlich die für sie wichtigen Kräfte an die Fabriken binden – womit die Facharbeiter gemeint waren. Ihnen boten sie günstige und komfortable Wohnungen an. Bei den Hilfsarbeitern, die zwar zahlenmäßig dominierten, von denen sich jedoch genügend auf dem Arbeitsmarkt finden ließen, spielte der Gedanke der Bindung keine Rolle. Die meisten Werkswohnungen wurden zudem nur vermietet, was bedeutet, dass das Unternehmen Regeln aufstellen konnte, an die sich die Mieter zu halten hatten. Dies konnte sogar so weit gehen, dass auch die Familienmitglieder gezwungen waren, in der gleichen Fabrik zu arbeiten.[36] Kündigte der Arbeiter, verließ er nicht nur seine Arbeitsstelle, sondern die ganze Familie verlor ihre Unterkunft. Dieses Vorgehen war insofern brisant, als die Arbeiter zu dieser Zeit begannen, sich gegen die schlechten Arbeitsbedingungen formiert zur Wehr zu setzen. Schon Friedrich Engels kritisierte, „welchen Druck [die Unternehmer] auf streikende Arbeiter ausüben können, wenn sie gleichzeitig die Mietsherren dieser Arbeiter sind".[37]

Eine Entwicklung in diesen heftig diskutierten Abhängigkeitsverhältnissen gab es aber auch hier: Fabriken wie die Zwirnerei und Nähfaden-Fabrik Göggingen verkauften ihre Häuser und ermöglichten damit den Arbeitern eine größere Unabhängigkeit. Das Darlehen für den Kauf der Häuser war, solange die Zahlungen eingehalten wurden, nicht zu kündigen und konnte mit einem Tilgungsplan über neun Jahre von den Arbeitern abgezahlt werden.[38] Ähnliches galt für die Arbeitersiedlung Hemshof, welche die BASF in Ludwigshafen errichten ließ.[39] Arbeiter und Fabrikbeamte wohnten hier sogar zusammen in einem Quartier, das aus Zwei- bis Vierfamilienhäusern bestand und darüber hinaus in einer Gartenstruktur angelegt worden war. Hier hatte man explizit auf eine Hierarchisierung der Fabrikgesellschaft verzichtet. Wie effektiv dieses Vorgehen für das Unternehmen war, zeigen die Reichstagswahlen von 1898. Damals erhielten die Sozialdemokraten als Arbeiterpartei in den Stadtteilen, die in der Nähe der Fabrik lagen und den höchsten Arbeiteranteil aufwiesen, die meisten Stimmen.[40] Nur in der Wohnkolonie gewannen die Nationalliberalen mit ihrem ausgeprägt antisozialen Programm. Das Ergebnis war sicherlich darauf zurückzuführen, dass hier die Arbeiter mit einer beachtlichen Anzahl von Fabrikbeamten zusammenlebten. Zugleich aber demonstriert es, dass der Werkwohnungsbau auf die Stimmung der Menschen einen erheblichen Einfluss besaß. Für das Unternehmen war das ein echter Erfolg.

Zusammenfassend ist zu sagen, dass der Werkwohnungsbau von den Fabrikbesitzern vor allem deshalb forciert wurde, weil sie darin das Potenzial erkannten, ihre eigene Produktion zu sichern und zu steigern. Die wirtschaftlichen Interessen standen eindeutig im Vordergrund. In dieser Zeit erstarkte jedoch auch die Arbeiterbewegung, womit der Druck auf die Betreiber wuchs.[41] Der Werkwohnungsbau wurde somit mehr und mehr zur zwingenden Notwendigkeit. Die Möglichkeit, damit den sozialen Konflikten entgegenzuwirken, erkannte auch König Ludwig II., der solche Initiativen öffentlich unterstützte: Seine Sorge, dass die Sozialdemokraten weiter an Macht gewinnen und die Arbeiter in einen Aufstand führen könnten, war ohnehin sehr groß.[42] So setzte er 1879 Fabrikinspektoren ein, die in seinem Auftrag die Betriebe überwachten, damit kürzere Arbeitszeiten tatsächlich eingehalten und Frauen- und Kinderarbeit eingeschränkt wurden.[43] Auch ließ er sich von verschiedenen Quellen über die Arbeiterversammlungen berichten und darüber in Kenntnis setzen, welche Maßnahmen die Fabrikbetreiber ergriffen, „um einen Streik zu vermeiden und den Sozialdemokraten den Boden für entsprechende Agitationen zu entziehen".[44] Zwar förderte er den Bau von Arbeitersiedlungen nicht finanziell – auch weil der Werkwohnungsbau privatwirtschaftlich motiviert war –, wohl aber zeigte Ludwig II. seine Unterstützung für solche Projekte, indem er Betreiber wie Lothar von Faber für seine patriarchale Fürsorge, die auch darin bestand, dass dieser Kranken-, Pensions- und Sparkassen für die Arbeiter ins Leben rief, öffentlich auszeichnete.[45] Die Nobilitierung musste als Appell an andere Fabrikbesitzer verstanden werden, für das Wohl der Arbeiter zu sorgen und so zur positiven Entwicklung des Landes beizutragen.

1 Siehe hierzu und zum Folgenden die Quellen in: Grimm u. a. 1985, Bd. 3, v. a. 197 (Quellen über die Augsburger Fabriken und ihre Arbeiterschaft; Arbeitszeit und Löhne bei MAN Augsburg), 199 (Polizei-Ordnung für die Arbeiter der Webschule der Mech. Baumwoll-Spinnerei und Weberei Augsburg), 200 (Fabrik-Ordnung der Mech. Baumwoll-Spinnerei und Weberei Augsburg), 207 (Eingabe der Augsburger Fabrikarbeiter vom 24. Oktober 1865 an den König wegen Verkürzung der Arbeitszeit).

2 Braun 1994, 127.

3 Siehe hierzu: Grimm u. a. 1985, Bd. 4, 132 f.

4 Ebd., 100 f. So kam es 1854 in Bayern zu einer Choleraepidemie.

5 Vgl. Cahn 1902.

6 Vgl. ebd., 7–9. Eine ähnliche Untersuchung gab es auch in Augsburg. Dort lebten in 3 420 Arbeiterwohnungen im Durchschnitt 4,8 Personen. Es gab aber auch Fälle, in denen sich sieben bis acht Personen ein Zimmer teilten. Siehe hierzu: Plößl 1985, 51 f.

7 Cahn 1902, 31.

8 Vgl. Grimm u. a. 1985, Bd. 4, 100 f.

9 Siehe etwa die Jubiläumsausgaben zur Bleistiftfabrik Faber-Castell, zur Mechanischen Baumwoll-Spinnerei und Weberei Bayreuth AG oder zur Augsburger Kammgarn-Spinnerei.

10 Vgl. Heinrich 1970, 77–78.

11 Vgl. ebd., 78. Die zahlenmäßig hohe Differenz der beiden Staaten ist wohl auch auf die „rückständige Industrialisierung" Bayerns zurückzuführen. Zwar stellt Ferdinand Kramer in seinem Beitrag die in der Forschung häufig formulierte „geminderte Industrialisierung" in Bayern infrage. Dennoch kommt er zum Ergebnis, dass Bayern trotz großer Kraftanstrengung bis 1875 nicht den gleichen Grad der industriellen Durchdringung erreicht habe. Kramer 2011, 94.

12 Vgl. Heinrich 1970, 88. Siehe hierzu auch: Bayerisches Statistisches Büro 1906, 69.

13 Vgl. Heinrich 1970, 88.

14 Vgl. Schall 1879[2]. – Buschmann 1985, 36.

15 Vgl. Buschmann 1985, 36.

16 Siehe hierzu: Klasen 1879.

17 Dank gilt Edith Luther für diesen freundlichen Hinweis.

18 Siehe hierzu die verschiedenen Haustypen, die Christian Koch in seinem Beitrag vorstellt: Koch 1986, 122–141.

19 Vgl. ebd., 128.

20 Siehe hierzu: Bömches 1868.

21 Vgl. ebd. In Stein wurde zudem das sogenannte Große Haus errichtet, ein lang gestrecktes, dreigeschossiges Arbeiterwohngebäude. Jede der 18 Wohnungen besaß knapp 40 m^2 und bestand ebenfalls aus Küche, Stube und Schlafkammer.

22 Junggesellen waren im „Casino", später auch auf dem Dachboden im Schloss untergebracht.

23 Klasen 1879, 1.

24 Vgl. Koch 1986, 135.

25 Obwohl die Arbeiterhäuser in der Fachwelt gerne als „billig" beschrieben wurden, ist ihr höherer Standard – gemessen an den Häusern in mittelalterlichen Ortskernen – nicht zu verkennen. Zumindest gibt es zwischen diesen beiden Gebäudetypen optisch keine großen Unterschiede.

26 Vgl. Mayer 2003, 27.

27 Vgl. Buschmann 1985, 44 f.

28 In Bayreuth wurden die Schweizerhäuschen 1973 abgerissen.

29 Im Jahr 1914 soll es 140 000 Werkswohnungen gegeben haben. Siehe Saldern 1995, 52.

30 Auf der Liste der Baudenkmäler des Bayerischen Landesamtes für Denkmalpflege für Augsburg befinden sich zahlreiche Bauten, die Jean Keller entworfen hat und die heute unter Denkmalschutz gestellt sind; http://geodaten.bayern.de/denkmal_static_data/externe_denkmalliste/pdf/denkmalliste_merge_761000.pdf (14.01.2018).

31 Die Pläne hierzu haben sich teilweise im Archiv des Staatlichen Textil- und Industriemuseums Augsburg (tim) erhalten (Inv.-Nr. 312; 313).

32 Das ehemalige Wasch- und Badehaus der Arbeitersiedlung steht seit 1997 unter Denkmalschutz.

33 Vgl. Engelhardt 1985, 289–317. – Loibl 2012, 49 ff.

34 Siehe hierzu die Jubiläumsausgaben, wie die der Mech. Baumwoll-Spinnerei & Weberei Bayreuth Mayer, 2003, 27 f.

35 Hierzu und zum Folgenden: Fischer 1977, 189–191.

36 Siehe Loibl 2012, 49 f.

37 Engels/Marx 1980, 105.

38 Vgl. Butz 1887 (Staatliches Textil- und Industriemuseum Augsburg, Archiv, Inv.-Nr. 415).

39 Hierzu und zum Folgenden: Hippel 1983, 362 f.

40 Ebd.

41 Vgl. Thamer 1985, 373.

42 Vgl. Rumschöttel 2011b, 122.

43 Vgl. Wilhelm Volkert. Handbuch der bayerischen Ämter, Gemeinden und Gerichte 1799–1980. München, 1983, 298.

44 Bericht des Stadtkommissariats Nürnberg an König Ludwig II. über eine Versammlung von Arbeitern der Maschinenfabrik Cramer-Klett am 29. Oktober 1871. Vgl. Bott 1985, 383.

45 Lothar von Faber erhielt 1862 unter Maximilian II. den Zivildienstorden der Bayerischen Krone; unter Ludwig II. wurde er 1881 in den erblichen Freiherrnstand erhoben. Vgl. Koch 1986, 136.

Augsburg, ehem.
Arbeiterquartier
der Nähfaden-
fabrik Göggingen,
JEAN KELLER,
1873–1877

Augsburg, ehem. Arbeiterquartier der Nähfadenfabrik Göggingen, JEAN KELLER, 1873–1877

DAS KUNSTVEREINSGEBÄUDE VON EDUARD VON RIEDEL

Ein erster Bau Ludwigs II. in München

Von REGINE HESS

Schon bald nach seiner Thronbesteigung am 10. März 1864 beseitigte König Ludwig II. von Bayern einen Reformstau, der sich beim Münchner Kunstverein gebildet hatte: Der junge König bewilligte diesem im Oktober 1865 den Bau eines eigenen Ausstellungshauses auf den Renaissancearkaden des Unteren Hofgartens. Er genehmigte persönlich die Entwürfe des Hofbauintendanten und Kunstvereinsmitglieds Eduard von Riedel und überließ dem Kunstverein ein Grundstück aus der Königlichen Zivilliste.[1] Damit fand die seit „zwei Dezennien" währende „Ermittlung eines eigenthümlichen, den Bedürfnissen des Vereins entsprechenden Lokales" des Vereinsvorstands ihr erfolgreiches Ende.[2] Riedel errichtete auf dem östlichen Teil der Grenzarkade des Hofgartens gegen Norden, die aus der Zeit Herzog Albrecht V. stammte, einen dreigeschossigen Bau. Dieser befand sich südwärts auf wittelsbachischem, nordwärts auf städtischem Besitz. Die Stadt München gab dem Kunstverein das Grundstück unentgeltlich.[3] Das Kunstvereinsgebäude von 1865/66 ist das erste Gebäude auf königlichem Grund, das Ludwig II. als Teil des Residenzareals errichten ließ.[4] Von der Forschung zu Ludwig II. blieb es bislang unbeachtet.

Der Aufsatz fragt nach Ludwigs Verhältnis zur zeitgenössischen Kunst Münchens und beleuchtet den Kunstverein[5] sowie die Orte seiner Tätigkeit. Dabei liegt der Fokus auf dem Gebäude, das bis zu seiner Zerstörung im Zweiten Weltkrieg als Sitz des Vereins diente. Abschließend wird zu der Frage Stellung genommen, welche Bedeutung der Bau für den jungen König besaß.

[1] München, Kunstvereinsgebäude, EDUARD VON RIEDEL (mit Erweiterung durch FRIEDRICH VON THIERSCH), 1864–1866 (Foto: ANONYM, um 1930)

[2] München, Kunstvereinsgebäude, Perspektive von Nordosten, EDUARD VON RIEDEL, um 1864/65

LUDWIG II. UND DIE ZEITGENÖSSISCHE KUNST

Das Verhältnis Ludwigs II. zum Kunstverein, der 1823 von Domenico Quaglio, Peter von Heß, Friedrich von Gärtner und Karl Stieler gegründet worden war, scheint in den ersten Jahren seiner Regierung eng gewesen zu sein. Ebenso wie sein Großvater Ludwig I. und sein Vater Maximilian II. war Ludwig II. ein Verehrer der Historienmalerei, deren Künstler die Ritter- und Heldensagen aus Wagners Opern visualisierten. Auf der Weltausstellung in Paris 1867 angekaufte Kunstwerke ließ Ludwig sogleich im neuen Kunstvereinsgebäude ausstellen.[6] In welchem Verhältnis er allerdings zur zeitgenössischen Münchner Porträt-, Landschafts- und Genremalerei stand, geht aus den bekannten Quellen kaum hervor. Gemalte Porträts Ludwigs sind – mit Ausnahme der Staatsporträts – nicht entstanden; mit seinen fotografisch angefertigten Bildnissen wählte der König eine neue, stärker lenkbare Weise der Selbstrepräsentation. Einen Hinweis auf die Münchner Landschaftsmalerei im Umkreis Ludwigs gibt Heinrich Kreisel, der die solcherart ausgeschmückten Supraporten in der Königswohnung in der Residenz ebenso nennt wie die unter Ludwig II. anhaltende Bevorzugung der Schulen von Carl von Piloty, Peter von Cornelius und Moritz von Schwind für Wandgemälde.[7] Deren Vertreter stellten selbstverständlich auch im Kunstverein aus, wo sie das bürgerliche Publikum erreichten. Das Interesse für zeitgenössische Kunst, das die Regentschaft Ludwigs I. prägte, welcher dafür die Neue Pinakothek (1843–1846) errichten ließ, war bei Ludwig II. genau genommen auch vorhanden: In den Schlössern und Parks von Linderhof und Herrenchiemsee wurde die zeitgenössische historistische Kunst vor allem durch Kopieren und Variieren der Kunst des 17. und 18. Jahrhunderts weiterentwickelt.

[3] München, Kunstvereinsgebäude, Aufrisse der südlichen und nördlichen Fassade, EDUARD VON RIEDEL, 1865

Und so war die Beziehung des Königs zum Kunstverein Teil seiner Kunstpatronage, seine Rolle die eines fürstlichen Vorgesetzten und Förderers. Von Ludwig I. zum Zweck seiner herrschaftlichen Repräsentation ausgebaut, war das Resultat ein für Künstler günstiges Klima und eng verflochtenes personelles Netzwerk, aber auch eine Kontrolle des Kunst- und Vereinsgeschehens durch den König. So war Ludwig I. zeitlebens Protektor des Münchner Kunstvereins und wurde nach seinem Ableben durch Ludwig II. und 1886 durch den Prinzregenten Luitpold abgelöst. 1887 lobte der Kunstvereinsvorstand, dass durch die Teilnahme des Prinzregenten an Wochenausstellungen diese wieder besser und reichhaltiger beschickt seien,[8] Ludwig II. hatte demnach nicht mehr aktiv am Geschehen teilgenommen. Im Gegensatz dazu steht sein Engagement für die Münchner Künstlergenossenschaft, deren Gründung er 1868 genehmigt hatte. 1875 verkaufte er dieser das Grundstück „Platz beim Leinfelder" am heutigen Lenbachplatz zu günstigen Konditionen aus der Zivilliste unter der Bestimmung, dass dort nichts anderes als das Künstlerhaus zu errichten sei.[9] Er trug also wesentlich zu dessen Bau bei. Auch das Projekt Gabriel von Seidls, das sich nur wenig von der zwischen 1896 und 1900 ausgeführten Form unterscheidet, entstand bereits 1886.[10]

DER KUNSTVEREIN UND SEINE GEBÄUDE

Der im Vergleich zur Künstlergenossenschaft ältere Kunstverein musste länger auf ein eigenes Gebäude warten, nämlich über 40 Jahre: In seiner Gründungsphase hatte er seinen Sitz in der Privatwohnung von Raphael von Winter und anschließend in einem Mietshaus des Bauunternehmers Johann Ulrich Himbsel am Maximiliansplatz. Zwischen 1826 und 1866 fanden die Ausstellungen, Auktionen und Versammlungen des Vereins in einer Wohnung im ersten Stock des Nordpavillons des von Leo von Klenze neu errichteten Bazargebäudes statt. Klenze hatte es durch Himbsel zwischen Hofgarten und Odeonsplatz errichten und durch den Hofbankier Simon Freiherr von Eichthal finanzieren lassen. In seiner feuersicheren Bauweise mit Steintreppe, Kupferdach und Warmluftheizung, durch hohe Fenster gut beleuchtet, hatte Klenze es auf die Bedürfnisse des Kunstvereins zugeschnitten.[11] Dennoch betrachtete der Verein 1865 die Räumlichkeiten im Bazargebäude als „Provisorium" und trennte sich nur zu gerne davon, hätten ihn diese doch aufgrund ihrer Beengtheit in seiner Existenz bedroht.[12] Schon 1862 hatte man erfolglos ein Gesuch an Maximilian II. gerichtet, einen Neubau hinter Klenzes Röschenauerhaus an der Galeriestraße zu errichten.[13]

Die königliche Familie, die dem Kunstverein ebenfalls beitrat, besuchte häufig seine Ausstellungen und kaufte Werke an. Umgekehrt waren die Künstler-Mitglieder für die Könige tätig, so für Ludwig II. etwa die Maler Wilhelm Hauschild, Joseph Munsch, Theodor Pixis, Fritz Schwörer, Eduard Schwoiser und Heinrich Spieß.[14] Der langjährige Kunstvereinskonservator, der Veduten- und Genremaler Michael Neher, war an der Freskoausschmückung des Schlosses Hohenschwangau beteiligt.[15] Der Kunstverein war also durch seinen Standort und durch seine Künstler mit den Wittelsbachern verbunden.

LUDWIG II. UND EDUARD VON RIEDEL

Eduard von Riedel rückte nach Klenzes Tod am 27. Januar 1864 vom Hofbauinspektor zum Vorstand der Hofbauintendanz auf. Riedel, Schüler Friedrich von Gärtners, errichtete zu diesem Zeitpunkt im Auftrag Maximilians II. die Beamtenreliktenanstalt (1858–1865), hatte ein Wittelsbachisches Nationalmuseum in der Maxburg (1856–1858) entworfen, das er als Nationalmuseum in der Maximilianstraße (1859–1863) realisierte, und die Erweiterung der Universität durch Priesterseminar und Georgianum (1862/63) geplant.[16] Unter Maximilian hatte eine „Austrocknung" der Hofbauintendanz eingesetzt, die Ludwig II. beendete, indem er neue Stellen und damit Aufstiegsmöglichkeiten schuf.[17] Riedel, der 1872 Hofbaudirektor wurde, stand bis an sein Lebensende an der Spitze dieser Hierarchie.

Das Verhältnis von Ludwig II. zu Riedel, der bereits unter Maximilian sein Amt angetreten hatte, war wohl ein ambivalentes, selbst wenn er ihn von 1868 an mit den Planungen für Neuschwanstein betraute. Denn als sich Ludwig im nordwestlich zum Odeonsplatz weisenden Eckpavillon des Festsaalbaus 1867–1869 seine Wohnung einrichten ließ, beauftragte er nicht den (von seinem Vater übernommenen) für die Residenz verantwortlichen Vorstand der Hofbauintendanz. Zum Zuge kam vielmehr Franz Seitz, der mit der Leitung des Dekorationswesens betraute Direktor des Hoftheaters, obgleich Riedel Entwürfe dazu geliefert hatte.[18] Hier kündigt sich die Ausdifferenzierung der Gattungen Architektur und Raumkunst im Historismus an, die Ludwig II. in seiner Leidenschaft für die Bühnenkunst beförderte. Sie kennzeichnet sein Architekturverständnis und das Auseinanderweichen von Außenhülle und Innenraum, das sich besonders bei Schloss Linderhof und dem Königshaus am Schachen zeigt. Für den Architekten und Hofbauintendanten Riedel bedeutete die erzwungene Abgabe von Aufgaben an Bühnenbildner wie Seitz oder Christian Jank einen Verlust an Einflussnahme, die durch seinen Vorgänger Klenze in vielen Auseinandersetzungen mit König und Hof ausgebaut worden war.[19]

DER STANDORT DES KUNSTVEREINSGEBÄUDES

Das Galeriegebäude, dessen Baukosten von 45 216 Gulden der Kunstverein aus seinem „Reservefonds" und einem Kredit finanzierte,[20] erhob sich auf der Grenze zwischen Unterem Hofgarten und dem Schönfeldviertel, die unter Ludwig I. durch Klenze von 1816 an konzipierte Stadterweiterung zwischen Ludwigstraße und Englischem Garten. Diese alte Grenze war seit der Regierungszeit Albrechts V. durch eine Rundbogenarkade markiert, die im Bereich des Unteren Hofgartens das Hofbrunnhaus aufnahm und im Laufe der Jahrhunderte vielfach um- und überbaut wurde: Zunächst war – wohl unter Wilhelm V. – eine zweite Folge von 13 Pfeilerarkaden als Obergeschoss aufgesetzt worden, die Riedel später zum Erdgeschoss des Kunstvereins ausbaute. Sie glich den Geländeversprung zum Oberen Hofgarten aus und stellte einen Wandelgang bis zum Ende des Hofgartens im Westen her.[21] Die Arkaden wurden im 18. Jahrhundert vermauert. Unter Kurfürst Karl Theodor errichtete Karl Albert von Lespilliez darauf zwischen 1779 und 1783 die Hofgartenarkaden, in denen bis zur Eröffnung der Alten Pinakothek die königliche Gemäldegalerie untergebracht war. Anschließend wurden sie durch Klenze erweitert und die „Vereinigten Sammlungen", die späteren völkerkundlichen Sammlungen, hier ausgestellt.[22] Daran schlossen südlich das dem Kunstverein gleichende, ebenfalls von Riedel entworfene Wohnhaus für den Staatsrat Franz von Pfistermeister (1866),[23] das nördliche Hofgartentor sowie das Hofbrunnhaus mit Turm von 1700 an, beide durch Klenze umgebaut (1838–1840 und 1845/46). Als der Kunstverein 1865 sein eigenes „Lokal" bezog, war mit dessen Errichtung die Überbauung der nördlichen Hofgartenarkaden abgeschlossen. Das neue Gebäude grenzte an die 1801–1807 von Joseph Frey errichtete Kaserne im Süden des Hofgartens an, für die der Untere Hofgarten zu einem Exerzierplatz umgewandelt worden war.[24]

Die Platzierung von Kunstbauten an der Nahtstelle von Residenz und Stadt war im 19. Jahrhundert nicht ungewöhnlich. Einen solchen Standort weisen zum Beispiel die großen staatlichen Kunstgalerien in Dresden (Gottfried Semper, 1847–1855) und in Karlsruhe (Heinrich Hübsch, 1837–1846) auf, wodurch sie „Kontaktzonen" für Adel und Bürgertum bildeten. In Karlsruhe ist bemerkenswert, dass die Kunsthalle mit ihrem Volumen im Schlosszirkel steht, mit ihrem Haupteingang jedoch auf die Stadt weist; dies ist beim Kunstvereinsgebäude ebenso. In München sind die drei großen Museen (Glyptothek 1815–1830, Alte Pinakothek 1826–1842, Neue Pinakothek 1843–1846) bekanntlich in der von Ludwig I. neu gegründeten Maxvorstadt entstanden. So entsprach das Kunstvereinsgebäude als architektonischer und sozialer Vermittler zwischen Adel und Bürgern den großen Residenzgalerien außerhalb Münchens. Es nahm zugleich die Ausstellungstradition der Gemäldegalerie in den Hofgartenarkaden von Karl Theodor wieder auf. Mit dieser teilte es die intimen Kabinette, die weniger für repräsentative Schauen als für den privaten Kunstgenuss bestimmt waren.

RIEDELS KUNSTVEREINSGEBÄUDE

Riedel war also bei seinem ersten Bau als Hofbauintendant an traditionsreiche Vorbilder im Hofgarten gebunden. Die Renaissancearkaden ebenso wie die Hofgartenarkaden von Lespilliez und Klenze setzten auch Proportionen und Maße für das Kunstvereinsgebäude [1]. In der Riedel-Sammlung der Bayerischen Staatsbibliothek, der *Riedeliana*, haben sich sechs verschiedene Entwürfe des neunachsigen Riegels erhalten. Der hellrotbraun verputzte Bau mit fein gegliederten zweiflügeligen Fenstern mit halbkreisförmigen Oberlichtern ist auf der südlichen Residenzseite viergeschossig, auf der nördlichen Stadtseite dreigeschossig ausgebildet [2]. Im Stadtarchiv München hat sich außerdem eine Plansuite erhalten, die von den Verantwortlichen zur Errichtung freigegeben wurde: von Riedel als Hofbauintendanten (in Doppelfunktion als Entwurfsarchitekt) und von dem Kriegsminister Eduard von Lutz [3]. Hier zeigt die Eingangsfront an der Galeriestraße die beiden seitlich der Mittelachse angeordneten rundbogigen Eingänge im Erdgeschoss und die schmalen Fenster für Funktionsräume, darüber vier Tondi mit Allegorien der Historienmalerei, Architektur, Bildhauerei und Landschaftsmalerei. Über dem kräftigen Geschossfries erhebt sich das Ausstellungsgeschoss mit tief gezogenen Rundbogenfenstern, durchlaufendem Kämpfergesims, Blüten in den Zwickeln und Pilastern mit korinthischen Kapitellen. Das niedrigere fünfachsige Dachgeschoss weist hochrechteckige Fenster unter einem mit Girlanden verzierten Kranzgesims und flachen Walmdach auf. Die Hofgartenseite zeigt im Keller Zugänge und Fenster des Brunnenwerks und im Erdgeschoss die in die Fassade einbezogene Galerie sowie zwei Eingänge. Die drei auf der Brüstung platzierten Herkulesstatuen sind Teil einer 1779–1781 von Roman Anton Boos gefertigten Gruppe von acht circa zweieinhalb Meter großen Eichenholzfiguren. Sie ersetzten den unter Maximilian I. in den Nischen der Arkadeninnenwand aufgestellten Stuckfigurenzyklus mit den Taten des Herkules von Kaspar Riedl, die auf Maximilian als die Feinde bezwingenden „deutschen Herkules" anspielten.[25] Die Fotografie aus dem 20. Jahrhundert [1] zeigt, dass die (damals zum Schutz vor Sonnenlicht vermauerte) Südfassade mit Kämpfergesims und Brüstungsfeldern wie die Nordseite ausgeführt worden ist.

Der Kunstverein war im Inneren durch eine mittig gelegene Treppe erschlossen [4]. Dem Vorbild der oben genannten Museen folgend, nahm das Erdgeschoss die Skulpturensäle und das Obergeschoss die Gemäldesäle auf. Ihre Längsdisposition folgte der Arkade, ihre Querdisposition der mit-

[4] München, Kunstvereinsgebäude, Grundrisse des Erd- und der Obergeschosse, EDUARD VON RIEDEL, 1865

tigen Spiegelachse der Treppe. Über die Bemalung und die Ausstattung ist nichts bekannt, einzig ein Grundrissplan zeigt die sorgfältige Ornamentierung der farbig gefliesten Böden in Erd- und Obergeschoss.[26] Das rund 36 Meter lange, 11,5 Meter breite und 17,5 Meter hohe Gebäude[27] scheint auf den ersten Blick ein Resultat des bayerischen Spätklassizismus zu sein. Es zitiert jedoch auch barocke Vorbilder und entfernt sich damit nicht nur vom Klassizismus Klenzes

[5] Neues Schloss Schleißheim, Mittelpavillon von Westen, HENRICO ZUCCALLI und JOSEPH EFFNER, ab 1701

beziehungsweise vom neoromanisch-frührenaissancistischen Stil Gärtners, sondern auch vom gotisierenden Maximilianstil, in dem Riedel zur gleichen Zeit das Nationalmuseum baute. Man muss also die Vorbilder an anderer Stelle finden: Vergleicht man das Neue Schloss Schleißheim [5] mit dem Kunstverein, so fallen Ähnlichkeiten in der Höhen- und Längenerstreckung des schmalen Baus, in der Rundbogenreihung und in der trotz Kolossalordnung vergleichsweise schlichten Ornamentik auf. Eine Ansichtsvariante Riedels zeigt im Obergeschoss auch Rundbogenfenster mit schrägen und nach oben gezogenen Laibungen,[28] die sich ebenfalls an Schloss Schleißheim finden und die ein Motiv Carlo Borrominis vom Palazzo Barberini (Carlo Maderno, Gianlorenzo Bernini und Carlo Borromini, 1628–1638) in Rom weiterentwickeln.[29] Eine weitere Verbindung Riedels zu Schleißheim stellt eine Biografie von 1899 her, nach der Riedel die Nordarkade des Schlosses fertiggestellt haben soll.[30]

DIE BEDEUTUNG DER STILWAHL DES KUNSTVEREINSGEBÄUDES

Das Kunstvereinsgebäude war ein „erster Bau" – sowohl für Ludwig II. als auch für Riedel in seiner Funktion als Hofbauintendant –, der zudem noch an hervorgehobener Stelle lag. Das Galeriegebäude zeigt, dass der Maximilianstil für die Residenzstadt vom König nicht mehr gewünscht war – Ludwig ließ Riedel 1865 zwar am Schloss Berg einen neogotischen Turm ansetzen, aber es war auch unter Maximilian von Klenze in diesem Stil ausgebaut worden.[31] Eine aussagekräftigere Antwort auf die Frage nach der Stilwahl ergibt die Betrachtung von Gottfried Sempers Projekt für ein Richard-Wagner-Festspielhaus.[32] Es war geplant, das nach römischem Vorbild mit Kolonnaden geschmückte Theater auf zwei zur Auswahl stehenden Bauplätzen des Isarhochufers zu bauen – einer lag in der Verlängerung der Galeriestraße. Doch von 1866 an gab es Pläne für eine alternative Ausführung am östlichen Ende des Hofgartens. Statt der Kaserne wäre also in direkter Nachbarschaft des Kunstvereins das Festspielhaus Sempers entstanden, das auf der Südseite von Klenzes Festsaalbau flankiert worden wäre. Das Gelände gehörte der Krone, und die Kaserne stand nach Plänen Ludwigs I. und Klenzes bereits kurz vor dem (nicht verwirklichten) Abriss.[33] Es ist denkbar, dass schon seit Sempers erster Ortsbegehung im Dezember 1864 über das Projekt im Hofgarten gesprochen wurde, sodass der Kunstvereinsentwurf auf das Festspielhaus abgestimmt worden wäre. Noch 1867 sprach sich Semper für den Hofgarten als Bauplatz aus.[34]

In diesem Fall hätte Ludwig II. eine großräumige Planung für die Residenz projektiert, die – neben dem monumentalen Festspielhaus – auch den bescheidenen Bau des Münchner Kunstvereins miteinbezogen hätte. Möglicherweise bezog sich Riedel aus diesem Grund auf den bayerischen Barock klassisch-römischer, durch Frankreich vermittelter Prägung, um dem „Prachtbau der Zukunft" – so Ludwig II.[35] – ein kleines, aber würdevolles Kunstgebäude beizugesellen.[36]

1 Eduard von Riedel an Staatsministerium der Finanzen, 28. Oktober 1865 (BayHStA, Akten des königlichen Staats-Ministeriums der Finanzen betreff Kunstvereinsgebäude in München, 1851–1929, MF 68411).
2 Bericht 1866, o. P. [II].
3 Vgl. Bericht 1866, o. P. [II].
4 In den Akten des Hofsekretariats sowie in den Kabinettsakten König Ludwigs II. im Geheimen Hausarchiv, München, finden sich dazu keine Angaben.
5 Zur Geschichte des Münchner Kunstvereins und Beschreibung des Baus vgl. Langenstein 1983, 190–193.
6 Vgl. Bericht 1868, o. P. [II].
7 Kreisel 1965, 69–88, v. a. 71 f.
8 Vgl. Bericht 1888, o. P. [II].
9 Vgl. Striedinger 1900, 6 f. In den Akten zur Künstlergenossenschaft im Münchner Stadtarchiv befindet sich auch der Vertrag mit dem Kunstverein über die Überlassung des Grundstücks im Hofgarten (StadtA München, DE-1992-KULA-0146). Ich danke Katrin Bäumler für diesen Hinweis.
10 Vgl. Striedinger 1900, 10–14.
11 Vgl. Langenstein 1983, 73 f., 103 f.
12 Vgl. Bericht 1866, o. P. [II].
13 Dem Schreiben liegen zwei Pläne bei, die einen zweigeschossigen Riegel mit fünfbogiger Rundbogenarkade an der Stirnseite zeigen (BayHStA, Akten des königlichen Staats-Ministeriums der Finanzen betreff Kunstvereinsgebäude in München, 1851–1929, MF 68411).
14 Hans-Gerd Evers zeigt ein Gruppenfoto von Philipp Foltz und seinen Schülern und weist die genannten Maler als „für Ludwig II. tätig" aus, ohne diese Aussage zu vertiefen. Vgl. Evers 1986, Tafelteil, o. P., Nr. 51. – Bericht 1865, o. P.
15 Vgl. Evers 1986, 105.
16 Vgl. Dunkel 2007, 212–215, 217–220, 227 f.
17 Vgl. ebd., 219 f.
18 Vgl. Petzet 1995, 27 f.
19 Diese Konflikte um die Machtfülle des Hofbauintendanten sind in dem Briefwechsel zwischen Ludwig I. und Klenze dokumentiert. Vgl. Glaser 2004–2011.
20 Vgl. Bericht 1867, o. P. [III]. Zum Vergleich: Für den Bau der Großherzoglichen Kunsthalle in Karlsruhe von Heinrich Hübsch wurden 100 000 Gulden aus der Zivilliste zur Verfügung gestellt; vgl. Landtagsbeschluss 1837.
21 Diese Arkadenfolge blieb nach Abtragung der Kriegsruine des Kunstvereins um 1951/52 stehen und erhielt im Zuge der Errichtung der Bayerischen Staatskanzlei auf dem Areal des ehemaligen Armeemuseums um 1990 eine transparente Schutzverdachung; vgl. Habel/Hallinger/Weski 2009, 320–329.
22 Vgl. Nerdinger 2000, 307–309.
23 Vgl. Habel/Hallinger/Weski 2009, 323. In Klenzes Bazargebäude hatte Riedel den Steigerwald'schen Verkaufsladen und die Ausstattung des Kaffeehauses Tambosi ausgeführt. Vgl. Dunkel 2007, 214.
24 Vgl. Nerdinger 1980, 147 f. – Nerdinger 2000, 493–495.
25 Vgl. Habel/Hallinger/Weski 2009, 325.
26 BSB, Cod. Icon 207 k, 3, 209/210.
27 Maße errechnet anhand der vermaßten Pläne im Stadtarchiv, DE-1992-LBK-1992-03068.
28 BSB, Cod. Icon 207 k, 3, 207.
29 Vgl. Paula/Weski 1997, 172–195, v. a. 176.
30 Vgl. Holland 1889, 520. Siehe auch Harrer 1993, 15. Harrer beruft sich auf die Biografie Riedels von Hans Moninger, vgl. Moninger o. J. Eine kritische Überarbeitung der Biografie Riedels findet sich bei Dunkel 2007, 227. Von einer Tätigkeit Riedels in Schleißheim ist hier allerdings nicht die Rede.
31 Vgl. Nerdinger 2000, 483. Für Riedel hätte die Errichtung des Festspielhauses und Sempers Erfolg womöglich eine Einschränkung seines Aufgabenbereichs bedeutet, denn Semper verhandelte auch um eine Stelle als Intendant sämtlicher Bauten Münchens; vgl. ebd., 420.
32 Vgl. Nerdinger/Oechslin 2003, 409–422.
33 Vgl. Nerdinger 2000, 493–495.
34 Vgl. Nerdinger/Oechslin 2003, 420.
35 Brief von Ludwig II. an Richard Wagner vom 13. September 1865, vgl. Nerdinger/Oechslin 2003, 420, Anm. 18.
36 Das ist leider nicht geschehen. Stattdessen wurde der Kunstverein (Plan im Münchner Stadtarchiv, DE-1992-LBK-03068) 1877 durch Emil Lange mithilfe von zwei Oberlichtern rechts und links des Dachgeschosses besser beleuchtet und 1890 durch Friedrich von Thiersch um fünf Achsen und ein Glasdach in Eisenkonstruktion erweitert (Pläne einschließlich kolorierter Innenräume im Architekturmuseum der TU München, thie_f-23). Die Erweiterungsplanungen Theodor Fischers von 1928 wurden nicht ausgeführt (ebd., fis_t-146).

München, Reste der Hofgartenarkaden
vor dem ehem. Kunstvereinsgebäude

BAUAUFGABEN

I.
Städtebau

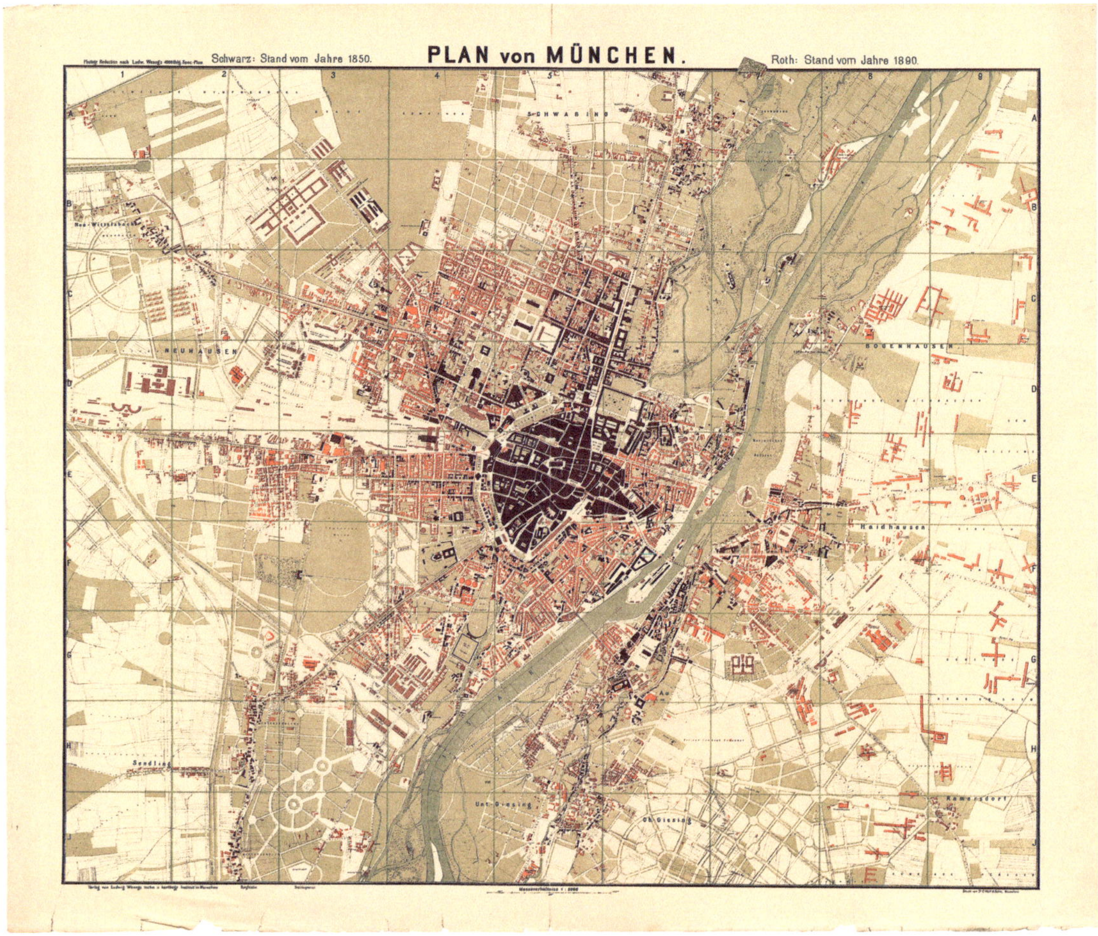

[1] „Plan von München", historisch-synoptische Karte mit baulichen Zuständen von 1850 (schwarz) und 1890 (rot), LUDWIG WENNG, 1890

ZURÜCKDRÄNGUNG DES KÖNIGLICHEN EINFLUSSES AUF DIE GESTALTUNG DER STADT

Ludwig II. konnte seine städtebaulichen Ideen im Vergleich zur umfassenden Bautätigkeit seines Vaters und Großvaters vor allem aufgrund veränderter politischer, rechtlicher und gesellschaftlicher Verhältnisse nur sehr begrenzt durchsetzen. Prominentes Beispiel hierfür ist das von ihm bereits kurz nach der Thronbesteigung für München projektierte und von Gottfried Semper geplante Richard-Wagner-Festspielhaus, das auch städtebaulich von Bedeutung war: Das Opernhaus, für das verschiedene Standorte auf dem östlichen Isarhochufer sowie am östlichen Hofgarten anvisiert wurden, sollte durch eine vom Hofgarten ausgehende Prachtstraße und eine repräsentative Brücke über die Isar an die Stadt angeschlossen werden. Wenngleich das Projekt am Widerstand von Ministerium, Magistrat und Bevölkerung scheiterte, wurde die Konzeption nur wenige Jahre nach dem Tod Ludwigs II. mit der Prinzregentenstraße wieder aufgegriffen: einer ebenso nach Osten ausfallenden – lediglich etwas nordwärts gerückten – Prachtstraße mit Isarbrücke und einem Theaterbau auf dem Isarhochufer als Point de Vue, dessen Innenraumgestaltung eine dezidierte Bezugnahme auf das Festspielhausprojekt belegt.[1]

Wie die historisch-synoptische Karte von Ludwig Wenng mit Darstellung des Münchner Stadtgebiets in den Jahren 1850 und 1890 veranschaulicht [1], wuchs die Residenzstadt in diesem Zeitraum sprunghaft von rund 96 000 auf 349 000 an. Trotz der Zurückdrängung des königlichen Einflusses wirkte Ludwig II. aktiv auf die städtebauliche Entwicklung Münchens ein: und zwar insbesondere durch die gezielte Situierung wichtiger Bauten, wie zum Beispiel der Neuen Polytechnischen Schule, der Akademie der Bildenden Künste, des Kunstvereinsgebäudes, des Künstlerhauses oder der Synagoge. Dies zog zugleich den Ausbau der umliegenden Straßenzüge und Plätze nach sich.

AUSWIRKUNGEN VON BÜRGERLICHER EMANZIPATION UND KOMMUNALER SELBSTVERWALTUNG AUF DEN STÄDTEBAU

Entscheidend für den Städtebau im Königreich Bayern in dieser Zeit war jedoch die Wende von der ehemals monarchisch geprägten zur kommunalen Planungshoheit, die 1869 von Ludwig II. mit der Revision des Gemeindeedikts von 1818 anerkannt wurde. Dies markierte eine Zäsur in der Münchner Stadtplanung: Während sich diese unter königlicher Direktive auf einzelne Straßenzüge beschränkt hatte, begann nun die sukzessive Ausbildung eines gesamtstädtischen Generalplans. Die dahingehenden, in den 1870er-Jahren aufgekommenen Forderungen resultierten 1892 in einem von der Stadt ausgeschriebenen Stadterweiterungswettbewerb und dem Staffelbauplan von Theodor Fischer aus dem Jahr 1904. Die darin vorgesehene, sich nach außen abflachende Bebauung mit unregelmäßigen, malerisch gekurvten Straßen und Plätzen prägt bis heute das Münchner Stadtbild. Zugleich vollzog sich ein Wandel von der „geometrischen" zur „romantischen" Stadtplanung, die sich nunmehr auch durch eine veränderte Wahrnehmung der räumlichen Dimension auszeichnete. Diese neue Sichtweise kündigte sich unter Ludwig bereits in der vermehrt perspektivischen Darstellung der Gebäude an.[2] Exemplarisch hierfür ist die Vogelschau aus dem nicht realisierten Projekt Max von Heckels aus dem Jahr 1883 zur Umgestaltung des Königsplatzes in ein großes Museumsforum [2].[3]

GÄRTNERPLATZ- UND OSTBAHNHOFVIERTEL: ZWEI WOHNQUARTIERE IN GESCHLOSSENER BAUWEISE

Unter Ludwig II. war zunächst jedoch noch die geometrische Stadtplanung vorherrschend. Das Gärtnerplatz- und das Ostbahnhofviertel sind zwei bis heute stadtbildprägende Münchner Beispiele hierfür. Mit dem ab 1860 geplanten Gärtnerplatzviertel entstand nach der

[2] München, Projekt zur Umgestaltung des Königsplatzes, MAX VON HECKEL, 1883

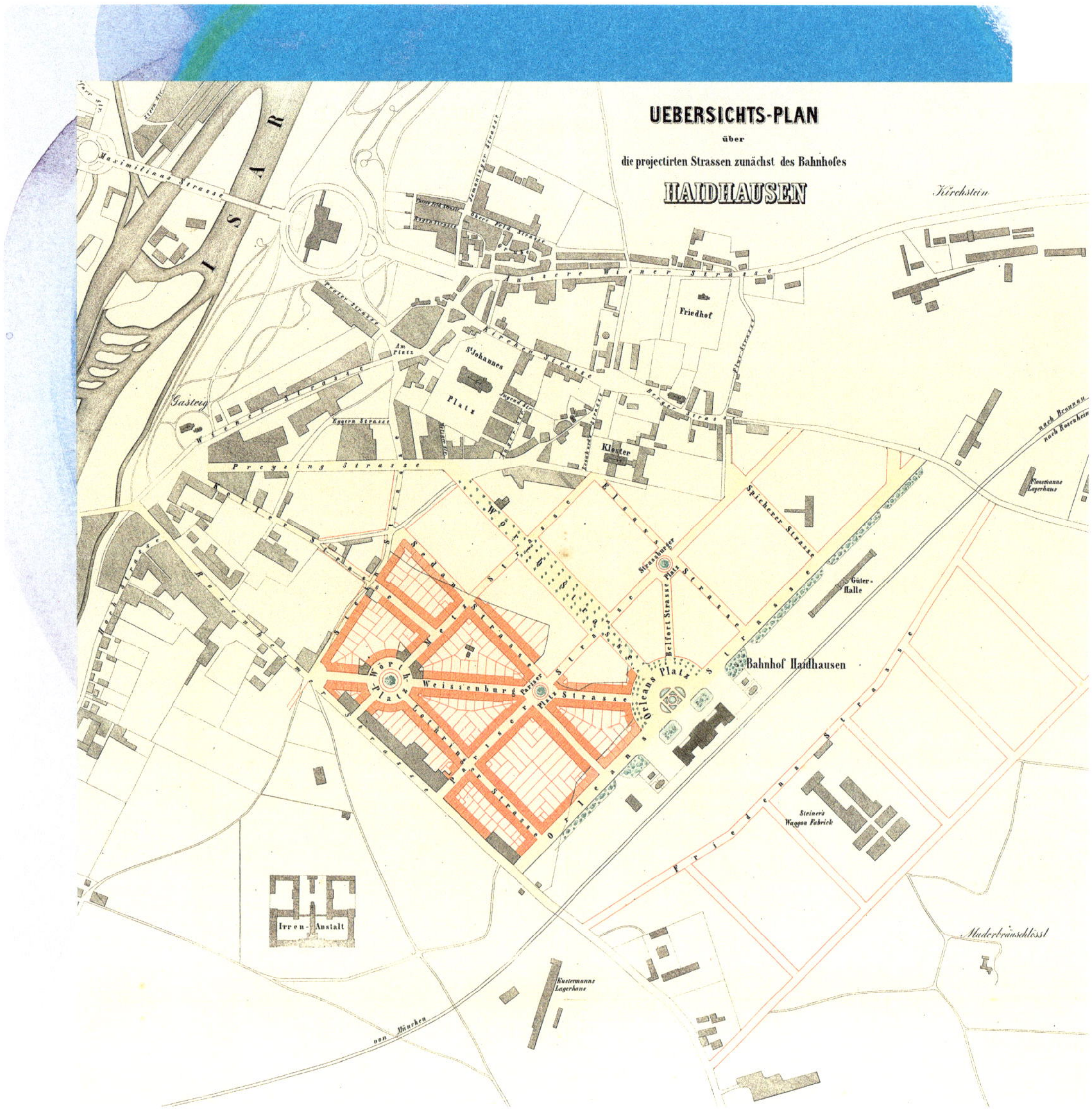

[3] München, projektierte Straßen und Baulinien um den ehem. Haidhauser Bahnhof, ARNOLD ZENETTI, um 1875

unter Max I. Joseph errichteten Maxvorstadt das zweite planmäßige Mietshausviertel in der Residenzstadt. Es ist als Sternplatz mit radial ausfallenden Straßen konzipiert – eine Gestaltung, die noch auf klassizistische Vorstellungen zurückgeht. Neu hingegen ist, dass dieses Stadterweiterungsprojekt auf private Initiative entstand: Die Bankiersfamilie von Eichthal wollte ihre hier brachliegenden Ländereien parzellieren und gewinnbringend verkaufen. Die geschlossene Blockbebauung mit viergeschossigen Mietshäusern versprach dabei eine gute Rendite. Um das Viertel attraktiver zu gestalten, wurde 1864 am Gärtnerplatz ein Aktienvolkstheater errichtet, das Ludwig II. nach einem Bankrott 1867 erwarb.[4]

Das Ostbahnhofviertel in Haidhausen [3] entstand in Zusammenhang mit der Projektierung des Ostbahnhofs und der Verlegung der Bahnlinie nach Rosenheim durch die Ostbahngesellschaft ab 1868. Das städtische Bauamt ließ daher für dieses Gebiet durch Arnold Zenetti einen Stadterweiterungsplan erstellen, auf dessen Grundlage die Erschließung des Bahnhofsvorgeländes, das sich wiederum im Besitz Carl von Eichthals befand, durch ein einheitliches Mietshausquartier erfolgte. Dieses basiert auf einem vom Ostbahnhof ausgehenden symmetrischen Dreistrahlsystem, das in ein Rechteckraster einbeschrieben ist und an den Kreuzungen unterschiedlich geformte Plätze ausbildet. Vorgesehen war eine geschlossene Bebauung mit vier- bis fünfgeschossigen Mietshäusern, die jedoch nur teilweise ausgeführt wurde.[5]

DAS WIESENVIERTEL: EIN FRÜHES BEISPIEL FÜR EIN WOHNQUARTIER IM PAVILLONSYSTEM

Gleichzeitig etablierte sich die offene Bauweise mit allseitig freistehenden Wohnhäusern. Als erstes Münchner Wohnquartier im Pavillonsystem gilt das Wiesenviertel [4]. Nach einem jahrelangen Interessenskonflikt zwischen Stadt, Grundstücksbesitzern und Polizeidirektion sowie diversen Planungen, an denen sich unter anderem Carl von Effner, Georg von Hauberrisser und Arnold Zenetti beteiligten, kam ab 1882 ein Entwurf August von Voits zur Ausführung. Unter Berücksichtigung der Forderung des Magistrats, die Theresienwiese auch aus sanitären Gründen zu erhalten, wurde der westliche Teil der Wiese mit etwa 150 Tagwerk als unbebaubar deklariert; auf dem östlichen Areal entstand ein Villenquartier nach strengen Bauvorschriften, die bis zur Fertigstellung im Jahr 1905 Gültigkeit besaßen. Charakteristisch sind neben großzügigen Gartenflächen die pavillonartige Massengliederung sowie die malerische Auflockerung der Baukörper.[6]

RINGSTRASSENANLAGEN UND -PROJEKTE FÜR AUGSBURG, WÜRZBURG UND NÜRNBERG

Eine Besonderheit dieser Zeit stellt eine Reihe von Ringstraßenprojekten nach Wiener Vorbild dar, die mit der Entfestigung vieler Städte im letzten Drittel des 19. Jahrhunderts zusammenhängen: In Augsburg setzte 1864 mit der Aufhebung der Festungseigenschaft eine neue Ära im Städtebau ein. Anstelle des niedergelegten Befestigungsrings plante Ludwig Leybold, der 1866 von Ludwig II. zum Stadtbaurat ernannt wurde, eine Ringstraße um die Altstadt, die jedoch nur teilweise realisiert wurde: Als großzügige Stadterweiterung im Westen, um den neu angelegten Bahnhof, entstand im Bereich der heutigen Fugger-, Volkhart- und Schaezlerstraße ein vornehmes Ensemble mit Wohnbauten in offener und geschlossener Bauweise, dessen Straßenabschlüsse durch öffentliche Solitärbauten – wie Stadttheater oder Justizgebäude – akzentuiert sind.

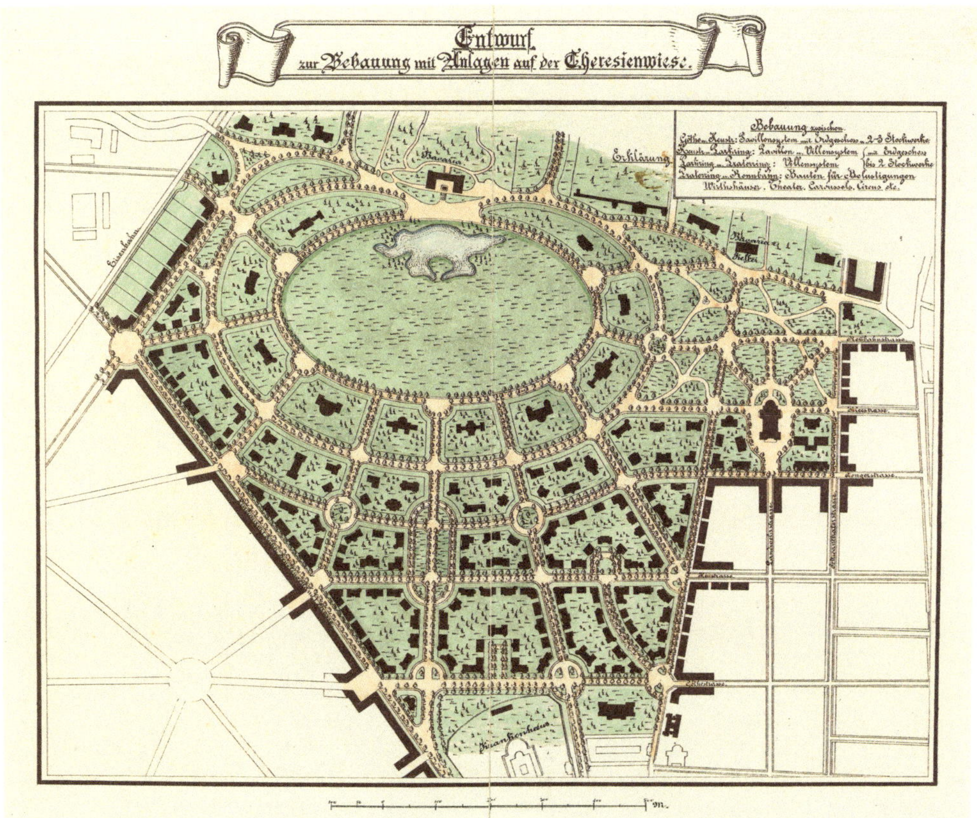

[4] München, Vorprojekt zur Bebauung des Wiesenviertels, GEORG VON HAUBERRISSER, 1879

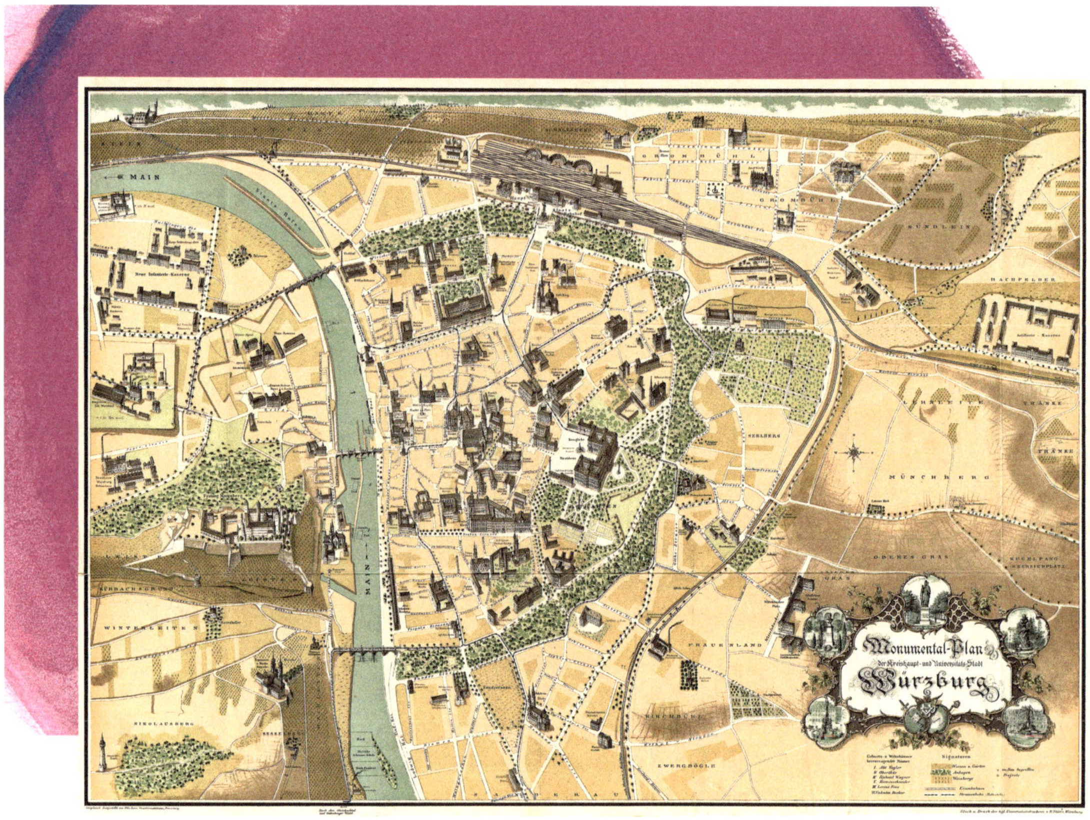

[5] Würzburg, Ringpark, JENS PERSON LINDAHL und HEINRICH SIESMAYER, 1878–1896

Inspiriert von der Wiener Ringstraße begann die Stadt Würzburg 1878 mit der Umgestaltung des ehemaligen Glacis in einen Ringpark [5]. Mit der Konzeption dieses bis 1896 fertiggestellten Grüngürtels, der sich von Westen halbkreisförmig um die entfestigte Altstadt schmiegt, wurde der schwedische Landschaftsgärtner Jens Person Lindahl betraut. Der im Sinne eines englischen Gartens gestaltete Park ist wie die Wiener Ringstraße von öffentlichen Solitärbauten flankiert – so etwa im Süden vom Universitätsneubau oder im Norden vom Empfangsgebäude des Bahnhofs.[7]

Für Nürnberg entwickelte der Großindustrielle Lothar von Faber das – in dieser Form nicht realisierte – Projekt einer Ringstraße um die Altstadt, mit dessen Ausarbeitung er den Architekten Adolf Gnauth beauftragte. Seine Idee publizierte Faber 1879 zusammen mit Perspektiven der einzelnen Straßenabschnitte in der Schrift *Die Zukunft Nürnbergs*. Auch hier war ein Wechsel von öffentlichen Gebäuden mit Parkanlagen vorgesehen, wobei neben dem Bahnhof vor allem dem unter Ludwig II. als Institution gegründeten Bayerischen Gewerbemuseum eine große Bedeutung beigemessen wurde, dem Gnauth als Leiter vorstand.[8]

KB

1 Vgl. Hederer o. J. – Habel 1988b. – Rall/Petzet/Merta 20053, 15–18.
2 Vgl. hierzu und zum Folgenden: Fisch 1988, bes. 122–124, 132–133, 165–166. – Gross/Selig 2004, 67–86, bes. 85–86.
3 Vgl. Altenbuchner 2001. – Altenbuchner 2006.
4 Vgl. Selig 1983, bes. 46–73. – Gross/Selig 2004, 78–79. – Kruse u.a. 2009, 60.
5 Vgl. Selig 1983, 74–87. – Kruse u.a. 2009, 59–60.
6 Vgl. Selig 1983, 88–97.
7 Vgl. Bartholomäus 1990. – Heid/Raftopoulo 1996, bes. 9–20.
8 Mein Dank gilt Edith Luther, Archiv Faber-Castell, für diesen freundlichen Hinweis und die Möglichkeit zur Einsichtnahme in die Archivalien.

STÄDTEBAULICHE PROJEKTE

— München, Projekt für eine Prachtstraße zum Richard-Wagner-Festspielhaus, Gottfried Semper, 1865–1867

— München, Projekt zur Erweiterung des Königsplatzes, Max von Heckel, 1883

GESCHLOSSENE BAUWEISE

— München, Gärtnerplatzviertel, Arnold Zenetti, ab 1860

— München, Ostbahnhofviertel, Arnold Zenetti, ab 1870

OFFENE BAUWEISE

— München, Wiesenviertel, August von Voit d. J. und andere, 1882–1905

— München, Projekt „Villenkolonie Neuwittelsbach", August Thiersch, um 1880

RINGSTRASSENANLAGEN UND -PROJEKTE

— Augsburg, Ringstraße um die Altstadt (teilweise realisiert), Ludwig Leybold, ab 1860

— Nürnberg, Projekt einer Ringstraße um die Altstadt, Lothar von Faber und Adolf Gnauth, 1879

— Würzburg, Ringpark, Heinrich Siesmayer und Jens Person Lindahl, 1878–1896

München, Weißenburger Platz im Ostbahnhofviertel, ARNOLD ZENETTI, ab 1870

München, Weißen-
burger Platz im
Ostbahnhofviertel,
ARNOLD ZENETTI,
ab 1870

München, Ensemble
Thierschstraße mit
Maxmonument
und Mariannenplatz
mit St. Lukas, ab 1875

München, Gärtnerplatz mit ehem. Königlichem Volkstheater, ARNOLD ZENETTI, ab 1860

II.
Verkehr

[1] München, Hauptbahnhof, Neubau der ehem. Gleishalle, HEINRICH GOTTFRIED GERBER, 1876–1884 (Foto: M. GEMOSER, 1880)

Im Verkehrswesen stand in der zweiten Hälfte des 19. Jahrhunderts die Eisenbahn als schnellstes Verkehrsmittel der damaligen Zeit im Zentrum des Interesses. Abgesehen von der Personenbeförderung eröffnete sie neue Möglichkeiten für den Gütertransport und damit auch für die industrielle Entwicklung. Große Bedeutung wurde der Bahn aber auch in strategischer Hinsicht, insbesondere bei der Mobilmachung für militärische Zwecke, beigemessen. Kennzeichnend für die Regierungszeit Ludwigs II. sind die erhebliche Zunahme der Streckendichte, die Entwicklung eines Gesamtnetzentwurfs und die Zusammenführung zahlreicher Privatbahnen in den bayerischen Staatsbahnen. Prominentes Beispiel hierfür ist die Verstaatlichung der privilegierten Bayerischen Ostbahnen im Jahr 1875.

BAHNHOFSBAUTEN

Selbst wenn der Großteil der unter Ludwig II. erbrachten Bahnarbeiten den Ausbau des Streckennetzes betraf – 1883 umfassten die bayerischen Staatsbahnlinien rund 4 300 Kilometer –, stechen architektonisch insbesondere die Bahnhöfe mit ihren Empfangsgebäuden und Gleishallen hervor. Charakteristisch für diese unter Ludwig II. noch junge Bauaufgabe ist die Ausbildung verschiedener Bahnhofstypen und -kategorien entsprechend ihrer Lage und Funktion. Den nach rationalen Gesichtspunkten anhand von Normplänen gestalteten Bahnhöfen in der Provinz stehen die großstädtischen „Kathedralen des Verkehrs" gegenüber, die einen hohen baukünstlerischen Anspruch erkennen lassen. Letztere sind auch exemplarisch für die in der Hochphase des Historismus aufkommende Nivellierung der Hierarchien zwischen den einzelnen Bauaufgaben, die dazu führte, dass die Architekten nun bei Zweckbauten auf Gestaltungselemente zurückgriffen, die ehemals Repräsentationsbauten vorbehalten waren.[1]

In den Großstädten wurden zumeist Kopfbahnhöfe an der Peripherie realisiert. In ihrer funktionalen Zweiteilung in Empfangsgebäude und Gleishalle kommt auch die Ausdifferenzierung der Disziplinen Architektur und Ingenieurbau zum Ausdruck: Die von Architekten entworfenen Empfangsgebäude in traditionellem Massivbau sind zumeist – ähnlich einem Stadttor – auf das urbane Zentrum ausgerichtet und mitunter durch den basilikalen Bautypus und die Ornamentik „sakral" überhöht. Hinter dieser repräsentativen Stadtfassade verbergen sich stadtauswärts die Gleishallen als große, unverkleidete Ingenieurbauten in Glas-Eisen-Konstruktion.[2]

Beispielhaft hierfür ist der ehemalige Centralbahnhof in München, der bereits 1847–1849 von Friedrich Bürklein als Kopfbahnhof errichtet wurde. Er bestand aus einem breit gelagerten Empfangsgebäude im Rundbogenstil mit Giebelvorderbau, Portikus und seitlichen Pavillons, der an die nahe gelegene Basilika St. Bonifaz erinnert, sowie aus einer tonnenförmigen Einsteighalle in Holzkonstruktion. Bereits 1857–1864 erweiterte Bürklein das Empfangsgebäude durch symmetrische Seitenflügel an der Hauptfront. Die Zusammenfassung der verschiedenen privaten Bahnlinien zur Bayerischen Staatsbahn und die Umstellung auf eine zweigleisige Streckenführung machten einen erneuten Umbau notwendig. Dieser von Jakob Graff

[2] Ludwigshafen, Entwurf zum Direktionsgebäude der pfälzischen Eisenbahnen, GOTTFRIED VON NEUREUTHER, um 1870

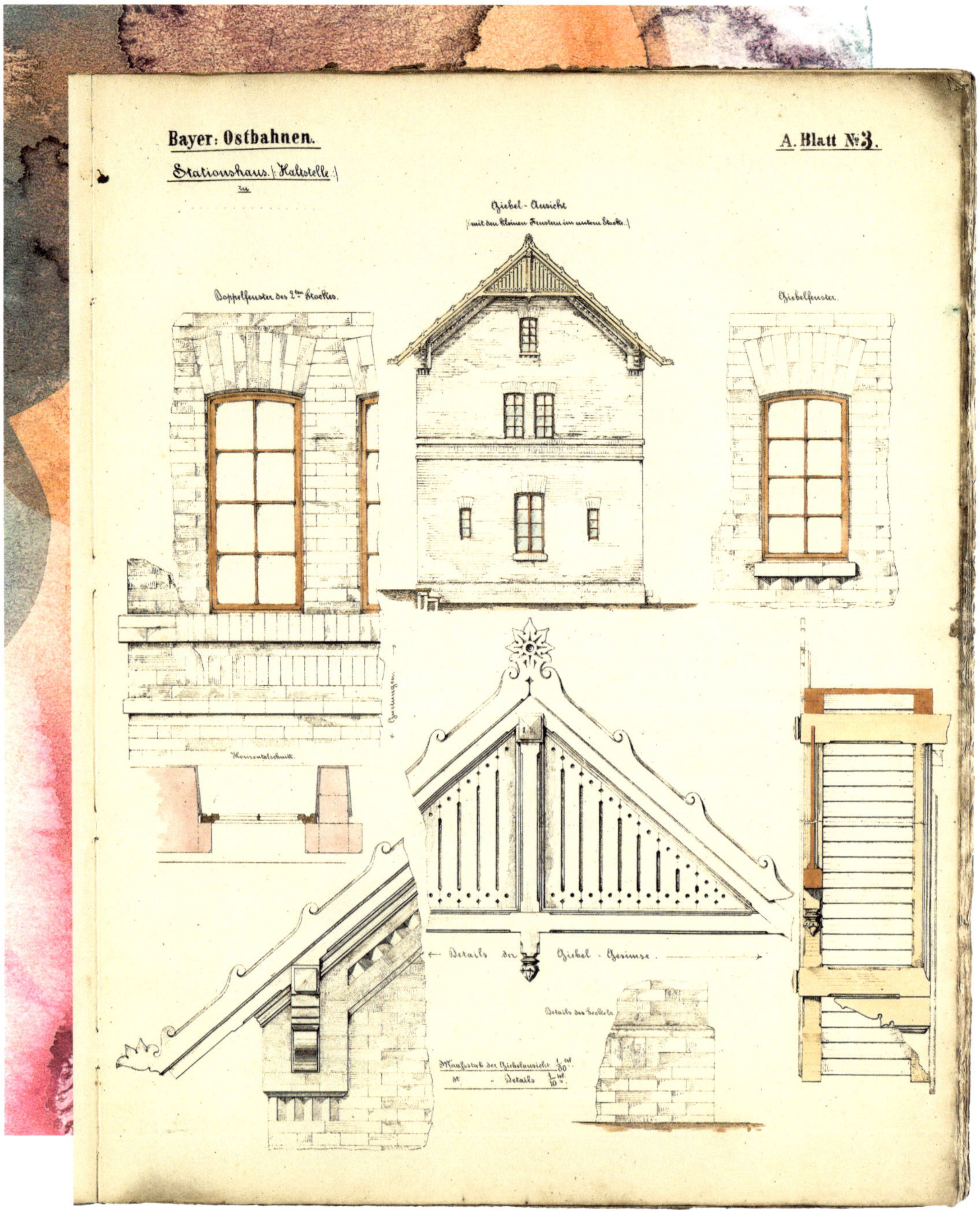

[3] Normalie zu Gebäuden an den bayerischen Ostbahnen (aus undatiertem Folioband mit 59 Plänen)

im Neorenaissancestil entworfene und 1876–1884 in drei Etappen ausgeführte Erweiterungsbau sah die Beibehaltung der Bürklein-Front vor. Dahinter wurde der neue Kopfbau platziert, bei dem drei Eingangshallen durch einen Quergang verbunden waren. Ein am Südflügel errichteter „Königspavillon“ mit mehreren Salons war dem königlichen Hof vorbehalten. Als herausragende Ingenieursleistung gilt insbesondere die von Heinrich Gottfried Gerber konzipierte vierschiffige Gleishalle in Glas-Eisen-Konstruktion. Diese zur Erbauungszeit größte Einstiegshalle Europas umfasste 16 Gleise und erreichte bereits die Ausmaße der heutigen Gleishalle [1].[3]

Repräsentativ war auch der 1863–1869 nach Plänen von Friedrich Bürklein errichtete, 1960 abgebrochene Hauptbahnhof in Würzburg, dessen lang gezogenes Empfangsgebäude durch zwei erhöhte Pavillons und eine mittige Arkadenreihe gegliedert war. Dieser Durchgangsbahnhof ersetzte einen nur wenige Jahre zuvor, in den Jahren 1853–1856, innerhalb des Festungsrings errichteten Kopfbahnhof – eine elegante Anlage mit dreiteiligem, quer gelagertem Empfangsgebäude und viergleisiger Einsteighalle, die sich sowohl durch ihre technisch innovative Eisenkonstruktion von Friedrich von Pauli als auch durch die Freskenausstattung der Ostwand auszeichnete. Architekt war Gottfried von Neureuther, der – bevor er unter Ludwig II. mit der Planung bedeutender Hochschulbauten beauftragt wurde – vor allem im Eisenbahnhochbau tätig war; beim Würzburger Bahnhof wandte er erstmals Stilmittel der Neorenaissance bei einem Zweckbau an.[4]

Neureuther entwarf um 1870 auch das nicht mehr erhaltene Direktionsgebäude der pfälzischen Eisenbahnen in der damals aufstrebenden Industriestadt Ludwigshafen [2]. Der monumentale Neorenaissancebau am Bahnhofsplatz, dessen durch Risalite rhythmisierte Fassade mit überlebensgroßen Nischenfiguren und Sgraffito-Malerei geschmückt war, ist charakteristisch für die Nobilitierung des Massenverkehrsmittels Eisenbahn in jener Zeit.[5]

Der umfassende Ausbau des bayerischen Eisenbahnnetzes führte aber auch zur Anlage Hunderter von Stationen in Kleinstädten und Provinzortschaften, was eine in diesem Umfang neuartige Typenprojektierung der Bahnhöfe und anderer Zweckbauten der Eisenbahn zur Folge hatte [3]. An wichtigen Knotenpunkten fand man dennoch zu individuellen Lösungen: so etwa bei den Bahnhöfen in Bad Kissingen, Hof oder Rosenheim. Neuartig war hier die Überdachung der Perrons, die in Rosenheim erstmals durch einen unterirdischen Tunnel verbunden wurden.[6] Eine Besonderheit dieser Epoche sind eigens für den königlichen Hof geschaffene Aufenthaltsräume wie das „Fürstenzimmer“ in Bad Kissingen oder der „Königssaal“ in Hof.

BRÜCKEN

Zu den herausragenden Ingenieursleistungen unter Ludwig II. gehört insbesondere die Konstruktion von Brücken für Eisenbahnen, Fuhrwerke und Fußgänger. Die beachtlichen Entwicklungen im Brückenbau wurden maßgeblich durch die Eisenbahn und die neuen Anforderungen hinsichtlich Festigkeit, Schwingungssicherheit und Gestrecktheit sowie durch den Einsatz der neuen Materialien Eisen und Beton vorangetrieben.[7] Der Großteil der Brückenkonstruktionen unter Ludwig II. geht auf den Ingenieur Heinrich Gottfried Gerber zurück, der ab 1858 die Brückenbauabteilung der Nürnberger Maschinenfabrik Klett & Comp. leitete und ein Jahr später das MAN-Werk Gustavsburg gründete. 1866 erhielt er ein Patent auf den als „Gerberträger“ bekannten „Balkenträger mit freiliegenden Stützpunkten“ – ein Konstruktionsprinzip, das erstmals 1867 bei der Haßfurter Straßenbrücke Anwendung fand und sich in der Folge bei Brücken mit großer Spannweite schnell durchsetzte. Nach seinem Entwurf entstanden in der Residenzstadt 1867–1870 die zweispurige Eisenbahnbrücke für die Bahnlinie München–Rosenheim–Braunau, bei der Einfeldträger auf gemauerten Pfeilern die Isar überspannen, sowie 1875/76 die ehemalige Bogenhausener

[4] München, Straßenbrücke über die Isar bei Bogenhausen,
HEINRICH GOTTFRIED GERBER, 1875/76 (Aquarell: ANONYM, 1876)

[5] Passau, Straßenbrücke über die Donau, HEINRICH GOTTFRIED GERBER, 1869/70 (Foto: THEODOR LIST, 1869)

Straßenbrücke, bei der man sich nach Ausschreibung eines Wettbewerbs für eine Gelenkträgerkonstruktion entschied [4]. Wesentlich repräsentativer ist die 1874–1876 erbaute, ebenfalls nicht mehr erhaltene Wittelsbacherbrücke, deren schmuckreiche gusseiserne Portale August von Voit entwarf. Daneben setzte Gerber auch das von Friedrich August von Pauli entwickelte Konstruktionssystem mit linsenförmigen Fischbauchträgern ein, die sich durch eine filigrane Struktur und geringen Materialaufwand auszeichnen. Ein Beispiel hierfür ist die 1869/70 errichtete Maxbrücke über die Donau in Passau [5].[8]

Ludwig II. ließ sich 1868–1870 nicht nur einen Salonwagen aus dem Hofzug seines Vaters im Louis-quatorze-Stil umgestalten, er nutzte die technischen Neuerungen im Verkehrswesen auch für seine privaten Bauprojekte: Der Bau von Schloss Herrenchiemsee ab 1878 erfolgte mithilfe einer dampfbetriebenen Materialbahn, für die eigens eine schmale Gleisstrecke auf der Herreninsel verlegt wurde;[9] der 1867–1871 von Ludwig II. auf der Münchner Residenz erbaute Wintergarten wurde von einer neun Meter hohen Tonne überfangen, die – ähnlich den Gleishallen der damaligen Zeit – von der Nürnberger Maschinenfabrik Klett & Comp. als freitragende Glas-Eisen-Konstruktion gefertigt wurde. Zudem ließ der König durch Heinrich Gottfried Gerber 1866 die Marienbrücke in Blickbeziehung mit dem späteren Schloss Neuschwanstein in einer filigranen und innovativen Eisenkonstruktion über dem Pöllatfall errichten.

KB

1 Vgl. Knauß 1983, 151ff. – Hetzer/Tröger 2001, bes. 13–16, 97–101. – Kahle 2001, 358.
2 Vgl. Knauß 1983, 92–99. – Hetzer/Tröger 2001, 162.
3 Vgl. Knauß 1983, 95–97, 173–174. – Krings 1985, bes. 182–187. – Lisson 1991, 39–46. – Toussaint 1991, bes. 37–76. – Hetzer/Tröger 2001, 174–175. – Kahle 2001, 361. – Klar 2002, 242–249.
4 Vgl. Knauß 1983, 97–98. – Hetzer/Tröger 2001, 167–169, 231. – Kahle 2001, 358–359. – Klar 2002, 254–258.
5 Vgl. Nerdinger/Hufnagl 1978, 94–100. – Hufnagl 1979, 76–83.
6 Vgl. Knauß 1983, 92–93, 174. – Hetzer/Tröger 2001, 226–231.
7 Vgl. Evers 1974, 249.
8 Vgl. Lucks 1976, 330–361. – Knauß 1983, 109–111. – Sembach/Hütsch 1990, bes. Taf. 61–64, 66, 71–74, 102–103. – Rädlinger 2008, bes. 110–115.
9 Dargestellt auf einem Holzstich von J. Wopfner in der *Illustrirten Zeitung* von 1880, abgebildet in: Spangenberg/Wiedenmann 2011, 125.

GROSSSTADTBAHNHÖFE

- München, ehem. Hauptbahnhof (zweite Erweiterung), Jakob Graff und andere, 1876–1884
- Würzburg, ehem. Bahnhof mit Empfangsgebäude, Friedrich Bürklein, 1863–1869

KLEINSTADT- BZW. PROVINZBAHNHÖFE

- Bad Kissingen, Bahnhof mit Empfangsgebäude, Friedrich Bürklein, 1871–1874
- Hof, Bahnhof mit Empfangsgebäude, Georg Friedrich Seidel, 1874–1880
- Rosenheim, Bahnhof mit Empfangsgebäude, Jakob Graff, 1873–1876

WEITERE BAHNBAUTEN

- Ludwigshafen, ehem. Direktionsgebäude der pfälzischen Eisenbahnen, Gottfried von Neureuther, 1870–1873
- München, ehem. Zentralwerkstätten der Staatsbahnen, 1873/74

EISENBAHNBRÜCKEN

- München, Braunauer Eisenbahnbrücke, Heinrich Gottfried Gerber, 1867–1870
- Regen, Eisenbahnbrücke über die Ohe, Heinrich Gottfried Gerber, 1877

STRASSEN- UND FUSSGÄNGERBRÜCKEN

- Haßfurt, ehem. Straßenbrücke über den Main, Heinrich Gottfried Gerber, 1867
- Hohenschwangau, Marienbrücke über den Pöllatfall, Heinrich Gottfried Gerber, 1866
- München, ehem. Wittelsbacherbrücke, Heinrich Gottfried Gerber und August von Voit, 1874–1876
- München, ehem. Straßenbrücke über die Isar nach Bogenhausen, Heinrich Gottfried Gerber, 1875/76
- Passau, ehem. Maxbrücke über die Donau, Heinrich Gottfried Gerber, 1870

Bad Kissingen, Bahnhof mit Empfangsgebäude,
FRIEDRICH BÜRKLEIN, 1871–1874

2

Bad Kissingen,
Empfangshalle
des Bahnhofs,
FRIEDRICH
BÜRKLEIN,
1871–1874

Bad Kissingen, Fürstenzimmer im Empfangsgebäude des Bahnhofs, FRIEDRICH BÜRKLEIN, 1871–1874

III.
Industrie, Handel und Gewerbe

[1] München, ehem. Pschorr-Brauerei in der Bayerstraße, ab 1864 (Foto: ANTON SCHIESSL, 1883)

In Hinblick auf die wirtschaftliche Entwicklung gelten die Regierungsjahre Ludwigs II. als „Gründerzeit", in der das Königreich Bayern einen bedeutenden Industrialisierungsschub erfuhr. Dennoch blieb Bayern vor allem aufgrund seines Mangels an Rohstoffen und seiner überwiegend agrarischen und handwerklichen Struktur hinter der industriellen Entwicklung anderer deutscher Staaten – insbesondere Preußens und Sachsens – zurück. Diese industrielle „Rückständigkeit" betrifft vor allem die ländlichen Gegenden, denn in den bayerischen Industriezentren München, Augsburg, Fürth, Nürnberg, der Oberpfalz und der Rheinpfalz mit Ludwigshafen wurden in dieser Zeit durchaus international herausragende Leistungen erbracht.[1]

Dass Bayern nicht den Grad der industriellen Durchdringung anderer deutscher Staaten erreichte und hier die Landwirtschaft und das Handwerk in weiten Landesteilen noch überwogen, beurteilte der König – etwa in Hinblick auf die soziale Frage – keineswegs negativ. In einem Schreiben von 1879 hielt er fest: „Ich preise das Geschick, dass Bayern durch günstig gemischte Erwerbsarten, durch ein glückliches Verhältnis der Industrie zur Landwirtschaft nicht annähernd so von der [sozialen] Frage betroffen ist."[2] Dennoch ergriff Ludwig II. wichtige Maßnahmen zur Förderung von Industrie und Wirtschaft. Exemplarisch sind die Gründung der Neuen Polytechnischen Schule in München im Jahr 1868, die bayernweit abgehaltenen Industrieausstellungen sowie die Einführung des nicht erblichen Kommerzienratstitels im Jahr 1882 zu nennen, der als Ansporn für außerordentliche unternehmerische Leistungen sowie gesellschaftliches und soziales Engagement dienen sollte.[3]

Dank der umfassenden und höchst anspruchsvollen Aufträge Ludwigs II. im Zusammenhang mit der Ausstattung seiner Schlösser, die zu einem großen Teil an bayerische Firmen gingen, kam es zudem zu einem Aufschwung der bayerischen Kunstindustrie, die nun zunehmend internationaler agierte. Die königlichen Hoflieferanten präsentierten ihre Unternehmen auf den Weltausstellungen in Europa und den USA; sie fanden Auftraggeber beim Adel und im gehobenen Bürgertum, die sich ihre Palais von den Spezialisten des bayerischen Königs einrichten lassen wollten.[4]

BEDEUTENDE INDUSTRIESEKTOREN UND -ZENTREN

Charakteristisch für die Zeit Ludwigs II. ist die punktuelle Ausbildung von Industriestandorten in Bayern, die sich auf bestimmte Sektoren spezialisierten. Wichtige Voraussetzungen für die Entwicklung zur Großindustrie schufen die Eisenbahn und erste stromerzeugende Kraftwerke.

MÜNCHEN – EISENBAHN- UND BRAUINDUSTRIE

In der Residenzstadt florierten viele kleinere Gewerbebetriebe – wie etwa die Franz Mayer'sche Hofkunstanstalt am Stiglmaierplatz, die Glasfenster für die Königsschlösser Ludwigs II. fertigte, aber auch internationale Bestellungen erhielt; oder die Handschuhfabrik Roeckl, die 1871 einen Fabrikbau an der Isartalstraße errichtete, um die Wasserkraft für die Ledergerberei zu nutzen. Große Industriebetriebe entwickelten sich im Bereich der Eisenbahn und des Brauwesens: Prägend war hier etwa Joseph Anton von Maffei, der ein 1838 erworbenes Hammerwerk in der Hirschau zur ersten bayerischen Lokomotivenfabrik ausbaute; um 1870 führte das inzwischen größte Werk Münchens weltweite Aufträge aus. Konkurrenz erhielt Maffei in München 1866, als sein ehemaliger Mitarbeiter Georg von Krauss eine Lokomotivenfabrik auf dem Marsfeld gründete und hierfür Carl von Linde als ersten Konstruktionschef gewinnen konnte. Auch dieser Betrieb war erfolgreich und konnte 1882 die tausendste Lokomotive ausliefern.[5]

Auch das Münchner Brauwesen mit seiner bis ins 14. Jahrhundert zurückreichenden Tradition erfuhr unter Ludwig II. eine erhebliche Modernisierungswelle. Die stark angestiegene Nachfrage innerhalb

[2] Augsburg, Textilviertel, ehem. Shedhalle mit Selfaktor-Spinnmaschinen der Augsburger Kammgarn-Spinnerei (AKS), ab 1870 (Foto: ANONYM, 1913)

des Lokalmarkts – die Einwohnerzahl Münchens war von rund 82 000 im Jahr 1840 auf 230 000 im Jahr 1880 gestiegen – erforderte kostenintensive Betriebserweiterungen. Dies führte einerseits zum Niedergang zahlreicher kleiner Brauereien, auf der anderen Seite zur Ausbildung von Großbrauereien und deren Umwandlung in kapitalstarke Aktiengesellschaften. Begünstigt wurde diese Entwicklung durch die Eisenbahn, die Zugang zu neuen Märkten eröffnete, und durch technische Neuerungen, wie die Kältemaschine Carl von Lindes, die ein ganzjähriges Brauen ermöglichte. Zu den bedeutenden Großbetrieben dieser Zeit gehören die Pschorr-Brauerei, die 1864–1894 an der Bayerstraße eine modernst ausgestattete Brauerei mit Dampfbetrieb errichten ließ [1], oder die Augustiner Brauerei, die 1884–1890 an der Landsberger Straße neue Produktionsstätten erbaute: Dieser heute noch weitgehend erhaltene Komplex besteht aus drei großen traufständigen Backsteinblöcken für Sudhaus, Alte und Neue Mälzerei sowie zwei hohen Schloten und weiteren Produktionsstätten im Hofbereich. Aber auch in anderen Gebieten Bayerns boomte die Brauindustrie, was einen erhöhten Bedarf an Malz und eine entsprechende Spezialisierung mit sich brachte. Auf die Herstellung dieses Rohstoffs verlegte sich zum Beispiel die Meußdoerffer'sche Malzfabrik in Kulmbach. Der heute noch bestehende, 1883 außerhalb der Stadt realisierte Neubau vermittelt ein anschauliches Bild vom Fabrikbau der damaligen Zeit.[6]

AUGSBURG – TEXTILINDUSTRIE

Das östlich der Augsburger Altstadt liegende Textilviertel umfasste in der zweiten Hälfte des 19. Jahrhunderts eine Reihe von international bedeutenden Unternehmen der Textilbranche; darunter auch die 1837 als Aktiengesellschaft gegründete Mechanische Baumwoll-Spinnerei und Weberei Augsburg (SWA), die bis 1910 vier Produktionsstätten besaß. Das nicht erhaltene Werk II Rosenau von 1887 war ein frühes Beispiel für den neuen Typus des historistischen „Fabrikschlosses", bei dem – durch Monumentalisierung und eine Bezugnahme auf den Bautypus Schloss – feudale Repräsentationsformen aufgegriffen wurden. Während die Spinnereien überwiegend als Hochbauten ausgeführt wurden, um die verschiedenen Arbeitsschritte geschossweise aufzuteilen, waren die Webereien aufgrund der schweren Maschinen in eingeschossigen Shedbauten – großräumige Hallen mit aneinandergereihten Satteldächern – untergebracht [2]. Eines der frühesten Beispiel entstand 1866/67 für die Augsburger Kammgarn-Spinnerei nach Plänen von Karl Albert Gollwitzer. Auch die Zwirnerei und Nähfadenfabrik Göggingen (ZNFG) beauftragte mit Jean Keller einen prominenten Augsburger Architekten mit der Planung eines Großteils ihrer Fabrikbauten – darunter eine Dampfkaminanlage aus dem Jahr 1880, deren hoch aufragender Schornstein die Prosperität des Unternehmens symbolisierte [3].[7]

OBERPFALZ – HÜTTENINDUSTRIE

In Hinblick auf die Hüttenindustrie und die Produktion von Roheisen – einem wichtigen Produkt im Industrialisierungsprozess – nimmt vor allem die 1853 in der Oberpfalz gegründete Maxhütte einen herausragenden Stellenwert ein. Ihr Aufschwung in den 1870er-Jahren hing eng mit den Bayerischen Ostbahnen zusammen, für die das Eisenwerk Schienen und Langschwellen produzierte. 1864/65 entstanden hierfür drei Kokshochöfen bei Sulzbach-Rosenberg und 1867 eines der ersten Stahlwerke für Bessemer-Gussstahl in Deutschland. Das großteils aus eigenen, nahe gelegenen Bergwerken bezogene Eisenerz wurde seit 1883 in Gondeln per Drahtseilbahn zu den Hochöfen transportiert.[8]

RHEINPFALZ – CHEMISCHE INDUSTRIE

Im Bereich der chemischen Industrie nahm Bayern deutschlandweit eine führende Rolle ein. Exemplarisch ist die 1865 im pfälzischen Ludwigshafen gegründete Badische Anilin- & Sodafabrik, die 1877 bereits Produktionsanlagen im Ausland aufbaute und sich bis zur Jahrhundertwende zu einem der weltweit größten chemischen Betriebe entwickelte. Die Architektur der Ludwigshafener Fabrikanlage wurde wesentlich geprägt durch den Ingenieur Paul Eugen Haueisen, der ab 1874 für die zentrale Planung des Werksgeländes verantwortlich zeichnete. Charakteristisch war die von ihm entwickelte Blockfeldstruktur, bei der eingeschossige Shedbauten aus unverputztem Backstein von mehrgeschossigen, orthogonal gestellten Hochbauten durchdrungen wurden.[9]

HANDEL UND GEWERBE

Neben Fabriken entstanden in den Jahrzehnten Ludwigs II. eine Vielzahl an Gebäuden in Verbindung mit dem Handel mit landwirtschaftlichen Produkten. In München war – auch aus hygienischen Gründen – die Zusammenführung der etwa 800 Schlachtstätten in einem zentralen Schlacht- und Viehhof dringend erforderlich, der 1876–1878 durch Arnold Zenetti außerhalb der Stadt, jedoch mit Anbindung an die Bahn, realisiert wurde [4]. Die großflächige, symmetrische Anlage aus Backsteingebäuden umfasste eine zentrale Markthalle, die von jeweils drei aneinandergereihten Schlachthallen flankiert wurde; südlich davon standen die Stallungen. Architektonisch hervorgehoben war die Kuttlerei über oktogonalem Grundriss mit Maschinenhaus und Dampfkessel.[10]

Der seit 1807 bestehende Münchner Viktualienmarkt wuchs im Laufe des 19. Jahrhunderts stetig an und erhielt ab 1870 feste Stände. Zur Versorgung der Bewohner in der westlichen Maxvorstadt gab es seit 1879 einen eigenen, zunächst provisorischen Viktualienmarkt an der Ecke Dachauer/Augustenstraße. 1886/87 wurden feste Verkaufsstände installiert, wobei die Reihe der Gemüsestände auf der einen Seite von einem pavillonartigen Kiosk, auf der anderen Seite von einer Fleischbank eingefasst wurden.[11]

In Augsburg entstand 1871/72 beim Hauptbahnhof eine zentrale Schrannenhalle nach Entwürfen von Ludwig Leybold. Die Verkaufshalle über rechteckigem Grundriss wurde von einer auf gusseisernen Säulen aufliegenden Sheddachkonstruktion mit Oberlichtgaden überspannt. Auf den Längsseiten waren großflächige Verglasungen vorgesehen, die bei Bedarf geöffnet werden konnten; die Schmalseiten waren jeweils durch einen gemauerten Querriegel geschlossen, der die Büro- und Nebenräume aufnahm und durch seitliche Pavillons und einen Mittelrisalit mit repräsentativem Portal gegliedert war.[12]

KB

[3] Augsburg, Textilviertel, Detail zur Dampfkaminanlage der Zwirnerei und Nähfadenfabrik Göggingen (ZNFG), JEAN KELLER, 1880

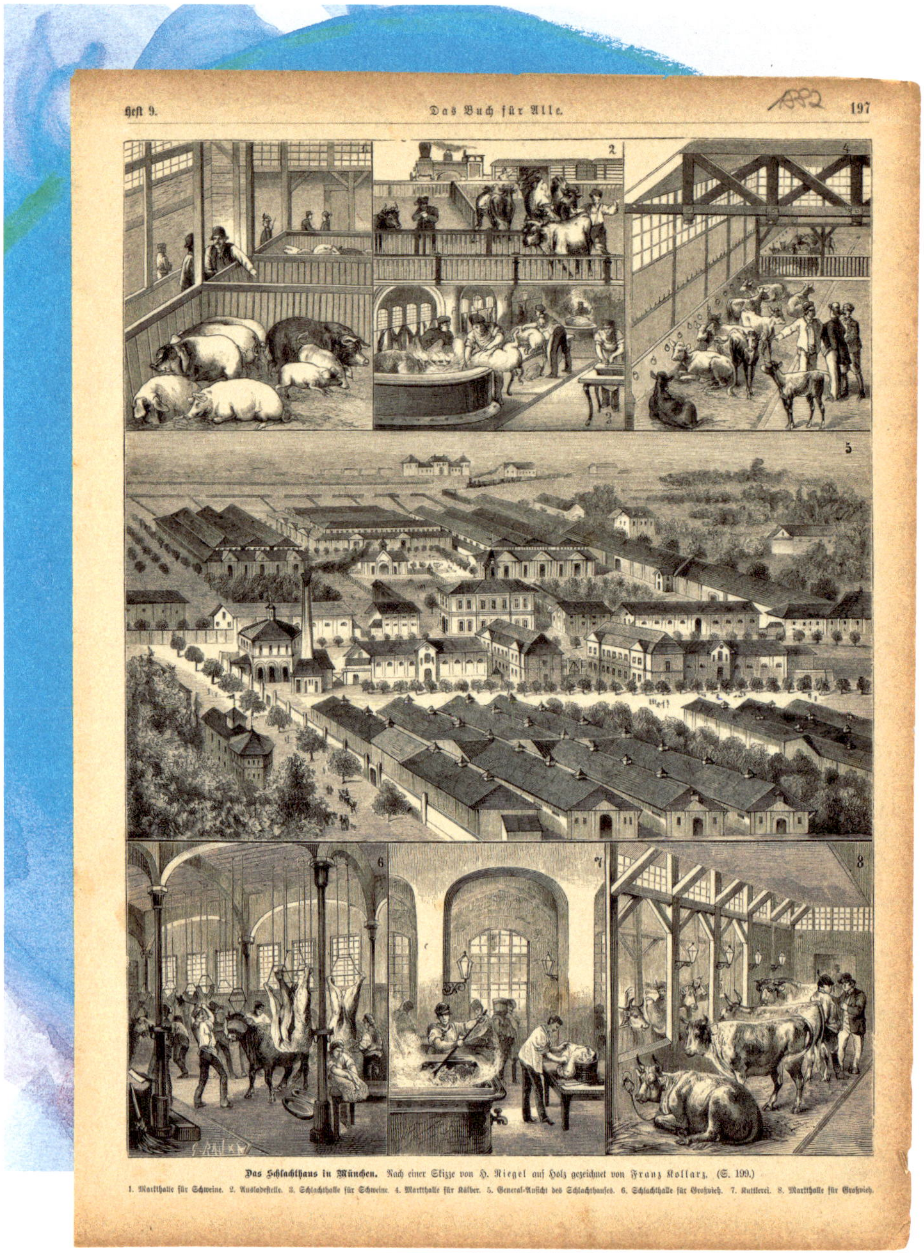

[4] München, Schlacht- und Viehhof, ARNOLD ZENETTI, 1876–1878 (aus: *Das Buch für Alle*, 1882, Heft 9)

1 Zur industriellen Entwicklung im Königreich Bayern im Vergleich zu anderen deutschen Staaten siehe Kramer 2011, 91–95. Siehe zudem: Krauss 2011. – Schuster-Fox 2011. – Winkler 2011.

2 Schreiben Ludwigs II. an den Schweizer Juristen und Hotelier Dr. Friedrich Schreiber vom 15. Januar 1879; zit. nach Rumschöttel 2011a, 44–45.

3 Vgl. Krauss 2011, 100.

4 Vgl. ebd.

5 Vgl. Bott 1985, 52, 355. – Gross/Selig 2004, 70–71. – Kraus 2006, 68–70. – Kramer 2011, 94.

6 Vgl. Sailer 1929, 72–77, 82–87. – Knauß 1983, 161–162. – Gross/Selig 2004, 74. – Kraus 2006, 60–65. – Meußdoerffer 2006, 281–282.

7 Siehe hierzu und zum Folgenden: Knauß 1983, 158–161. – Ruckdeschel 1984, bes. 112–114. – Debold-Kritter 1991. – Burgner 2004, 28. – Ruckdeschel 2004, bes. 88–90. – Loibl 2006.

8 Vgl. S. E. Fromm. *Die Maxhütte. Deren Entstehen, deren Entwicklung und jetzige Lage.* München, 1881 (abgedruckt in Nichelmann 1965, 155–165). – Knipping/Höhmann 2001. – Kraus 2006, 211–215. – Braun 2007.

9 Vgl. Krätz 1985, 207. Mein Dank gilt Dr. Isabella Blank, BASF Corporate History, für den freundlichen Hinweis auf den Firmenarchitekten Haueisen und die Möglichkeit zur Einsichtnahme in Bild- und Planmaterial.

10 Vgl. Zenetti 1880. – Knauß 1983, 164–165.

11 Vgl. Kruse u.a. 2009, 174–175.

12 Vgl. Leybold 1875. – Arnold 1979, 103. – Knauß 1983, 186.

FABRIKEN

- Augsburg, ehem. Zwirnerei und Nähfadenfabrik Göggingen (ZNFG), Hauptfabrikgebäude, Jean Keller, 1861 und 1880; Dampfkaminanlage, Jean Keller, 1880, und Turbinenhaus, Carl del Bondio, 1881
- Augsburg, ehem. Augsburger Kammgarn-Spinnerei (AKS), Shedhallen, Karl Albert Gollwitzer, 1867
- Augsburg, ehem. Mechanische Baumwoll-Spinnerei und Weberei Augsburg (SWA), Werk II Rosenau, 1887
- Kulmbach, Meußdoerffer'sche Malzfabrik (heute Ireks GmbH), 1883
- Ludwigshafen, Badische Anilin- & Sodafabrik, Paul Eugen Haueisen, ab 1864
- München, ehem Pschorr-Brauerei, ab 1864
- München, Augustiner-Brauerei, Xaver Renner, 1885–1890
- München, ehem. Lokomotivenfabrik Krauss & Co., 1866

BAUTEN FÜR HANDEL UND GEWERBE

- Augsburg, ehem. Schrannenhalle, Ludwig Leybold, 1871/72
- München, Schlacht- und Viehhof, Arnold Zenetti, 1876–1878
- München, Projekt für Viktualien-Verkaufsstände in der Maxvorstadt, 1886

Kulmbach, Meußdoerffer'sche Malzfabrik (heute Ireks GmbH), 1883

München, Augustiner-Brauerei,
XAVER RENNER, ab 1883

9 - 15
unger.
Zenettistraße
BRÄU
CHEN
Markthallen München

München, Schlacht- und Viehhof,
ARNOLD ZENETTI, 1876–1878

IV.
Gesundheit, Hygiene und Sozialfürsorge

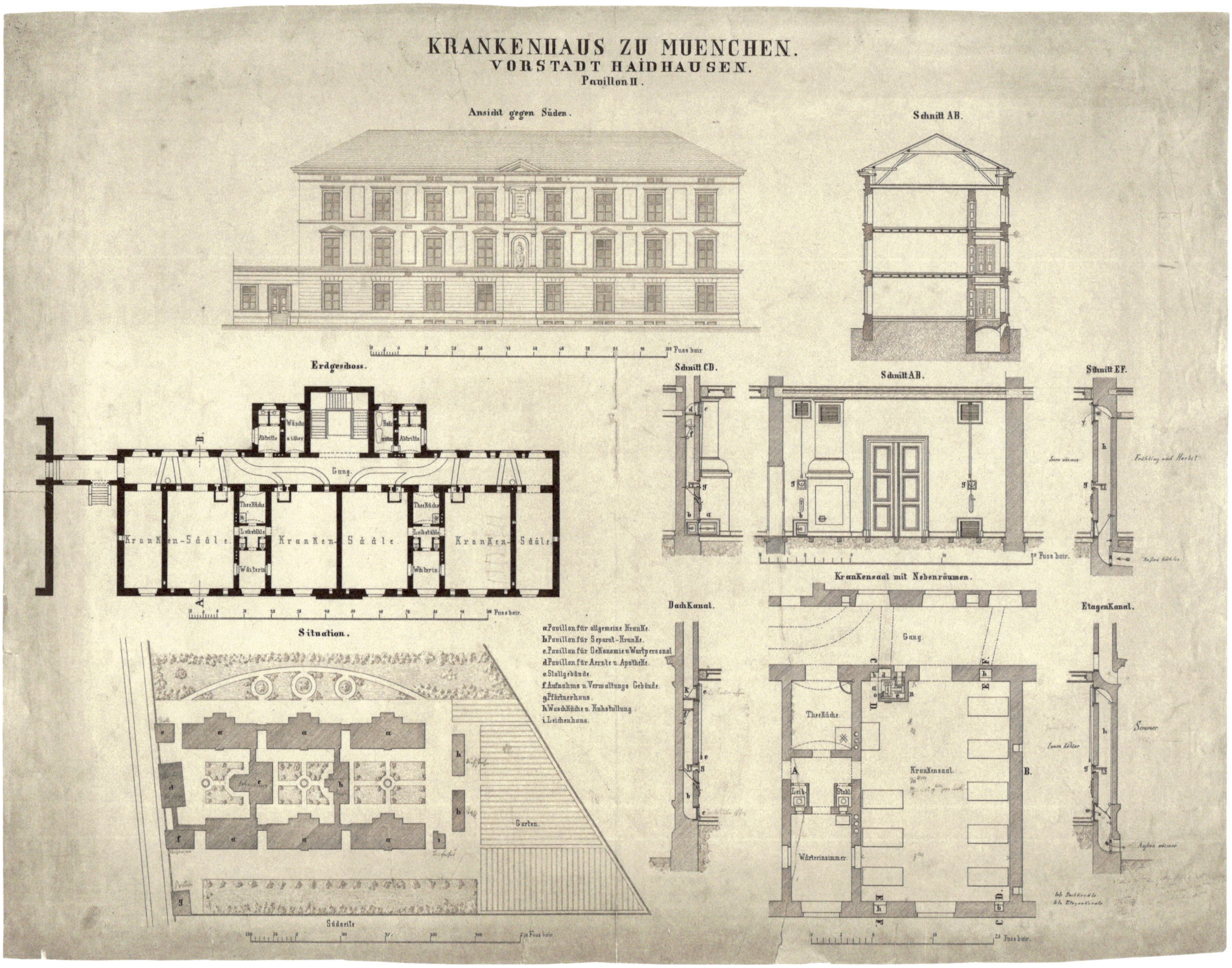

[1] München, Krankenhaus rechts der Isar,
Pavillon II, ARNOLD ZENETTI, um 1870

Auch wenn in Bayern die mit der Industrialisierung einhergehende Verarmung der Bevölkerung nicht in dem Ausmaß zu solch extremen Phänomenen der Verelendung führte wie in anderen europäischen Ländern, gehörte die soziale Frage doch zu den zentralen politischen Problemen der Regierungszeit Ludwigs II. Das häufig konstatierte geringe Interesse des Königs an dieser Frage wird durch jüngste Forschungen jedoch relativiert. So hatte Ludwig II. zum Beispiel bereits Ende der 1860er-Jahre, also noch viele Jahre vor Preußen, die sogenannte Sozialgesetzgebung erlassen – ein Gesetzesbündel, das auch zu wesentlichen Reformen der öffentlichen Armen- und Krankenpflege führte und deren Institutionalisierung begünstigte.[1]

KRANKENHÄUSER

Neben neuen Erkenntnissen in der Medizin und Hygiene förderten vor allem auch diese politischen und sozialen Aspekte den Krankenhausbau, der nun als gleichwertig mit anderen kommunalen oder konfessionellen Bauaufgaben – wie etwa dem Bau von Rathäusern oder Kirchen – angesehen wurde. Dies resultierte in einer Reihe von Krankenhausbauten und -erweiterungen in der Residenzstadt: Neben dem 1868–1870 von Arnold Zenetti auf dem Oberwiesenfeld errichteten Garnisonslazarett für das Militär[2] wurden die bestehenden öffentlichen Hospitäler – das Krankenhaus rechts der Isar und das Allgemeine Krankenhaus – durch umfangreiche Anbauten erweitert. Vorbildgebend war das in England und Frankreich bereits bewährte Pavillonsystem, das sich in Deutschland in den 1870er-Jahren allgemein durchsetzte und das den bis dahin üblichen mehrgeschossigen Korridorbau verdrängte. Es bot nicht nur Vorteile in hygienischer Hinsicht, sondern kam auch der damals einsetzenden baulichen Differenzierung in Fachkliniken entgegen.[3]

Den Übergang vom Korridor- zum Pavillonsystem markiert die Erweiterung des Krankenhauses rechts der Isar [1]: Infolge der gestiegenen Einwohnerzahlen und bedingt durch die 1866 vorgenommene Aufteilung in innere und chirurgische Abteilung plante Zenetti 1868–1870 eine umfassende Erweiterung durch sechs dreigeschossige Pavillons für jeweils hundert Betten, die in zwei Reihen angeordnet und untereinander durch Gänge verbunden werden sollten; in der Mitte waren zwei quer gestellte, eingeschossige Trakte für die Verwaltung und die Infektionsabteilung vorgesehen. Realisiert wurde zunächst der südwestliche Pavillon II a (heute 502 Mitte); die in den 1870er-Jahren nördlich davon ausgeführten Gebäude wichen partiell von Zenettis Planungen ab.[4]

Beispielhaft für die damals aufkommende Tendenz zur Spezialisierung und Ausbildung von Fachkliniken sind das – von Ludwig II. durch eine Spende geförderte – Hauner'sche Kinderspital in München und die „Kreisirrenanstalt für Niederbayern", heute Klinik Angermühle, in Deggendorf [2]. Die Kinderklinik

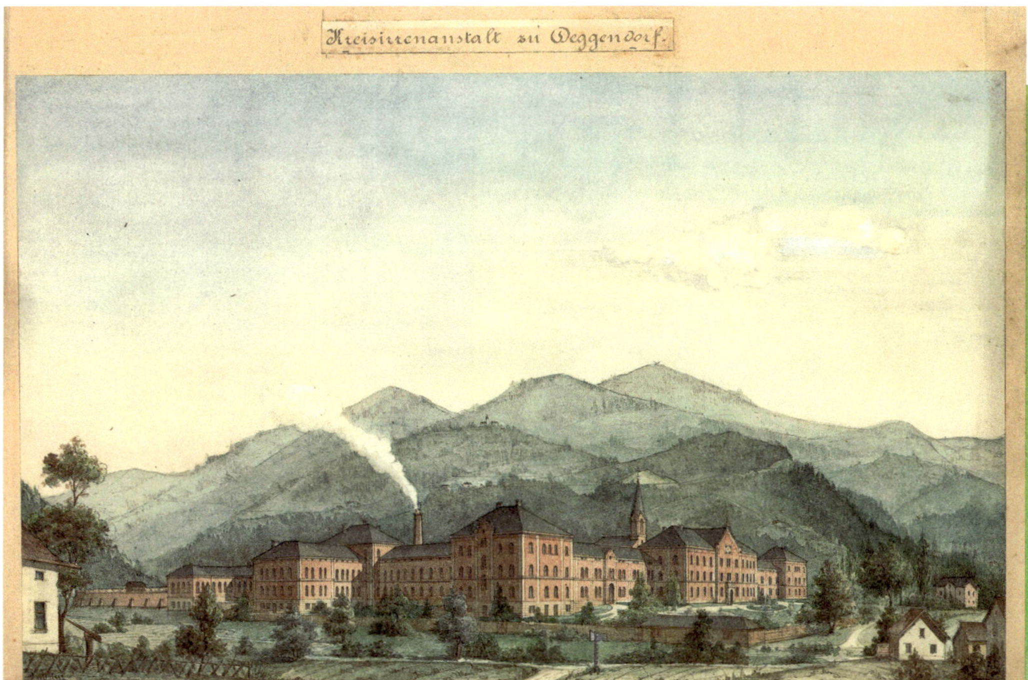

[2] Deggendorf, ehem. „Kreisirrenanstalt für Niederbayern"
(heute Klinik Angermühle), LEONHARD SCHMIDTNER, 1863–1869

wurde 1875–1879 in unmittelbarer Nähe zum Allgemeinen Krankenhaus nach Entwurf von August Hartmann und Arnold Zenetti errichtet. Der Neubau – ein schlichter, zweigeschossiger Längsbau mit dreigeschossigen Seitenflügeln, der im Erdgeschoss die Funktionsräume und in den Obergeschossen die Krankenzimmer aufnahm – bewirkte eine wesentliche Verbesserung der pädiatrischen Versorgung in der Residenzstadt.[5] Auch durch den 1869 fertiggestellten Neubau der psychiatrischen Klinik in Deggendorf wurde ein jahrzehntelanger Missstand behoben; sie übernahm Ansätze des 1839 in England aufgekommenen No-Restraint-Systems, bei dem auf Zwangsmaßnahmen weitgehend verzichtet wurde.[6] Der großflächige, außerhalb der Stadt errichtete Komplex ist als streng symmetrisches Geviert mit orthogonal angefügten Flügeln konzipiert; akzentuiert ist die Mittelachse, auf der südseitig ein repräsentatives Administrationsgebäude sowie dahinter die Anstaltskirche liegen. Sowohl die Fassadengestaltung des unverputzten Backsteinbaus im Rundbogenstil als auch der gitterartige Grundriss lassen Bezüge zum prominenten Mailänder Ospedale Maggiore von Filarete aus der Mitte des 15. Jahrhunderts erkennen.

Entscheidend für den Bereich Gesundheit, Hygiene und Sozialfürsorge war das Wirken Max von Pettenkofers, der 1879 in München das weltweit erste „Institut für Hygiene" gründete, das in einem Neubau in der Findlingstraße untergebracht war. Um der damals im europäischen Vergleich relativ hohen Mortalitätsrate in München entgegenzuwirken, propagierte er nicht nur die Anlage eines modernen Kanalsystems und die Verbesserung der Trinkwasserversorgung, er betonte auch die wesentliche Bedeutung der Frischluftzufuhr und der körperlichen Reinlichkeit für die Gesundheit. Die Erkenntnisse Pettenkofers – sowie die vielfach beklagten hygienischen Missstände in der Residenzstadt und ein erneuter Ausbruch der Cholera im Jahr 1873 – trugen wesentlich dazu bei, dass die seit Anfang des 19. Jahrhunderts lediglich in Teilabschnitten und ohne System begonnene Kanalisierung Münchens grundlegend verbessert wurde: 1875 erhielt der britische Ingenieur James Gordon den Auftrag zur Ausarbeitung eines einheitlichen Systems für eine Schwemmkanalisation mit wasserdichten Kanälen; nach seinem Plan wurden 1880–1885 in einem ersten Bauabschnitt 63 Straßen mit insgesamt 26 Kilometern Kanalstrecke vollendet [3].[7]

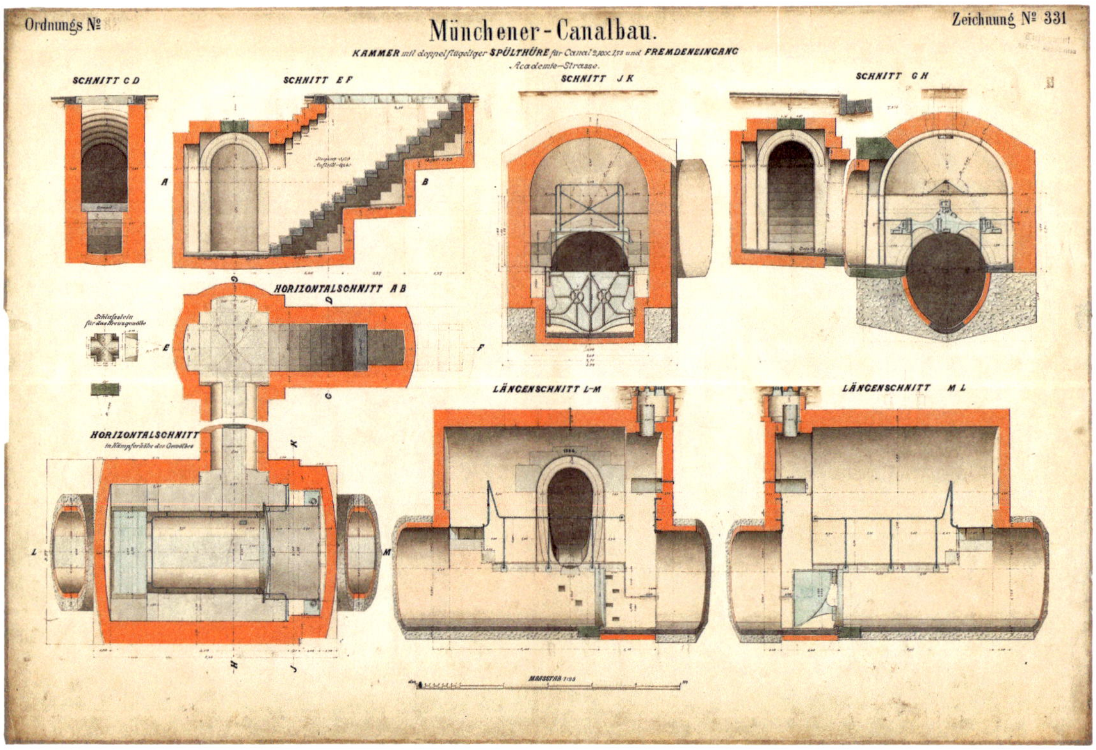

[3] München, Kanalbau, Schnitte zu Kammer mit Spültüre und Fremdeingang bei der Akademiestraße, um 1884

[4] Bad Kissingen, Wettbewerbsentwurf für das „Actien-Bad-Etablissement“ (nicht realisiert), ARNOLD ZENETTI, 1867

BAUTEN DER SOZIALFÜRSORGE

Pettenkofer verwies auch auf die gesellschaftlichen Fürsorgepflichten, insbesondere in Hinblick auf eine Verminderung der Kindersterblichkeit, die in München vergleichsweise hoch war.[8] Damit in Zusammenhang steht wahrscheinlich auch die unter Ludwig II. durchgeführte Adaptierung des 1819 gegründeten städtischen Waisenhauses an der Findlingstraße, das 1869 nach Plänen von Zenetti Wasseranschlüsse sowie Belüftungsvorrichtungen erhielt und um ein Ökonomiegebäude erweitert wurde. Einige Jahre zuvor, 1861, hatte der Magistrat die Leitung der Anstalt dem Orden der Englischen Fräulein übergeben – entgegen den Stiftungsregularien wurde das städtische Waisenhaus nun zu einer katholischen Einrichtung, in die Kinder nur noch konfessionsgebunden aufgenommen wurden.[9]

Das erste jüdische Waisenhaus in Deutschland wurde bereits 1763 in Fürth, einer der größten und bedeutendsten jüdischen Gemeinden im deutschsprachigen Raum, gegründet und war vorerst männlichen Kindern aus dieser Stadt vorbehalten. Ludwig II. reiste im Dezember 1866 nach Fürth und besuchte dort die Altschul aus dem 17. Jahrhundert, die im Jahr zuvor einen wesentlichen Umbau erfahren hatte. Im selben Jahr hatte die Waisenhausstiftung auch einen Neubau des Waisenhauses nach Plänen des Fürther Stadtbaurats Friedrich Friedreich begonnen, der 1868 fertiggestellt wurde: ein dreigeschossiger neoklassizistischer Sandsteinbau, der ebenfalls eine Synagoge enthielt. Seit dem Neubau nahm man Jungen aus ganz Bayern auf und ab 1884/85 auch Mädchen, für die nördlich ein weiterer Trakt angebaut wurde.[10]

BÄDER

Die neuen Erkenntnisse in Medizin und Hygiene manifestierten sich auch in der Projektierung mehrerer Bäder. Für den 1883 von Ludwig II. zum Bad erhobenen Kurort Kissingen wurde 1866 ein Wettbewerb für ein „Actien-Bad-Etablissement“ ausgeschrieben, an dem sich Arnold Zenetti beteiligte. Sein Entwurf „im romanischen Styl“ [4] erhielt jedoch laut einem Antwortschreiben vom Januar 1867 „den Beifall des Schiedsgerichts nicht in dem Grade […], wie er, seiner schönen Verhältnisse wegen, […] den der meisten Aktionäre hatte. Professor Geul’s Entwurf erhielt den Vorrang, weil er dem Programm in jeder Beziehung entsprach.“[11] Das bis 1871 fertiggestellte Kurbad – eines der größten Europas – war als eingeschossige, nach Norden

[5] Nürnberg, Projekt für ein Volksbad, prämierter Wettbewerbsentwurf, OTTO TAFEL, 1875

offene Dreiflügelanlage im Neorenaissancestil konzipiert; 1878–1880 wurde nördlich ein Kursaal, das heutige Luitpold-Casino, nach Plänen von Heinrich von Hügel angefügt.

Auch in Nürnberg schrieb man 1877 einen Wettbewerb für eine moderne Badeanstalt am Marientorgraben aus, die vor allem auch der „Reinlichkeit und Gesundheit […] der unteren Klassen" zugute kommen sollte.[12] Neben erschwinglichen, komfortablen Wannenbädern sah das Bauprogramm ein ganzjährig nutzbares Schwimmbassin vor – eine Vorstellung hiervon vermittelt die Perspektive aus dem Projekt von Otto Tafel, das den zweiten Preis erhielt [5]. Das ambitionierte Nürnberger Volksbadprojekt scheiterte jedoch am hohen finanziellen und technischen Aufwand.

KB

1 Vgl. Rumschöttel 2011a, 45–48. – Rumschöttel 2011b, 122–124. Zudem wurden nach der Reichsgründung 1871 und der von Ludwig unterstützten Reichssozialgesetzgebung Bismarcks aus den 1880er-Jahren 1883 die Krankenversicherung und 1884 die Unfallversicherung in Bayern eingeführt. Vgl. ebd.

2 Das Garnisonslazarett wird in der vorliegenden Publikation bei den Militärbauten, 274–277, behandelt. Siehe zudem: BayHStA, KA, MKr 9029. – Lankes 1993, 597–600.

3 Vgl. Murken 1974, 160 ff. – Knauß 1983, 123–128, 220–221.

4 Vgl. Architekturmuseum der TUM, oa-149-1. Siehe zudem: Zenetti 1869. – Murken 1974, 164. – Knauß 1983, 221. – Lauter 1984, 39–50. – Knechtel/Knobling 2018, 282–283, 296–297. – Gradinger 2012^{2}, o. P.

5 Vgl. Zenetti 1883. – Murken 1974, 168. – Stehr 1982, 18–26. – Locher 1996, 55–68. – Locher/Reinhardt/Schweinitz 2008, 1.

6 Vgl. Buchmüller 2014, bes. 4–5, 32–47, 66–82.

7 Vgl. Pettenkofer 1873, bes. 18, 32, 37, 44. – Baureferat Tiefbau 1969, bes. 11–21. – Locher 2008, 56–67. – Meyer 2016, bes. 6–7; https://edoc.ub.uni-muenchen.de/19077/1/Meyer_Nadine.pdf (Abruf: 25.5.2018).

8 Vgl. zum Beispiel Pettenkofer 1873, 35.

9 Vgl. Baumann 1999, 18–25.

10 Vgl. Paulus 2008. – Blume 2010.

11 Schreiben an Arnold Zenetti vom Januar 1867. Siehe dazu und zu den eingereichten Plänen Zenettis: Münchner Stadtmuseum, Graphische Sammlung, G-VIII-12-48.

12 Zit. nach Bauernfeind 2011, 58.

KRANKENHÄUSER

- Deggendorf, ehem. „Kreisirrenanstalt für Niederbayern“ (heute Klinik Angermühle), Leonhard Schmidtner, 1863–1869
- München, Krankenhaus rechts der Isar (Erweiterung), Arnold Zenetti, 1868–1870
- München, Hauner'sches Kinderspital, August Hartmann und Arnold Zenetti, 1875–1879
- München, ehem. Institut für Hygiene, 1879

BAUTEN DER SOZIALFÜRSORGE

- Fürth, ehem. israelitische Waisenanstalt (heute Synagoge der IKG), Friedrich Friedreich, 1866–1868
- München, ehem. Waisen- und Findelhaus (Erweiterung und Adaptierung), Arnold Zenetti, 1869

BAUTEN FÜR WASSERVERSORGUNG UND KANALISATION

- Augsburg, Wasserwerk am Hochablass, 1878/79
- Deisenhofen, Verteilungsschacht des Hochbehälters, 1881–1883
- München, Kanalisationssystem, Arnold Zenetti und James Gordon, 1875–1885
- Speyer, Wasserturm, Adolf Friedrich Lindemann, 1883

BÄDER

- Bad Kissingen, Luitpoldbad („Actien-Bad-Etablissement“), Albert Geul, 1867–1871
- Nürnberg, Wettbewerb für ein Volksbad, 1875

Augsburg, Wasserwerk am Hochablass,
KARL ALBERT GOLLWITZER, 1878/79

Bad Kissingen, Luitpoldbad (ehem. „Actien-Bad-Etablissement"), ALBERT GEUL, 1867–1871

LUITPOLDBAD

Bad Kissingen,
Luitpoldbad
(ehem. „Actien-
Bad-Etablissement“),
ALBERT GEUL,
1867–1871

Bad Kissingen,
Luitpoldbad
(ehem. „Actien-
Bad-Etablissement“),
Treppenhaus,
ALBERT GEUL,
1867–1871

V.
Bildung und Erziehung

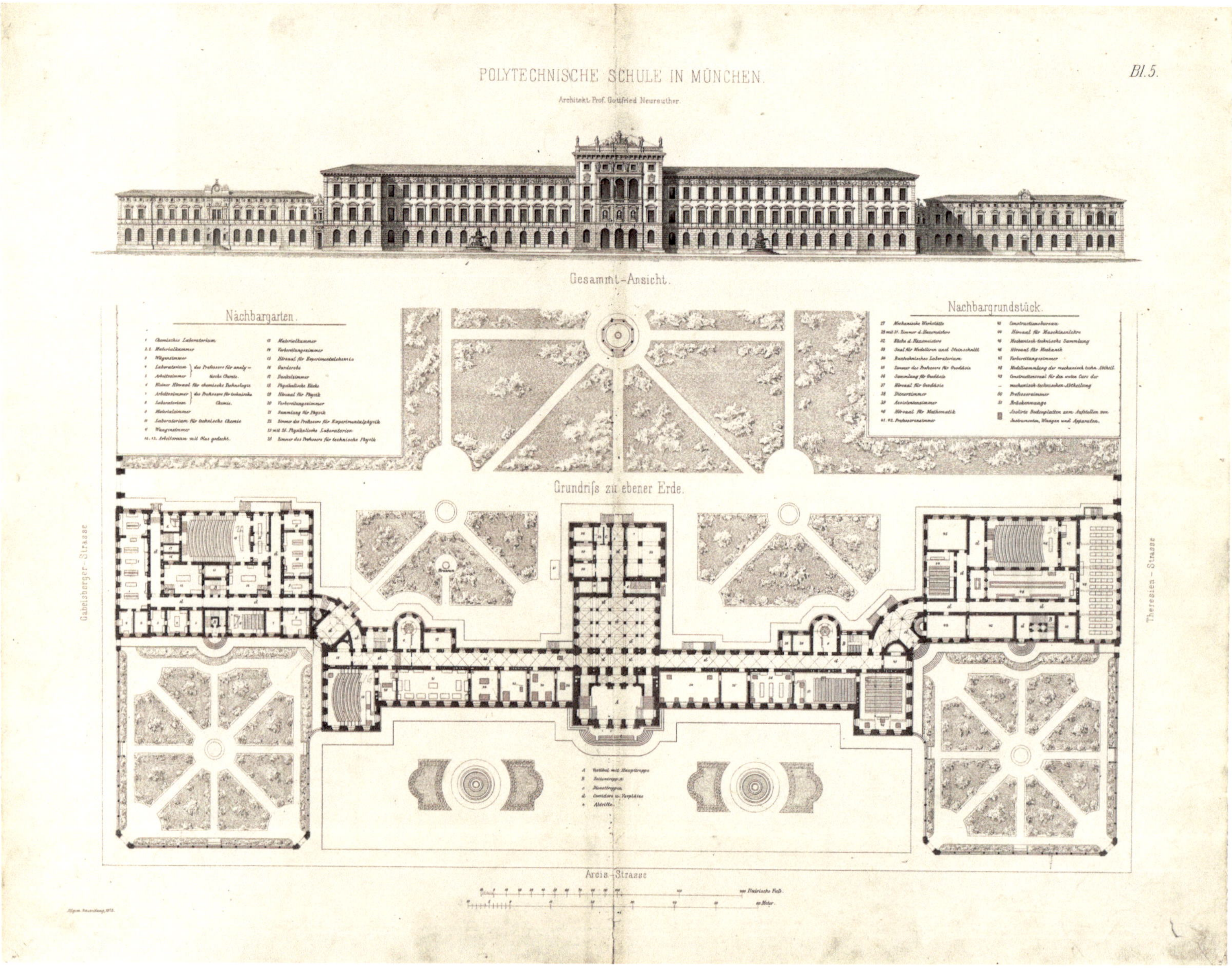

[1] München, Polytechnische Schule (Ansicht und Grundriss), GOTTFRIED VON NEUREUTHER, um 1872

Bereits in seinem ersten Regentschaftsjahr erließ Ludwig II. eine königliche Verordnung zur Reform des Schulwesens, die insbesondere auf eine Verbesserung der Ausbildung im naturwissenschaftlich-technischen Bereich und eine Förderung moderner Wissenschaftszweige abzielte und damit die Industrialisierung im Königreich Bayern befördern sollte.[1] Die daraufhin eingerichteten Realgymnasien und die 1868 als „Gipfelpunkt des technischen Unterrichts" eröffnete Neue Polytechnische Schule in München [1–2] können als zeitgemäße Ergänzung der traditionellen humanistischen Gymnasien und Universitäten angesehen werden.[2] Zugleich knüpfte man damit an eine europaweite Entwicklung an: Als Vorbild für das Münchner Polytechnikum gelten vor allem die noch im 18. Jahrhundert gegründete École polytechnique in Paris sowie die polytechnischen Schulen in Wien (1815), Karlsruhe (1832),

Stuttgart (1840) und Zürich (1854). Erste Ansätze zur Gründung einer polytechnischen Schule in Bayern gab es bereits unter Ludwig I. und Maximilian II.[3] Vorprojekte für den Bau eines Polytechnikums – vorgelegt von den Architekten Boullenois (1848), Friedrich Bürklein (1857) und August Voit d. J. (1861) – deuten jedoch lediglich auf ein loses Interesse hin und blieben unausgeführt.[4] Erst unter Ludwig II. kam es 1868 mit der Neuen Polytechnischen Schule in München (ab 1877 Technische Hochschule, seit 1970 Technische Universität München) zur institutionellen Verankerung. Der in diesem Zusammenhang zwischen 1864 und 1868 errichtete, nur noch fragmentarisch erhaltene Repräsentationsbau – eine lang gestreckte, durch Risalite rhythmisierte Flügelanlage mit zurückspringenden Nebengebäuden – verweist auf die große Bedeutung, die man der neuen Ausbildungsstätte beimaß.[5]

Schon die Wahl des Architekten markiert einen Bruch mit dem von Maximilian II. propagierten Maximilianstil. Mit Gottfried von Neureuther, Professor für Civilbaukunde und Baurat der Obersten Baubehörde, erhielt nun ein dezidierter Vertreter der Neorenaissance den Auftrag zur Planung dieses erstrangigen Bauvorhabens.[6] Seiner 1866 vorgelegten Fassadengestaltung – nicht aber dem Grundriss, der Stilwahl oder dem Baubeginn – versagte Ludwig II. zunächst die Zustimmung, mit der Begründung, die „entworfene Fassade finde ich reicher als es nur angemessen erscheint. Baurath Neureuther soll deshalb eine weniger gezierte Fassade [...] entwerfen".[7] Die Ausführung des Baus, mit dem die Neorenaissance in München Einzug fand, erfolgte nach einer Tektur der Pläne mit reduziertem Bauschmuck. Das komplexe, nicht vollständig realisierte Bildprogramm beruhte auf einer allegorischen Kombination von Technik, Wissenschaft und Kunst und korrespondierte auch mit der gegenüberliegenden Alten Pinakothek.[8]

Ludwig II. ließ noch einen weiteren repräsentativen Hochschulbau mit überregionaler Strahlkraft in München errichten: In den Jahren 1874–1886 entstand ebenfalls nach Plänen Gottfried von Neureuthers der Neubau für die Königlich-Bayrische Akademie der bildenden Künste. Die U-förmige Dreiflügelanlage mit

[2] München, Polytechnische Schule (Fassadenausschnitt), GOTTFRIED VON NEUREUTHER, 1864–1868

vorspringendem Mittelpavillon wurde schon damals als „der bedeutendste Monumentalbau des modernen Münchens“ gewürdigt [3].[9] Die bereits 1808 gegründete Kunstakademie trug maßgeblich zum Renommee Münchens bei, das im letzten Drittel des 19. Jahrhunderts neben Paris als bedeutendste Kunststadt Europas galt.[10] Trotzdem blieben die ersten Projekte für ein eigenes Akademiegebäude erfolglos;[11] und auch als die Planungen unter Ludwig II. 1873 wieder aufgegriffen wurden, drohten sie zunächst am Disput über einen geeigneten Bauplatz zu scheitern. Ludwig II. bestimmte schließlich 1874 per Signat – unter der Voraussetzung der Entwurfsübernahme durch Neureuther – den Bau der Akademie westlich vom Siegestor, wobei hier die städtebauliche Gesamtkonzeption eine bedeutende Rolle spielte.[12]

Die Baugeschichte zeigt deutlich die veränderte Machtkonstellation zwischen Monarch, Regierung und Bürgertum: Infolge einer Überschreitung der Baukosten bewirkte der Landtag 1880 eine Einstellung der Bauarbeiten – gegen den Beschluss des Königs, der bereits die Fortsetzung genehmigt hatte; erst eine Bürgerpetition mit der Warnung, dass „zum Schaden der Stadt sowie des Landes die Kunst aus München und Bayern sich fortzieht“, konnte die Fertigstellung des Akademiegebäudes bis zum Winter 1885 durchsetzen.[13]

Zeitgenössische Kritiker bewerteten die unter Ludwig II. errichteten Hochschulbauten Neureuthers als „vitalisierend“, da mit den „Verirrungen des Maximilians-Stils“ brechend, und hoben insbesondere das gelungene Zusammenspiel von architektonischer Bau-

[3] München, Akademie der Bildenden Künste,
GOTTFRIED VON NEUREUTHER
(Photochrom: PHOTOGLOB ZÜRICH, um 1890)

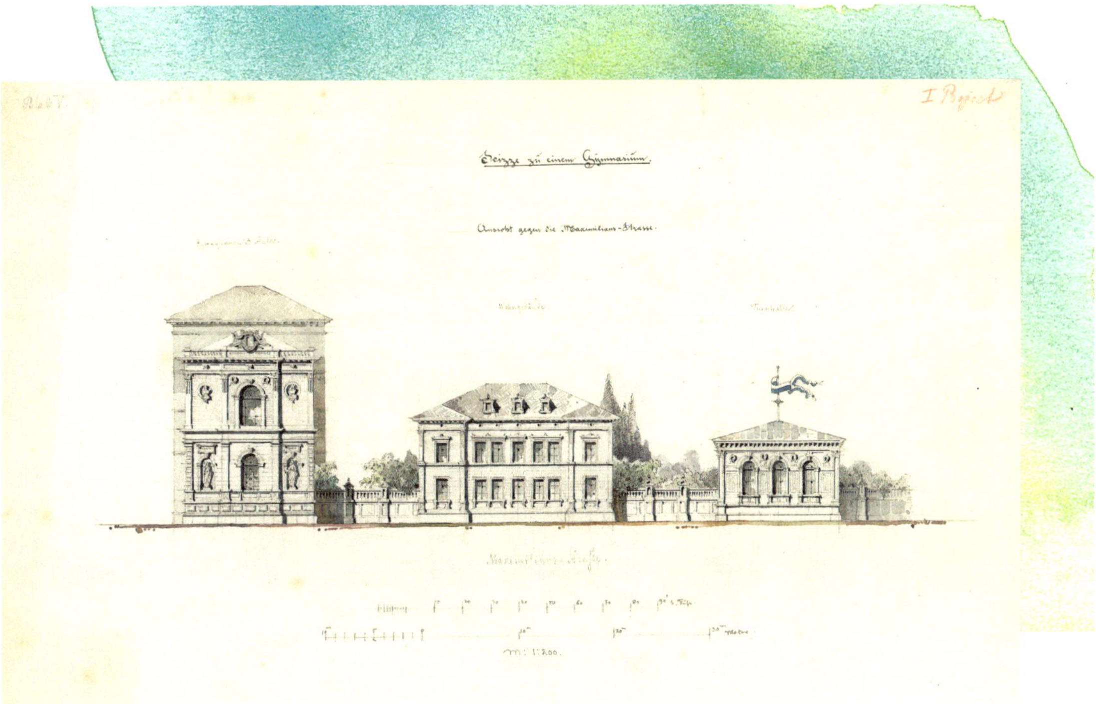

[4] München, Wilhelmsgymnasium (Vorentwurf, Ansicht von der Maximilianstraße), KARL VON LEIMBACH, 1873

form und künstlerischer wie technischer Erziehung hervor.[14] Eine solche Verknüpfung weist auch der 1876/77 nach Plänen Karl von Leimbachs realisierte Neubau des Wilhelmsgymnasiums in München auf [4]. Auch diesen Bau hatte Ludwig II. gefördert, indem er dem traditionsreichen humanistischen Gymnasium den Bauplatz an der Maximilianstraße – ebenfalls in herausragender Lage – als Geschenk zur Verfügung stellte.[15] Der dreigeschossige, von Eckpavillons flankierte Neorenaissancebau über L-förmigem Grundriss liegt gegenüber dem 1875 enthüllten Max-II-Denkmal, einem der städtebaulich bedeutendsten Denkmäler dieser Epoche, und in unmittelbarer Nähe zum Maximilianeum. Diese Stiftung für begabte Studenten wurde zwar unter Max II. konzipiert, erhielt aber erst 1876 durch Ludwig II. ihre juristische Form.[16]

Diese Beispiele zeigen, dass Ludwig II. vor allem durch die Vergabe von Baugrundstücken sowie die Begutachtung der Entwurfspläne in letzter Instanz die Ausführung beeinflusste. Insbesondere die städtebauliche Achsenbildung sowie die gleichzeitige Einpassung der Neubauten in das bestehende Stadtbild waren hierbei von Bedeutung. Zu den zahlreichen Schulbauten dieser Epoche, die sich in ähnlicher Weise einordnen lassen, gehören etwa die Augsburger Mädchenschule am Stadtpflegeranger von Ludwig Leybold (1872/73), das Erzbischöfliche Knabenseminar von Matthias Berger in Freising (1868–1870), die Israelitische Bürgerschule in Fürth (1866–1869), das königliche Gymnasium in Kaiserslautern (1876–1879) oder die Volksschule am Sendlinger-Tor-Platz in München von August von Voit d. J. (1876/77).

Eine neue Entwicklung stellten die mit der Schulordnung von 1864 gegründeten Realgymnasien – etwa in München, Nürnberg, Regensburg, Schweinfurt und Würzburg – dar. Augsburg und Speyer waren unter den wenigen Städten, die eigens hierfür errichtete Bauten erhielten [5].[17] Die als Vorbereitung auf die Polytechnische Schule konzipierten Realgymnasien mit ihrer naturwissenschaftlich-technischen Ausrichtung können als Antwort auf den technisch-industriellen Wandel und den dadurch veränderten Bildungsanspruch angesehen werden. Dieser wurde von Ludwig II. sowohl durch die Schulordnung von 1864 als auch durch die Gründung des Münchner Polytechnikums und der Realgymnasien aktiv mitgestaltet. Zugleich trug er durch die Förderung neuhumanistischer und künstlerisch ausgerichteter Institutionen – wie sie in den Neubauten der Kunstakademie oder des Wilhelmsgymnasiums zum Ausdruck kommt – für einen Ausgleich Sorge.

KS

[5] Speyer, Realgymnasium am Siebertplatz, MAX SIEBERT, 1865–1868 (Foto: CONRAD HACKENJOST zugeschrieben, um 1867)

1 Vgl. Neue Schul-Ordnung 1864. Siehe zum historischen Kontext Osterhammel 2009.
2 Neue Schul-Ordnung 1864, 63.
3 1823 konstituierte sich die Städtische Polytechnische Schule in Nürnberg als Erste ihrer Art in Bayern. In München wurde 1827 die Polytechnische Centralschule gegründet, die jedoch 1833 wieder aufgelöst und als Technische Hochschule der Münchner Universität angegliedert wurde. Siehe Nerdinger 1978, 63–68. – Hufnagl 1979, 169–175.
4 Vgl. Nerdinger 1978, 66f.
5 Zur Gründungs- und Baugeschichte der Neuen Polytechnischen Schule München siehe: Neureuther 1870. – Neureuther 1872. – Nerdinger 1978, 63–93. – Hufnagl 1979, 169–204.
6 Neureuther war bereits 1864 als Gutachter für die Grundstückswahl herangezogen worden. Er lehnte die zunächst anvisierte Nutzung der Frauengebäranstalt (heute Isar-Klinikum) an der Sonnenstraße ab und plädierte für einen Neubau auf dem später gewählten Grundstück zwischen Arcis-, Gabelsberger- und Theresienstraße, u. a. mit den Begründungen, dass „diese Lage, […] eine nach allen Seiten freie Stellung des Baus erlaubte […], dass er nicht weit von der Universität und der kgl. Hof- und Staatsbibliothek entfernt ist, [und] alle bedeutenderen öffentlichen Kunstsammlungen in seiner nächsten Nähe liegen." Bericht Polytechnische Schule 1869, 31 (I).
7 Ludwig II, 26. April 1866. BayHStA, Abt. I, MK 19602, 26. April 1866; zit. nach Hufnagl 1979, 180.
8 Vgl. Neureuther 1872, 25–27. – Hufnagl 1979, 194–198. Siehe hierzu auch den Beitrag von Dietrich Erben in der vorliegenden Publikation, 144–157.
9 Fritsch 1883, 29 (Zitat). Zur Baugeschichte siehe: Nerdinger/Hufnagl 1978, 119–138. – Hufnagl 1979, 205–250.
10 Vgl. Büttner 2006.
11 Siehe dazu Nerdinger/Hufnagl 1978, 120.
12 Vgl. Nerdinger/Hufnagl 1978, 122. – Hufnagl 1979, 233.
13 Vgl. Nerdinger/Hufnagl 1978, 125–126.
14 Fritsch 1883, 29.
15 Vgl. Bauer 1877, 24. – Karnapp 2010, 111–113. Zur Baugeschichte des Wilhelmsgymnasiums: Häfner 1959, 96–109. – Karnapp 2010, 109–124.
16 Vgl. Nerdinger 1997, 297–298.
17 Zum Königlichen Realgymnasium in Augsburg, das 1876–1879 wahrscheinlich nach Plänen Wilhelm von Hagens an der Blauen Kappe erbaut und nur fragmentarisch erhalten ist, siehe: Arnold 1979, 131–132. Zum nicht erhaltenen, 1865–1868 am Siebertplatz errichteten Realgymnasium in Speyer, in dem zudem eine höhere Töchterschule, eine Gewerbe- und Handelsschule sowie ab 1869 das Historische Museum der Pfalz untergebracht waren, siehe: Ansprache Realgymnasium 1866. – Engels/Engels/Hopstock 1985, 88–120. – Ruppert 2017, 170–177.

HOCHSCHULBAUTEN

— München, Neue Polytechnische Schule, Gottfried von Neureuther, 1864–1868

— München, Königlich Bayerische Akademie der Bildenden Künste, Gottfried von Neureuther, 1874–1886

SCHULBAUTEN

— Augsburg, Mädchenschule am Stadtpflegeranger, Ludwig Leybold, 1872/73

— Freising, ehem. Erzbischöfliches Knabenseminar (heute Diözesanmuseum), Matthias Berger, 1868–1870

— Fürth, ehem. Israelitische Bürgerschule (heute Israelitische Kultusgemeinde), 1866–1869

— Kaiserslautern, Königliches Gymnasium (heute Albert-Schweitzer-Gymnasium), 1876–1879

— München, Volksschule am Sendlinger-Tor-Platz, August von Voit d. J., 1876/77

— München, Wilhelmsgymnasium, Karl von Leimbach, Max Häusler und Carl August Wintergerst, 1873–1877

— Speyer, Realgymnasium am Siebertplatz, Max Siebert, 1865–1868

München, Akademie der Bildenden Künste,
GOTTFRIED VON NEUREUTHER, 1874–1886

VI.
Wohnbau

[1] München, ehem. Palais Schack in der Brienner Straße 19, HEINRICH HÜGEL und LORENZ GEDON, 1865 und 1872–1875 (Foto: ANONYM, um 1900)

[3] München, Mietshaus in der Adalbertstraße 53, JOHANN WIDMANN, 1882/83 (Foto: ANONYM, 1910)

Der Großteil des unter Ludwig II. erbrachten Bauvolumens umfasst den Wohnbau. Er tritt in sehr unterschiedlichen Typologien auf und untergliedert sich grundsätzlich in die drei Kategorien „Palais, Villen und Wohnhäuser", „Mietshäuser" und „Arbeitersiedlungen". Hier manifestieren sich zwei bedeutsame Strömungen der damaligen Zeit: Auf der einen Seite schlug sich das Emporstreben des Bürgertums in repräsentativen Bauten nieder, deren reiche Ausstattungen mit der Wohnkultur des Adels in Konkurrenz traten. Andererseits hatten die mit der Industrialisierung einhergehende Landflucht und Wohnungsnot einen Anstieg von Mietshäusern in den Stadterweiterungsgebieten zur Folge. Die hier vorgestellten Beispiele sollen nicht vergessen lassen, dass breite Schichten der Bevölkerung in einfachsten Wohnverhältnissen lebten, wie etwa die zahlreichen Darstellungen des Malers Joseph Watter vom Leben auf dem Land in dieser Zeit vor Augen führen.[1]

PALAIS, VILLEN UND WOHNHÄUSER

Münchens Renommee als Kunststadt führte unter Ludwig II. zum Bau mehrerer Villen und Palais von Künstlern, Sammlern und Mäzenen. Ein bedeutendes Beispiel ist das nicht mehr erhaltene Palais des Kunstsammlers Adolf Friedrich von Schack, das sich in prominenter Lage westlich des Königsplatzes befand [1]. Schack hatte sich Mitte der 1850er-Jahre in der Brienner Straße 19 eine kleine Villa gekauft, in unmittelbarer Nachbarschaft zu dem Wohnhaus, das Ludwig II. 1864 Richard Wagner zur Verfügung stellte. 1869, nur wenige Jahre nachdem der Komponist die Residenzstadt auf öffentlichen Druck hin verlassen musste, erwarb Schack diese Villa zusammen mit einem weiteren Wohnhaus. Der damals noch junge Architekt Lorenz Gedon vereinigte die Bauten zu einem Palais. Der erste Privatbau Münchens im Stil der deutschen Spätrenaissance rief große Aufmerksamkeit hervor. Neuartig waren die asymmetrische Konzeption der Fassade und die plastisch hervortretenden Schmuckformen, die eine vom Bauherrn gewünschte „malerische Gesamtwirkung" ergaben.[2]

Zu den bedeutenden Münchner Künstlerhäusern dieser Zeit zählen das ehemalige Atelierwohnhaus, das sich der – auch für Ludwig II. in größerem Umfang tätige – Direktor der Hofbühne, Franz von Seitz, 1872/73 in der Liebigstraße errichtete; das Wohnhaus des Malers Franz von Defregger, das Georg von Hauberrisser 1881/82 in der Königinstraße erbaute; sowie das heute noch erhaltene „Grütznerschlößl", das Leonhard Romeis 1882/83 für den Genremaler Eduard von

[2] München, ehem. Wohnhaus Schwarzmann in der Kanalstraße, EMIL LANGE, um 1880

Grützner am Englischen Garten, in Nachbarschaft zum Maximilianeum, realisierte: Der unregelmäßige, verwinkelte Außenbau im Stil der deutschen Renaissance mit Erkern, Loggien und einem Turm diente als Gehäuse für die Sammlung des Künstlers, wobei die Größe der Wohn-, Atelier- und Gesellschaftsräume durch die hierfür vorgesehenen historischen Plafonds und Vertäfelungen vorgegeben wurde.[3]

Außerhalb Münchens entstand mit dem Haus Wahnfried, das sich Richard Wagner 1872–1874 in Bayreuth errichten ließ, ein Künstlerhaus anderer Prägung: Der zweigeschossige kubische Baukörper mit gelber Sandsteinverkleidung ist streng symmetrisch gegliedert. Die Fassade akzentuiert ein markanter Mittelrisalit mit ädikulagerahmtem Haupteingang und einem Sgrafitto von Robert Krausse mit dem Titel *Das Kunstwerk der Zukunft*, wodurch die an Palladio orientierte Architektur mit einer als „deutsch" verstandenen Grisaillemalerei zu einem hybriden Stil vereinigt wurde.[4]

Aus der Zeit Ludwigs II. datieren auch mehrere Industriellenvillen: Für den Lederfabrikanten Franz Xaver Schwarzmann führte Emil Lange um 1880 ein Wohnhaus in der Münchner Kanalstraße aus, das ebenfalls Anklänge an die deutsche Renaissance aufweist [2]. Auf dem Firmengelände der Bleistiftfabrik Faber in Stein entstand 1882–1885 die Villa für Wilhelm von Faber nach Plänen des Berliner Architekten Hermann Krengel – ein zweigeschossiger Neorenaissancebau, dessen Innenausstattung mit höchstem Anspruch realisiert wurde und bereits eine Warmwasserheizung sowie elektrisches Glühlicht vorsah. Ähnlichen Komfort besaß auch die Villa, die der Architekt Friedrich Geb in den Jahren 1883–1885 für den jüdischen Hopfenhändler Carl Dessauer in Bamberg erbaute.[5]

MIETSHÄUSER

Eine grundlegende Veränderung des Wohnens bewirkten die Urbanisierungsprozesse seit der Mitte des 19. Jahrhunderts. Die rapide Bevölkerungszunahme in deutschen Städten – auch in München verdoppelten sich nach den Volkszählungsergebnissen zwischen 1864 und 1890 die Einwohnerzahlen von rund 167 000 auf 340 000 – sowie das Aufkommen kapitalistischer Bodenspekulation in größerem Maßstab und die dadurch bedingte Steigerung der Bodenpreise hatten eine dichtere und höhere Bebauung zur Folge. Die damit einhergehende Entwicklung von Mietshäusern in sogenannter „geschlossener Bauweise" war eng mit einer neuen, professionalisierten Stadtplanung verbunden, die deutschlandweit um 1860 einsetzte. Dabei ging die Initiative nicht mehr von monarchischer Seite aus, sondern von privaten Investoren und einer zunehmend autonomen Stadtverwaltung. Durch Reihung von einheitlichen Wohnblöcken entstanden Stadtteile von nie dagewesener Homogenität. Charakteristisch für den neuen Bautypus Mietshaus ist die weitgehende Loslösung seiner inneren Konzeption von der Fassade, auf die sich die architektonische Gestaltung fokussiert. Zur gleichen Zeit erschienen zahlreiche Bildpublikationen, die den Entwerfern als Vorlage für die Fassadengestaltung zur Verfügung standen – darunter der Leitfaden von Albert Geul zum städtischen Wohn- und Mietshaus von 1868, der auch auf die Situation in München einging.[6]

In der Residenzstadt bestand der Bevölkerungszuwachs zumeist aus kleinen Familien der niederen und mittleren Beamtenschaft – demnach gab es hier vor allem einen Bedarf nach kleineren Wohneinheiten, was sich auch in den Grundrissdispositionen der Mietshäuser in den damals entstandenen Wohnquartieren am Gärtnerplatz und Ostbahnhof niederschlug. Die Fassaden waren eher schlicht gehalten, wobei bis um 1880 ein zurückhaltender Neorenaissancestil vorherrschte: In der Regel war das Erdgeschoss mit einer Rustika strukturiert und das flache, kaum wahrnehmbare Dach durch ein kräftiges Gesims abgeschlossen. Die drei- bis vierstöckige Fassade mit zumeist gleichmäßig verteilten Fenstern bot verschiedene Gestaltungs- und Dekorationsmöglichkeiten. Anfangs bestand der einzige Schmuck überwiegend aus einfachen Fensterrahmungen; seit den 1880er-Jahren setzte teilweise eine Belebung mit Erkern, Balkonen und Türmchen ein, die sowohl neobarock als auch spätgotisch „altdeutsch" ausformuliert sein konnten. Neben hell verputzten Fassaden finden sich auch unverputzte Ziegelbauten, die insbesondere Georg von Hauberrisser propagierte. Exemplarisch ist das Haylerhaus am Kosttor von 1880/81 mit reich gegliederter Backsteinfassade und eine nur partiell erhaltene Häuserreihe in der Adalbertstraße [3]. In Augsburg wurde der Typus des großstädtischen Mietshauses vor allem durch Karl Albert Gollwitzer weiterentwickelt, der hierzu 1882 eine Vorlagensammlung von Fassaden herausgab [4].[7]

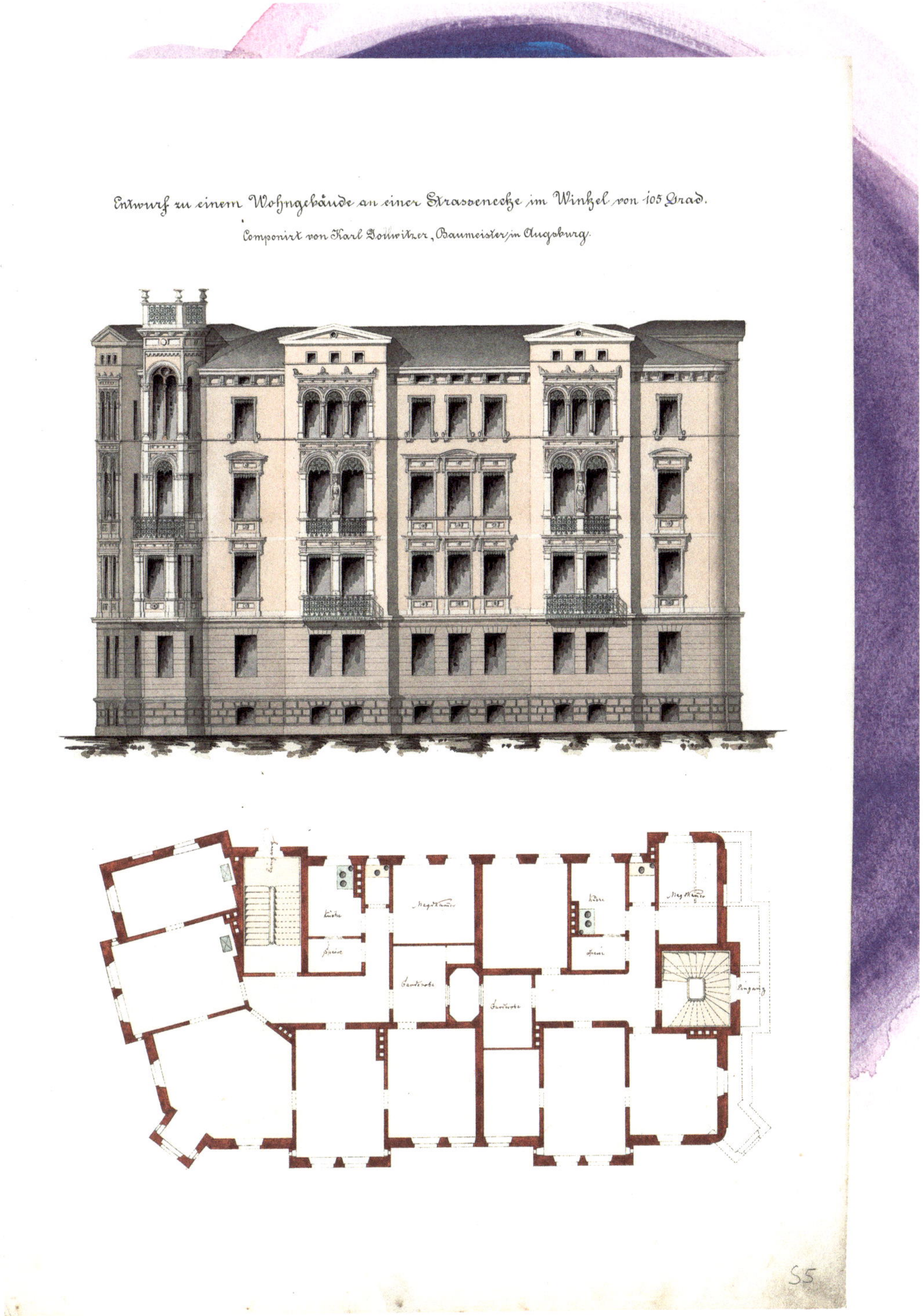

[4] Augsburg, Premauer-Häuser an der Ecke Holbein-/Schaezlerstraße 10 und 12, KARL ALBERT GOLLWITZER, 1870/71 (aus: Karl Albert Gollwitzer. *Grundrisse & Façaden von Wohnhäusern [...] für moderne Stadtanlagen*. Augsburg, 1882)

ARBEITERSIEDLUNGEN

Auch wenn in München in den Jahren 1872–1875 eine erste Arbeiter-Mustersiedlung für die Eisenbahner der Zentralwerkstätten in Neuhausen erbaut wurde, entstand der Großteil der Arbeitersiedlungen unter Ludwig II. in Zusammenhang mit größeren Fabrikkomplexen außerhalb der Residenzstadt. Exemplarisch sind die in den 1870er-Jahren in Zusammenhang mit dem Augsburger Textilviertel von Jean Keller entwickelten Arbeiterquartiere der Nähfadenfabrik Göggingen und der Kammgarn-Spinnerei

[5] Stein, Arbeiterwohnhaus der Bleistiftfabrik Faber in der Altenburger Straße, 1859 (Foto: ANONYM, um 1900)

sowie die von Paul Eugen Haueisen ab 1872 erbaute „Kolonie" der BASF in Ludwigshafen-Hemshof. Gemeinsam ist den Arbeiterquartieren in München, Augsburg und Ludwigshafen die strenge Reihung von standardisierten zweigeschossigen Doppelhäusern mit umliegendem Garten für zwei bis vier Familienwohnungen mit eigenem Hauseingang. Von diesem Schema weichen die etwa gleichzeitig erbauten Arbeiterwohnungen der Bleistiftfabrik Faber in Stein ab, bei denen – wie in der Altenburger Straße – eine große Anzahl an Wohneinheiten in einem Gebäude untergebracht war [5].[8]

KB

1 Siehe hierzu: Joseph Watter, Reisezeichnungen und Bauaufnahmen, 1864–1910, Architekturmuseum der TUM (AM, wat-1 bis wat-4).
2 Vgl. Pophanken 1993, bes. 119–120, 127–129. – Gedon 1994, 49–54.
3 Vgl. Hoh-Slodczyk 1985, 47–58.
4 Vgl. Habel 1985, bes. 489–615. – Schuth 2016, bes. 147–151.
5 Siehe hierzu die Pläne im Architekturmuseum der TUM (lange_l-11) sowie im Architekturmuseum der TU Berlin (Inv.-Nr. 7688–7698).
6 Vgl. Geul 1868–1874; zu München siehe Bd. 1, 65–67. Siehe zudem Merten 1974. – Breuer 1982. – Muthesius 2015.
7 Vgl. Burgner 2004, bes. 78–93.
8 Vgl. Horn/Karl 1989, 115, 147. Mein Dank gilt Edith Luther, Archiv und Sammlungen Faber-Castell, und Dr. Isabella Blank, BASF Corporate History, für die freundliche Zurverfügungstellung von Materialien zu den Arbeiterhäusern in Stein und Ludwigshafen.

PALAIS, VILLEN UND WOHNHÄUSER

— Bamberg, Villa Dessauer, Friedrich Geb, 1883–1885

— Bayreuth, Villa Wahnfried, Wilhelm Neumann und Carl Wölfel, 1872–1874

— München, ehem. Palais Schack, Heinrich Hügel und Lorenz Gedon, 1862 und 1872–1875

— München, ehem. Wohnhaus Seitz, Franz von Seitz, 1872/73

— München, ehem. Wohnhaus Schwarzmann, Emil Lange, um 1880

— München, ehem. Wohnhaus Defregger, Georg von Hauberrisser, 1881/82

— München, Wohnhaus Grützner, Leonhard Romeis, 1882/83

— Stein, Villa Wilhelm Faber, Hermann Krengel, 1882–1885

MIETSHÄUSER

— Augsburg, Mietshäuser (Holbein- und Volkhartstraße), Karl Albert Gollwitzer, 1870/71 und 1885

— München, Mietshaus (Buttermelcher-/Reichenbachstraße), 1863

— München, Mietshaus (Heßstraße), Jacob Freundorfer, 1879

— München, Haylerhaus (Am Kosttor), Georg von Hauberrisser, 1880/81

— München, Mietshaus (Adalbertstraße), Johann Widmann, 1882/83

— München, Mietshaus (Amalienstraße), Josef Baudrexl, 1885/86

ARBEITERSIEDLUNGEN

— Augsburg, ehem. Werkssiedlung der ZNFG, 1873–1877

— Augsburg, ehem. Werkssiedlung der AKS, Jean Keller, 1873–1881

— Stein, Arbeiterwohnungen der Firma Faber (Altenburger Straße), 1859–1881

HIER WO MEIN WAHNEN FRIEDEN FAND
WAHNFRIED

Bayreuth, Haus Wahnfried (heute Richard-Wagner-Museum), WILHELM NEUMANN und CARL WÖLFEL, 1872–1874

Bamberg, Villa Dessauer, FRIEDRICH GEB, 1883–1885

Bamberg, Villa Dessauer, Salon, FRIEDRICH GEB, 1883–1885

VII.
Kultur und Unterhaltung

[1] München, Projekt für ein Richard-Wagner-Festspielhaus, Schnitt durch den Konzertsaal, GOTTFRIED SEMPER, 1867

RICHARD-WAGNER-FESTSPIELHAUS IN MÜNCHEN UND DARAUS RESULTIERENDE PROJEKTE

Die Leidenschaft Ludwigs II. für die Oper ist bekannt: 1864, als er noch kaum im Amt war, berief er Richard Wagner nach München und beauftragte Gottfried Semper mit dem Bau eines Festspielhauses [1]. Der innovative Entwurf hierzu gilt als wichtigster Beitrag zum Theaterbau in Bayern unter Ludwig II. Obwohl er nicht realisiert wurde, zeigt sich seine Wirkung an mehreren Folgeprojekten, wie etwa dem Festspielhaus in Bayreuth oder dem Prinzregententheater in München. Ludwig II. wusste um die lange Bauzeit eines großen Theaters. Daher wurde Semper 1865 mit einem (ebenfalls unverwirklichten) ephemeren Theatereinbau in den Glaspalast im Alten Botanischen Garten beauftragt, um Wagners Reformideen rasch erproben zu können.[1] Erfahrungen dazu hatte Semper 1854 mit dem in London-Sydenham wiederaufgebauten Crystal Palace gewonnen. In die Mitteltonne der Halle der ersten Weltausstellung von 1851 baute er ein antikisierendes Theater ein.

Das Münchner Festspielhaus wäre wie das Maximilianeum auf dem östlichen Isarhochufer als Point de Vue über der Stadt gelegen. Doch anders als die konkave Front des Maximilianeums sollte es der Stadt seine konvexe Fassade mit zweigeschossiger Arkade zuwenden. Dieser nach außen gerichtete Halbkreis spiegelte den von Amphitheatern abgeleiteten Zuschauerraum an der Außenseite wider. Der Bau im Stil der Hochrenaissance hätte durch zweigeschossige Treppenflügel in die Parklandschaft ausgegriffen. Die Innenraumgestaltung sah eine erstmalige Umsetzung der von Wagner entwickelten Ideen zu einer Reform des Theaterbaus vor. So sollten etwa – zur Steigerung der Illusion und zur Fokussierung auf das Bühnengeschehen – der als Guckkasten gestaltete Bühnenraum von den Zuschauern durch ein doppeltes Proszenium und eine verengte Bühnenöffnung abgerückt, der Orchestergraben versteckt und der Zuschauerraum verdunkelt werden.[2]

Zwischen 1872 und 1875 erbaute Otto Brückwald das Festspielhaus für Wagner in Bayreuth, finanziert durch die Stadt, Spenden und eine Förderung Ludwigs II. Sempers Ideal des festlichen Theaterbaus widersprechend, ist es seiner steinernen, monumentalen Hülle entkleidet, die erst später realisiert werden sollte. Doch im Inneren nimmt es mit dem antikisierenden Auditorium, dem unsichtbaren Orchester und dem engen Bühnenportal Sempers Pläne für München auf. Seine Decke ist ebenfalls in Anlehnung an antike Freilichttheater wie ein Sonnensegel gestaltet. Ohne Befestigungsmöglichkeit für einen Kronleuchter kam die Beleuchtung von den seitlichen, ebenfalls den Raum optisch in die Tiefe verlängernden Scherwänden.[3] Aus der Festspielhausdebatte unter Ludwig II. ging nach seinem Tod das 1900/01 nach Plänen von Max Littmann im Münchner Jugendstil errichtete

[2] Augsburg, Stadttheater, FERDINAND FELLNER und HERMANN HELMER, 1876/77 (Foto: CARL JOCHNER, 1877)

Prinzregententheater hervor, das der Intendant der Staatsoper Ernst von Possart durch eine private Spendensammlung finanzierte. Sowohl sein Standort auf der östlichen Isarhöhe und seine Anbindung an die Stadt durch eine Prachtstraße als auch seine architektonische Konzeption – insbesondere der amphitheatrale Zuschauerraum und die konvex vortretende Front – nehmen auf Sempers Festspielhausplanungen Bezug.[4]

THEATERBAUTEN IN MÜNCHEN UND AUGSBURG

In Ludwigs Königszeit wurden in Bayern drei weitere bedeutende Theater errichtet: das „Königliche Volkstheater" am Gärtnerplatz von Franz Michael Reiffenstuel d. Ä. (1864/65), das Stadttheater (Großes Haus) in Augsburg von Ferdinand Fellner und Hermann Gottlieb Helmer (1876/77) und das Kurhaustheater von Jean Keller in Augsburg-Göggingen (1885/86).

Reiffenstuels Volkstheater war noch vor Sempers Festspielhausplanungen entstanden. Ludwig II. genehmigte den Bau 1864 und erwarb das Theater nach einem Bankrott im Jahr 1870.[5] Mit seiner trapezförmigen Grundfläche und seinem konkav gebogenen Eingangsbau reagiert es auf den kreisrunden Gärtnerplatz. Der schmale Bau fächert sich optisch in die Breite auf. Seine klassizistische Erscheinung wird durch die flache Fassade, die Rundbogenarkaden, den kräftigen Konsolfries, eine Standfigur und Akroterien unterstrichen. Der Entwurf eines Volkstheaters an der Maxburg von Ludwig und Emil Lange, ebenfalls aus dem Jahr 1864, zeigt dagegen einen klassizistischen Zentralbau, der raumgreifend das freie Grundstück zwischen Maxburg und Hotel Leinfelder besetzt, an dem später das Künstlerhaus entstehen sollte.[6]

Augsburgs Stadttheater wurde von dem Wiener Büro Fellner & Helmer 1876/77 erbaut, das europaweit für rund 150 Theater verantwortlich zeichnete [2].[7] Es haben sich auch Entwürfe der Architekten Johann Michael Voit und Ludwig Leybold erhalten: Während Voit einen klassizistischen Bau vergleichbar dem Münchner Nationaltheater plante, sah Leybold einen Zentralbau im Neorenaissancestil nach dem Vorbild von Sempers erstem Dresdner Hoftheater vor.[8] Auch Fellner & Helmer präsentierten einen Bau im Stil der Neorenaissance, der wie bei Sempers Festspielhausprojekt den Zuschauer- vom Bühnenraum trennt. Dem schmalen Grundstück in der Verbreiterung der Fuggerstraße geschuldet, entwickelt sich das Theater in die Tiefe, doch prägt es durch seine fünfachsige Fassade mit zweigeschossiger Rundbogenloggia und rustiziertem Erdgeschoss den Stadtraum.

Das nach Plänen von Jean Keller in Göggingen erbaute historistische Parktheater war Teil des Hessing'schen Kurbetriebs und diente auch als Ball- und Kursaal. Der in einem Park gelegene Rundbau mit rustiziertem Erdgeschoss und dreiteiliger Loggia wurde unter Verwendung vorgefertigter Elemente errichtet, wie etwa der Hochrenaissanceornamente am Außenbau oder der im Inneren eingestellten gusseisernen Säulen. Durch die großflächig durchfensterten Wände und die großen Lichtgauben wird seine Nutzbarkeit zur Tages- wie zur Nachtzeit sichtbar.[9]

[3] Kaiserslautern, Pfälzisches Gewerbemuseum,
KARL SPATZ, 1875–1880

[4] München, Vorprojekt für das Künstlerhaus (Standort Maximiliansplatz), MATTHIAS BERGER, 1882

MUSEUMS- UND AUSSTELLUNGSBAUTEN

Unter Ludwig II. wurden in München das Kunstvereinsgebäude von Eduard von Riedel und in Kaiserslautern das Pfälzische Gewerbemuseum von Karl Spatz errichtet. Der Bau des Münchner Künstlerhauses wurde in die Wege geleitet. Das Projekt für ein „Gyps-Museum" für Abgüsse von Skulpturen am Königsplatz von Max von Heckel aus dem Jahr 1883 blieb hingegen unverwirklicht.

Das Gewerbemuseum in Kaiserslautern, 1875–1880 durch Karl Spatz errichtet, vereinte Mustersammlung, Fachbibliothek und Ausbildungswerkstätte [3]. Als monumentaler Neorenaissancebau mit 19 Fensterachsen, rustiziertem Erdgeschoss und gekuppelten Säulen an der Obergeschossarkade konnte es sich mit großen Museumsbauten in der benachbarten Residenzstadt Karlsruhe messen. Das nicht erhaltene Ausstellungsgebäude des Münchner Kunstvereins war ein dreigeschossiger Putzbau mit neun Achsen am Hofgarten. Den Bau des Münchner Künstlerhauses am Lenbachplatz unterstützte König Ludwig II. unter anderem durch die gezielte Bereitstellung eines Grundstücks, nachdem die Vereinigung über Jahre vergeblich einen geeigneten Bauplatz gesucht hatte. Seinen hohen Stellenwert erkennt man auch daran, dass Architekten wie Matthias Berger, August Thiersch, August von Voit und Gabriel von Seidl um seine Ausführung konkurrierten. Unter den für verschiedene Standorte vorgesehenen Projekten findet sich auch der an ein barockes Lustschlösschen erinnernde Entwurf Bergers für den Maximiliansplatz [4]. Aber auch die architektonische Gestaltung des Künstlerhauses wurde im Wesentlichen noch unter Ludwig II. durch Gabriel Seidl festgelegt. Der 1896–1900 ausgeführte Komplex mit viergiebligem Zentralbau und Eckpavillons prägt noch heute die Silhouette der Stadt.[10]

VERGNÜGUNGSBAUTEN

Bedingt durch den zunehmenden Tourismus im Eisenbahnzeitalter entstanden in München Hotels, Cafés, Restaurants und die lokaltypischen Bierkeller. Bedeutende Beispiele sind das Hotel Belle-Vue am Karlsplatz von Lorenz Gedon und Johann von Schraudolph (1867), das Café Imperial (Pini-Haus) von Joseph von Schmaedel (1877), das Restaurant Deutsches Haus in der Sophienstraße (1879/80) von Gabriel von Seidl und Rudolf von Seitz sowie der Löwenbräukeller am Stiglmaierplatz von Albert Schmidt (1882/83). In ihrer baulichen Gestalt spiegelt sich der Münchner Späthistorismus, der sich an den Renaissancestil altbayerischer Städte anlehnt; so etwa beim Deutschen Haus

[5] München, Löwenbräukeller am Stiglmaierplatz,
ALBERT SCHMIDT, 1882/83 (Foto: CARL TEUFEL, 1889)

an dem mehrgeschossigen Eckerker mit Zwiebelhaube, dem Stufengiebel und der geschossübergreifenden Wandmalerei. Während das Restaurantgebäude in einem Baublock aufging, lagen die Bierkeller als abwechslungsreich gegliederte Komplexe frei in der Stadt. Das zeigt besonders schön der Löwenbräukeller mit seiner geschwungenen Treppenanlage mit Balustern, dem stadtbildprägenden Rundturm mit steilem Kegeldach und der Rundbogenarkade mit Obeliskenbekrönung [5].

RH

1 Vgl. hierzu und zum Folgenden: Laudel 2003, 133–137. – Habel 1985.

2 Vgl. Altmann u.a. 2003, 416.

3 Vgl. ebd., 420. – Habel 1988a. – Jung 2010, 92–95.

4 Vgl. Laiblin 2016, bes. 64–101.

5 Vgl. Cromme 2016, 19 ff.

6 Eine perspektivische Repräsentationszeichnung hierzu findet sich im Architekturmuseum der TU München: AM lange_l-3-1.

7 Vgl. Arnold 1979, 115. – Jung 2010, 113.

8 Insgesamt fünf Entwürfe mit Grundrissen, Aufrissen und Schnitten bewahrt das Architekturmuseum der TU München auf: AM voit_j-12-1. – StadtA Augsburg, Nachlass Leybold. Siehe hierzu auch Arnold 1979, 107–116.

9 Vgl. Schatz 1998. – Jung 2010, 104–107.

10 Vgl. Striedinger 1900, 6–15.

THEATERBAU

— Augsburg, Stadttheater, Fellner & Helmer, 1876/77

— Augsburg-Göggingen, Kurhaustheater, Jean Keller, 1885/86

— Bayreuth, Festspielhaus, Otto Brückwald, 1872–1875

— München, Projekt für ein Richard-Wagner-Festspielhaus, Gottfried Semper, 1864–1867

— München, Gärtnerplatztheater, Franz Michael Reiffenstuel d. Ä., 1864/65

MUSEUMS- UND AUSSTELLUNGSGEBÄUDE

— Kaiserslautern, Pfälzisches Gewerbemuseum (heute Museum Pfalzgalerie), Karl Spatz, 1875–1880

— München, ehem. Kunstvereinsgebäude, Eduard von Riedel, 1864–1866

— München, Künstlerhaus (Vorprojekte), Matthias Berger, Gabriel von Seidl, August Thiersch und August von Voit, ab 1872

— München, Bayerisches Kunstgewerbehaus, Lorenz Gedon, 1877

— München, Projekt für ein „Gyps-Museum“, Max von Heckel, 1883

VERGNÜGUNGSBAUTEN UND HOTELS

— München, ehem. Hotel Belle-Vue, Lorenz Gedon und Johann von Schraudolph, 1867

— München, Café Imperial (heute Pini-Haus), Joseph von Schmaedel, 1877

— München, Restaurant Deutsches Haus, Gabriel von Seidl und Rudolf von Seitz, 1879/80

— München, Löwenbräukeller am Stiglmaierplatz, Albert Schmidt, 1882/83

Theater
Theater

Augsburg, Stadttheater, FERDINAND FELLNER
und HERMANN HELMER, 1876/77

Bayreuth, Richard-Wagner-Festspielhaus,
OTTO BRÜCKWALD (nach Entwürfen
von GOTTFRIED SEMPER), 1872–1875

MITTELLOGEN

München, Reste der Hofgartenarkaden
vor dem ehem. Kunstvereinsgebäude

VIII.
Industrieausstellungen

[1] Paris, Exposition Universelle, Maurischer Kiosk (erworben von Ludwig II. für Linderhof), CARL VON DIEBITSCH, 1867 (Foto: PIERRE PETIT und BISSON JEUNE, 1867)

Unter der Ägide Ludwigs II. erfuhren die Industrie-, Gewerbe- und Kunstausstellungen in Bayern seit der Mitte der 1870er-Jahre eine erste Blüte. Diese Großereignisse, die unter dem Protektorat und mit finanzieller Förderung des Königs stattfanden, waren eindrucksvolle Inszenierungen der gewerblichen Leistungsfähigkeit und des industriellen Aufbruchs, der in Bayern um 1860 einsetzte. Als gezielte Maßnahmen des Staates und der berufsständischen Organisationen zur Förderung der gewerblichen und industriellen Entwicklung sollten diese Ausstellungen auch die zunehmende Internationalisierung des Handels begünstigen.[1] Vorbildgebend waren die Weltausstellungen, die Ludwig II. mit großem Interesse verfolgte. Begeistert berichtete er 1867 von seinem Besuch der Pariser Exposition Universelle an Cosima Wagner [1]: „Herrliches bietet die Ausstellung, das ist nicht zu läugnen, es grenzt an das Wunderbare, sehr rathe ich der theuren Freundin, sie nicht zu versäumen; ohne Ermüdung war ich 6–7 Stunden en suite in der Ausstellung, die ich sehr genau mir besah."[2] Das hier erstmals umgesetzte Konzept der Länderpavillons, durch das man „begehbare Bilder"[3] unterschiedlichster Länder fußläufig von einem Pavillon zum anderen besichtigen konnte, war nach jüngsten Forschungen auch prägend für die Konzeption der Königsschlösser.[4] Wie die Weltausstellungen, so sind die bayerischen Industrieausstellungen zudem beispielhaft für die divergierenden Strömungen der Jahrzehnte der Regentschaft Ludwigs II: Während sich die damals ausgeprägte Fortschrittsgläubigkeit in der Zurschaustellung der neuesten Techniken und Erfindungen manifestierte, kam die für diese Zeit ebenso charakteristische Rückbesinnung auf die Vergangenheit sowohl in den historistischen Stilformen als auch in den Inszenierungen von Architekturen und Räumen früherer Epochen zum Ausdruck.

KUNST- UND KUNSTINDUSTRIE-AUSSTELLUNG ALTER UND NEUER DEUTSCHER MEISTER, MÜNCHEN 1876

Den Auftakt bildete die 1876 anlässlich des 25-jährigen Jubiläums des Bayerischen Kunstgewerbevereins im Münchner Glaspalast gezeigte Kunst- und Kunstindustrie-Ausstellung alter und neuer deutscher Meister, deren Konzeption auf Ferdinand von Miller und den Ausstellungsarchitekten Josef von Schmädel zurückgeht [2]. Neuartig war hier die Abkehr von der bis dahin üblichen Präsentation nach Gattungen: Da die „endlose Aneinanderreihung von Metallwaren, von Stoffen, von Gläsern, ja selbst von Werken der Kunst" nun als monoton empfunden wurde, zielte die Schau auf eine umfassendere, den Kontext berücksichtigende Darstellung der älteren deutschen Kunst sowie der künstlerischen Entwicklungen im jungen Kaiserreich.[5]

Waren auf der Pariser Weltausstellung 1867 die Pavillons überwiegend topografisch nach Ländern aufgeteilt, so entschied man sich hier für eine chronologische Gliederung:[6] In der von Lorenz Gedon und Rudolf Seitz gestalteten Abteilung „Unserer Väter Werke" konnten die Besucher eine Art „Period Rooms" zu bedeutenden Epochen Deutschlands durchschreiten, die – „von der Küche bis zum reichen Prunkgemach" – vollständig ausgestattet waren. Innovativ war insbesondere auch die Vereinigung von Werken der bildenden „hohen" Kunst mit kunstgewerblichen Produkten, wobei hier sowohl handwerkliche als auch industrielle Erzeugnisse

[2] München, Kunst- und Kunstindustrie-Ausstellung mit Abteilung „Unserer Väter Werke", JOSEF VON SCHMÄDEL, LORENZ GEDON und RUDOLF SEITZ, 1876

miteinbezogen wurden. Diese stilvoll arrangierten „Culturbilder“ sollten den jeweiligen „Zeitcharakter“ einer Epoche zum Ausdruck bringen und die allgemeine Geschmacksbildung positiv beeinflussen.[7]

Die zukunftsweisende Präsentation in räumlichen Ensembles rief nicht nur großes Publikumsinteresse hervor – auch Ludwig II. besuchte die Ausstellung und erwarb dort zahlreiche Exponate. Große Aufmerksamkeit erregte insbesondere die „altdeutsche Bürgerstube“ Gabriel von Seidls, die im Stil der deutschen Renaissance gehalten war. Damit wirkte die Ausstellung bahnbrechend für die Neorenaissancebewegung, die das Erscheinungsbild der Münchner Architektur bis zum Ende des 19. Jahrhunderts prägte.[8]

INTERNATIONALE ELEKTRICITÄTS-AUSSTELLUNG, MÜNCHEN 1882

Im Münchner Glaspalast fand 1882 auch die erste Internationale Elektricitäts-Ausstellung im deutschsprachigen Raum statt [3]. Initiiert wurde sie von Wilhelm von Beetz, Professor für Physik an der Technischen Hochschule München, und Oskar von Miller, dem späteren Gründer des Deutschen Museums; leitender Ausstellungsarchitekt war wiederum Josef von Schmädel.[9] Anstoß gab die Exposition internationale d'électricité, die 1881 im Pariser Palais de l'Industrie auf den Champs-Élysées gezeigt wurde. Mit dem Ziel der Popularisierung der Elektrotechnik wurden zahlreiche neue Errungenschaften und Anwendungen auf diesem Gebiet durch praktische, in großem Maßstab inszenierte elektrotechnische Versuche publikumswirksam vermittelt; charakteristisch für den Dualismus dieser Epoche ist deren enge Verknüpfung mit traditionellen Architekturen und künstlichen Landschaften: Vor einer mittelalterlich anmutenden Kapelle von Lorenz Gedon schwebte ein elektrisch beleuchteter, mandorlaförmiger Votivlüster mit Madonna; ein neobarockes Theater begeisterte mit regulierbarem Beleuchtungssystem; und über einen künstlich aufgerichteten Felsen strömte ein Wasserfall, der vom 57 Kilometer entfernten Miesbach aus mit einer dampfbetriebenen Dynamomaschine angetrieben wurde.[10]

[3] München, „Internationale Elektricitäts-Ausstellung“ im Glaspalast, LORENZ GEDON und andere, 1882 (Druckgrafik: E. TOURNOIS, aus: *La Lumière Électrique,* 1882)

[4] Nürnberg, „Bayerische Landes-, Industrie-, Gewerbe- und Kunstausstellung“, Kunsthalle, ADOLF GNAUTH und andere, 1882 (Foto: J. B. OBERNETTER, 1882)

BAYERISCHE LANDES-, INDUSTRIE-, GEWERBE- UND KUNST-AUSSTELLUNG, NÜRNBERG 1882

Parallel zur Elektrizitätsausstellung fand 1882 in Nürnberg die erste Bayerische Landesausstellung statt [4], mit dem Anspruch, einen weitgespannten Überblick über die Entwicklung der bayerischen Industrie sowie des Gewerbes und der Kunst zu geben. Die aufwendige Ausstellungsarchitektur, die der Architekt und Direktor der Nürnberger Kunstgewerbeschule Adolf Gnauth konzipierte, wurde hier zugunsten einer möglichst perfekten Inszenierung weiterentwickelt. Für die Schau wurde ein eigener Ausstellungspark auf dem Maxfeld – dem heutigen Stadtpark – mit rund 120 000 Quadratmetern Ausstellungsfläche errichtet. Das Areal war mit elektrischen Lampen der Schuckertwerke beleuchtet und durch Trambahngleise der Pferdebahn an die Stadt angeschlossen. Die ephemeren, nicht mehr erhaltenen Ausstellungshallen zeichneten sich durch eine vielfältige Bezugnahme auf verschiedenste Stile aus – ihr repräsentativer Charakter blieb nicht ohne Effekt: Mit über zwei Millionen Besuchern war die Ausstellung ein großer Erfolg. Die Architektur, die den Zeitgenossen mit ihren „edlen architektonischen Verhältnissen und reichen künstlerischen Verzierungen gleich einem Märchenschloß“ erschien, trug neben dem als Landschaftsgarten gestalteten Park mit Restaurants und Cafés wesentlich dazu bei, auch Laien für diese „große Volksbildungsschule“ zu begeistern.[11] Zugleich wurde hier der Aspekt der Unterhaltung deutlich in den Vordergrund gerückt.[12]

SCHWÄBISCHE KREIS-, INDUSTRIE-, GEWERBE- UND KUNSTHISTORISCHE AUSSTELLUNG, AUGSBURG 1886

Aufgegriffen wurde das Nürnberger Ausstellungskonzept bei der 1886 in Augsburg veranstalteten Kreisausstellung [5]. Dies geht auch aus der Chronik des leitenden Architekten Ludwig Leybold hervor.[13] Auch hier wurde ein Ausstellungspark am Stadtrand realisiert – in diesem Fall im Bereich des heutigen Stadtgartens, der aus dieser temporären Großveranstaltung

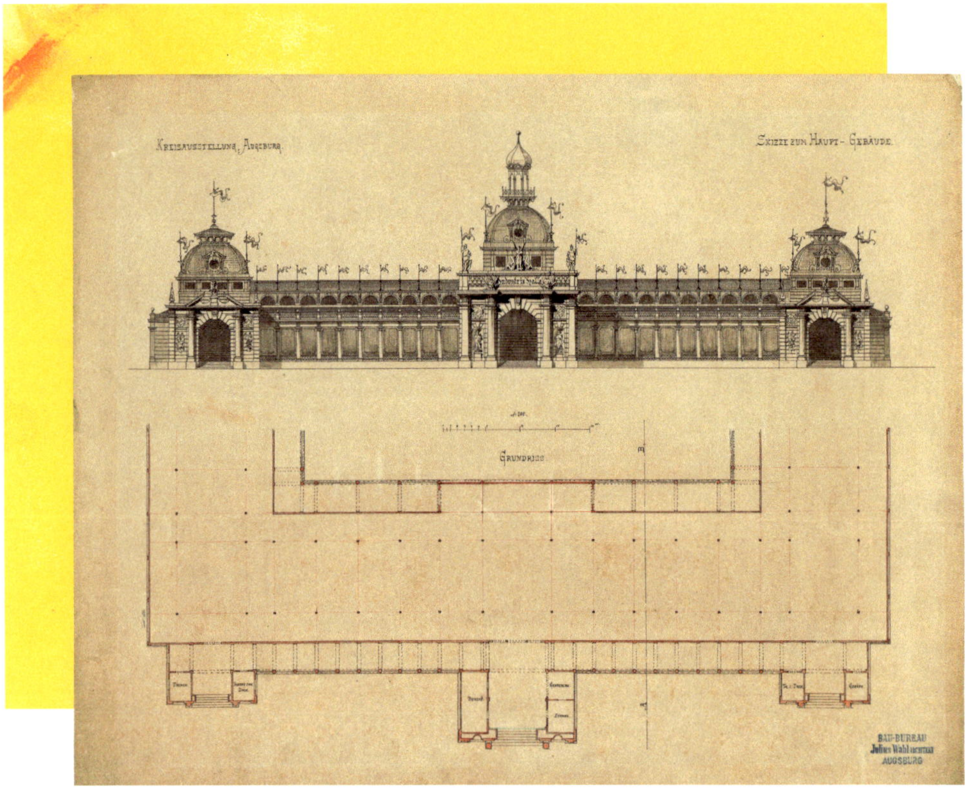

[5] Augsburg, „Schwäbische Kreis-, Industrie-, Gewerbe- und kunsthistorische Ausstellung", Hauptgebäude (Vorentwurf), JEAN KELLER und JULIUS WAHL, 1885

hervorgegangen ist. Wie bereits in Nürnberg wurden auch hier traditionelle Würdeformen auf die überwiegend hölzerne Ausstellungsarchitektur übertragen. So betrat man das Gelände durch ein repräsentatives Hauptportal, das an die Ehrenpforten der Renaissance erinnert; die Hauptrestauration war durch eine dem Sakralbau entlehnte Doppelturmfassade mit Glockenstuhl ausgezeichnet; und das Hauptausstellungsgebäude, dessen Fassade durch drei Pavillons mit triumphbogenartigen Portalen gegliedert war, nahm auf barocke Schlossanlagen Bezug. Es manifestiert sich also in der Ausstellungsarchitektur bereits deutlich jener Eklektizismus, der in der öffentlichen und privaten Architektur erst in den 1890er-Jahren umfassend zum Ausdruck kam. Wie die vorhergehenden Ausstellungen, so stand auch die Augsburger Kreisausstellung unter der Schirmherrschaft Ludwigs II., der während ihrer Laufzeit verstarb.[14]

KB

1 Kerkhoff 1985, 245. Zu den bayerischen Industrieausstellungen allgemein siehe Ruppert 1980. – Stalla 2006.

2 Brief Ludwigs II. an Cosima Wagner vom 8. August 1867; zit. nach Schad 1996, 411.

3 Zum Begriff siehe Rauch 1993, 10.

4 Vgl. Wiesneth 2015, bes. 47 ff. Siehe hierzu auch den Beitrag von Robert Stalla in der vorliegenden Publikation, 58–65.

5 Schmädel 1876, 1.

6 Vgl. Koch 2000, 32.

7 Schmädel 1876, 3. Siehe zudem: Lichtenstein 1876. – Eitelberger 1879. – Schack 1976. – Koch 2000, 28–35.

8 Vgl. Roth 1971, 34–35. – Lösel 1986, 20. – Koch 2000, 32–35.

9 Dem Bau- und Dekorations-Ausschuss gehörten Max Siebert, Arnold Zenetti, Lorenz Gedon, Jakob Graff, Emil Lange, Joseph von Schmädel und Gabriel Seidl an. Siehe dazu Beetz 1883, 4.

10 Vgl. Beetz 1883, 9–13, 41–43, 54–61, 101–106. Siehe zudem: Carl 1882[3].

11 Ausstellungszeitung 62 (1882), 3; zit. nach Kerkhoff 1985, 247.

12 Vgl. Kerkhoff 1985. – Obernetter 1882. – Bericht 1883. – Bach-Damaskinos 2011.

13 Vgl. Stadtarchiv Augsburg, Nachlass Ludwig Leybold, Familienchronik.

14 Vgl. Bericht 1889. – Arnold 1979, 140–145.

INDUSTRIE-, GEWERBE- UND KUNSTAUSSTELLUNGEN

— Augsburg, „Schwäbische Kreis-, Industrie-, Gewerbe- und kunsthistorische Ausstellung“, Ludwig Leybold, Jean Keller und Karl Albert Gollwitzer, 1884–1886

— München, „Kunst- und Kunstindustrie-Ausstellung alter und neuer deutscher Meister“ mit Abteilung „Unserer Väter Werke“, Josef von Schmädel, Lorenz Gedon und Rudolf Seitz, 1876

— München, „Internationale Elektricitäts-Ausstellung“, Wilhelm von Beetz und Oskar von Miller, 1882

— Nürnberg, „Bayerische Landes-, Industrie-, Gewerbe- und Kunstausstellung“, Adolf Gnauth und andere, 1882

IX. Regierung und Verwaltung

[1] München, Neues Rathaus, erster Bauabschnitt, GEORG VON HAUBERRISSER, 1866–1881

Die unter Ludwig II. entstandenen Bauten für Regierung und Verwaltung zeichnen sich durch eine funktionale Ausdifferenzierung der Bautypen aus. Diese resultiert auch aus den technischen, wirtschaftlichen und rechtlichen Neuerungen im letzten Drittel des 19. Jahrhunderts und aus den vermehrten Aufgaben der Staats- und Stadtverwaltung. Beispielhaft für die bürgerliche Emanzipation und die 1869 mit der Revision des Gemeindeedikts von 1818 gewonnene Autonomie des Münchner Magistrats ist der Bau des Neuen Rathauses [1]. Der neogotische, 1867–1881 nach Plänen des jungen österreichischen Architekten Georg von Hauberrisser am Marienplatz anstelle des ehemaligen Landschaftsgebäudes errichtete Monumentalbau prägt bis heute das Stadtzentrum. Die erstrangige Bedeutung, die dem Bau vonseiten des Magistrats beigemessen wurde, geht auch daraus hervor, dass 1865 – anstelle eines zweckmäßigen Entwurfs von Stadtbaurat Arnold Zenetti im Stil der Neorenaissance – ein Wettbewerb ausgeschrieben wurde, an dem sich insgesamt 27 Architekten beteiligten. Dabei ist der Planungsprozess vor allem von einem Stilstreit – Renaissance versus Gotik – bestimmt, der eine starke Verknüpfung von Politik und baulicher Form aufweist.[1] Durch zwei bis 1909 abgeschlossene, ebenfalls von Hauberrisser geplante Erweiterungen nahm der Rathausbau, wie bereits in den höchstprämierten Planungen von Ludwig und Emil Lange vorweggenommen, den gesamten Baublock am Marienplatz ein.[2]

Die Hauptfassade des ausgeführten viergeschossigen Komplexes aus Back- und Muschelkalkhaustein gliedert sich symmetrisch mit leicht vorspringendem fünfachsigem Mittelrisalit, gotisierendem Maßwerk und Gesprenge sowie reich ausgearbeitetem Stufengiebel. Das zweite Obergeschoss, in dem sich die wichtigsten Repräsentationsräume und Sitzungssäle befinden, ist durch eine „Erkerlaube“ mit allegorischen Figuren bürgerlicher Tugenden (Gewerbefleiß, Häuslichkeit, Bürgermut und Wohltätigkeit) hervorgehoben. Ludwig II. ist im Inneren, im Sitzungssaal der Gemeindebevollmächtigten, mit einem lebensgroßen Bildnis repräsentiert; am Außenbau erscheint er als Statue in der „Königslaube“, die im Zuge des dritten Bauabschnitts im zweiten Turmgeschoss ausgeführt wurde.[3]

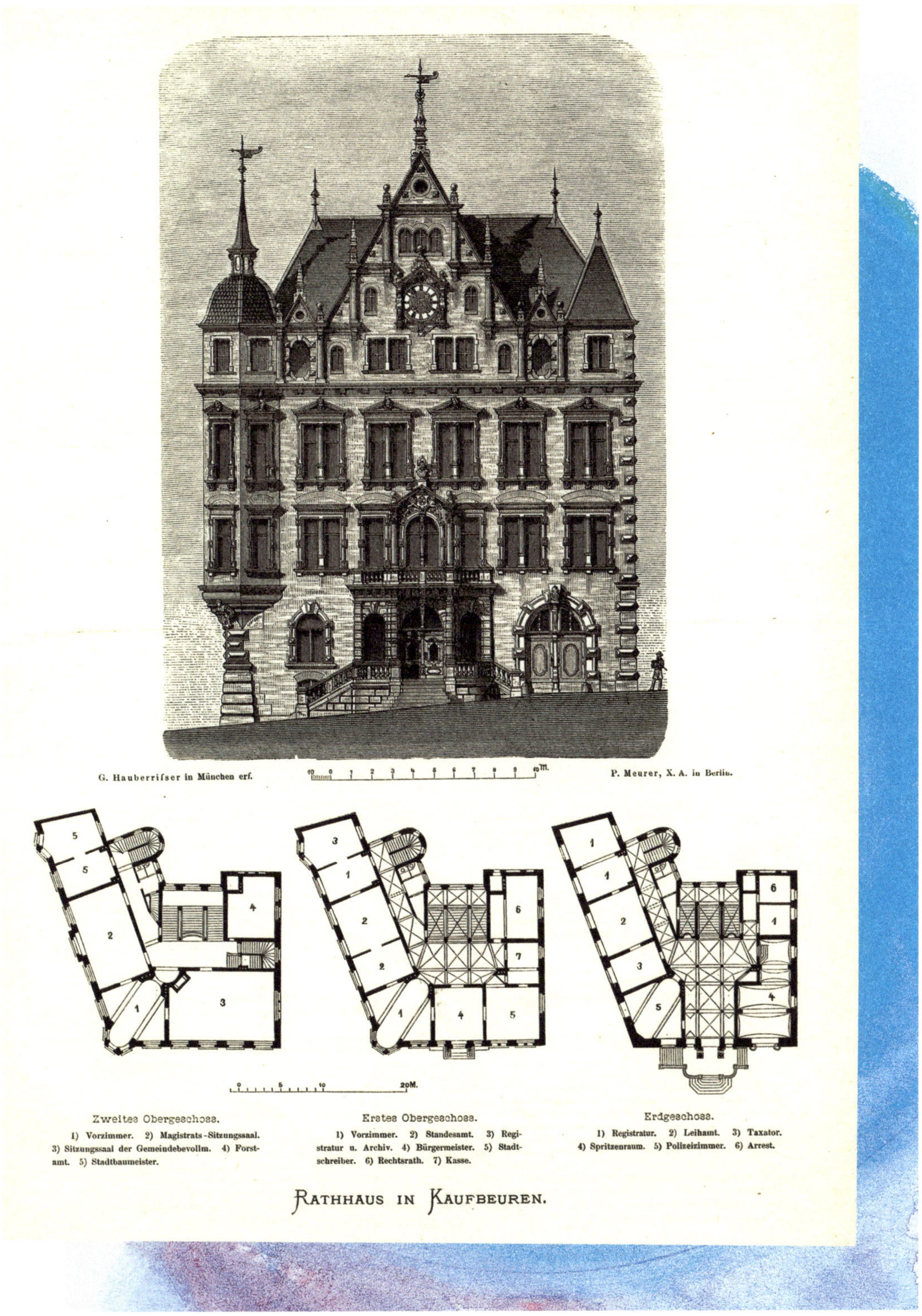

[2] Kaufbeuren, Rathaus, GEORG VON HAUBERRISSER, 1879–1881

[3] München, ehem. Landtagsgebäude,
MAX SIEBERT, 1884/85

Der Bau, dessen Grundsteinlegung am Namens- und Geburtstag Ludwigs II. am 25. August 1867 stattfand, sollte auf Wunsch des Königs „der Stadt zur hohen Zierde gereiche[n] und stets ein Sinnbild […] ihres Gedeihens, ihrer Wohlfahrt und Größe" sein.[4] Laut einem Schreiben des Architekten habe Ludwig, der den Entwurf in letzter Instanz bestimmte, lediglich kleine Veränderungen gewünscht und „die Pläne genehmigt, sie haben ihm sehr gut gefallen, die edle Gothik, die schöne Ausführung der Zeichnungen, dann daß er sehr einverstanden sei mit dem Styl für den Platz ".[5] Nach dem Entwurf Hauberrissers wurde 1879–1881 auch das Rathaus in Kaufbeuren errichtet [2]. Wie das Alte Rathaus in Ingolstadt, das 1882–1884 durch Gabriel von Seidl und Lorenz Gedon umgestaltet wurde, ist es stilistisch an der deutschen Renaissance orientiert.[6]

Mit dem Umbau des – nicht erhaltenen – Landtagsgebäudes an der Prannerstraße durch Max Siebert entstand 1884/85 die erste neobarocke Fassade Münchens [3], nachdem ein vorhergehender Entwurf von Gottfried von Neureuther im Renaissancestil nicht zur Ausführung kam. Mit dieser Neugestaltung wurde das seit 1818 als Ständehaus genutzte, mehrfach erweiterte Redoutenhaus zu einem einheitlichen dreigeschossigen Gebäudekomplex verbunden.[7] In Augsburg entstand 1872–1875 ein neues Justizgebäude nach Plänen des Wiener Architekten Theodor Reuter. Die dreigeschossige Hauptfassade des lang gestreckten Neorenaissancebaus ist durch Eckrisalite und einen erhöhten dreiachsigen Mittelrisalit gegliedert. Nach oben wird der Bau von einer Balustrade mit wappenverzierten Giebeln und einer Büste Ludwigs II. in der Mittelachse abgeschlossen.[8]

Auch Industrialisierung und technischer Fortschritt wirken sich auf die Verwaltungsbauten aus: So wurde beispielsweise durch den internationalen Bahnverkehr und die Eröffnung der Strecke München–Salzburg im Jahr 1860 der Bau eines neuen Hauptzollamtsgebäudes notwendig. Dieses kam 1871–1874 nach Plänen von Friedrich Bürklein an der Bayerstraße zur Ausführung, in unmittelbarer Nähe zum Münchner Hauptbahnhof, dessen Ursprungsbau ebenfalls Bürklein konzipiert hatte[9] [4]. Der nicht erhaltene Backsteinbau war zur Straßenseite hin durch einen Mittelrisalit und Eckpavillons rhythmisiert und öffnete sich nach hinten in einen großen Hof über U-förmigem Grundriss mit Lade- und Revisionsfläche, zu der radial sechs Gleise über eine Drehscheibe führten.[10] Östlich des Hauptbahnhofs, direkt gegenüber dem Empfangsgebäude, wurde 1869–1871 mit dem viergeschossigen Telegrafenamt eine damals neuartige Bauaufgabe realisiert. Architekt war Georg von Dollmann, der – abgesehen von der Giesinger Pfarrkirche Heilig Kreuz (1866–1886) – insbesondere mit seinen Planungen zu den Schlössern Ludwigs II. in Erscheinung trat.[11]

Neuartig war auch das Kreisarchiv für Mittelfranken in Nürnberg, das 1877–1880 als erster bayerischer Archivneubau von Oberbaurat Degmaier errichtet wurde. Hierbei handelt es sich zugleich um den frühesten deutschen Archivbau, bei dem eine Trennung von Verwaltungs- und Wohnräumen von den Magazinräumen

[4] München, ehem. Hauptzollamt, FRIEDRICH BÜRKLEIN, 1871–1874 (Foto: ANONYM, um 1905)

vorgesehen war. Somit entstand eine Zweiflügelanlage mit repräsentativem Mittelrisalit als Magazingebäude und dahinter gelagertem Verwaltungsbau mit Dienstwohnungen. Die beiden Bauten sind nicht nur im Hinblick auf ihre Funktion, sondern auch in Grundriss und Architektursprache deutlich differenziert – so ist der öffentliche, vorgelagerte Bau von dem hinteren, privateren Raum abgesetzt und lediglich über einen Hof beziehungsweise Gang verbunden.[12] Ein weiterer Archivbau unter Ludwig II. ist das ehemalige Stadtarchiv in Augsburg, das 1885 nach Plänen von Max Treu im Stil der italienischen Neorenaissance ausgeführt wurde.

Von Bedeutung sind zudem Neubauten im Verwaltungsbereich des Versicherungs- und Finanzwesens. Exemplarisch hierfür ist der 1877–1879 fertiggestellte Neorenaissancebau der Bayerischen Versicherungskammer in der Münchner Sternstraße, der aus der Umwandlung der „Königlichen Brandversicherungs-Kammer“ in eine zentrale Staatsbehörde durch Erlass Ludwigs II. hervorging. Selbst wenn die U-förmige Konzeption an Schlossanlagen erinnern mag, wurde hier unter Federführung des Münchner Landbauamts ein zweckmäßiges Anstaltsgebäude errichtet, das insbesondere im Vergleich zu den frühen englischen Versicherungsbauten eine schlichte Gestaltung aufweist.[13] Repräsentativer ist der heute mit reduziertem Fassadenschmuck erhaltene Bau der Bayerischen Vereinsbank am Münchner Promenadeplatz von 1885–1886. Da dieser Bautypus in München ohne Vorläufer war, beauftragte man den auf Bankgebäude spezialisierten Berliner Architekten Wilhelm Martens mit der Planung. Die exponierte Lage des an französischen Vorbildern orientierten Neorenaissancebaus mit weißer, genuteter Sandsteinfassade bedingte eine Schwerpunktlegung auf der Ecke Kardinal-Faulhaber-/Maffeistraße, die durch ein Rundbogenportal sowie eine reiche Bekrönung hervorgehoben ist. Die Konzeption des Innenraums sah eine Anordnung der wichtigsten Geschäftsräume um einen glasbedeckten Innenhof vor, der zugleich dem Publikumsverkehr diente. Die *Deutsche Bauzeitung* vom 6. August 1887 bewertete den viel beachteten Neubau, der sich „durch vollendete Zweckmäßigkeit, wie durch gediegene Monumentalität und das Gepräge vornehmen Ernstes“ auszeichne, als „bedeutendste Aufgabe der profanen Baukunst, welche seit Errichtung des Akademie-Gebäudes und des neuen Empfangs-Gebäudes auf dem Zentral-Bahnhof in der bayerischen Hauptstadt zu lösen war“.[14]

KS

1 Vgl. Nerdinger/Stenger 1982, 164 ff. Erste Entwürfe sind von Eduard Mezger (1865) und Arnold Zenetti (1865). Wettbewerbseinreichungen unter anderem von Bluntschli & Tafel, Martin Gropius, Friedrich Hügel, Emil und Ludwig Lange, Eduard Mezger, Johann Georg Poppe und Arnold Zenetti. Jedoch wird kein erster, sondern lediglich der zweite Preis an Emil und Ludwig Lange vergeben. Nach intensivem machtpolitischen Diskurs setzt sich der erst 25-jährige Hauberrisser durch, der geschickt von dem Gemeindebevollmächtigten Ferdinand von Miller lanciert wurde. Siehe dazu Nerdinger/Stenger 1982, 153–164. – Huber 2006, 30–41 sowie den Beitrag von Thomas Weidner in der vorliegenden Publikation, 136–143.

2 Siehe Einleitung, 24 in der vorliegenden Publikation.

3 Vgl. Nerdinger/Stenger 1982, 170–172.

4 Schreiben Ludwigs II. an den Münchner Magistrat vom 18. Juni 1867. Abschrift im StadtA München, Hochbauamt 400 (zit. nach Huber 2006, 45).

5 Brief Hauberrissers an seine Eltern vom 4. Mai 1867. AM, hau_g-1-200.

6 Vgl. Guggemos 2004. – Lübbeke 1982, 302 f.

7 Vgl. HdbG o. J.

8 Vgl. Arnold 1979, 121–122. – Knauß 1983, 198–199.

9 Vgl. Hartmann 1876, 44–48. – Knauß 1983, 208–209. – Klar 2002, 189 ff.; 268–269.

10 Vgl. Klar 2002, 189 ff.

11 Zur Heilig-Kreuz-Kirche siehe 281 in der vorliegenden Publikation.

12 Vgl. Löher 1882. – Leiskau 2008, 36–37.

13 Vgl. Knauß 1983, 197–198.

14 Vgl. Deutsche Bauzeitung 1887, 373, 376. – Knauß 1983, 194–195.

BAUTEN FÜR REGIERUNG UND MAGISTRAT

- Augsburg, Justizgebäude, Theodor Reuter, 1872–1875
- Ingolstadt, Altes Rathaus, Gabriel von Seidl und Lorenz Gedon (Fassade), 1882–1884
- Kaufbeuren, Rathaus, Georg von Hauberrisser, 1879–1881
- München, Neues Rathaus, Georg von Hauberrisser, 1867–1908
- München, ehem. Landtagsgebäude (Umbau), Max Siebert, 1884/85

VERWALTUNGSBAUTEN

- Augsburg, Stadtarchiv, Max Treu, 1885
- München, Telegrafenamt, Georg von Dollmann, 1869–1871
- München, ehem. Hauptzollamt, Friedrich Bürklein, 1871–1874
- München, Bayerische Versicherungskammer, 1877–1879
- München, Bayerische Vereinsbank, Wilhelm Martens, 1885/86
- Nürnberg, Kreisarchiv für Mittelfranken, Oberbaurat Degmaier, 1877–1880

HypoVereinsbank
TAXI

München, Bayerische Vereinsbank,
WILHELM MARTENS, 1885/86

Ingolstadt, Altes Rathaus, GABRIEL VON SEIDL und LORENZ GEDON (Fassade), 1882–1884

RATHAUS
CAFE MORITZ

X.
Militärbau

[1] München, Maximilian-II-Kaserne,
MATTHIAS BERGER, 1860–1877

Der Militärbau in Bayern erfuhr unter der Regentschaft Ludwigs II. eine wesentliche Förderung. Dies wird jedoch nicht auf den ersten Blick ersichtlich, da es sich bei den Bauvorhaben zumeist entweder um Erweiterungen bereits bestehender Komplexe handelt oder sich die Projekte beim Tod des Königs noch im Planungsstadium befanden.[1] Zudem wurde das Militär unter Ludwig II. grundlegend reformiert, insbesondere mit dem 1868 in Kraft getretenen Wehrverfassungs-Gesetz.[2] Dabei war seine Regierungszeit von zwei deutschen Einigungskriegen geprägt: dem Preußisch-Österreichischen Krieg von 1866, bei dem Bayern zugunsten der bundestreuen Staaten unter der Führung Österreichs Position bezog, jedoch gegen Preußen eine Niederlage erfuhr; und dem Deutsch-Französischen Krieg von 1870/71, bei dem Bayern Preußen – durch Schutz- und Trutzbündnisse infolge der vorhergehenden Niederlage verpflichtet – umgehend und erfolgreich Waffenhilfe gewährte.

Der Sieg Preußens resultierte 1871 in der Gründung des Deutschen Kaiserreichs unter Vormachtstellung Preußens, was für das Königreich Bayern den weitgehenden Verlust seiner Souveränität mit sich brachte. Ludwig II. konnte jedoch die sogenannten Sonder- und Reservatrechte erringen, darunter auch die Befehlsgewalt über die bayerische Armee, die dem bayerischen König oblag.[3]

München wurde als Residenzstadt und größter Garnisonsort Bayerns unter Ludwig II. militärisch stetig ausgebaut. Exemplarisch hierfür ist die Maximilian-II-Kaserne [1], die bereits 1852 von Maximilian II. als Defensivkaserne zur Verteidigung Münchens bei inneren Unruhen auf dem Oberwiesenfeld – auf dem heutigen Geviert der Hilble-, Schachenmeier- und Pfänderstraße – begonnen wurde. Nach vorhergehenden Entwürfen von Georg Friedrich Ziebland und Eduard von Riedel entwarf der Civil-Architekt Matthias Berger, dem 1860 die Bauausführung übertragen wurde, neue Fassaden, die „höchst einfach auszuführen und ganz in Ziegelbau mit verschiedenen Farben gedacht [seien], ohne allen Verputz".[4] Nachdem 1865 der südwestliche Flügel D und der nordöstliche Flügel B bezogen wurden, folgten 1866 feldmäßige Lager sowie 1868 und 1873 neue Stallungen. Bedeutsam war vor allem der Bau des südöstlichen Flügels A in den Jahren 1874–1877, einem Verbindungsbau zwischen den beiden bestehenden Flügeln, durch den die Max-II-Kaserne

die Form einer hufeisenförmigen Gesamtanlage mit Frontausrichtung nach Südosten – in Richtung Stadt – gewann. Auch wenn die Kaserne im Zweiten Weltkrieg stark beschädigt und 1948 abgebrochen wurde, prägt das ehemalige Kasernengelände weiterhin die Topografie Neuhausens und ist damit sichtbares Zeichen für die historische Stadterweiterung.[5]

Unter Ludwig II. wurde 1866 auch das heute noch erhaltene Neue Zeughaus an der Lothstraße vollendet, das ab 1861 – ebenfalls bereits unter Maximilian II. – von dem Ingenieur-Hauptmann Andreas Friedlein entworfen und in unmittelbarer Nähe der Max-II-Kaserne ausgeführt wurde [2]. Die symmetrische Anlage mit erhöhtem Mittelblock über U-förmigem Grundriss, zurückspringenden zweigeschossigen Seitenflügeln und dreigeschossigen Eckpavillons, die heute ziegelsichtig erscheint, war ursprünglich in weiß geschlämmtem Backstein ausgeführt. Mit dem Zeughaus hängen zwei weitere bedeutende Einrichtungen unter Ludwig II. zusammen: 1865, als der Rohbau nahezu fertiggestellt war, genehmigte der König auf Antrag des Kriegsministeriums die Verlegung der Zeughauswerkstätten und eines Labors zur Herstellung von Zündhütchen auf das Oberwiesenfeld; daraus gingen 1872 die Königlich Bayerischen Artilleriewerkstätten hervor, die sich in den folgenden Jahrzehnten zu einem Großbetrieb mit über 1 000 Personen entwickelten.[6]

Bis 1905 beherbergte das Zeughaus unter anderem auch das Bayerische Armeemuseum, das Ludwig II. 1881 gegründet hatte, um die in ganz Bayern verstreuten militärhistorischen Sammlungen zusammenzuführen. Die Institution erhielt 1905 einen eigenen, im Zweiten Weltkrieg teilweise zerstörten Museumsbau auf dem Areal der ehemaligen Hofgartenkaserne, dessen erhaltener, überkuppelter Mittelrisalit heute als Zentralbau der neu errichteten Staatskanzlei fungiert.[7] Wesentlich für das Stadtbild Münchens war auch die Erweiterung der heute nur noch fragmentarisch erhaltenen Infanteriekaserne am Türkengraben in der Maxvorstadt, auf dem Areal der heutigen Pinakothek der Moderne.[8] Die Planung sah eine U-förmige Dreiflügelanlage vor, wobei ab 1823 die lang gestreckte Hauptfront an der Türkenstraße vollständig, die Seitenflügel an der Theresien- und Gabelsbergerstraße jedoch lediglich teilweise, das heißt bis zu den mittleren Pavillons, ausgeführt wurden. Letztere wurden 1872/73 unter Ludwig II. entsprechend der ursprünglichen Konzeption ergänzt. Aufgrund ihrer Bedeutung wurde die Kaserne im Jahr 1885, also vergleichsweise früh, an die städtische Trinkwasserversorgung angeschlossen.[9]

Der Militärbau unter Ludwig II. beschränkte sich jedoch nicht nur auf Erweiterungen, sondern umfasste auch wichtige Neubauten: Ein erstrangiger Stellenwert kommt hier dem Garnisonslazarett in München zu, das 1868–1874 nach Plänen von Arnold Zenetti in der Lazarettstraße – in unmittelbarer Nähe der Max-II-Kaserne und des neuen Zeughauses – realisiert wurde [3]. Ähnlich wie bei den Bildungsbauten rief auch hier die Frage nach dem geeigneten Baugrund Diskussionen hervor. So äußerte der König zunächst Einwände gegen den projektierten Baugrund gegenüber der Max-II-Kaserne: „[...] von der unaufhörlichen Unruhe, wie sie in Kasernen herrscht, von dem fortwährenden Trommeln, Blasen und Exerzieren, dann von den Schießübungen auf dem nahen Exerzierplatz [befürchtet man] die nachtheiligsten Einflüsse auf Kranke und Wiedergenesende, von etwaigen im Krankenhaus herrschenden Seuchen dagegen Gefährdung der Kasernenbewohner und vielleicht sogar die Nothwendigkeit einer Räumung“.[10] Daraufhin entstand unter anderem ein Projekt, für das neue Militärkrankenhaus die Alte Isar-Kaserne auf der Kohleninsel zu adaptieren.[11] Schließlich genehmigte Ludwig II. 1867 einen Bauplatz in der Nähe der Max-II-Kaserne, der jedoch stadteinwärts etwas weiter abgerückt war. Hierfür entwarf Zenetti einen großflächigen Baukomplex, der mittels Materialwahl und Achsenverbindungen auf die Max-II-Kaserne und das Zeughaus Bezug nahm.[12]

In München wurde unter Ludwig II. außerdem 1873–1881 ein großes Fouragemagazin am Rande des Oberwiesenfelds errichtet und in dessen Nähe ab 1885 eine Militärbäckerei geplant, die 1890 fertiggestellt wurde. Zudem wurden 1881–1886 die Planungen der Marsfeldkaserne, einer erstmals 1858 projektierten Infanteriekaserne, wiederaufgenommen, wobei die Übergabe ebenfalls erst nach dem Tod Ludwigs II., im Jahr 1888, erfolgte.[13]

Außerhalb Münchens gestaltet sich der militärische Ausbau ebenso vielfältig. Hervorzuheben sind insbesondere die Erweiterung und Fortifizierung des Vorwerkgürtels der Landesfestung Ingolstadt, die – nachdem bereits

[2] München, Neues Zeughaus,
ANDREAS FRIEDLEIN, 1861–1866

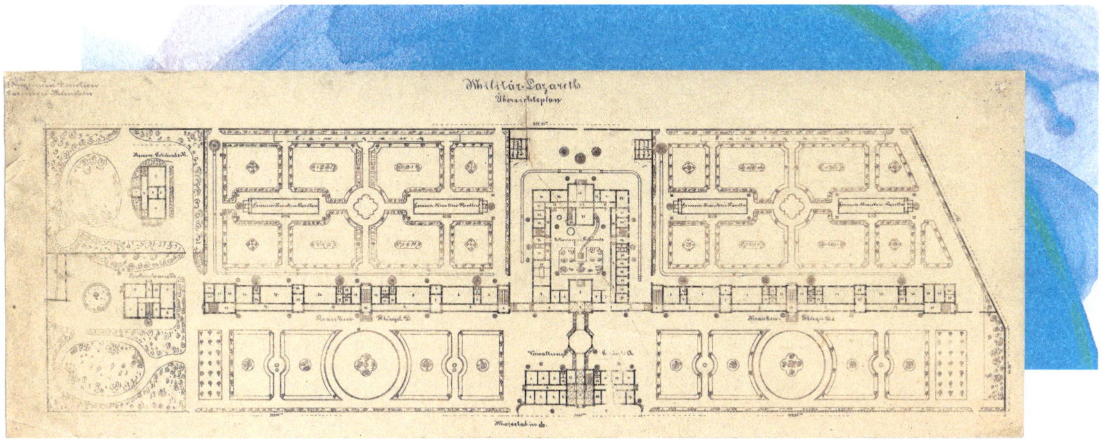

[3] München, Garnisonslazarett,
ARNOLD ZENETTI, 1868–1874

ab 1866 vorgeschobene Erdwerke zur Befestigungsanlage errichtet worden waren – vor allem seit 1873 an Bedeutung gewann.[14] Zu den Neubauten, die unter Ludwig II. in Ingolstadt entstanden, zählen das Neue Zeughaus am Unteren Graben aus den Jahren 1868–1871, ein dreigeschossiger Sichtziegelbau, oder die 1878–1880 an der Esplanade ebenfalls in Sichtziegel ausgeführten Friedenskasernen.[15] Zudem wurde 1883 das Kriegslazarett um einen Süd- und einen Ostflügel erweitert.[16] In Augsburg ist vor allem der 1882–1884 realisierte Bau der Prinz-Karl-Kaserne für das dort stationierte Infanterieregiment von Bedeutung [4]. Der lang gestreckte, vielgliedrige Sichtziegelbau entlang der Schertlinstraße, der 1994 von der Stadt Augsburg als Konversionsfläche erworben und umgenutzt wurde, prägt heute den Stadtteil Hochfeld.[17]

KS

[4] Augsburg, Prinz-Karl-Kaserne auf dem Hochfeld, 1882–1884 (Foto: FERDINAND BRAUER, 1884)

1 Vgl. Lankes 1993, 650–651.
2 Vgl. Lehner 1868.
3 Vgl. Lankes 1993, 50–57. – Botzenhart 2011, 56–57. – Wolf/Loibl/Brockhoff 2011, Katalog, 67–91.
4 MStm. Graph. Slg. MIII/109/B2. Zitiert nach Karnapp 1997, 385.
5 Vgl. Lankes 1993, 147–156. – Karnapp 1997, 383–385. – BayHStA, KA, MKr 8937 Prod. 70.
6 Vgl. Lankes 1993, 324–325. – Karnapp 1997, 385–386. – Biller/Rasp 2009^{3}, 131; 209–210 – BayHStA, KA, MKr 8972.
7 Vgl. Lankes 1993, 324–325. – Karnapp 1997, 385–386. – Biller/Rasp 2009^{3}, 131–132; 209–310 – http://www.armeemuseum.de/de/sammlungen/geschichte.html [08.04.2018].
8 Später auch Prinz-Arnulf-Kaserne bzw. Türkenkaserne genannt.
9 Vgl. Lankes 1993, 133–139, bes. 138. – BayHStA, KA, MKr 8904.
10 Schreiben Ludwigs II. an das Kriegsministerium vom 28. Juli 1865. BayHStA, KA, MKr 9029 (9).
11 Vgl. BayHStA, KA, MKr 9029 (X).
12 Vgl. BayHStA, KA, MKr 16085. – BayHStA, KA, MKr 9029. – Lankes 1993, 597–600.
13 Vgl. Lankes 1993, 56.
14 Vgl. BayHStA, KA, Altbestand C9f1 und C60a3 (C 179 und 669–671).
15 Vgl. Becker/Grimminger/Hemmeter 2002, 96 f. – Strobel 1985, 20.
16 Vgl. BayHStA, KA, Plansammlung Ingolstadt 599–612.
17 Vgl. Grünsteudel/Wahl 2011. – Arnold 1979, 136.

KASERNEN

- Augsburg, Prinz-Karl-Kaserne, 1882–1884
- Ingolstadt, Friedenskasernen, 1878–1880
- München, Erweiterung der ehem. Maximilian-II-Kaserne, 1865–1877
- München, Erweiterung der ehem. Infanteriekaserne am Türkengraben, 1872/73
- München, Marsfeldkaserne, 1881–1888

ZEUGHÄUSER

- Ingolstadt, Neues Zeughaus, 1868–1871
- München, Neues Zeughaus, Andreas Friedlein, 1861–1866

LAZARETTE

- Ingolstadt, Erweiterung des Kriegslazaretts, 1883
- München, ehem. Garnisonslazarett (heute Teil des Deutschen Herzzentrums der TUM), Arnold Zenetti, 1868–1874

MILITÄRISCHE VERSORGUNGSBAUTEN

- München, ehem. Kgl. Bayer. Artilleriewerkstätten, 1865–1872
- München, ehem. Fouragemagazin am Oberwiesenfeld, 1873–1881
- München, ehem. Militärbäckerei am Oberwiesenfeld, 1885–1890

Augsburg, ehem.
Prinz-Karl-Kaserne,
1882–1884

Ingolstadt, ehem.
Friedenskaserne,
1878–1880

XI.
Sakralbau

[1] München, Wettbewerbsprojekt zur katholischen Pfarrkirche St. Benno, Perspektive, J. BECKER, 1885/86

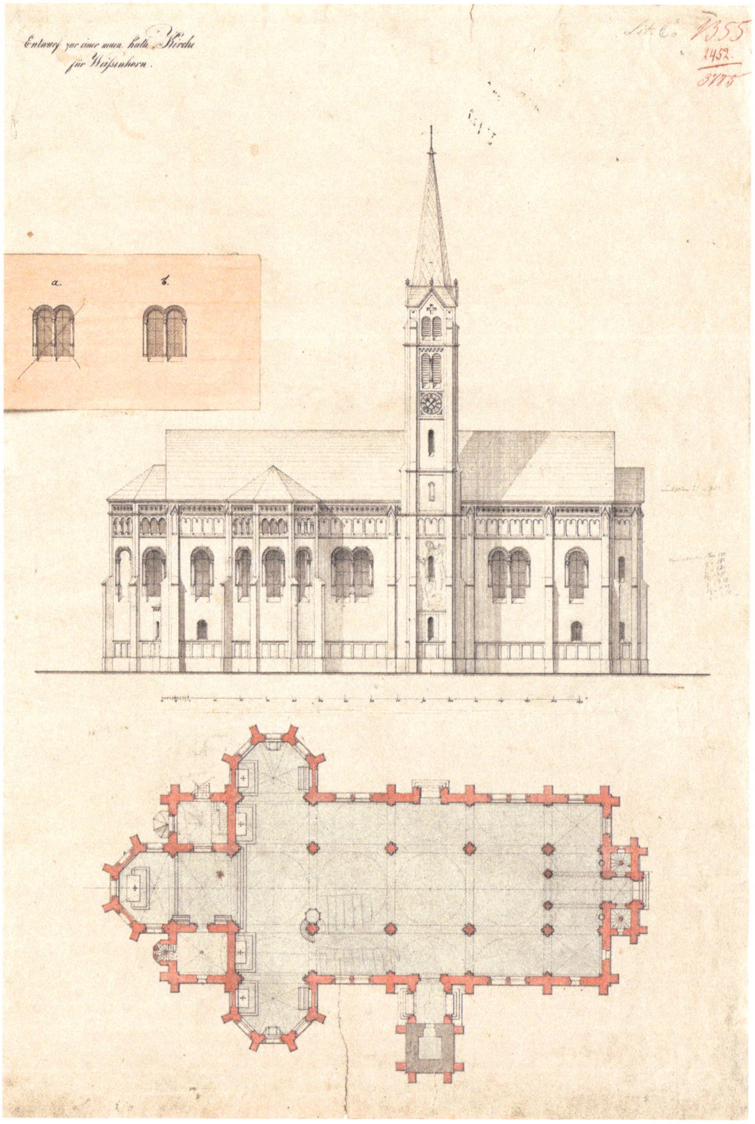

[2] Weißenhorn, katholische Pfarrkirche Mariä Himmelfahrt, Aufriss, Grundriss und Detail, AUGUST VON VOIT, 1865–1870

Zu den wesentlichen Problemen der Regierungszeit Ludwigs II. gehörte der Konflikt zwischen Staat und Kirche. Dieser „Kulturkampf“ wurde in Bayern maßgeblich geprägt durch die liberale und antikirchliche Politik des Kultusministers Johann von Lutz, die auf eine Durchsetzung der staatlichen Rechte gegenüber den Ansprüchen der katholischen Kirche abzielte. Die Lutz'sche Kulturpolitik wurde von Ludwig II. unterstützt.[1] Auch wenn er gläubig und katholisch war, stand der König der Amtskirche kritisch gegenüber und war bestrebt, ihren Einfluss auf die Politik einzudämmen – insbesondere seitdem die konservative Patriotenpartei, die für die Belange der katholischen Kirche eintrat, in der Landtagswahl von 1869 als neue politische Macht die Mehrheit erhalten hatte.[2] Zudem galt es gerade seit der Reichsgründung 1871, die die konfessionelle Heterogenität wesentlich erhöhte, für einen Ausgleich der konfessionellen Spannungen Sorge zu tragen.

Trotz der liberalen und antikirchlichen Politik kam es in der zweiten Hälfte des 19. Jahrhunderts zu einer neuen Blüte des katholischen Kirchenbaus im Königreich Bayern. Sie resultierte nicht nur aus einer Bevölkerungszunahme, sondern auch aus einem gesellschaftlichen Wandel. Propagiert wurde der Neubau katholischer Kirchen nun vor allem vonseiten der Gemeinden und Pfarreien sowie durch das aufstrebende Bürgertum, das sich vom aufkommenden Proletariat durch die Berufung auf konservative Werte abzugrenzen versuchte.[3] Neben katholischen Kirchen entstanden aber auch bedeutende Neubauten evangelischer Kirchen und Synagogen, die Ludwig II. teilweise aktiv förderte.

Im Unterschied zum öffentlichen Bauwesen, bei dem der Neorenaissancestil vorherrschend war, fällt beim Sakralbau ein Festhalten an der seit den 1840er-Jahren im Kirchenbau verbreiteten Neogotik auf; daneben kam auch die ebenfalls auf das Mittelalter Bezug nehmende Neoromanik zur Anwendung. Wichtige Impulse für die Bezugnahme auf die Gotik gaben die 1868 abgeschlossene Regotisierung der Münchner Frauenkirche und die Fertigstellung des Regensburger Doms im Jahr 1872.

KATHOLISCHER KIRCHENBAU

Beispielhaft für die zahlreichen neogotischen Pfarrkirchen, die während der Regentschaft Ludwigs II. entstanden, ist die 1866–1886 errichtete Heilig-Kreuz-Kirche in der Münchner Vorstadt Giesing:[4] eine dreischiffige Hallenkirche über lateinischem Kreuz, an deren Westseite, zur Stadt hin, ein achteckiger Turm angefügt ist, der durch seine erhöhte Hanglage einen bedeutenden Akzent im Stadtbild setzt. Bei der Giesinger Kirche zeigt sich das enge Anknüpfen Ludwigs II. an die architektonischen Vorstellungen seines Großvaters, der hier einen maßgeblichen Einfluss auf die Gestaltung ausübte. Deutlich wird dies in Hinblick auf den Architekten Georg von Dollmann, der noch von Ludwig I. mit dem Bau der Heilig-Kreuz-Kirche beauftragt worden war; in der Folge, etwa ab 1868, war Dollmann dann für Ludwig II. tätig, der ihn 1872 zum königlichen Hofbaurat berief und ihm wenige Jahre darauf das gesamte königliche Bauwesen übertrug.

Ab den späten 1870er-Jahren wurden mehrere katholische Pfarrkirchen in München projektiert, die jedoch aus finanziellen Gründen erst nach dem Tod Ludwigs II. fertiggestellt wurden. Am Anfang steht die seit 1879 von August Thiersch als neue Pfarrkirche für Schwabing geplante St.-Ursula-Kirche. Abweichend vom Gros der damaligen Kirchenbauten war sie im Stil der italienischen Renaissance entworfen, was vor allem auf eine Bezugnahme auf die Ludwigstraße zurückzuführen ist, in deren Verlängerung sie ursprünglich vorgesehen war.[5] Seit Anfang der 1880er-Jahre plante der neu gegründete Zentralverein für Kirchenbau die drei Kirchen St. Benno, St. Max und St. Paul. Als vordringlich galt der Bau von St. Benno in der Maxvorstadt [1], für die der konservative Erzgießer Ferdinand von Miller den Bauplatz stiftete. Die 1885–1895 als Zentrum eines Platzensembles von Leonhard Romeis errichtete Bennokirche entspricht dem Idealbild einer romanischen Basilika mit Doppelturmfassade, Querhaus und Vierungsturm, wobei sich dieser Stil im Vergleich zur Neogotik – aufgrund geringerer Mauerstärken und der Möglichkeit einer seriellen Fertigung der Detailformen – kostengünstiger umsetzen ließ.[6] Im neoromanischen Stil wurde 1885–1892 auch die Pfarrkirche St. Anna im Lehel nach Plänen des ebenfalls durch einen Wettbewerb ermittelten Architekten Gabriel von Seidl errichtet. Vor allem in der malerischen Wirkung dieser dreischiffigen Basilika mit Westquerbau und achteckigem Vierungsturm, die harmonisch in das bestehende Platzensemble eingefügt ist, kündigte sich eine neue räumliche Wahrnehmung an.[7]

Auch außerhalb der Residenzstadt entstanden zahlreiche katholische Kirchenbauten, für die die Pfarrkirche Mariä Himmelfahrt in Weißenhorn beispielhaft ist, die 1865–1870 nach Plänen August von Voits erbaut wurde [2]. Die dreischiffige Hallenkirche mit polygonalem Abschluss von Chor und Querarmen weist im Grundriss Ähnlichkeiten mit der Giesinger Heilig-Kreuz-Kirche auf; durch die asymmetrische Positionierung des campanileartigen Turms und die Kombination von romanischen, gotischen und byzantinischen Elementen stellt sie jedoch eine eigenständige Lösung dar.[8]

EVANGELISCHER KIRCHENBAU

Voit beteiligte sich neben August Thiersch auch an den Planungen für die zweite protestantische Kirche in München – heute bekannt als St. Markus –, die für die wachsende evangelische Bevölkerung ab

1870 geplant war. Hierfür entwarf er einen neoromanischen Zentralbau über oktogonalem Grundriss mit Einturmfassade, der – obwohl sich der Zentralbau im protestantischen Kirchenbau nur wenig später allgemein durchsetzte – heftig kritisiert wurde. Zur Ausführung kam der Entwurf von Voits ehemaligem Schüler Rudolf Wilhelm Gottgetreu, der zwar ebenfalls eine Einturmfassade vorsah, das Langhaus jedoch als dreischiffige Emporenkirche konzipierte.[9]

Für die evangelische Diasporagemeinde in Eichstätt plante August Thiersch ab 1882 die Erlöserkirche mit Pfarrhaus. Um den Kirchenbau – trotz seiner abgedrängten Lage zwischen Gymnasium und Jesuitenkirche – optisch ins Blickfeld zu rücken, fügte er dem basilikalen Langhaus an der Eingangsseite eine zweigeschossige, konvex ausschwingende Vorhalle sowie an der nordwestlichen Längsseite einen Glockenturm in der Art eines Campanile an. Durch den an italienischen Vorbildern der Romanik orientierten Stil und das unverputzte Ziegelmauerwerk hebt sich der Bau zusätzlich vom barock geprägten Stadtbild ab.[10]

SYNAGOGEN

Unter Ludwig II. wurden mehrere Synagogen in Bayern errichtet – etwa in Kaiserslautern, München und Nürnberg [4–5]. Ihre repräsentative Architektur spiegelt den neuen Status der jüdischen Gemeinden wider, die mit der Reichsgründung 1871 bürgerliche Gleichberechtigung erhielten. Sehr komplex ist die Baugeschichte der Synagoge in München: 1870 war zunächst ein Bauplatz am Wittelsbacherplatz vorgesehen; nachdem die Gemeinde von diesem Grundstück aus baupolizeilichen Gründen absehen und auch einen Bauplatz an der Westenriederstraße wegen aufwendiger Fundamentierungsarbeiten verwerfen musste, wies Ludwig II. ihr 1882 einen Bauplatz aus der Zivilliste an der Herzog-Max-Straße zu. Mit der Planung war – neben Ludwig Lange – ursprünglich Edwin Oppler beauftragt, der sich bereits mit prominenten Synagogenbauten hervorgetan und 1868 ein Vorprojekt für die Nürnberger Synagoge [5] vorgelegt hatte. Auch wenn Opplers Entwurf von 1872 – eine neoromanische Basilika mit Doppelturmfassade, Querhaus und Kuppel über dem Allerheiligsten –

[3] München, Vorprojekt zur evang. Kirche St. Markus, Perspektive, AUGUST THIERSCH, 1870

[4] München, Vorprojekt zur Synagoge,
MATTHIAS BERGER, 1880

nicht zur Ausführung kam, war sie doch vorbildgebend für den später nach Plänen von Albert Schmidt realisierten Bau. Auch dieser war im neoromanischen Stil gehalten, der in den theoretischen Abhandlungen Opplers für jüdische Kultbauten präferiert wurde, da er sowohl „national" sei als auch an die Blütezeit des Synagogenbaus im aschkenasischen Raum – etwa an die Synagogen in Worms, Speyer und Prag – anknüpfe. Den orientalisierenden Stil, der für die Münchner Synagoge etwa in einem Entwurf von Matthias Berger vorgeschlagen wurde [4], lehnte Oppler dezidiert ab, da er „gar keine Beziehung zum Judenthume" habe und somit nicht Ausdruck eines Bauwerks sein könne, „welches der deutsche Jude im 19. Jahrhundert, als ebenbürtiger Bürger des Deutschen Reiches, zur Ehre Gottes" errichte.[11]

KB

[5] Nürnberg, Vorprojekt zur Synagoge, EDWIN OPPLER, 1868

1 Vgl. Körner 2012, o. P.
2 Vgl. Botzenhart 2011, 58–59. – Rumschöttel 2011a, bes. 16–17.
3 Vgl. Blessing 1982, 133. – Schickel 1987, 157–163.
4 Vgl. Habel 1971, 30–31. – Schickel 1987, bes. 183–197. – Schmid 2008.
5 Vgl. Habel 1971, 39. – Stenger 1981, Bd. 1, bes. 40–54. – Götz/Schack-Simitzis 1988, 183. – Appuhn-Radtke 2013.
6 Vgl. Habel 1971, 35. – Götz/Schack-Simitzis 1988, 184–188.
7 Vgl. Doering 1924, 12–15. – Bößl 1961, 76–88. – Habel 1971, 32–35. – Götz/Schack-Simitzis 1988, 188–189.
8 Vgl. Habel 1971, 28–30. – Kotzur 1978, bes. 51.
9 Vgl. Kotzur 1978, bes. 152.
10 Vgl. Stenger 1981, Bd. 1, 55–59.
11 Zitat nach Hammer-Schenk 1981, Bd. 1, 381. Siehe zudem Fritsch 1888. – Hammer-Schenk 1981, Bd. 1, 379–387. – Hammer-Schenk 1988, 225–235. – Angermair/Heusler/Ohlen 1999, 65–83. – Bauer/Brenner 2006, bes. 99–100, 234.

KATHOLISCHER KIRCHENBAU

— München, Pfarrkirche Heilig-Kreuz, Georg von Dollmann, 1866–1886

— München, Pfarrkirche St. Ursula, August Thiersch, 1879–1897

— München, Pfarrkirche St. Benno, Leonhard Romeis, 1885–1895

— München, Pfarrkirche St. Anna im Lehel, Gabriel von Seidl, 1885–1892

— Weißenhorn, Stadtpfarrkirche Mariä Himmelfahrt, August von Voit, 1865–1870

EVANGELISCHER KIRCHENBAU

— München, zweite protestantische Kirche, Rudolf Gottgetreu, 1870–1877

— Eichstätt, evang.-luth. Erlöserkirche mit Pfarrhaus, August Thiersch, 1882–1887

SYNAGOGEN

— Kaiserslautern, ehem. Synagoge, Ludwig Levy, 1884–1886

— München, ehem. Synagoge in der Herzog-Max-Straße, Albert Schmidt, 1884–1887

— Nürnberg, ehem. Synagoge, Adolf Wolff, 1868–1874

München, Standort der ehem. Hauptsynagoge in der Herzog-Max-Straße, ALBERT SCHMIDT, 1884–1887 (Gedenkstein, HERBERT PETERS, 1969)

München, kath. Pfarrkirche Hl. Kreuz, GEORG VON DOLLMANN, 1866–1886

XII.
Schlossbau

[1] Schloss Neuschwanstein, Idealansicht,
CHRISTIAN JANK, 1868

Die Königsschlösser Neuschwanstein, Linderhof und Herrenchiemsee, die Ludwig II. ab 1868 in abgelegener Natur plante, waren alle drei bei seinem Tod 1886 nicht vollendet. Heute sind es die prominentesten Bauten des Historismus in Bayern und darüber hinaus die bekanntesten Schlösser Deutschlands aus dieser Epoche. Daneben ließ der König weitere, teilweise nicht mehr erhaltene Bauten wie den Wintergarten auf der Münchner Residenz, den Hubertuspavillon im Ammerwald oder das Königshaus auf dem Schachen errichten; andere Projekte – etwa solche zu weitläufigen Palastanlagen nach byzantinischem und chinesischem Vorbild – blieben unausgeführt. Von Neogotik und Neoromanik über Neobarock und Neorokoko bis hin zu orientalisierenden Stilen wurde bei diesen Bauten und Projekten nahezu das gesamte stilistische Repertoire des Historismus in höchster Qualität umgesetzt. Der Bezug auf geschichtliche Formen war dabei nicht willkürlich, sondern hatte jeweils eine dezidierte politische Bedeutung. So fand beispielsweise die Neorenaissance, die mit dem Aufstieg des Bürgertums assoziiert wird und die im letzten Drittel des 19. Jahrhunderts bei öffentlichen Bauten vorherrschend war, bei den Schlössern Ludwigs II. keine Berücksichtigung – wohl in bewusster Abgrenzung von der bürgerlichen Baukunst der damaligen Zeit.

DIE KÖNIGSSCHLÖSSER IM KONTEXT DES HISTORISTISCHEN SCHLOSSBAUS

Die bis heute von den Schlössern Ludwigs II. hervorgerufene Faszination rührt nicht zuletzt daher, dass die Bauleidenschaft des Königs und die dadurch verursachten Schulden im Rahmen seiner Absetzung im

Jahr 1886 gleichsam als Beleg für die ihm attestierte „Paranoia" herangezogen wurden. Im Kontext des historistischen Schlossbaus erscheinen die Königsschlösser, die Ludwig II. mit privaten Mitteln finanzierte, jedoch keineswegs absonderlich: In Hinblick auf ihre Anzahl, Größe und die gewählten Stile sowie den künstlerischen und finanziellen Aufwand sind sie durchaus mit anderen Schlossbauten vergleichbar, die europäische Herrscher zwischen dem Ende des 18. Jahrhunderts und dem Ersten Weltkrieg – vor allem auch als Reaktion auf die Ideen der Französischen Revolution – errichten ließen. Darunter befinden sich zahlreiche Schlösser, die in mittelalterlichen Stilen über Burgruinen aufgebaut wurden, wie etwa die 1801–1836 errichtete Franzensburg in Niederösterreich für Kaiser Franz II., das 1826–1847 erbaute Schloss Stolzenfels bei Koblenz für Friedrich Wilhelm IV. von Preußen oder die Burg Hohenzollern, die 1850–1867 als Denkmal der preußischen Dynastie auf der Schwäbischen Alb realisiert wurde. Doch auch die auf das Ancien Régime Bezug nehmenden Stile des Neobarock und Neorokoko waren in den 1860er-Jahren, als Ludwig II. mit der Planung seiner Schlösser begann, bereits etabliert und fanden vor allem bei der Innenraumgestaltung – so etwa bei Schloss Schönbrunn unter Kaiser Ferdinand I. – Anwendung. Auch orientalisierende Stilformen wurden im Schlossbau aufgegriffen. Ein herausragendes Beispiel ist die Wilhelma bei Stuttgart, die 1842–1846 von Karl Ludwig von Zanth für König Wilhelm von Württemberg erbaut wurde.[1]

BESONDERHEITEN DER KÖNIGSSCHLÖSSER

Trotz dieser Parallelen unterscheiden sich die Königsschlösser Ludwigs II. jedoch in bestimmten Aspekten deutlich von anderen Schlossbauten des Historismus. An erster Stelle gilt dies für ihre Funktion, denn sie waren weder für Staatshandlungen oder Repräsentationsaufgaben noch für Wohnzwecke bestimmt. Während der Großteil der Schlossbauten dieser Epoche vor allem darauf ausgerichtet war, die Anciennität der jeweiligen Dynastie und damit deren Herrschafts-

[2] Schloss Linderhof, GEORG VON DOLLMANN, JULIUS HOFMANN und andere, 1870–1886 (Foto: WÜRTHLE UND SPINNHIRN, um 1887)

anspruch sinnfällig darzustellen, sind die Bezüge auf das Geschlecht der Wittelsbacher bei den Königsschlössern wesentlich indirekter. Die Intention des Bauherrn war hier grundverschieden: Im Sinne der Ideen Richard Wagners, dessen Opernreform auf die Erzeugung einer größtmöglichen Illusion idealer Welten abzielte, und ähnlich den in dieser Zeit beliebten „imaginären Reisen" und „künstlichen Paradiese", wie sie auf Weltausstellungen und anderen Schauen des 19. Jahrhunderts erlebbar waren, dienten die Königsschlösser vor allem der möglichst vollkommenen Immersion in „poetische Zufluchtsorte" und politische Gegenwelten zum konstitutionellen Königreich. Anders als üblich waren diese auf die persönlichen Vorstellungswelten Ludwigs II. ausgerichteten Bauten daher auch nicht öffentlich zugänglich. Die Bauten und Projekte des bayerischen Königs konzentrieren sich auf drei Themenfelder, mit denen sich der äußerst belesene Regent umfassend auseinandersetzte: Sie betreffen mittelalterliche Sagen, das Ancien Régime und die Welt des Orients.[2]

MITTELALTERLICHE SAGENWELT

Zu diesem Themenbereich gehört, neben dem nicht realisierten Burgschloss Falkenstein, die „Neue Burg Hohenschwangau", wie das ab 1868 bei Füssen, auf dem als „Jugend" bezeichneten Bergrücken geplante Schloss Neuschwanstein zunächst genannt wurde [1]. In Blickbeziehung mit der väterlichen Burg Hohenschwangau, die bereits mit Bilderzyklen mittelalterlicher Sagen ausgestattet war, sollte es „im echten Styl der alten deutschen Ritterburgen" ausgeführt werden.[3] Vorbild gebend für Architektur und Ausstattung waren die Handlungsorte aus Wagners Opern beziehungsweise die diesen zugrunde liegenden mittelalterlichen Epen. Anregungen für den Bau erhielt Ludwig II. zudem während zweier Reisen nach Thüringen und Paris im Jahr 1867, auf denen er zwei wiederaufgebaute Burgen besichtigte: Um den Schauplatz des in Wagners *Tannhäuser* verarbeiteten Sängerwettstreits kennenzulernen, besuchte er im Juni die Wartburg bei Eisenach, die ab 1853 durch Hugo von Ritgen restauriert worden war. Auf seiner Paris-Reise einen Monat später lud ihn Kaiser Napoleon III. zur Besichtigung seiner zukünftigen Residenz in Pierrefonds ein, die nach Plänen Eugène Viollet-le-Ducs gerade über einer mittelalterlichen Burgruine errichtet wurde.[4]

Ein komplexes ikonografisches Programm liegt insbesondere dem Thronsaal von Neuschwanstein zugrunde. So weist dieser nachträglich wesentlich vergrößerte Saal im byzantinischen Stil etwa Bezüge zur Hagia Sophia in Istanbul sowie zur Allerheiligenhofkirche und zu St. Bonifaz in München auf. Die sich hier bereits abzeichnende sakrale Überhöhung sollte bei dem nicht ausgeführten Burgschloss Falkenstein noch gesteigert werden: Dort war das Schlafzimmer als „Weiheraum des Königtums" konzipiert, mit einem Bett in den Formen eines Baldachinaltars.[5]

ANCIEN RÉGIME

Auf die absolutistische Herrschaft der Bourbonen – insbesondere auf Ludwig XIV., mit dem sich Ludwig II. durch das Taufsakrament verbunden sah – beziehen sich die Schlösser Linderhof und Herrenchiemsee sowie der nicht erhaltene Hubertuspavillon im Ammerwald. Bei dem ab 1870 im Graswangtal errichteten Schloss Linderhof, das dem Bautypus einer königlichen Villa folgt, wird die für die Königsschlösser charakteristische prozesshafte Genese besonders deutlich [2]: Ausgehend von einem dreiräumigen Holzständeranbau an das bestehende „Königshäuschen" von Maximilian II., dessen schlichter Außenbau nichts von der prachtvollen Neorokokoausstattung erahnen ließ, entwickelte sich sukzessive der Bau in seiner heutigen Form, der ab 1873 eine gemauerte Ummantelung in neobarocken Formen erhielt.[6]

Unter dem Decknamen „Tmeicos Ettal", einem Anagramm von „L'état c'est moi", plante Ludwig II. ab 1868 ein Schloss, das gleich einer permanenten Theateraufführung bedeutende Elemente aus drei Epochen von Versailles abbreviaturhaft und symbolisch verdichtet zitiert. Der vom König aufgrund der Nähe zu Ettal präferierte Standort im Graswangtal musste – nachdem sich das Projekt in etwa 13 Planungsphasen vom Torso zum weitläufigen Schlosskomplex entwickelt hatte – vor allem wegen mangelnder Wasserversorgung aufgegeben und auf die 1873 erworbene Chiemsee-Insel Herrenwörth verlegt werden. Neben der berühmten Spiegelgalerie verwirklichte Ludwig II. hier eine rekonstruktive Neuschöpfung der Escaliers des Ambassadeurs, die in Versailles bereits im 18. Jahrhundert entfernt worden und lediglich über Stiche und Beschreibungen überliefert war.[7]

[3] München, Residenz, Wintergarten Ludwigs II., Maurischer Kiosk (1. Projekt), FRANZ SEITZ, 1868

ORIENTALISIERENDE BAUTEN UND PROJEKTE

Auf die Architekturen des sogenannten Orients, die seit den Weltausstellungen in London 1851 und Paris 1867 vielfach rezipiert wurden, nahm Ludwig II. bereits bei seinen frühesten Bauten Bezug. Für den von ihm 1867–1871 auf dem Dach der Münchner Residenz als Glas-Eisen-Konstruktion realisierten Wintergarten sah er neben einem Indischen Königszelt und einer Indischen Fischhütte einen Maurischen Kiosk vor, für den er zwei Projekte ausführen ließ – der erste Kiosk kam schließlich in Schloss Berg zur Aufstellung [3].[8] Als einer der frühesten orientalisierenden Bauten Ludwigs II. wurde zudem 1869–1872 das Königshaus auf der Schachen-Alpe errichtet, in dessen Obergeschoss sich ein Türkischer Saal nach dem Vorbild des Palasts von Eyüp bei Istanbul befindet.[9]

[4] Schloss Neuschwanstein, Vorentwurf zu einem Maurischen Saal, um 1885

Für den Linderhofer Schlosspark erwarb Ludwig II. den Maurischen Kiosk des preußischen Architekten Carl von Diebitsch, den er auf der Pariser Weltausstellung 1867 gesehen hatte, über Umwege von dem Industriellen Bethel Henry Strousberg. Auch von der Pariser Weltausstellung 1878, zu der Georg von Dollmann als Agent des Königs geschickt worden war, kaufte Ludwig II. ein vorfabriziertes Gebäude: die in Marokko gefertigte Maison du Maroco, die er bei Linderhof, im Gebiet der Kreuzspitze, aufbauen und neu ausstatten ließ. Ein ebenfalls für Linderhof geplantes Projekt für eine Kubba mit Hof nahm auf die Alhambra, das mit Abstand beliebteste Vorbild des Orientalismus, Bezug, kam jedoch nicht zur Ausführung. Ebenfalls unausgeführt blieb ein Maurischer Saal, den Georg von Dollmann ab 1882 für das erste Obergeschoss von Schloss Neuschwanstein geplant hatte; er befand sich beim Tod Ludwigs noch im Bau und wurde nicht mehr fertiggestellt [4].[10]

KB

1 Vgl. Hojer 1986. – Rauch 1993. – Ottomeyer 2011.

2 Vgl. Ottomeyer 2011. – Schatz 2011b. – Spangenberg 2015b. – Wiesneth 2015.

3 Schreiben Ludwigs II. an Richard Wagner vom 13. Mai 1868. Zit. nach Hojer 1986, 289.

4 Vgl. Hojer 1986, 289–298. – Petzet 1995, 45–82. – Spangenberg 1999. – Schatz 2011. – Spangenberg 2015b, 14–20.

5 Vgl. Petzet 1995, 82–88. – Schatz 2011, 94–95. – Rösch 2016, 127 ff.

6 Vgl. Hojer 1986, 304 ff. – Petzet 1995, 125–159. – Voit 2012, bes. 47–60. – Wiesneth 2015, bes. 44–46.

7 Vgl. Rauch 1993. – Petzet 1995, 126, 222–254. – Rauch 1995.

8 Vgl. Schmid 1986, bes. 67 ff. Siehe hierzu und zum Folgenden auch Hojer 1986, 426–451.

9 Vgl. Hojer 1986, 428–430, 433–434. – Hojer/Schmid/Schmid 1993.

10 Vgl. Hojer 1986, 426–433.

MITTELALTERLICHE SAGENWELT

- Schloss Neuschwanstein, Christian Jank, Eduard von Riedel, Georg von Dollmann und Julius Hofmann, 1868–1892
- Burgschloss Falkenstein (nicht realisiertes Projekt), Christian Jank, Max Schultze und Julius Hofmann, 1883–1886

ANCIEN RÉGIME

- Schloss Linderhof, Georg von Dollmann und Julius Hofmann, 1870–1886
- Schloss Herrenchiemsee, Georg von Dollmann und Julius Hofmann, 1868–1886
- Hubertuspavillon (teilrealisiert, nicht erhalten), Julius Hofmann, 1884–1886

ORIENTALISIERENDE BAUTEN UND PROJEKTE

- München, Wintergarten Ludwigs II. auf der Residenz, Eduard von Riedel, Carl von Effner und andere, 1867–1871
- Königshaus auf dem Schachen mit „Türkischem Saal", Georg von Dollmann, 1869–1872
- Byzantinischer Palast (1. und 2. Projekt, nicht ausgeführt), Georg von Dollmann und Julius Hofmann, 1869/70 und 1885
- Maurischer Kiosk, Carl von Diebitsch, 1867 (1876 im Linderhofer Schlosspark aufgestellt)
- Marokkanisches Haus, anonym, 1878 (1878 bei Linderhof aufgestellt)
- Kubba (nicht realisiertes Projekt), Georg Dehn und Georg von Dollmann, 1878/79
- Schloss Neuschwanstein, Maurischer Saal (nicht realisiertes Projekt), Georg von Dollmann, 1882–1886

A
B
C
D

Schloss Linderhof, GEORG VON DOLLMANN, JULIUS HOFMANN und andere, 1870–1886

Schloss Linderhof, Spiegelkabinett, GEORG VON DOLLMANN, JULIUS HOFMANN und andere, 1870–1886

Schloss Linderhof,
Schlafzimmer,
GEORG VON
DOLLMANN, JULIUS
HOFMANN und
andere, 1870–1886

Schachen, Königshaus,
GEORG VON DOLLMANN, 1869–1872

Schloss Neuschwanstein, Thronsaal,
JULIUS HOFMANN, 1881–1887

Schloss Neuschwanstein, Sängersaal, CHRISTIAN JANK, GEORG DEHN und JULIUS HOFMANN, 1868–1884

Schloss Neuschwanstein, EDUARD VON RIEDEL, GEORG VON DOLLMANN und JULIUS HOFMANN, 1868–1886

A

ALLOM/WALSH um 1840: Thomas Allom und Robert Walsh. *Constantinople and the Scenery of the seven Churches of Asia Minor illustrated.* London/Paris, o.J. [um 1840].

ALTENBUCHNER 2001: Klaus Altenbuchner. „Der Königsplatz in München. Entwürfe von Leo von Klenze bis Paul Ludwig Troost". In *Oberbayerisches Archiv 125* (2001), 7–126.

ALTENBUCHNER 2006: Klaus Altenbuchner. „Königsplatz. München". In *Historisches Lexikon Bayerns,* 02.08.2006 [https://www.historisches-lexikon-bayerns.de/Lexikon/Königsplatz,_München (05.05.2018)].

ALTMANN u.a. 2003: Bernd Altmann u.a. „Werkverzeichnis Nr. 77–110". In *Gottfried Semper (1803–1879). Architektur und Wissenschaft,* hrsg. von Winfried Nerdinger und Werner Oechslin. Ausst.-Kat. Architekturmuseum der TU München/Institut für Geschichte und Theorie der Architektur, Departement Architektur der ETH Zürich. München u.a., 2003, 330–428.

ANGERMAIR/HEUSLER/OHLEN 1999: Elisabeth Angermair, Andreas Heusler und Eva Ohlen. *Beth ha-Knesseth – Ort der Zusammenkunft. Zur Geschichte der Münchner Synagogen, ihrer Rabbiner und Kantoren.* München, 1999.

ANSPRACHE REALGYMNASIUM 1866: Anonym. *Ansprache nach der feierlichen Grundsteinlegung des königl. Realgymnasiums, der Gewerbe- und Handels-Schule sowie der höheren Töchterschule der Stadt Speyer bei Gelegenheit der 50jährigen Jubelfeier der Wiedervereinigung der Pfalz mit der Krone Bayern am 6. Mai 1866.* o.A., 1866 [StadtA Speyer 5].

APPUHN-RADTKE 2013: Sibylle Appuhn-Radtke. *Harmonie als zeitlose Qualität. St. Ursula in München-Schwabing. Ein Kirchenbau von August Thiersch.* München, 2013.

ARETIN 2006: Cajetan Freiherr von Aretin. *Die Erbschaft des Königs Otto von Bayern. Höfische Politik und Wittelsbacher Vermögensrechte 1916 bis 1923.* München, 2006.

ARNOLD 1979: Matthias Arnold. *Architektur des 19. Jahrhunderts in Augsburg. Zeichnungen vom Klassizismus bis zum Jugendstil.* Ausst.-Kat. Städt. Kunstsammlungen Augsburg. Augsburg, 1979.

B

BACH-DAMASKINOS 2011: Ruth Bach-Damaskinos. „Marientorgraben 8 II: Kunstpavillon – Glaspalast – Norishalle 1882–1945". In *Norica. Berichte und Themen aus dem Stadtarchiv Nürnberg* 7 (2011), 72–82.

BACHMAYER 1877: Monika Bachmayer. *Schloss Linderhof. Architektur, Interieur und Ambiente einer „Königlichen Villa".* Diss. masch. München, 1977.

BACHMEIER 1988: Doris Bachmeier. *Lorenz Gedon 1844–1883. Leben und Werk.* München, 1988.

BARCLAY 1995: David E. Barclay. *Anarchie und guter Wille. Friedrich Wilhelm IV. und die preußische Monarchie.* Berlin, 1995.

BARTHOLOMÄUS 1990: Christine Bartholomäus. „Die Ringparkanlagen". In *Gärten und Grünanlagen in Würzburg. Ihre Entwicklung und Bedeutung,* hrsg. von der Generaldirektion der Staatlichen Archive Bayerns. München, 1990, 211–250.

BARTOSCHEK/BETTHAUSEN/KAHLAU 1995: Gerd Bartoschek, Peter Betthausen und Irene Kahlau. *Friedrich Wilhelm IV. Künstler und König,* hrsg. von der Stiftung Preußischer Schlösser und Gärten Berlin-Brandenburg. Ausst.-Kat. Neue Orangerie Sanssouci Potsdam. Frankfurt am Main, 1995.

BAUER 1877: Wolfgang Bauer. *Die Eröffnung des neuen Wilhelms-Gymnasiums in München am 24. October 1877.* München, 1877.

BAUER 1980: Hermann Bauer. „Der Herrschaft Größe vor der Kunst verschwindet, ...'. Die Bedeutung der Kunst bei Ludwig I. von Bayern". In *Festschrift für Wilhelm Messerer zum 60. Geburtstag.* Köln, 1980, 315–324.

BAUER/BRENNER 2006: Richard Bauer und Michael Brenner. *Jüdisches München. Vom Mittelalter bis zur Gegenwart.* München, 2006.

BAUERNFEIND 2011: Martina Bauernfeind. „Marientorgraben 8 I: Bäderlandschaft am Fluss – das Nürnberger Volksbadprojekt von 1875". In *Norica. Berichte und Themen aus dem Stadtarchiv Nürnberg* 7 (2011), 54–71.

BAUMANN 1999: Günther Baumann. *Das Münchner Waisenhaus. Chronik 1899–1999,* hrsg. vom Sozialreferat der Landeshauptstadt München. München, 1999.

BAUMGARTNER 1981: Georg Baumgartner. *Königliche Träume. Ludwig II. und seine Bauten.* München, 1981.

BAUMGARTNER 1987: Georg Baumgartner. *Schloss Hohenschwangau: eine Untersuchung zum Schloßbau der Romantik.* München, 1987 (= Beiträge zur Kunstwissenschaft, 15).

BAUREFERAT TIEFBAU 1969: Anonym. *Stadtentwässerung München,* hrsg. vom Baureferat Tiefbau. München, 1969.

BAYERISCHES STATISTISCHES BÜRO 1906: Anonym. *Arbeiterwohlfahrtseinrichtungen in bayerischen Fabriken und größeren Gewerbebetrieben: Denkschrift,* hrsg. vom K.-Bayerischen Statistischen Büro. München, 1906.

BECHTOLD/WEISS 1996: Frank-Andreas Bechtold und Thomas Weiss, Hrsg. *Weltbild Wörlitz. Entwurf einer Kulturlandschaft.* Ausst.-Kat. Deutsches Architekturmuseum Frankfurt am Main. Stuttgart, 1996.

BECKER/GRIMMINGER/HEMMETER 2002: Frank Becker, Christina Grimminger und Karlheinz Hemmeter. *Stadt Ingolstadt. Ensembles, Baudenkmäler, Archäologische Denkmäler,* hrsg. von Michael Petzet, Bayerisches Landesamt für Denkmalpflege. München, 2002 (= Denkmäler in Bayern, I.1/1-2).

BEETZ 1883: Wilhelm von Beetz. *Offizieller Bericht über die im königlichen Glaspalaste zu München 1882 unter dem Protektorate Sr. Majestät des Königs Ludwig II. von Bayern stattgehabte Internationale Elektricitäts-Ausstellung verbunden mit elektrotechnischen Versuchen.* München, 1883.

BENJAMIN 1992: Walter Benjamin. *Gesammelte Schriften, Bd. 7: Nachträge, 2. Teil,* hrsg. von Rolf Tiedemann und Hermann Schweppenhäuser. Frankfurt am Main, 1992.

BERGER 2003: Albrecht Berger. „Les projets byzantins de Louis II de Bavière". In *Byzance en Europe,* hrsg. von Marie-France Auzépy. Vincennes, 2003, 75–85.

BERGER 2016: Albrecht Berger. „Byzantium in Bavaria". In *The reception of Byzantium in European culture since 1500,* hrsg. von Przemysław Marciniak und Dion C. Smythe. Farnham u.a., 2016, 115–131.

BERICHT 1865: Anonym. *Bericht über den Bestand und das Wirken des Münchener Kunstvereins während des Jahres 1864, erstattet vom Verwaltungs-Ausschuß in der Generalversammlung vom 31. Januar 1865.* München, 1865.

BERICHT 1866: Anonym. *Bericht über den Bestand und das Wirken des Münchener Kunstvereins während des Jahres 1865, erstattet vom Verwaltungs-Ausschusse in der Generalversammlung vom 31. Januar 1866.* München, 1866.

BERICHT 1867: Anonym. *Bericht über den Bestand und das Wirken des Münchener Kunstvereins während des Jahres 1866, erstattet vom Verwaltungs-Ausschusse in der Generalversammlung vom 31. Januar 1867.* München, 1867.

BERICHT 1867–1869: Anonym. *Bericht über die allgemeine Ausstellung zu Paris im Jahre 1867,* hrsg. vom K. K. Österreichischen Central-Comité. Wien, 1867–1869.

BERICHT 1868: Anonym. *Bericht über den Bestand und das Wirken des Münchener Kunstvereins während des Jahres 1867, erstattet vom Verwaltungs-Ausschusse in der Generalversammlung vom 31. Januar 1868.* München, 1868.

BERICHT 1883: Anonym. *Die Bayrische Landes- Industrie- Gewerbe- und Kunst-Ausstellung Nürnberg 1882.* Nürnberg, 1883.

BERICHT 1888: Anonym. *Bericht über den Bestand und das Wirken des unter dem Allerhöchsten Protektorate Seiner Königlichen Hoheit des Prinz-Regenten Luitpold von Bayern stehenden Kunstvereines München während des Jahres 1887.* München, 1888.

BERICHT 1889: Anonym. *Bericht über die Schwäbische Kreis-, Industrie-, Gewerbe- und kunsthistorische Ausstellung Augsburg 1886 verbunden mit landwirthschaftlichen Fachausstellungen.* Augsburg, 1889.

BERICHT POLYTECHNISCHE SCHULE 1869: Anonym. *Bericht über die Königl. Polytechnische Schule zu München für das Studienjahr 1868–1869. Mit einer Abbildung und Beschreibung des Neubaues der polytechnischen Schule von dem Vorstande der Hochbau-Abtheilung Professor Gottfried Neureuther.* München, 1869.

BILLER/RASP 2003[2]: Josef H. Biller und Hans-Peter Rasp. *München. Kunst & Kultur.* 2. Aufl. München, 2003.

BILLER/RASP 2009[3]: Josef H. Biller und Hans-Peter Rasp. *München Kunst & Kultur. Stadtführer und Handbuch.* 3. Aufl. München, 2009.

BLESSING 1978: Werner K. Blessing. „The Cult of Monarchy, Political Loyalty and the Workers' Movement in Imperial Germany". In *Journal of Contemporary History 13*, Nr. 2 (04.1978), 357–375.

BLESSING 1982: Werner K. Blessing. *Staat und Kirche in der Gesellschaft. Institutionelle Autorität und mentaler Wandel in Bayern während des 19. Jahrhunderts.* Göttingen, 1982 (= Kritische Studien zur Geschichtswissenschaft, 51).

BLUME 2010: Gisela Naomi Blume. „Die israelitische Waisenanstalt Fürth". In *Fürther Geschichtsblätter* 60 (2010), Heft 3, 59–86.

BLÜMNER 1881: Hugo Blümner. *Laokoon-Studien. Erstes Heft. Über den Gebrauch der Allegorie in den bildenden Künsten.* Freiburg/Tübingen, 1881.

BLUNTSCHLI/LASIUS 1900[2]: Friedrich Bluntschli und Georg Lasius. „Stadt- und Rathäuser". In *Handbuch der Architektur.* Vierter Teil, 7. Halbband, 1. Heft. 2. Aufl. Stuttgart, 1900, 3–138.

BÖHM 1924[2]: Gottfried von Böhm. *Ludwig II. König von Bayern. Sein Leben und seine Zeit.* 2. Aufl. Berlin, 1924.

BOISSERÉE 1835: Sulpiz Boisserée. *Ueber die Beschreibung des Tempels des Heiligen Grales.* München, 1835.

BÖMCHES 1868: Friedrich Bömches. *Die Arbeiter-Häuser auf der Pariser Weltausstellung von 1867.* Wien, 1868.

BOSL 1990[7]: Karl Bosl. *Bayerische Geschichte.* 7. Aufl. Pfaffenhofen, 1990.

BÖSSL 1961: Hans Bößl. *Der Architekt Gabriel von Seidl und seine Münchener Bauten.* TU Diss. Ms. masch. München, 1961.

BOTT 1985: Gerhard Bott, Hrsg. *Leben und Arbeiten im Industriezeitalter. Eine Ausstellung zur Wirtschafts- und Sozialgeschichte Bayerns seit 1850.* Ausst.-Kat. Germanisches Nationalmuseum Nürnberg/Centrum Industriekultur Nürnberg. Stuttgart, 1985.

BOTZENHART 2004: Christof Botzenhart. *„Ein Schattenkönig ohne Macht will ich nicht sein". Die Regierungstätigkeit König Ludwigs II. von Bayern.* München, 2004 (= Schriftenreihe zur Bayerischen Landesgeschichte, 142).

BOTZENHART 2011: Christof Botzenhart. „König Ludwig II. von Bayern – Ein politischer König?". In *Ludwig II. Tod und Memoria,* hrsg. von Bernhard Lübbers und Marcus Spangenberg. Regensburg, 2011, 51–59.

BRAUN 1994: Günter Braun. *Schicht-Wechsel. Arbeiter und Gewerkschaft in der Chemie-Stadt Ludwigshafen.* Mannheim, 1994.

BRAUN 2007: Helmut Braun. „Industrialisierung". In *Historisches Lexikon Bayerns,* 22.01.2007 [http://www.historisches-lexikon-bayerns.de/Lexikon/Industrialisierung (31.05.2018)].

BRÄUNLEIN 2000: Manfred Bräunlein. *Die Ostbahnen: königlich privilegiert und bayerisch: von den Anfängen bis zur Verstaatlichung, 1851 bis 1875.* Nürnberg, 2000.

BREUER 1982: Rüdiger Breuer. „Expansion der Städte. Stadtplanung und Veränderung des Baurechts im Kaiserreich". In *Kunstpolitik und Kunstförderung im Kaiserreich,* hrsg. von Ekkehard Mai, Hans Pohl und Stephan Waetzold. Berlin, 1982 (= Kunst, Kultur und Politik im Deutschen Kaiserreich, 2), 225–243.

BREUER 1993: Tilmann Breuer. „Naturlandschaft, Kulturlandschaft, Denkmallandschaft". In *Icomos. Hefte des deutschen Nationalkomitees. Journals of the German National Comittee. Cahiers du Comité National Allemand 11* (1993), 13–19.

BRIX/STEINHAUSER 1978: Michael Brix und Monika Steinhauser, Hrsg. „Geschichte im Dienst der Baukunst. Zur historistischen Architektur-Diskussion in Deutschland". In *„Geschichte allein ist zeitgemäß". Historismus in Deutschland.* Gießen, 1978, 199–327.

BRÖNNER 1994[2]: Wolfgang Brönner. *Die bürgerliche Villa in Deutschland 1830–1890.* 2. Aufl. Worms, 1994.

BUCHMÜLLER 2014: Maximilian A. Buchmüller. *Psychiatriearchitektur als Ausdruck gesundheitsreformerischer Programme in Bayern und Österreich bis 1880.* Univ. Diss. Ms. masch. Graz, 2014.

BUDDENSIEG 1984: Tilmann Buddensieg, Hrsg. *Villa Hügel. Das Wohnhaus Krupp in Essen.* Berlin, 1984.

BUDDENSIEG/ROGGE 1981: Tilmann Buddensieg und Henning Rogge, Hrsg. *Die nützlichen Künste. Gestaltende Technik und Bildende Kunst seit der Industriellen Revolution.* Berlin, 1981.

BURCKHARDT 1997[2]: Jacob Burckhardt. „Die Allegorie in den Künsten". In *Die Kunst der Betrachtung. Aufsätze und Vorträge,* hrsg. von Henning Ritter. 2. Aufl. Köln, 1997, 240–261.

BURGNER 2004: Willfried Burgner. *Karl Albert Gollwitzer 1839–1917. Ein Augsburger Baumeister, Architekt und Visionär,* hrsg. vom Architekturmuseum Schwaben. Augsburg, 2004.

BUSCHMANN 1985: Walter Buschmann. „Architektonische und städtebauliche Formen im Arbeitersiedlungsbau des 19. Jahrhunderts in Deutschland". In *Arbeitersiedlungen im 19. Jahrhundert. Historische Entwicklung, Bedeutung und aktuelles Erhaltungsinteresse,* hrsg. von Johannes Biecker und Walter Buschmann. Bochum, 1985, 23–66.

BUTTLAR 1989: Adrian von Buttlar. *Der Landschaftsgarten. Gartenkunst des Klassizismus und der Romantik.* Köln, 1989.

BÜTTNER 1980–1999: Frank Büttner. *Peter Cornelius. Fresken und Freskenprojekte,* 2 Bde. Wiesbaden, 1980–1999.

BÜTTNER 2006: Frank Büttner. „Die Akademie und das Renommee Münchens als Kunststadt". In *Zeitenblicke 5* (2006), Nr. 2 [www.zeitenblicke.de/2006/2/Buettner/index_html (15.03.2018)].

BUTZ 1887: B. Butz. *Arbeiter-Wohnhäuser an der Möllenburger Straße der Zwirnerei und Nähfadenfabrik Göggingen.* Göggingen, 1887.

C

CAHN 1902: Ernst Cahn. *Ein Arbeiterwohnungsviertel in einer süddeutschen Provinzstadt (Bayreuth). Eine sozialistische Studie.* Bayreuth, 1902.

CARL 1882[3]: Philipp Carl. *Unter dem Protectorate seiner Majestät des Königs. Catalog für die Internationale Elektricitäts-Ausstellung verbunden mit Elektro-Technischen Versuchen im Königl. Glaspalaste zu München.* 3. Aufl. München, 1882.

CELLINI 2016: Francesco Cellini. „Storia e progetto". In *Francesco Cellini. Mit einem Text von Francesco Dal Co.* Mailand, 2016, 230–232.

CHILDS 1898: Christopher Childs. „The History of Typhoid Fever in Munich". In *The Lancet,* 05.02.1898, 351.

CHUPIN/CUCUZZELLA/HELAL 2015: Jean-Pierre Chupin, Carmela Cucuzzella und Bechara Helal, Hrsg. *Architecture competitions and the production of culture, quality and knowledge: An international inquiry.* Montreal, 2015.

CIANCIOLO COSENTINO 2014: Gabriella Cianciolo Cosentino. „Gotisch oder Arabisch. La riscoperta dell'arte dei barbari fra medievalismo e orientalismo". In *Architettura dell'Eclettismo. Ornamento e decorazione nell'architettura,* hrsg. von Loretta Mozzoni und Stefano Santini. Neapel, 2014, 153–180.

CRAEMER 1867: Josef L. Craemer. *Die Bayerischen Königsschlösser in Wort und Bild.* München, 1898.

CROMME 2015: Rasmus Cromme. „Vom ‚Actien-Volks-Theater' zur ‚Bourgeois-Amüsieranstalt'. 1865–1899". In *„Dem Volk zur Lust und zum Gedeihen". 150 Jahre Gärtnerplatztheater,* hrsg. von Stefan Frey. Ausst.-Kat. Deutsches Theatermuseum München. Leipzig, 2015, 18–35.

ÇELIK 1992: Zeynep Çelik. *Displaying the Orient: architecture of Islam at nineteenth-century world's fairs.* Berkeley, 1992.

D

DANIELL/DANIELL 1813–1815: Thomas Daniell und William Daniell. *Oriental Scenery,* 6 Bde. London, 1813–1815.

DAUM 1998: Andreas Daum. *Wissenschaftspopularisierung im 19. Jahrhundert: Bürgerliche Kultur, naturwissenschaftliche Bildung und die deutsche Öffentlichkeit 1848–1914,* München, 1998.

DAUSS 2007: Markus Dauss. *Identitätsarchitekturen. Öffentliche Bauten des Historismus in Paris und Berlin (1871–1918).* Dresden, 2007.

DEBOLD-KRITTER 1991: Astrid Debold-Kritter. „Das Textilviertel in Augsburg. Beschreibende und photographische Analyse einer historischen Kultur- und Industrie-Landschaft mit ihren Baudenkmälern". In *Beiträge zur Denkmalpflege. Tillmann Breuer zum 60. Geburtstag.* München, 1991 (= Arbeitshefte des Bayerischen Landesamtes für Denkmalpflege 56), 217–235.

DIE DIOSKUREN 1860: Anonym. „Kunst-Chronik München". In *Die Dioskuren 7,* 12.02.1860, 56.

DIENEL/HILZ 1993: Hans-Liudger Dienel und Helmut Hilz, Hrsg. *Bayerns Weg in das technische Zeitalter – 125 Jahre Technische Universität München, 1868–1993.* München, 1993.

DIRRIGL 1984: Michael Dirrigl. *Maximilian II. König von Bayern. Das Kulturkönigtum der Wittelsbacher.* München, 1984 (= Studien zur Literatur-, Kunst-, Kultur- und Geistesgeschichte Bayerns, 2).

DOERING 1924: Oscar Doering. *Zwei Münchener Baukünstler. Gabriel von Seidl – Georg von Hauberrisser.* München, 1924 (= Die Kunst dem Volke, 51).

DUNKEL 2007: Franziska Dunkel. *Reparieren und Repräsentieren. Die Bayerische Hofbauintendanz 1804–1886.* München, 2007.

E

EBELING 1867: Adolf Ebeling. *Die Wunder der Pariser Weltausstellung von 1867.* Köln, 1867.

EICHNER 1998: Wolfgang Eichner. *Das Marokkanische Haus im Schlosspark Linderhof, Bd. 2: Dokumentation zur Wiedererrichtung und Restaurierung,* hrsg. von der Bayerischen Verwaltung der Staatlichen Schlösser, Gärten und Seen. München, 1998.

EISOLD 2000: Norbert Eisold. *Das Dessau-Wörlitzer Gartenreich. Der Traum von der Vernunft.* Rostock, 2000.

EITELBERGER 1879: Rudolf Eitelberger von Edelberg. „Das deutsche Kunstgewerbe. Betrachtungen aus Anlass der Münchner kunstgewerblichen Ausstellung im Jahre 1876". In *Gesammelte kunsthistorische Schriften, Bd. 2: Oesterreichische Kunst-Institute und kunstgewerbliche Zeitfragen.* Wien, 1879, 344–369.

ENGELHARDT 1985: Thomas Engelhardt. „Arbeitswelt in Fabrik und Büro. Menschen nach Maß. Fabrikdisziplin und industrielle Zeitökonomie während der Industrialisierung Bayerns". In *Leben und Arbeiten im Industriezeitalter. Eine Ausstellung zur Wirtschafts- und Sozialgeschichte Bayerns seit 1850,* hrsg. von Gerhard Bott. Ausst.-Kat. Germanisches Nationalmuseum Nürnberg. Stuttgart, 1985, 289–317.

ENGELS/ENGELS/HOPSTOCK 1985: Heinz-Josef Engels, Renate Engels und Katrin Hopstock. *Augustinerkloster – Schule – Sparkasse. Geschichte auf einem Speyerer Bauplatz (erschienen aus Anlaß der Eröffnung des neuen Hauptstellengebäudes der Kreis- und Stadtsparkasse Speyer – Am Siebertplatz),* hrsg. von der Kreis- und Stadtsparkasse Speyer. Speyer, 1985.

ENGELS/MARX 1980: Friedrich Engels und Karl Marx. *Wohnung, Siedlung, Lebensweise: Aus Werken und Briefen von Karl Marx und Friedrich Engels,* hrsg. von Gerhard Schmitz. Berlin, 1980.

ERBEN/FRENKLER 2018: Dietrich Erben und Fritz Frenkler, Hrsg. *Technik als ästhetisches Problem.* München, 2018 (in Vorbereitung).

ERICHSEN 2011a: Johannes Erichsen. „Ein König auf dem Theater". In *Götterdämmerung. König Ludwig II. und seine Zeit,* hrsg. von Peter Wolf, Richard Loibl und Evamaria Brockhoff. Ausst.-Kat. Schloss Herrenchiemsee, 2 Bde. Darmstadt, 2011 (= Veröffentlichungen zur Bayerischen Geschichte und Kultur, 59–60). Katalogband, 11–14.

ERICHSEN 2011b: Johannes Erichsen. „Ludovicus Conservator". In *Götterdämmerung. König Ludwig II. und seine Zeit,* hrsg. von Peter Wolf, Richard Loibl und Evamaria Brockhoff. Ausst.-Kat. Schloss Herrenchiemsee, 2 Bde. Darmstadt, 2011 (= Veröffentlichungen zur Bayerischen Geschichte und Kultur, 59–60), Aufsatzband, 155–162.

ERSCH/GRUBER 1818: Johann S. Ersch und Johann G. Gruber. *Allgemeine Encyklopädie der Wissenschaften und Künste,* Section 1, Teil 1. Leipzig, 1818.

ERSOY 2015: Ahmet Ersoy. *Architecture and the late Ottoman historical imaginary: Reconfiguring the architectural past in a modernizing empire.* London, 2015.

EVERS 1974: Hans G. Evers. „Brücken". In *Die deutsche Stadt im 19. Jahrhundert. Stadtplanung und Baugestalt im industriellen Zeitalter,* hrsg. von Ludwig Grote. München, 1974 (= Studien zur Kunst des neunzehnten Jahrhunderts, 24), 247–256.

EVERS 1986: Hans G. Evers. *Ludwig II. von Bayern. Theaterfürst, König, Bauherr. Gedanken zum Selbstverständnis,* hrsg. von Josef A. Schmoll gen. Eisenwerth, bearb. von Klaus Eggert. München, 1986.

F

FANELLI 2016: Giovanni Fanelli. *Histoire de la photographie d'architecture.* Lausanne, 2016.

FEHLE 1987: Isabella Fehle. *Der Maurische Kiosk in Linderhof von Karl von Diebitsch. Ein Beispiel für die Orientmode im 19. Jahrhundert.* München, 1987 (= Miscellanea Bavarica Monacensia, 130).

FEHR/HALLINGER 2008. Hubert Fehr und Johannes Hallinger. Vom personalen Nebenamt zur selbständigen Behörde: die Anfänge des Generalkonservatoriums der Kunstdenkmale und Altertümer Bayerns". In *Entdeckungsreise Vergangenheit. Die Anfänge der Denkmalpflege in Bayern,* hrsg. von Gerhard Hetzer und Michael Stephan. Ausst.-Kat. Bayerisches Hauptstaatsarchiv/Bayerischen Landesamt für Denkmalpflege München. München, 2008, 177–179.

FELDBAUER 2011: Otto Feldbauer. „Der Chiemgau und der Bau des Schlosses Herrenchiemsee". In *Götterdämmerung. König Ludwig II. und seine Zeit,* hrsg. von Peter Wolf, Richard Loibl und Evamaria Brockhoff. Ausst.-Kat. Schloss Herrenchiemsee, 2 Bde. Darmstadt, 2011 (= Veröffentlichungen zur Bayerischen Geschichte und Kultur, 59–60). Aufsatzband, 117–121.

FELTEN 1997: Florens Felten. „Antike Architekturkopien". In *Komos. Festschrift für Thuri Lorenz zum 65. Geburtstag,* hrsg. von Gabriele Erath. Wien, 1997, 61–69.

FERNÁNDEZ TROYANO 2003: Leonardo Fernández Troyano. *Bridge Engineering: A Global Perspective.* London, 2003.

FERRY 2003: Kathryn Ferry. „Printing the Alhambra: Owen Jones and Chromolithography". In *Architectural History 46* (2003), 175–188.

FISCH 1988: Stefan Fisch. *Stadtplanung im 19. Jahrhundert. Das Beispiel München bis zur Ära Theodor Fischer.* München, 1988.

FISCHER 1977: Ilse Fischer. *Industrialisierung, sozialer Konflikt und politische Willensbildung in der Stadtgemeinde. Ein Beitrag zur Sozialgeschichte Augsburgs 1840–1941.* Augsburg, 1977 (= Abhandlungen zur Geschichte der Stadt Augsburg, 24), 189–191.

FREYTAG 1920: Ludwig Freytag. „Heinrich Gerber, Altmeister der deutschen Eisenbaukunst". In *Beiträge zur Geschichte der Technik und Industrie,* Bd. 10, hrsg. von Conrad Matschoss. Berlin, 1920, 93–102.

FRITSCH 1883: Karl E. O. Fritsch. „Das neue Kunst-Akademie Gebäude zu München". In *Deutsche Bauzeitung XVII* (1883) Nr. 6, 29–33.

FRITSCH 1888: Karl E. O. Fritsch. *Die neue Synagoge in München von Albert Schmidt.* München, 1888.

FUETER/ELSCHENBROICH 1966: Eduard K. Fueter und Adalbert Elschenbroich. „Haller, Albrecht von". In *Neue Deutsche Biographie, Bd. 7* (1966), 541–548.

G

GEBAUER o.J.: Dietmar Gebauer. *Abriss der Geschichte des Wittelsbacher Gymnasiums – Gründungsgeschichtlicher Abriss* [http://wittelsbacher-gymnasium.de/schulleben/geschichte/ (10.05.2018)].

GEDON 1994: Brigitte Gedon. *Lorenz Gedon. Die Kunst des Schönen.* München, 1994.

GEPPERT 2017: Alexander C. T. Geppert. „Weltausstellungen". In *Europäische Geschichte Online* [http://ieg-ego.eu/de/threads/crossroads/wissensraeume/alexander-c-t-geppert-weltausstellungen/at_download/dnb (08.12.2017)].

GERBER 2001: David J. Gerber. *Law and competition in twentieth century Europe. Protecting Prometheus.* Oxford, 2001.

GLASER 2004–2011: Hubert Glaser, Hrsg. *König Ludwig I. von Bayern und Leo von Klenze: der Briefwechsel,* bearb. von Franziska Dunkel und Hannelore Putz, 3 Bde. München, 2004–2011 (= Quellen zur neueren Geschichte Bayerns, 5: Korrespondenzen König Ludwigs I. von Bayern).

GLASER 2008: Silvia Glaser. „Gründung und Frühphase des Bayerischen Gewerbemuseums in Nürnberg". In *Gründerzeit. 1848–1871,* hrsg. von Ulrike Laufer und Hans Ottomeyer. Ausst.-Kat. Deutsches Historisches Museum Berlin. Dresden, 2008, 328–330.

GÖLDL 2015: Marianne Göldl. „König Ludwigs Schlösser in der Werbung: Sammelbilder und Reklamemarken um 1900". In *Traumschlösser? Die Bauten Ludwigs II. als Tourismus- und Werbeobjekte,* hrsg. von Bernhard Lübbers und Marcus Spangenberg. Regensburg 2015, 119–131.

GORDON 1876: Joseph Gordon. *Die Canalisation der kgl. Haupt- und Residenzstadt München.* München, 1876.

GÖRRES 1813: Joseph Görres. *Lohengrin. Ein altdeutsches Gedicht.* Heidelberg, 1813.

GÖTZ/SCHACK-SIMITZIS 1988: Norbert Götz und Clementine Schack-Simitzis, Hrsg. *Die Prinzregentenzeit,* unter Mitarbeit von Gabriele Schickel. Ausst.-Kat. Stadtmuseum München. München, 1988.

GOURY/JONES 1842–1845: Jules Goury und Owen Jones. *Plans, Elevations, Sections and Details of the Alhambra,* 2 Bde. London, 1842–1845.

GRADINGER 2012[2]: Reiner Gradinger. *Das Klinikum rechts der Isar im Wandel der Zeit*, hrsg. von Reiner Gradinger und dem Klinikum rechts der Isar. 2. Aufl. München, 2012.

GRAF 2017: Oskar M. Graf. *Das Leben meiner Mutter*. Berlin, 2017.

GRAU 2008: Bernhard Grau. „Naturdenkmalpflege – Die Anfänge des Naturschutzes in Bayern im 19. Jahrhundert". In *Entdeckungsreise Vergangenheit. Die Anfänge der Denkmalpflege in Bayern*, hrsg. von Gerhard Hetzer und Michael Stephan. Ausst.-Kat. Bayerisches Hauptstaatsarchiv/Bayerischen Landesamt für Denkmalpflege München. München, 2008, 43–63.

GRECIANO 1967: Georges Greciano. „Louis II de Bavière et la France". In *Der König. Beiträge zur Ludwigsforschung. Festschrift zur Enthüllung des Münchner Ludwigdenkmals.*, hrsg. von Hans Keller. München, 1967 (= Bavarica, 1: Verein zur Wiedererrichtung eines Denkmals für König Ludwig II. von Bayern), 111–115.

GREGOROVIUS 1851: Ferdinand Gregorovius. *Geschichte des römischen Kaisers Hadrian und seiner Zeit*. Königsberg, 1851.

GREGOROVIUS 1884[2]: Ferdinand Gregorovius. *Der Kaiser Hadrian. Gemälde der römisch-hellenischen Welt zu seiner Zeit*. 2. Aufl. Leipzig, 1884.

GREIN 1925: Edir Grein [d.i. Erwin Riedinger], Hrsg. *Tagebuch-Aufzeichnungen von Ludwig II., König von Bayern*. Schaan/Liechtenstein, 1925.

GRIMM u.a. 1985: Claus Grimm u.a., Hrsg. *Aufbruch ins Industriezeitalter, Bd. 3: Quellen zur Wirtschafts- und Sozialgeschichte Bayerns vom ausgehenden 18. Jahrhundert bis zur Mitte des 19. Jahrhunderts; Bd. 4: Führer durch die Ausstellung zur Wirtschafts- und Sozialgeschichte Bayerns von 1750–1850*. München, 1985.

GROSS/SELIG 2004: Gerhard Gross und Heinz Selig. „Aufbruch zur Großstadt. 1860–1918". In *München wie geplant. Die Entwicklung der Stadt von 1158 bis 2008*, hrsg. von der Landeshauptstadt München u.a. Ausst.-Kat. Stadtmuseum München/Referat für Stadtplanung und Bauordnung/Stadtarchiv München. München, 2004, 67–86.

GRÜNSTEUDEL/WAHL 2011: Günther Grünsteudel und Karl Wahl. „Prinz-Karl-Kaserne". In *Augsburger Stadtlexikon*. Augsburg, 2011 [https://www.stadtlexikon-augsburg.de/index.php?id=114&tx_ttnews[swords]=Kaserne&tx_ttnews[tt_news]=5063&tx_ttnews[backPid]=115&cHash=6f5a879454 (07.03.2018)].

GUGGEMOS 2004: Egon Guggemos: *Das Hauberrisser-Rathaus in Kaufbeuren*. Kaufbeuren, 2004.

H

HAAGSMA/HAAN 1988: Ids Haagsma und Hilde de Haan. *Architekten-Wettbewerbe. Internationale Konkurrenzen der letzten 200 Jahre*. Stuttgart, 1988.

HAASEN 1995: Gisela Haasen. *Ludwig II. Briefe an seine Erzieherin*. München, 1995.

HABEL 1967: Heinrich Habel. *Das Odeon in München und die Frühzeit des öffentlichen Konzertsaalbaus*. Berlin, 1967 (= Neue Münchner Beiträge zur Kunstgeschichte, 8).

HABEL 1970: Heinrich Habel. „Die Idee des Festspielhauses". In *Die Richard-Wagner-Bühne König Ludwigs II.*, hrsg. von Detta Petzet und Michael Petzet. München/Bayreuth, 1970, 297–316.

HABEL 1971: Heinrich Habel. *Der Münchner Kirchenbau im 19. und frühen 20. Jahrhundert*. München/Berlin, 1971.

HABEL 1980: Heinrich Habel. „Klenzes Entwürfe für das Odeon in München". In *Jahrbuch der Bayerischen Denkmalpflege 32*. München, 1980, 201–226.

HABEL 1985: Heinrich Habel. *Festspielhaus und Wahnfried. Geplante und ausgeführte Bauten Richard Wagners*. München, 1985.

HABEL 1988a: Heinrich Habel. „Das Bayreuther Festspielhaus". In *Deutsche Kunst und Denkmalpflege 46* (1988), 31–38.

HABEL 1988b: Heinrich Habel. „Gottfried Sempers städtebauliche Entwürfe für den Bereich um Hofgarten und Marstallplatz in München". In *Denkmäler am Münchner Hofgarten. Forschungen und Berichte zu Planungsgeschichte und historischem Baubestand*. München, 1988, 135–145.

HABEL/HALLINGER/WESKI 2009: Heinrich Habel, Johannes Hallinger und Tim Weski. *Landeshauptstadt München Mitte. Die Bezirke Altstadt und Lehel, Maxvorstadt sowie der Englische Garten*, hrsg. von Michael Petzet, Bayerisches Landesamt für Denkmalpflege. München, 2009 (= Denkmäler in Bayern, I.2/1/1-3).

HACKER 1986[3]: Rupert Hacker, Hrsg. *Ludwig II. von Bayern in Augenzeugenberichten*. 3. Aufl. München, 1986.

HÄFNER 1959: Siegfried Häfner. *Festschrift zur Vierhundert-Jahr-Feier des Wilhelms-Gymnasiums. 1559–1959*. München, 1959.

HALLINGER 2008: Johannes Hallinger. „Der Weg zu einer selbständigen Denkmalbehörde: königliche Ambitionen, der Landtag und Staatsminister Anton von Wehner". In *Entdeckungsreise Vergangenheit. Die Anfänge der Denkmalpflege in Bayern*, hrsg. von Gerhard Hetzer und Michael Stephan. Ausst.-Kat. Bayerisches Hauptstaatsarchiv/Bayerischen Landesamt für Denkmalpflege München. München, 2008, 83–103.

HAMMER-SCHENK 1981: Harold Hammer-Schenk. *Synagogen in Deutschland. Geschichte einer Baugattung im 19. und 20. Jahrhundert (1780–1933)*, 2 Bde. Hamburg, 1981 (= Hamburger Beiträge zur Geschichte der deutschen Juden, 3).

HAMMER-SCHENK 1988: Harold Hammer-Schenk, Hrsg. „Die Architektur der Synagoge von 1780 bis 1933". In *Die Architektur der Synagoge*. Ausst.-Kat. Deutsches Architekturmuseum Frankfurt am Main. Frankfurt am Main, 1988, 157–286.

HARRER 1993: Cornelia A. Harrer. *Das Ältere Bayerische Nationalmuseum an der Maximilianstraße in München*. München, 1993 (= Schriften aus dem Institut für Kunstgeschichte der Universität München, 63).

HARTMANN 1876: August Hartmann. „Der Neubau des Haupt-Zollamt-Gebäudes München". In *Zeitschrift des Bayerischen Architekten- und Ingenieur-Vereins 8* (1876), Heft 2/3, 44–48.

HARVIE/MARTIN/SCHARF 1976[3]: Christopher Harvie, Graham Martin und Aaron Scharf, Hrsg. *Industrialisation and Culture 1830–1914*. 3. Aufl. London, 1976.

HDBG o.J.: Haus der bayerischen Geschichte. „Landtagsgebäude Prannerstraße 20, München (1819–1933)". In *Geschichte des Bayerischen Parlaments seit 1819* [http://www.hdbg.de/parlament/content/toDetail.php?id=1 (13.04.2018)].

HEDERER o.J.: Oswald Hederer. *Die Pläne von Friedrich von Gärtner und Gottfried Semper für die städtebauliche Gestaltung Münchens*. (Ms. masch., Architekturmuseum TUM, hed-35-1).

HEID/RAFTOPOULO 1996: Ulrich Heid und Joachim G. Raftopoulo. *Der Würzburger Ringpark. Kulturdenkmal und Naherholungsgebiet*, hrsg. vom Umweltreferat und Stadtarchiv Würzburg. Würzburg, 1996.

HEINRICH 1970: Adolf F. Heinrich. *Die Wohnungsnot und die Wohnungsfürsorge privater Arbeitgeber in Deutschland im 19. Jahrhundert*. Marburg, 1970.

HERLITZ 1927–1930: Geord Herlitz, Hrsg. *Jüdisches Lexikon. Ein enzyklopädisches Handbuch des jüdischen Wissens in vier Bänden*, 5 Bde. Berlin, 1927–1930.

HERRMANN 2006: Wolfgang A. Herrmann, Hrsg. *Technische Universität München: Die Geschichte eines Wissenschaftsunternehmens*, 2 Bde. Berlin, 2006.

HESSE 1971: Horst Hesse. *Die sogenannte Sozialgesetzgebung Bayerns am Ende der sechziger Jahre des 19. Jahrhunderts. Ein Beitrag zur Strukturanalyse der bürgerlichen Gesellschaft*. München, 1971 (= Miscellanea Bavarica Monacensia, 33).

HETZER/TRÖGER 2001: Gerhard Hetzer und Otto-Karl Tröger. *Weichenstellungen. Eisenbahnen in Bayern 1835–1920*, hrsg. von der Generaldirektion der Staatlichen Archive Bayerns. Ausst.-Kat. Bayerisches Hauptstaatsarchiv. München, 2001.

HEYM 1986: Sabine Heym. „König Ludwig II. – Leben, Politik, Bauten. Ein chronologischer Überblick". In *König Ludwig II.-Museum Herrenchiemsee. Katalog*, hrsg. von Gerhard Hojer. München, 1986, 127–144.

HIEBER/MOEBIUS 2001: Lutz Hieber und Stephan Moebius, Hrsg. *Ästhetisierung des Sozialen. Reklame, Kunst und Politik im Zeitalter der Medien*. Bielefeld, 2001.

HILMES 2013: Oliver Hilmes. *Ludwig II. Der unzeitgemäße König*. München, 2013.

HINRICHS 1852: Hermann Hinrichs. *Die Könige. Entwicklungsgeschichte des Königtums von den ältesten Zeiten bis auf die Gegenwart*. Leipzig, 1852.

HIPPEL 1983: Wolfgang von Hippel. „Stadtentwicklung und Stadtteilbildung in einer Industriesiedlung des 19. Jahrhunderts: Ludwigshafen am Rhein 1853–1914". In *Urbanisierung im 19. und 20. Jahrhundert. Historische und geographische Aspekte*, hrsg. von Hans J. Teuteberg. Wien, 1983 (= Städteforschung, Reihe A: Darstellungen, 16), 339–372.

HITCHCOCK 1929: Henry-Russell Hitchcock. *Modern architecture. Romanticism and reintegration*. New York, 1929.

HOFFMANN 1999: Tobias Hoffmann. *Schloss Linderhof – Eine Maison de Plaisance? Eine bautypologische Untersuchung*. München, 1999.

HOFMANN 1991: Werner Hofmann. *Das Irdische Paradies. Motive und Ideen des 19. Jahrhunderts*. München, 1991.

HOH-SLODCZYK 1985: Christine Hoh-Slodczyk. *Das Haus des Künstlers im 19. Jahrhundert*. München, 1985 (= Materialien zur Kunst des neunzehnten Jahrhunderts, 33).

HOJER 1986: Gerhard Hojer, Hrsg. *König Ludwig II.-Museum Herrenchiemsee. Katalog*. München, 1986.

HOJER 2003: Gerhard Hojer. „Neuschwanstein, Wartburg und die Opernbühne Richard Wagners". In *Jahrbuch der Stiftung Thüringer Schlösser und Gärten 6, 2002* (2003), 107–114.

HOJER/SCHMID/SCHMID 1993: Gerhard Hojer, Elmar D. Schmid und Gregor M. Schmid. *Das Jagdschloss des Märchenkönigs: Das Schachenhaus Ludwigs II*. München, 1993.

HOLLAND 1889: Hyacinth Holland. „Eduard von Riedel". In *Allgemeine Deutsche Biographie, Bd. 28*. Leipzig, 1889, 520–521 [https://de.wikisource.org/wiki/ADB:Riedel,_Eduard_von (05.01.2018)].

HOLLAND 1905: Hyacinth Holland. „Wilhelm Hauschild". In *Allgemeine Deutsche Biographie, Bd. 50* (1905), 77–81.

HOLLAND 1906: Hyacinth Holland. „Knoll, Konrad". In *Allgemeine Deutsche Biographie, Bd. 51*. Leipzig, 1906, 259-262.

HOMMEL 1963: Kurt Hommel. *Die Separatvorstellungen vor König Ludwig II. von Bayern. Schauspiel, Oper, Ballett*. München, 1963.

HORN/KARL 1989: Heinrich Horn und Willibald Karl. *Neuhausen. Geschichte und Gegenwart*, hrsg. von Richard Bauer. München, 1989

HUBER 2006: Brigitte Huber. *Das Neue Rathaus in München. Georg von Hauberrisser (1841–1922) und sein Hauptwerk*, hrsg. vom Stadtarchiv München. Ebenhausen, 2006.

HUBER 2013: Valeska Huber. *Channelling mobilities: migration and globalisation in the Suez Canal region and beyond, 1869–1914*. Cambridge, 2013.

HUFNAGL 1979: Florian Hufnagl. *Gottfried von Neureuther (1811–1887). Leben und Werk*. München, 1979 (= Miscellanea Bavarica Monacensia, 91).

HÜTTL 1996: Ludwig Hüttl. „König Ludwig II." In *Schwangau. Dorf der Königsschlösser*, hrsg. von Wilhelm Liebhart. Sigmaringen, 1996, 287–319.

I

ILLUSTRIERTE ZEITUNG 1867: Anonym. *Illustrierte Zeitung Nr. 1240*, 06.04.1867, 236.

J

JERVIS 1979: Simon Jervis, Hrsg. *Designs for the Dream King. The Castles and Palaces of Ludwig II of Bavaria*. Ausst.-Kat. Victoria and Albert Museum London/Cooper-Hewitt Museum New York. London, 1979.

JOERG 1980: Roland Joerg. „Die Organisation der Bayerischen Staatsbauverwaltung – Historischer Rückblick und heutiger Stand". In *150 Jahre Oberste Baubehörde im Bayerischen Staatsministerium des Innern*. München, 1980, 13-16.

JUNG 2010: Carsten Jung. *Historische Theater in Deutschland, Österreich und der Schweiz*. Berlin/München, 2010.

K

KAHLE 2001: Ulrich Kahle. „Die Bahnhöfe der Kgl. Bayerischen Staatseisenbahnen 1835–1920". In *Weichenstellungen. Eisenbahnen in Bayern 1835–1920*, hrsg. von der Generaldirektion der Staatlichen Archive Bayerns. Ausst.-Kat. Bayerisches Hauptstaatsarchiv. München, 2001, 352–362.

KÄHLER 1950: Heinz Kähler. *Hadrian und seine Villa bei Tivoli*. Berlin, 1950.

KARNAPP 1971: Birgit-Verena Karnapp. *Georg Friedrich Ziebland. Studien zu seinem Leben und Werk*. Innsbruck, 1971.

KARNAPP 1997: Birgit-Verena Karnapp. „Militärbauten". In *Zwischen Glaspalast und Maximilianeum. Architektur in Bayern zur Zeit Maximilians II. 1848–1864*, hrsg. von Winfried Nerdinger. Ausst.-Kat. Architektursammlung der TU München/Stadtmuseum München. München 1997, 376–395.

KARNAPP 2010: Birgit-Verena Karnapp. „‚... ein Wall gegründet gen geist'ge Nacht'. Zur Baugeschichte des Wilhelmsgymnasiums in München". In *Serenissimi Gymnasium. 450 Jahre bayerische Bildungspolitik vom Jesuitenkolleg zum Wilhelmsgymnasium München*, hrsg. von Julius Oswald SJ, Rolf Selbmann und Claudia Wiener. Regensburg, 2010, 109–124.

KERKHOFF 1985: Ulrich Kerkhoff. „Bayerische Landesausstellungen". In *Leben und Arbeiten im Industriezeitalter. Eine Ausstellung zur Wirtschafts- und Sozialgeschichte Bayerns seit 1850* hrsg. von Gerhard Bott. Ausst.-Kat. Germanisches Nationalmuseum Nürnberg/Centrum Industriekultur Nürnberg. Stuttgart, 1985, 245–254.

KIEFER 2011: Bernd Kiefer. „Vom Traum-König zum Illusions-Künstler – Das Nachleben Ludwigs II. in Literatur und Film". In *Götterdämmerung. König Ludwig II. und seine Zeit*, hrsg. von Peter Wolf, Richard Loibl und Evamaria Brockhoff. Ausst.-Kat. Schloss Herrenchiemsee, 2 Bde. Darmstadt, 2011 (= Veröffentlichungen zur Bayerischen Geschichte und Kultur, 59–60). Aufsatzband, 246–256.

KITTLER 1986: Friedrich Kittler. *Grammophon Film Typewriter*. Berlin, 1986.

KLAR 2002: Alexander Klar. *Im Dienste des bayerischen Königs: Leben und Werk des Baumeisters Friedrich Bürklein (1813–1872)*. München, 2002.

KLASEN 1879: Ludwig Klasen. *Die Arbeiter-Wohnhäuser in ihrer baulichen Anlage und Ausführung, sowie die Anlage von Arbeiter-Kolonien*. Leipzig, 1879.

KLEIDT 2014: Stefanie Kleidt. „Die Sammlungen der Gebrüder Schlagintweit". In *Über den Himalaya. Die Expedition der Brüder Schlagintweit nach Indien und Zentralasien 1854 bis 1858*, hrsg. von Moritz von Brescius, Friederike Kaiser und Stefanie Kleidt. Köln u.a., 2014, 113–137.

KNAUSS 1983: Hans Knauß. *Zweckbau-Architektur zwischen Repräsentation und Nutzen. Konzeption und Ästhetik ausgewählter Zweckbauten in der Zeit von ca. 1850–1930 in Bayern*. München, 1983 (= tuduv-Studien/Reihe Kunstgeschichte, 5).

KNECHTEL/KNOBLING 2018: Miriam Knechtel und Clemens Knobling. „Bauliche Entwicklung des Klinikums rechts der Isar". In *Bauten + Kunst. Technische Universität München 1868–2018*, hrsg. von Wolfgang A. Herrmann, Konzeption und bearb. von Irene Meissner. München, 2018, 282–313.

KNELL 2008: Heiner Knell. *Des Kaisers neue Bauten. Hadrians Architektur in Rom, Athen und Tivoli*. Mainz, 2008.

KNIPPING/HÖHMANN 2001: Detlef Knipping und Rolf Höhmann. „Die Maxhütte in Sulzbach-Rosenberg – ein Denkmal der bayerischen Eisen- und Stahlindustrie im europäischen Kontext". In *Denkmalpflege in strukturschwachen Regionen – Probleme und Chancen; 11. Jahrestagung der Bayerischen Denkmalpflege*, hrsg. von Susanne Böning-Weis und Karlheinz Hemmeter. München, 2003 (= Arbeitshefte des Bayerischen Landesamtes für Denkmalpflege, 115), 33–54.

KNOPP 1970: Norbert Knopp. „Gestalt und Sinn der Schlösser König Ludwigs II." In *ARGO. Festschrift für Kurt Badt zu seinem 80. Geburtstag am 3. März 1970*, hrsg. von Martin Gosebruch und Lorenz Dittmann. Köln, 1970, 340–353.

KOBELL 1898: Louise von Kobell. *König Ludwig II. von Bayern und die Kunst*. München, 1898.

KOCH 1986: Christian Koch. „Ordnung, gute Arbeit und Lohn. Industrielle Disziplin und soziale Versorgung der Bleistiftarbeiter seit Lothar von Faber". In *Das Bleistiftschloss. Familie und Unternehmen Faber-Castell in Stein*. Ausst.-Kat. Schloss Faber-Castell Stein. München, 1986, 122–141.

KOCH 2000: Michael Koch. „'Unserer Väter Werke'. Der Bayerische Kunstgewerbeverein im Zeitalter des Historismus". In *Form – vollendet. Der Bayerische Kunstgewerbeverein 1851–2001*, hrsg. von Christoph Hölz. München, 2000, 18–37.

KOPPELKAMM 1987: Stefan Koppelkamm. *Exotische Welten Europäische Phantasien. Exotische Architekturen im 18. und 19. Jahrhundert*. Ausst.-Kat. Institut für Auslandsbeziehungen im design center stuttgart des Landesgewerbeamtes Baden-Württemberg. Berlin, 1987.

KOPPELKAMM 2015: Stefan Koppelkamm. „The Orient of Ludwig II". In *The Imaginary Orient*, hrsg. von Stefan Koppelkamm. Stuttgart/London, 2015, 105–111.

KÖRNER 1992: Hans-Michael Körner. *Staat und Geschichte im Königreich Bayern 1806–1918*. München, 1992 (= Schriftenreihe zur Bayerischen Landesgeschichte, 96).

KÖRNER 2012: Hans-Michael Körner. „Kulturkampf im Königreich Bayern. Staat und Kirche in der Regierungszeit König Ludwigs II.". In *Zur Debatte 1* (2012) [https://www.kath-akademie-bayern.de/tl_files/

Karh_Akademie_Bayern/Veroeffentlichungen/zur_debatte/pdf/2012/Vortrag_Koerner.pdf (31.05.2018)].

KOSS 2010: Juliet Koss. *Modernism after Wagner*. Minneapolis, 2010.

KOTZUR 1978: Hans-Jürgen Kotzur. *Forschungen zum Leben und Werk des Architekten August von Voit*. Univ. Diss. Heidelberg 1977, 2 Bde. Bamberg, 1978.

KRAMER 2011: Ferdinand Kramer. „Gründerzeiten – Aspekte der industriellen Entwicklung des Königreichs Bayern im Vergleich zu anderen deutschen Staaten". In *Götterdämmerung. König Ludwig II. und seine Zeit*, hrsg. von Peter Wolf, Richard Loibl und Evamaria Brockhoff. Ausst.-Kat. Schloss Herrenchiemsee, 2 Bde. Darmstadt, 2011 (= Veröffentlichungen zur Bayerischen Geschichte und Kultur, 59–60), Aufsatzband, 91–95.

KRÄTZ 1985: Otto Krätz. „Zur Entwicklung der chemischen Industrie in Bayern". In *Leben und Arbeiten im Industriezeitalter. Eine Ausstellung zur Wirtschafts- und Sozialgeschichte Bayerns seit 1850*, hrsg. von Gerhard Bott. Ausst.-Kat. Germanisches Nationalmuseum Nürnberg/Centrum Industriekultur Nürnberg. Stuttgart, 1985, 202–207.

KRAUS 1988[2]: Andreas Kraus. *Geschichte Bayerns. Von den Anfängen bis zur Gegenwart*. 2. Aufl. München, 1988.

KRAUS 2006: Werner Kraus, Hrsg. *Schauplätze der Industriekultur in Bayern*. Regensburg, 2006.

KRAUSE 1869: Johann H. Krause. *Die Byzantiner des Mittelalters in ihrem Staats-, Hof- und Privatleben*. Halle, 1869.

KRAUSE/LAUDEL/NERDINGER 2001: Walter Krause, Heidrun Laudel und Winfried Nerdinger, Hrsg. *Neorenaissance – Ansprüche an einen Stil. Zweites Historismus-Symposium*. Bad Muskau/Dresden, 2001.

KRAUSS 2011: Marita Krauss. „Von Ludwig II. zu Ludwig III. – Modernisierungsprozesse in Bayern". In *Götterdämmerung. König Ludwig II. und seine Zeit*, hrsg. von Peter Wolf, Richard Loibl und Evamaria Brockhoff. Ausst.-Kat. Schloss Herrenchiemsee, 2 Bde. Darmstadt, 2011 (= Veröffentlichungen zur Bayerischen Geschichte und Kultur, 59–60), Aufsatzband, 96–106.

KREISEL 1965: Heinrich Kreisel. „Ludwig II. als Bauherr. Die geistigen Grundlagen seines Bauens". In *Oberbayerisches Archiv 87* (1965), 69–88.

KRINGS 1985: Ulrich Krings. *Bahnhofsarchitektur. Deutsche Großstadtbahnhöfe des Historismus*. München, 1985.

KRUSE u.a. 2009: Christian Kruse u.a. *Städte im Aufbruch. München und Moskau 1812–1914*, hrsg. von der Generaldirektion der Staatlichen Archive Bayerns. Ausst.-Kat. Bayerisches Hauptstaatsarchiv/Stadtarchiv München/Museum für die Geschichte Moskaus. München, 2009.

KÜNDIG 1913: Hugo Kündig. *Geschichte der bayerischen Arbeiterschutzgesetzgebung*. Univ. Diss. Erlangen, 1913.

L

LAIBLIN 2016: Martin Laiblin. *Theater. Bau. Effekte! Der Architekt Max Littmann und München zur Prinzregentenzeit*. Leipzig, 2016.

LANDTAGSBESCHLUSS 1837: Anonym. „Landtagsbeschluss zur Gründung der Kunsthalle Karlsruhe 1837". In *Großherzoglich Badischen Staats- und Regierungsblatt XXII* 18.07.1837, 145 [https://de.wikisource.org/wiki/Landtagsbeschluss_zur_Gr%C3%BCndung_der_Kunsthalle_Karlsruhe_1837 (01.02.2018)].

LANGENSTEIN 1983: York Langenstein. *Der Münchner Kunstverein im 19. Jahrhundert. Ein Beitrag zur Entwicklung des Kunstmarkts und des Ausstellungswesens*. Univ. Diss. München, 1983 (= Miscellanea Bavarica Monacensia, 122).

LANKES 1993: Christian Lankes: *München als Garnison im 19. Jahrhundert: Die Haupt- und Residenzstadt als Standort der Bayerischen Armee von Kurfürst Max IV. Joseph bis zur Jahrhundertwende*. Berlin u.a., 1993 (= Militärgeschichte und Wehrwissenschaft, 2).

LAUDEL 2003: Heidrun Laudel. „Sempers Theaterbauten. Stätten monumentaler Festlichkeit". In *Gottfried Semper (1803–1879). Architektur und Wissenschaft*, hrsg. von Winfried Nerdinger und Werner Oechslin. Ausst.-Kat. Architekturmuseum der TU München/Institut für Geschichte und Theorie der Architektur, Departement Architektur der ETH Zürich. München u.a., 2003, 133–137.

LAUTER 1984: Hans Lauter, Hrsg. *150 Jahre Krankenhaus rechts der Isar. 1834–1984. Von der Haidhauser Armen- und Krankenhausanstalt zum Klinikum der Technischen Universität*. Gräfelfing, 1984.

LEHNER 1868: Hannibal Lehner. *Das Wehrverfassungs-Gesetz für das Königreich Bayern vom 30. Januar 1868. Mit Auslegungsbehelfen aus den Referaten, Protokollen und Berichten beider Kammern mit praktischen, den Vollzug wesentlich erleichternden Zusätzen*. München, 1868.

LEIN 1980: Kurt Lein. *Führer durch den Landschaftspark Wörlitz, Geschichte und Beschreibung. Staatliche Schlösser und Gärten Wörlitz, Oranienburg und Luisium*. Wörlitz, 1980.

LEISKAU 2008: Katja Leiskau. *Architektur und Geschichte der staatlichen Archivzweckbauten in Deutschland 1871–1945*. Univ. Diss. Marburg an der Lahn, 2008.

LEPIK 1995: Andres Lepik. „Das Architekturmodell der frühen Renaissance. Die Erfindung eines Mediums". In *Architekturmodelle der Renaissance. Die Harmonie des Bauens von Alberti bis Michelangelo*, hrsg. von Bernd Evers. Ausst.-Kat. Kunstbibliothek im Alten Museum Berlin. München/New York, 1995, 10–20.

LEYBOLD 1875: Ludwig Leybold. „Die Schrannenhalle zu Augsburg". In *Zeitschrift des bayerischen Architekten- und Ingenieurvereins 1* (1875), o.P. (Sonderdruck).

LICHTENSTEIN 1876: [S.] Lichtenstein. „Die deutsche Kunst- und Kunstindustrie-Ausstellung in München". In *Zeitschrift des Kunst-Gewerbe-Vereins (ZKGVM) 7–8*, (1876), 1–2.

LIEB 2010: Stefanie Lieb. „Der ‚Mythos Wartburg' im 19. und 20. Jahrhundert. Mechanismen der Inszenierung und Instrumentalisierung und ihre Auswirkungen auf die bauliche Gestaltung der Burg". In *Die Burg: wissenschaftlicher Begleitband zu den Ausstellungen Burg und Herrschaft und Mythos Burg*, hrsg. von G. Ulrich Großmann und Hans Ottomeyer. Ausst.-Kat. Deutsches Historisches Museum Berlin/Germanisches Nationalmuseum Nürnberg. Dresden, 2010, 254–263.

LIEBHART 1997[2]: Wilhelm Liebhart. *Bayerns Könige. Königtum und Politik in Bayern*. 2. Aufl. Frankfurt am Main, 1997.

LINDE 1928: Fritz Linde. *Ich, der König. Der Untergang Ludwigs II*. Leipzig, 1928.

LINDL 2011: Stefan Lindl. „‚Le Roi Maudit' – Mechanismen königlicher Macht Ludwigs II. im Allgäu und in Tirol". In *Götterdämmerung. König Ludwig II. und seine Zeit*, hrsg. von Peter Wolf, Richard Loibl und Evamaria Brockhoff. Ausst.-Kat. Schloss Herrenchiemsee, 2 Bde. Darmstadt, 2011 (= Veröffentlichungen zur Bayerischen Geschichte und Kultur, 59–60). Aufsatzband, 75–79.

LISSON 1991: Peter Lisson. *Drehscheibe des Südens. Eisenbahnknoten München*. Darmstadt, 1991.

LOCHER 1996: Wolfgang Locher. *150 Jahre Dr. von Haunersches Kinderspital 1846–1996. Von der Mietwohnung zur Universitätsklinik*. München, 1996.

LOCHER 2008: Wolfgang Locher. „Max von Pettenkofer (1818–1901) als Innovator der Münchner Trinkwasserversorgung". In *Quellen für München*, hrsg. von Christian Ude. München, 2008, 56–67.

LOCHER/REINHARDT/SCHWEINITZ 2008: Wolfgang G. Locher, Dietrich Reinhardt und Dietrich von Schweinitz: „Das Dr. von Haunersche Kinderkrankenhaus in München – von der Stiegenwohnung zur medizinischen Spitzenleistung". In *Hauner Journal* (07.–08.2008), Heft 31/32, 8–16.

LÖHER 1882: Franz von Löher. „Das Kreisarchiv im neuen Gebäude". In *Archivalische Zeitschrift 7* (1882), 298–314.

LOIBL 2006: Richard Loibl. „Themenroute: Industriestadt Augsburg". In *Schauplätze der Industriekultur in Bayern*, hrsg. von Franz G. Meußdoerffer. Regensburg, 2006, 26–35.

LOIBL 2011: Richard Loibl. „Götterdämmerung: König Ludwig II. und Bayern – Mythos und Realität". In *Götterdämmerung. König Ludwig II. und seine Zeit*, hrsg. von Peter Wolf, Richard Loibl und Evamaria Brockhoff. Ausst.-Kat. Schloss Herrenchiemsee, 2 Bde. Darmstadt, 2011 (= Veröffentlichungen zur Bayerischen Geschichte und Kultur, 59–60). Katalogband, 15–25.

LOIBL 2012: Richard Loibl. „Die Industriestadt Augsburg um 1900". In *Industriekultur in Bayern*, hrsg. vom Haus der Bayerischen Geschichte. Augsburg, 2012, 40–55.

LORENZ 2010: Dieter Lorenz. *Das Kaiserpanorama. Ein Unternehmen des August Fuhrmann*. Ausst.-Kat. Stadtmuseum München. München, 2010.

LÖSEL 1986: Eva-Maria Lösel. „Unserer Väter Werke'. Zu Kopie und Nachahmung im Kunstgewerbe des Historismus". In *Unsere Kunstdenkmäler. Mitteilungsblatt für die Mitglieder der Gesellschaft für Schweizerische Kunstgeschichte 39* (1986), Heft 1, 19–28.

LÜBBEKE 1982: Wolfram Lübbeke. „Das kleine Bayerische Rathaus". In *Das Rathaus im Kaiserreich. Kunstpolitische Aspekte einer Bauaufgabe des 19. Jahrhunderts*, hrsg. von Ekkehard Mai, Jürgen Paul und Stephan Waetzoldt. Berlin, 1982, 301–358.

LÜBBERS/SPANGENBERG 2015: Bernhard Lübbers und Marcus Spangenberg, Hrsg. *Traumschlösser? Die Bauten Ludwigs II. als Tourismus- und Werbeobjekte*. Ausst.-Kat. Staatliche Bibliothek Regensburg. Regensburg, 2015 (= Kataloge und Schriften der Staatlichen Bibliothek Regensburg, 12).

LÜBKE 1886: Wilhelm Lübke. „König Ludwig II. und die Kunst". In *Kunstwerke und Künstler, dritte Sammlung vermischter Aufsätze*. Breslau, 1886, 521–539.

LUCKS 1976: Kai Lucks. *Die Münchner Isarbrücken im 19. und frühen 20. Jahrhundert, Bd. 2: Der Eisenbau*. München, 1976 (Ms. masch.).

LYDEN 2014: Anne M. Lyden, Hrsg. *A royal passion. Queen Victoria and photography*. Los Angeles, 2014.

M

MAAG 1986: Georg Maag. *Kunst und Industrie im Zeitalter der ersten Weltausstellungen. Synchrone Analyse einer Epochenschwelle*. München, 1986.

MAGER 2016: Tino Mager. *Schillernde Unschärfe. Der Begriff der Authentizität im architektonischen Erbe*. Berlin/Boston, 2016.

MAYER 2003: Bernd Mayer. *„Mechanische". Bayreuth in den Stürmen der Zeit. Mech. Baumwoll-Spinnerei & Weberei Bayreuth AG*. Bayreuth, 2003.

MEILINGER 1906: Lothar Meilinger. *Das Münchener Waisenhaus. Eine Studie*. München, 1906.

MENNELL 1892: Arthur Mennell. *Die Königsphantasien. Eine Wanderung zu den Schlössern König Ludwigs II. von Bayern*. Leipzig, 1892.

MERKLE 2000: Ludwig Merkle. *Ludwig II. und seine Schlösser*. München, 2000.

MERTA 1986: Franz Merta. „König Ludwig II. im Spiegel der Neuerscheinungen zum 100. Todestag". In *Zeitschrift für Bayerische Landesgeschichte 49* (1986), 719–744.

MERTA 1993: Franz Merta. „‚Gottes Licht auf Erden zu verkünden'. Das Herrscherethos König Ludwigs II. von Bayern und die Entstehung des König-Ludwig-Kults". In *Zeitschrift für Bayerische Landesgeschichte*, 56/3 (1993), 725–768.

MERTA 2011: Franz Merta. „‚Und dieser König stirbt in Wahrheit nicht' – Das Herrscherethos König Ludwigs II.". In *Götterdämmerung. König Ludwig II. und seine Zeit*, hrsg. von Peter Wolf, Richard Loibl und Evamaria Brockhoff. Ausst.-Kat. Schloss Herrenchiemsee, 2 Bde. Darmstadt, 2011 (= Veröffentlichungen zur Bayerischen Geschichte und Kultur, 59–60). Aufsatzband, 179–183.

MERTEN 1974: Klaus Merten. „Das Wohnhaus in Münchens städtebaulicher Entwicklung von der Mitte des 19. Jahrhunderts bis zum Ersten Weltkrieg". In *Münchener Fassaden. Bürgerhäuser des Historismus und des Jugendstils*, verf. von Heinrich Habel u.a. München, 1974 (= Materialien zur Kunst des neunzehnten Jahrhunderts, 11), 37–38.

MEUSSDOERFFER 2006: Franz G. Meußdoerffer. „Kulmbach, Mälzerei Meußdoerffer". In *Schauplätze der Industriekultur in Bayern*, hrsg. von Franz G. Meußdoerffer. Regensburg, 2006, 281–282.

MEYER 1868: Julius Meyer. „Das neue Polytechnikum zu München und die moderne Stilfrage". In *Zeitschrift für bildende Kunst 3* (1868), 149–155.

MEYER 1890: *Meyers Konversationslexikon. Eine Encyklopädie des allgemeinen Wissens 7*. Leipzig/Wien, 1890.

MEYER 2016: Nadine Y. Meyer. *Das Hygieneinstitut der Ludwig-Maximilians-Universität München unter Max von Pettenkofer als internationale Ausbildungs- und Forschungsstätte*. Univ. Diss. Ms. masch. München, 2016.

MIDDELDORF KOSEGARTEN 1980: Antje Middeldorf Kosegarten. „The origins of artistic competitions in Italy". In *Lorenzo Ghiberti nel suo tempo. Atti del Convegno Internazionale di studi […] 1978*. Florenz, 1980, 167–186.

MIELSCH 1987: Harald Mielsch. *Die römische Villa. Architektur und Lebensform*. München, 1987.

MÖBIUS/BERNS 1990: Hanno Möbius und Jörg J. Berns, Hrsg. *Die Mechanik in den Künsten. Studien zur ästhetischen Bedeutung der Naturwissenschaft und Technologie*. Marburg, 1990.

MONINGER o.J.: Hans Moninger. „Eduard von Riedel". In *Verzeichnis einer Sammlung von Originalschauplätzen, Skizzen, Aquarellen etc.*, o.J. (BSB Cod. Icon. 207k/5, Bayerische Staatsbibliothek).

MORLEY 2003: John Morley. *The Making of the Royal Pavilion, Brighton. Designs and Drawings*. London, 2003.

MÜLLER 1952: Karl A. von Müller. *König Ludwig II*. Stuttgart, 1952.

MÜNCHNER KUNST-ANZEIGER 1865: Anonym. „Kunstverein". *Münchner Kunst-Anzeiger: für Künstler, Kunstfreunde und Kunsthändler* (1865), 49.

MÜNCHNER MERKUR 1968: Anonym. „Heute wird in der Residenz die ungewöhnlichste Kunst-Schau des Jahres eröffnet". In *Münchner Merkur*, 20.06.1968, 18.

MUNDT 1974: Barbara Mundt. *Die deutschen Kunstgewerbemuseen im 19. Jahrhundert*. München, 1974 (= Studien zur Kunst des neunzehnten Jahrhunderts, 22).

MURKEN 1974: Axel H. Murken. „Die Architektur des Krankenhauses im 19. Jahrhundert. Berlin, Düsseldorf, Hannover und München". In *Die deutsche Stadt im 19. Jahrhundert. Stadtplanung und Baugestaltung im industriellen Zeitalter*, hrsg. von Ludwig Grote. München, 1974, 150–174.

MUTHESIUS 2015: Stefan Muthesius. „Das ‚deutsche Mietshaus' im späteren 19. Jahrhundert. Versuch eines Überblicks". In *Stil und Charakter. Beiträge zu Architekturgeschichte und Denkmalpflege des 19. Jahrhunderts. Festschrift zum 75. Geburtstag von Wolfgang Brönner*, hrsg. von Tobias Möllmer. Basel, 2015, 173–192.

N

NÄGELKE 2000: Hans-Dieter Nägelke. *Hochschulbau im Kaiserreich. Historistische Architektur im Prozess bürgerlicher Konsensbildung*. Kiel, 2000.

NEKROLOG 1886: Anonym. „Nekrolog auf J. Albert". *Photographische Correspondenz 309* (1886), 352–356.

NERDINGER 1978: Winfried Nerdinger. „Polytechnische Schule in München". In *Gottfried von Neureuther. Architekt der Neorenaissance in Bayern 1811–1887*. Ausst.-Kat. Münchner Stadtmuseum/Architektursammlung der TU München. München, 1978, 63–84.

NERDINGER 1980: Winfried Nerdinger, Hrsg. *Klassizismus in Bayern, Schwaben und Franken. Architekturzeichnungen 1775–1825*. Ausst.-Kat. Architektursammlung der TU München/Stadtmuseum München. München, 1980.

NERDINGER 1997: Winfried Nerdinger, Hrsg. *Zwischen Glasplalast und Maximilianeum. Architektur in Bayern zur Zeit Maximilians II 1848–1864*. Ausst.-Kat. Architekturmuseums der TU München/Stadtmuseum München. München, 1997.

NERDINGER 1999: Winfried Nerdinger. „‚Ein Bild des reinen Hellenismus in unsere Welt verpflanzen'. Leo von Klenzes Bauten für Isar-Athen". In *Das neue Hellas*, hrsg. von Reinhold Baumstark. Ausst.-Kat. Bayerisches Nationalmuseum München. München, 1999, 187–204.

NERDINGER 2000: Winfried Nerdinger, Hrsg. *Leo von Klenze. Architekt zwischen Kunst und Hof 1784–1864*. Ausst.-Kat. Architekturmuseum der TU München/Stadtmuseum München. München u.a., 2000.

NERDINGER/HUFNAGL 1978: Winfried Nerdinger und Florian Hufnagl. *Gottfried von Neureuther. Architekt der Neorenaissance in Bayern 1811–1887*. Ausst.-Kat. Architektursammlung der TU München/Stadtmuseum München. München, 1978.

NERDINGER/OECHSLIN 2003: Winfried Nerdinger und Werner Oechslin, Hrsg. *Gottfried Semper (1803–1879). Architektur und Wissenschaft*. Ausst.-Kat. Architekturmuseum der TU München/Institut für Geschichte und Theorie der Architektur, Departement Architektur der ETH Zürich. München u.a., 2003.

NERDINGER/STENGER 1982: Winfried Nerdinger und Brigitte Stenger. „Das Münchner Rathaus. Architektur zwischen Politik, Ehrgeiz und Intrige". In *Das Rathaus im Kaiserreich. Kunstpolitische Aspekte einer Bauaufgabe des 19. Jahrhunderts*, hrsg. von Ekkehard Mai, Jürgen Paul und Stephan Waetzoldt. Berlin, 1988, 151–177.

NEUE SCHUL-ORDNUNG 1864: Anonym. *Neue Schul-Ordnung für die technischen Lehranstalten im Königreiche Bayern. Königlich Allerhöchste Verordnung v. 14. Mai 1864 mit Inhalts-Uebersicht*. München, 1864.

NEUREUTHER 1870: Gottfried Neureuther. „Der Neubau des Polytechnikums in München". In *Deutsche*

Bauzeitung IV (1870), Nr. 29, 233–236, Nr. 31, 247–248, Nr. 33., 270 (Beilage).

NEUREUTHER 1872: Gottfried Neureuther. „Neubau der polytechnischen Schule in München". In *Allgemeine Bauzeitung* 37 (1872), 22–28.

NICHELMANN 1965: Volker Nichelmann. „Zur Geschichte der eisenschaffenden Industrie in der Oberpfalz. Die Zeit von 1871–1918". In *Verhandlungen des Historischen Vereins für Oberpfalz und Regensburg 105* (1965), 89–199.

NIETZSCHE 1883: Friedrich Nietzsche. *Also sprach Zarathustra*. Chemnitz, 1883.

NÖHBAUER 2007[3]: Hans F. Nöhbauer. *Auf den Spuren König Ludwigs II. Ein Führer zu Schlössern und Museen, Lebens- und Erinnerungsstätten des Märchenkönigs*. 3. Aufl. München, 2007.

O

OBERNETTER 1882: Johann B. Obernetter. *Bayerische Landes- Industrie- Gewerbe- und Kunst-Ausstellung Nürnberg 1882*. Nürnberg, 1882.

OEXLE 2007: Otto G. Oexle, Hrsg. „Krise des Historismus – Krise der Wirklichkeit. Eine Problemgeschichte der Moderne". In *Krise des Historismus – Krise der Wirklichkeit. Wissenschaft, Kunst und Literatur 1880–1932*. Göttingen, 2007 (= Veröffentlichungen des Max-Planck-Instituts für Geschichte, 228), 11–116.

ORENSANZ 2016: Camille Orensanz. *Louis-Ernest Barrias (1841–1905), un sculpteur sans la Troisième République*. Univ. Diss. Paris, 2016.

OSTERHAMMEL 2009: Jürgen Osterhammel. *Die Verwandlung der Welt: eine Geschichte des 19. Jahrhunderts*. München, 2009.

OTTOMEYER 2011: Hans Ottomeyer. „Alter Adel, Neues Geld – Europäischer Schlossbau als Legitimationsstrategie". In *Götterdämmerung. König Ludwig II. und seine Zeit*, hrsg. von Peter Wolf, Richard Loibl und Evamaria Brockhoff. Ausst.-Kat. Schloss Herrenchiemsee, 2 Bde. Darmstadt, 2011 (= Veröffentlichungen zur Bayerischen Geschichte und Kultur, 59–60). Aufsatzband, 163–170.

P

PANTEL 2014: Nadia Pantel. „Warum die Münchner das sauberste Wasser trinken". In *Süddeutsche Zeitung*, 14.04.2014 [http://www.sueddeutsche.de/muenchen/trinkwasser-in-bayern-muenchner-trinken-das-sauberste-wasser-1.1935681_ (29.03.2018)].

PAULA/WESKI 1997: Georg Paula und Timm Weski. *Landkreis München. Ensembles, Baudenkmäler, Archäologische Denkmäler*, hrsg. von Michael Petzet, Bayerisches Landesamt für Denkmalpflege. München, 1997 (= Denkmäler in Bayern, I.17).

PAULUS 2008: Simon Paulus. „Fürth, Altschul. Frankfurt/Main, Synagoge Judengasse". In *Synagogenarchitektur in Deutschland. Dokumentation zur Ausstellung „... und ich wurde ihnen zu einem kleinen Heiligtum ...", Synagogen in Deutschland*, hrsg. von Aliza Cohen-Mushlin und Harmen H. Thies. Petersberg, 2008 (= Schriftenreihe der Bet Tfila – Forschungsstelle für jüdische Architektur in Europa, 5), 117–122.

PETTENKOFER 1873: Max von Pettenkofer. *Ueber den Werth der Gesundheit für eine Stadt. Zwei populäre Vorlesungen*. Braunschweig, 1873.

PETZET 1968: Michael Petzet. *König Ludwig II. und die Kunst*. Ausst.-Kat. Residenz München/Bayerische Verwaltung der Staatlichen Schlösser, Gärten und Seen/Bayerischer Rundfunk. München, 1968.

PETZET 1986: Michael Petzet. „Architektur und Theaterdekoration – die Bauten König Ludwigs II. als Bühne seines Lebens". In *König Ludwig II.-Museum Herrenchiemsee. Katalog*, hrsg. von Gerhard Hojer. München, 1986, 31–61.

PETZET 1994: Michael Petzet, Hrsg. *Denkmäler jüdischer Kultur in Bayern*. München, 1994 (= Arbeitshefte des Bayerischen Landesamtes für Denkmalpflege, 43).

PETZET 1995: Michael Petzet. *Gebaute Träume. Die Schlösser Ludwigs II. von Bayern*, Aufnahmen von Achim Bunz. München, 1995.

PETZET 2011: Michael Petzet. „König Ludwig II. und die Kunst – Rückblick auf eine Apotheose des bayerischen Märchenkönigs im Jahr 1968". In *Götterdämmerung. König Ludwig II. und seine Zeit*, hrsg. von Peter Wolf, Richard Loibl und Evamaria Brockhoff. Ausst.-Kat. Schloss Herrenchiemsee, 2 Bde. Darmstadt, 2011 (= Veröffentlichungen zur Bayerischen Geschichte und Kultur, 59–60), Aufsatzband, 257–263.

PETZET/PETZET 1970: Michael Petzet und Detta Petzet, Hrsg. *Die Richard-Wagner-Bühne König Ludwigs II.* München/Bayreuth, 1970.

PFEIFFER/JAUSS/GAILLARD 1987: Helmut Pfeiffer, Hans R. Jauß und Françoise Gaillard, Hrsg. *Art social und art industriel. Funktionen der Kunst im Zeitalter des Industrialismus*. München, 1987.

PIERRE 2018: Caterina Y. Pierre. „Louis-Ernest Barrias and Modern Allegories of Technology". In *Nineteenth-Century Art Worldwide* [http://www.19thc-artworldwide.org/summer12/caterina-pierre-louis-ernest-barrias (13.01.2018)].

PLÖSSL 1985: Elisabeth Plößl. *Augsburg auf dem Weg ins Industriezeitalter*. München, 1985.

POHLMANN 2017: Ulrich Pohlmann. „‚Es weht doch die Luft von Versailles darin' – Brauns Tätigkeit für den bayerischen König Ludwig II.". In *Adolphe Braun. Ein europäisches Photographie-Unternehmen und die Bildkünste im 19. Jahrhundert*, hrsg. von Ulrich Pohlmann und Paul Mellenthin. München, 2017, 334–337.

POHLMANN/SCHEUTLE 2011: Ulrich Pohlmann und Rudolf Scheutle, Hrsg. *IndustrieZeit. Fotografien 1845–2010*. Ausst.-Kat. Stadtmuseum München/Städtische Galerie Neunkirchen/Museum Industriekultur Nürnberg. Tübingen/Berlin, 2011.

POPHANKEN 1993: Andrea Pophanken. „Graf Adolf Friedrich von Schack und seine Galerie. Anmerkungen zur Münchner Sammlungsgeschichte". In *Sammler, Stifter und Museen*, hrsg. von Ekkehard Mai. Köln, 1993, 114–134.

PRINZ 1993: Friedrich Prinz. *Ludwig II. Ein königliches Doppelleben*. Berlin, 1993.

PRISSETTE/TRILLAT 1979: J. Prissette und J. J. Trillat. *Les trésors de la Société Française de Photographie*, hrsg. von der Société française de photographie. Ausst.-Kat. Trianon de Bagatelle. Paris, 1979.

PRÜGEL 2014: Roland Prügel. „Konstruierte Identitäten". In *Wege in die Moderne. Weltausstellungen, Medien und Musik im 19. Jahrhundert*, hrsg. von Jutta Zander-Seidel und Roland Prügel. Ausst.-Kat. Germanisches Nationalmuseum Nürnberg. Nürnberg, 2014, 114–133.

PUTZ 2013: Hannelore Putz. *Für Königtum und Kunst: die Kunstförderung König Ludwig I. von Bayern*. München, 2013.

R

RÄDLINGER 2005: Christine Rädlinger. *Lokalbaukommission München 1805 bis 2005. Geschichte der Münchner Bauaufsicht*. München, 2005.

RÄDLINGER 2008: Christine Rädlinger. *Geschichte der Münchner Brücken. Brücken bauen von der Stadtgründung bis heute*, hrsg. vom Baureferat der Landeshauptstadt München zum 850. Stadtgeburtstag. München, 2008.

RALL/PETZET/MERTA 2005[3]: Hans Rall, Michael Petzet und Franz Merta. *König Ludwig II. Wirklichkeit und Rätsel. Mit einer umfassenden Übersicht über die Aufenthalte des Königs in den Residenzen, Schlössern und Berghäusern von Franz Merta*. 3. Aufl. Regensburg, 2005.

RANKE 1977: Winfried Ranke. *Joseph Albert – Hofphotograph der bayerischen Könige*. München, 1977.

RASP 1995: Ute-Konstanze Rasp. *Das Gewerbemuseum und die Königlichen Kreisbaugewerkschulen und Kunstgeschichtlichen Fachschulen Kaiserslautern. 1874–1918*. Bonn, 1995.

RAUCH 1989: Alexander Rauch. *Stadt Eichstätt. Ensembles, Baudenkmäler, archäologische Geländedenkmäler*, hrsg. von Michael Petzet, Bayerisches Landesamt für Denkmalpflege. München, 1989 (= Denkmäler in Bayern, I.9/1).

RAUCH 1991: Alexander Rauch. „‚Apollo im Olymp der Götter', Zu dem bislang unbekannten Vorentwurf von Eduard Schwoiser für das Deckengemälde ‚Der Göttermorgen' in der Chambre de Parade im Schloß Herrenchiemsee Ludwigs II. Hermann Bauer zum 60. Geburtstag. In *ARS BAVARICA, Gesammelte Beiträge zur Kunst, Geschichte, Volkskunde und Denkmalpflege in Bayern und in den angrenzenden Bundesländern*, hrsg. von Volker Liedke. Doppelband 65/66, München 1991, S. 115–133.

RAUCH 1993: Alexander Rauch. *Schloss Herrenchiemsee – Räume und Symbole*. München/Berlin, 1993 (*Schloss Herrenchiemsee. Entstehungsgeschichte und Wesensbestimmung seiner Architektur*. Univ. Diss. München [1976]).

RAUCH 1994: Alexander Rauch. „Münchens jüdische Denkmäler". In *Denkmäler jüdischer Kultur in Bayern*, red. Susanne Böning-Weis. München, 1994 (= Arbeitshefte des Bayerischen Landesamtes für Denkmalpflege, 43), 6–33.

RAUCH 1995: Alexander Rauch. *Schloss Herrenchiemsee*. München/Berlin, 1995.

RAUCH 2011: Alexander Rauch. „Der Symbolismus Ludwigs II. – ein Schlüssel zur Lösung des ‚ewigen Räthsels'?". In *Götterdämmerung. König Ludwig II. und seine Zeit*, hrsg. von Peter Wolf, Richard Loibl und Evamaria Brockhoff. Ausst.-Kat. Schloss Herrenchiemsee, 2 Bde. Darmstadt, 2011 (= Veröffentlichungen zur Bayerischen Geschichte und Kultur, 59–60), Aufsatzband, 171–178.

REBER 1876: Franz Reber. *Geschichte der neueren deutschen Kunst*. Stuttgart, 1876.

RECKWITZ 2012: Andreas Reckwitz. *Die Erfindung der Kreativität. Zum Prozess gesellschaftlicher Ästhetisierung*. Frankfurt am Main, 2012.

REICHLMAYER 2013: Georg Reichlmayer. *Geschichte der Stadt München*. Erfurt, 2013.

REINLE 1976: Adolf Reinle. *Zeichensprache der Architektur*. München, 1976.

REISS 2008: Anke Reiß. *Rezeption frühchristlicher Kunst im 19. und frühen 20. Jahrhundert. Ein Beitrag zur Geschichte der christlichen Archäologie und zum Historismus*. Dettelbach, 2008.

RESTLE 1979: Marcell Restle. „Türkische Elemente in der bayerischen Architektur des 18. und 19. Jahrhunderts". In *Die Türkei in Europa. Beiträge des Südosteuropa-Arbeitskreises der Deutschen Forschungsgemeinschaft zum IV. internationalen Südosteuropa-Kongreß der Association Internationale d'Etudes du Sud-Est Européen, Ankara 1979*, hrsg. von Klaus-Detlev Grothusen. Göttingen, 1979, 45–52.

REULECKE 1997: Jürgen Reulecke, Hrsg. *Geschichte des Wohnens, Bd. 3: Das bürgerliche Zeitalter 1800–1918*. Stuttgart, 1997.

RIEDL 2011: Peter P. Riedl. „Die Pathologie des Ästhetizismus – Ludwig II. und die Literatur der Jahrhundertwende". In *Götterdämmerung. König Ludwig II. und seine Zeit*, hrsg. von Peter Wolf, Richard Loibl und Evamaria Brockhoff. Ausst.-Kat. Schloss Herrenchiemsee, 2 Bde. Darmstadt, 2011 (= Veröffentlichungen zur Bayerischen Geschichte und Kultur, 59–60). Aufsatzband, 210–216.

ROESKE 2007: Wolfgang Roeske. *Trinkwasser-Desinfektion*. München, 2007.

RÖSCH 2016: Adina C. Rösch. *Das Burgschloss König Ludwigs II. auf dem Falkenstein – ein „kaum existierendes Kunstwerk"*. Braubach, 2016 (= Veröffentlichungen der Deutschen Burgenvereinigung e.V. Reihe A: Forschungen, 18).

ROSENDORFER 1968: Herbert Rosendorfer. „Der Märchenkönig. Ludwig II. und die Kunst an Hand einer Ausstellung". In *Zeit 35* (1968), 16.

ROSSER-OWEN 2010: Mariam Rosser-Owen. *Islamic Arts from Spain*. London, 2010.

RÖSSLER 2007: Detlef Rößler. „Italien – England – Mitteleuropa. Wege der Antikenrezeption: Das Beispiel Wörlitz". In *Zentren und Wirkungsräume der Antikenrezeption. Zur Bedeutung von Raum und Kommunikation für die neuzeitliche Transformation der griechisch-römischen Antike*, hrsg. von Kathrin Schade, Detlef Rößler und Alfred Schäfer. Paderborn, 2007, 47–53.

ROTH 1971. Eugen Roth. *Der Glaspalast in München. Glanz und Ende 1854-1931*. München, 1971.

RUCKDESCHEL 1984: Wilhelm Ruckdeschel. *Technische Denkmale in Augsburg. Eine Führung durch die Stadt*. Augsburg, 1984.

RUCKDESCHEL 2004: Wilhelm Ruckdeschel. *Industriekultur in Augsburg. Denkmale der Technik und Industrialisierung*. Augsburg, 2004.

RÜEGG 2004: Walter Rüegg, Hrsg. *Geschichte der Universität in Europa, Bd. 3: Vom 19. Jahrhundert zum Zweiten Weltkrieg 1800–1945*. München, 2004.

RUMSCHÖTTEL 2011a: Hermann Rumschöttel. *Ludwig II. von Bayern*. München, 2011.

RUMSCHÖTTEL 2011b: Hermann Rumschöttel. „König Ludwig II. und die soziale Frage". In *Götterdämmerung. König Ludwig II. und seine Zeit*, hrsg. von Peter Wolf, Richard Loibl und Evamaria Brockhoff. Ausst.-Kat. Schloss Herrenchiemsee, 2 Bde. Darmstadt, 2011 (= Veröffentlichungen zur Bayerischen Geschichte und Kultur, 59–60), Aufsatzband, 122–124.

RUMSCHÖTTEL 2013: Hermann Rumschöttel. „Das Ludwig II.-Jahr 2011. Aspekte des landesgeschichtlichen Ertrages zwischen public history und wissenschaftlicher Forschung". In *Wittelsbacher-Studien. Festgabe für Herzog Franz von Bayern zum 80. Geburtstag*, hrsg. im Auftrag der Kommission für bayerische Landesgeschichte von Alois Schmid und Hermann Rumschöttel. München, 2013 (Sonderdruck).

RUPPERT 1980: Wolfgang Ruppert. „Vom König eine Prämie – Landesausstellungen". In *Industriekultur in Nürnberg. Eine deutsche Stadt im Maschinenzeitalter*, hrsg. von Hermann Glaser. München, 1980, 91–94.

RUPPERT 2017: Karsten Ruppert. *Die Pfalz im Königreich Bayern. Geschichte, Kultur und Identität*. Stuttgart, 2017.

RUSS 1974: Sigrid Russ. *Die Ikonographie der Wandmalerei in Schloß Neuschwanstein*. Diss. masch. Heidelberg, 1974.

S

SAID 1981: Edward W. Said. *Orientalismus*. Frankfurt am Main u.a., 1981 [dt. Erstausgabe].

SAILER 1929: Josef Sailer. *Münchener Bier-Chronik*. München, 1929.

SALDERN 1995: Adelheid von Saldern. *Häuserleben. Zur Geschichte städtischen Arbeiterwohnens vom Kaiserreich bis heute*. Bonn, 1995.

SALZENBERG 1854: Wilhelm Salzenberg. *Alt-christliche Baudenkmale von Constantinopel vom V. bis XII. Jahrhundert*. Berlin, 1854.

SAUL 1998: Saul David. *Prince of pleasure. The Prince of Wales and the making of the Regency*. London, 1998.

SBRZESNY 1964: Walter Sbrzesny. „Gerber, Johann Gottfried Heinrich". In *Neue Deutsche Biographie, Bd. 6*. Berlin, 1964, 255.

SCHACK 1976: Clementine Schack von Wittenau. *125 Jahre Bayerischer Kunstgewerbeverein*, hrsg. vom Stadtmuseum München/Bayerischer Kunstgewerbe-Verein. Ausst.-Kat. Stadtmuseum München. München, 1976.

SCHAD 1996: Martha Schad, Hrsg. *Cosima Wagner und Ludwig II. von Bayern. Briefe. Eine erstaunliche Korrespondenz*, unter Mitarbeit von Horst H. Schad. Bergisch Gladbach, 1996.

SCHAD 2011: Martha Schad. „König Ludwig II., Richard Wagner und Cosima von Bülow im Spiegel ihres Briefwechsels". In *Götterdämmerung. König Ludwig II. und seine Zeit*, hrsg. von Peter Wolf, Richard Loibl und Evamaria Brockhoff. Ausst.-Kat. Schloss Herrenchiemsee, 2 Bde. Darmstadt, 2011 (= Veröffentlichungen zur Bayerischen Geschichte und Kultur, 59–60), Aufsatzband, 184–189.

SCHALL 1879[2]: Martin Schall. *Das Arbeiter-Quartier in Mühlhausen*. 2. Aufl. Berlin, 1879.

SCHATZ 1998: Uwe Gerd Schatz. *Das Kurhaus Göggingen. Ein Märchenschloß aus Gold, Glas und Licht*. Augsburg, 1998.

SCHATZ 2011a: Uwe Gerd Schatz. „Bequemes Mittelalter". In *Unser Bayern* 60 (2011), Nr. 4, 16-18.

SCHATZ 2011b: Uwe Gerd Schatz. „Gebaute Gegenwelt". In *Götterdämmerung. König Ludwig II. und seine Zeit*, hrsg. von Peter Wolf, Richard Loibl und Evamaria Brockhoff. Ausst.-Kat. Schloss Herrenchiemsee, 2 Bde. Darmstadt 2011 (= Veröffentlichungen zur Bayerischen Geschichte und Kultur, 59-60), Katalogband, 94-95.

SCHENDEL 2008: Wolfram Schendel. „Die Evang.-Luth. Erlöserkirche München-Schwabing". In *Die Münchner Kirchen. Architektur – Kunst – Liturgie*, hrsg. von Andreas Hildmann und Norbert Jocher. Regensburg, 2008, 83–90.

SCHICK 2003: Afra Schick. *Möbel für den Märchenkönig. Ludwig II. und die Münchner Hofschreinerei Anton Pössenbacher*. Stuttgart, 2003.

SCHICKEL 1987: Gabriele Schickel. *Neugotischer Kirchenbau in München. Vergleichende Studien zu Architektur und Ausstattung der Kirchen Maria-Hilf in der Au und Heilig-Kreuz in Giesing*. München, 1987 (= Beiträge zur Kunstwissenschaft, 18).

SCHILLER 1795 (1965): Friedrich Schiller. *Über die Ästhetische Erziehung des Menschen. In einer Reihe von Briefen*. Stuttgart, 1965 (zuerst 1795).

SCHILLER o.J.: Friedrich Schiller. *Werke*, hrsg. von Paul Stapf. Sonderausgabe, 2 Bde. München/Wiesbaden, o.J. [1973].

SCHLAGINTWEIT 1881: Emil Schlagintweit. *Indien in Wort und Bild. Eine Schilderung des indischen Kaiserreiches*, 2 Bde. Leipzig, 1881.

SCHLIM 2001: Jean L. Schlim. *König Ludwig II. von Bayern – Traum und Technik*. München, 2001.

SCHLIM 2015[4]: Jean L. Schlim. *Ludwig II. – Traum und Technik*. 4. Aufl. Stuttgart, 2015.

SCHMÄDEL 1876: Josef von Schmädel. „Zweck und Ziel der allgemeinen deutschen Kunst- und Kunstgewerbe-Ausstellung in München". In *Zeitschrift des Kunst-Gewerbe-Vereins (ZKGVM) 3–4*, (1876), 1–4.

SCHMID 1986: Elmar D. Schmid. „Der Wintergarten König Ludwigs II. in der Münchner Residenz". In *König Ludwig II.-Museum Herrenchiemsee. Katalog*, hrsg. von Gerhard Hojer. München, 1986, 63–94.

SCHMID 2008: Michael A. Schmid. „Heilig Kreuz in Giesing". In *Die Münchner Kirchen. Architektur – Kunst – Liturgie*, hrsg. von Andreas Hildmann und Norbert Jocher. Regensburg, 2008, 175–182.

SCHNAASE 1869[2]: Carl Schnaase. *Geschichte der bildenden Künste*. 2. Aufl. Düsseldorf, 1869.

SCHROTT 1962: Ludwig Schrott. *Der Prinzregent. Ein Lebensbild aus Stimmen seiner Zeit*. München, 1962.

SCHULZE 2013[3]: Dietmar Schulze. *Ludwig II. und Richard Wagner. Der Nibelungengang in der Münchner Residenz: Bau, Ausmalung und Untergang*. 3. Aufl. Drebkau, 2013.

SCHUSTER-FOX 2011: Angelika Schuster-Fox. „Die Wirtschaftspolitik König Ludwigs II. zwischen 1864 und 1872". In *Götterdämmerung. König Ludwig II. und seine Zeit*, hrsg. von Peter Wolf, Richard Loibl und Evamaria Brockhoff. Ausst.-Kat. Schloss Herrenchiemsee, 2 Bde. Darmstadt, 2011 (= Veröffentlichungen zur Bayerischen Geschichte und Kultur, 59–60), Aufsatzband, 85–90.

SCHUTH 2016: Dietmar Schuth. „Etwas steif symmetrisch, aber schön und sicher". In *Wahnfried – Das Haus von Richard Wagner*, hrsg. von Markus Kiesel und Joachim Mildner. Regensburg, 2016, 144–151.

SCHWEIGGERT 1995: Alfons Schweiggert. *Der Kronprinz. Kindheit und Jugend König Ludwigs II. von Bayern*. Pfaffenhofen, 1995.

SCHWEIGGERT 2011: Alfons Schweiggert. *Ludwig II. – ein König zwischen Gerücht und Wahrheit*. München, 2011.

SCHWIERZ 1988: Israel Schwierz. *Steinerne Zeugnisse jüdischen Lebens in Bayern. Eine Dokumentation*, hrsg. von der bayerischen Landeszentrale für politische Bildungsarbeit. München, 1988.

SECKENDORFF 2006: Eva Seckendorff, Hrsg. *Die Millers. Aufbruch einer Familie*. München, 2006.

SEDLMAYR 1988[10]: Hans Sedlmayr. *Verlust der Mitte. Die bildende Kunst des 19. und 20. Jahrhunderts als Symptom und Symbol der Zeit*. 10. Aufl. Berlin, 1988.

SEELIG 1980: Lorenz Seelig. „Die Ahnengalerie der Münchner Residenz: Untersuchungen zur malerischen Ausstattung". In *Quellen und Studien zur Kunstpolitik der Wittelsbacher vom 16. bis zum 18. Jahrhundert*, hrsg. von Hubert Glaser. München, 1980, 253–327.

SEITZ 2004: Gertrud M. Seitz. „Vor Schiller zog der Kronprinz seinen Hut ... Das Werk Friedrich von Schillers im Selbst- und Weltverständnis Ludwigs II. von Bayern". In *Literatur in Bayern 75*, (2004), 26–35.

SEITZ 2011: Gertrud M. Seitz. *Ludwig II. König von Bayern. Ein Wittelsbacher zwischen Kunst und Tragik*. Darmstadt, 2011.

SELIG 1983: Heinz Selig. *Stadtgestalt und Stadtbaukunst in München. 1860 bis 1910*. München, 1983.

SELIG 1988: Wolfram Selig, Hrsg. *Synagogen und jüdische Friedhöfe in München*. München, 1988.

SEMBACH/HÜTSCH 1990: Klaus-Jürgen Sembach und Volker Hütsch. *Industriedenkmäler des 19. Jahrhunderts im Königreich Bayern*. München, 1990.

SIGEL 2014: Paul Sigel. „‚Mit ausgesprochenem Nationalcharakter'. Länderpavillons auf Weltausstellungen als Medien staatlicher Selbstdarstellung". In *Geburt der Massenkultur. Beiträge der Tagung des WGL-Forschungsprojekts im Germanischen Nationalmuseum Nürnberg: Wege in die Moderne. Weltausstellungen, Medien und Musik im 19. Jahrhundert*, hrsg. von Roland Prügel. Nürnberg, 2014, 36–49.

SONNE 2001: Wolfgang Sonne. „‚Architektonisches Fluchtreich' oder ‚Weltherrschaftsgedanke in Stein'? Die Schlossbauten von Friedrich Wilhelm IV. in Potsdam und ihre französischen Vorbilder". In *Neorenaissance – Ansprüche an einen Stil. Zweites Historismus-Symposium*, hrsg. von Walter Krause, Heidrun Laudel und Winfried Nerdinger. Bad Muskau/Dresden, 2001, 133–148.

SPANGENBERG 1999: Marcus Spangenberg. *Der Thronsaal von Schloß Neuschwanstein: König Ludwig II. und sein Verständnis vom Gottesgnadentum*. Regensburg, 1999 (= Große Kunstführer, 206).

SPANGENBERG 2011: Marcus Spangenberg. „Wie keines, das ich je gesehen! – Neuschwanstein: Geburt einer Ikone". In *Götterdämmerung. König Ludwig II. und seine Zeit*, hrsg. von Peter Wolf, Richard Loibl und Evamaria Brockhoff. Ausst.-Kat. Schloss Herrenchiemsee, 2 Bde. Darmstadt, 2011 (= Veröffentlichungen zur Bayerischen Geschichte und Kultur, 59–60), Aufsatzband, 217–226.

SPANGENBERG 2015a: Marcus Spangenberg. „‚Bis auf Weiteres' – Die Öffnung der Schlösser Ludwigs II. von Bayern und deren touristische Entwicklung bis hin zu Objekten der Werbung". In *Traumschlösser? Die Bauten Ludwigs II. als Tourismus- und Werbeobjekte*, hrsg. von Bernhard Lübbers und Marcus Spangenberg. Ausst.-Kat. Staatliche Bibliothek Regensburg. Regensburg, 2015 (= Kataloge und Schriften der Staatlichen Bibliothek Regensburg, 12), 161–247.

SPANGENBERG 2015b: Marcus Spangenberg. „Profanierte Heiligtümer? Ludwig II. und seine Schlösser". In *Traumschlösser? Die Bauten Ludwigs II. als Tourismus- und Werbeobjekte*, hrsg. von Bernhard Lübbers und Marcus Spangenberg. Ausst.-Kat. Staatliche Bibliothek Regensburg. Regensburg, 2015 (= Kataloge und Schriften der Staatlichen Bibliothek Regensburg, 12), 8–34.

SPANGENBERG 2015c: Marcus Spangenberg. „Schloss Neuschwanstein oder: Wie ein Symbol entsteht". In *Traumschlösser? Die Bauten Ludwigs II. als Tourismus- und Werbeobjekte*, hrsg. von Bernhard Lübbers und Marcus Spangenberg. Ausst.-Kat. Staatliche Bibliothek Regensburg. Regensburg, 2015 (= Kataloge und Schriften der Staatlichen Bibliothek Regensburg, 12), 89–118.

SPANGENBERG/WIEDENMANN 2011: Marcus Spangenberg und Sacha Wiedenmann, Hrsg. *1886. Bayern und die Schlösser König Ludwigs II. aus der Sicht von Hugues Krafft*. Regensburg, 2011.

SPIELMANN 1977: Heinz Spielmann. *Die Schlösser Ludwig II*. Herrsching, 1977.

SPINRAD 2017: Viktoria Spinrad. „Beim Abwasser war München lange hinten dran". In *Süddeutsche Zeitung*, 25.04.2017 [http://www.sueddeutsche.de/muenchen/kanalsystem-wohin-das-muenchner-abwasser-verschwindet-1.3476735-2 (12.04.2017)].

STALLA 2006: Robert Stalla. „Die Bayerische Jubiläums-Landesausstellung in Nürnberg 1906 und die Anfänge moderner industrieller Formgebung." In *200 Jahre Franken in Bayern. 1806 bis 2006*, hrsg. von Werner K. Blessing u.a. Ausst.-Kat. Museum Industriekultur Nürnberg, 2 Bde. Augsburg, 2006 (= Veröffentlichungen zur bayerischen Geschichte und Kultur, 52), Aufsatzband, 116–120.

STALLA 2012: Robert Stalla. „Piccolo Mondo. Zur Verfügbarkeit der Architektur/Geschichte". In *Stadt:Gestalten. Festschrift für Klaus Semsroth*. Wien/New York, 2012, 20–25.

STANKIEWITZ 1968: Karl Stankiewitz. „Vor dunklen Spiegeln sprach der König so gern seine Monologe. Münchner Schau: Ludwig II. und die Kunst". In *Berliner Morgenpost*, 20.7.1968, 38.

STEHR 1982: Susanne Stehr. *Zur Geschichte der Münchner Kinderheilkunde: 1818 bis 1980, insbesondere der Zeit nach dem Zweiten Weltkrieg*. München, 1982.

STEINBERGER 1903: Hans Steinberger. *Der Chiemsee und das Königsschloss Herren-Chiemsee*. Prien, 1903.

STEINBERGER 1907: Hans Steinberger. *Neuschwanstein, Hohenschwangau und Linderhof*. München, 1907.

STENGER 1981: Birgit Stenger. *August Thiersch (1843–1916). Geplante und ausgeführte Kirchenbauten*. TU Diss. Ms. masch. 3 Bde. München, 1981.

STORCH 1996: Ursula Storch. *Die Welt in Reichweite. Imaginäre Reisen im 19. Jahrhundert*. Wien, 1996.

STORCH 2009: Ursula Storch, Hrsg. *Zauber der Ferne. Imaginäre Reisen im 19. Jahrhundert*. Wien, 2009.

STRIEDINGER 1900: Ivo Striedinger. *Das Künstlerhaus in München*. München, 1900.

STROBEL 1936–1939: Otto Strobel. *König Ludwig II. und Richard Wagner. Briefwechsel [5 Bde.]*, hrsg. vom Wittelsbacher Ausgleichs-Fonds und Winifred Wagner. Karlsruhe, 1936–1939.

STROBEL 1985: Benedikt Strobel. *Vom Militärbauwesen im Königreich Bayern zur bayerischen Finanzbauverwaltung*. München, 1985.

SYKORA 2011: Katharina Sykora. „Souvenir, Souvenir – Erinnerungspraktiken an Ludwig II. von Bayern." In *Götterdämmerung. König Ludwig II. und seine Zeit*, hrsg. von Peter Wolf, Richard Loibl und Evamaria Brockhoff. Ausst.-Kat. Schloss Herrenchiemsee, 2 Bde. Darmstadt, 2011 (= Veröffentlichungen zur Bayerischen Geschichte und Kultur, 59–60), Aufsatzband, 227–235.

T

TAUBER 2013: Christine Tauber. *Ludwig II. Das phantastische Leben des Königs von Bayern*. München, 2013.

THAMER 1985: Hans-Ulrich Thamer. „Die Arbeiterbewegung zwischen Reform und Revolution". In *Leben und Arbeiten im Industriezeitalter. Eine Ausstellung zur Wirtschafts- und Sozialgeschichte Bayerns seit 1850*, hrsg. von Gerhard Bott. Ausst.-Kat. Germanisches Nationalmuseum Nürnberg. Stuttgart, 1985, 373–377.

THE SANITARY RECORD 1879: Anonym. „The Drainage of German Towns". In *The Sanitary Record*, 04.04.1879, 209–210.

TOUSSAINT 1991: Angela Toussaint. *Der Münchner Hauptbahnhof. Stationen seiner Geschichte*. Dachau, 1991.

TRAEGER 1991: Jörg Traeger. „Schlösser für einen Ausgeschlossenen. Über Neuschwanstein und Herrenchiemsee". In *Aufsätze zur Kunstgeschichte. Festschrift für Hermann Bauer zum 60. Geburtstag*, hrsg. von Karl Mösender und Andreas Prater. Hildesheim u.a., 1991, 339–349.

TROELENBERG 2007: Eva-Maria Troelenberg. „Orientalismen im Königreich Bayern. Islamisierende Architektur bei König Ludwig II". In *EOTHEN IV* (2007), 392–406.

TROELENBERG 2008: Eva-Maria Troelenberg. „Zur Rezeption islamischer Architektur bei König Ludwig II. von Bayern (1864–1886)". In *Beiträge zur Islamischen Kunst und Archäologie 1* (2008), 115–120.

TROELENBERG 2015: Eva-Maria Troelenberg. „Drawing Knowledge, (Re-)Constructing History: Pascal Coste in Egypt". In *International Journal of Islamic Architecture 4/2* (2015), 287–313.

TROELENBERG 2018: Eva-Maria Troelenberg. „Modern Diffusion of Islamic Styles". In *The Encyclopedia of Asian Design Bd. 4. Transnational and Global Issues in Asian Design*, hrsg. von Christine Guth. London, 2018.

TSCHOEKE 1977: Jutta Tschoeke. *Neuschwanstein. Planungs- und Baugeschichte eines königlichen Burgbaus im ausgehenden 19. Jahrhundert*. Diss. masch. Nürnberg, 1977.

V

VEREIN FÜR CHRISTLICHE KUNST 1910: Anonym. *Festgabe des Vereins für christliche Kunst in München. Zur Erinnerung an das 50-jährige Jubiläum den Ehrenmitgliedern, Mitgliedern und Gönnern gewidmet*. München, 1910.

VOIT 2012: Vanessa Voit. *Vom Lynder-Hof zum Schloss*. München, 2012.

VOLK 1994: Peter Volk. „Miller d. Ä., Ferdinand von". In *Neue Deutsche Biographie, Bd. 17*. München, 1994, 516–517.

VOLKERT 1983: Wilhelm Volkert. *Handbuch der bayerischen Ämter, Gemeinden und Gerichte. 1799–1980*. München, 1983.

W

WACKENRODER 1797: Wilhelm Wackenroder. *Herzensergießungen eines kunstliebenden Klosterbruders*. Berlin, 1797.

WAGNER 1850: Richard Wagner. *Die Wibelungen. Weltgeschichte aus der Sage*. Leipzig, 1850.

WAGNER 1976–1982: Cosima Wagner. *Die Tagebücher*, edit. und komm. von Martin Gregor Dellin und Dietrich Mack, hrsg. von der Stadt Bayreuth, 4 Bde. München/Zürich, 1976–1982.

WAGNER 1989: Monika Wagner. *Allegorie und Geschichte. Ausstattungsprogramme öffentlicher Gebäude des 19. Jahrhunderts in Deutschland*. Tübingen, 1989.

WAGNER um 1920: Richard Wagner. *Sämtliche Schriften und Dichtungen*, 16 Bde. Leipzig, o.J. [um 1920].

WEBER 2002: Wolfgang E. J. Weber. *Geschichte der europäischen Universität*. Stuttgart, 2002.

WELSCH 1996: Wolfgang Welsch. „Ästhetisierungsprozesse – Phänomene, Unterscheidungen, Perspektiven". In *Grenzgänge der Ästhetik*, verf. von Wolfgang Welsch. Stuttgart, 1996, 9–61.

WENGENROTH/DIENEL 1993: Ulrich Wengenroth und Hans-Liudger Dienel, Hrsg. *Technische Universität München – Annäherungen an ihre Geschichte*. München, 1993.

WERQUET 2010: Jan Werquet. *Historismus und Repräsentation. Die Baupolitik Friedrich Wilhelms IV. in der preußischen Rheinprovinz*. Berlin/München, 2010.

WIEDEMANN 1967: Albert Wiedemann. „Ludwig II. und die Juden". In *Der König. Beiträge zur Ludwigsforschung. Festschrift zur Enthüllung des Münchner Ludwigdenkmals.*, hrsg. von Hans Keller. München, 1967 (= Bavarica, 1; Verein zur Wiedererrichtung eines Denkmals für König Ludwig II. von Bayern), 79–81.

WIENRANK 2015: Mylene Wienrank. „Schloss Herrenchiemsee als Tourismusobjekt". In *Traumschlösser? Die Bauten Ludwigs II. als Tourismus- und Werbeobjekte*, hrsg. von Bernhard Lübbers und Marcus Spangenberg. Ausst.-Kat. Staatliche Bibliothek Regensburg. Regensburg, 2015 (= Kataloge und Schriften der Staatlichen Bibliothek Regensburg, 12), 76–88.

WIESNETH 2015: Alexander Wiesneth. „‚Reisen' in vergangene Zeiten und zu fernen Orten – Die Königsschlösser Ludwigs II. auf dem Weg zum UNESCO-Welterbe". In *Traumschlösser? Die Bauten Ludwigs II. als Tourismus- und Werbeobjekte*, hrsg. von Bernhard Lübbers und Marcus Spangenberg. Ausst.-Kat. Staatliche Bibliothek Regensburg. Regensburg, 2015 (= Kataloge und Schriften der Staatlichen Bibliothek Regensburg, 12), 35–75.

WINIWARTER/HAIDVOGL/BÜRKNER 2016: Verena Winiwarter, Gertrud Haidvogl und Michael Bürkner. „The Rise and fall of Munich's early modern water network: A tale of prowess and power". In *Water History 8*, Nr. 3 (09.2016), 277–299.

WINKLER 2011: Richard Winkler. „Made in Bavaria – Technische Innovationsleistungen bayerischer Unternehmen zur Zeit König Ludwigs II.". In *Götterdämmerung. König Ludwig II. und seine Zeit*, hrsg. von Peter Wolf, Richard Loibl und Evamaria Brockhoff. Ausst.-Kat. Schloss Herrenchiemsee, 2 Bde. Darmstadt, 2011 (= Veröffentlichungen zur Bayerischen Geschichte und Kultur, 59–60), Aufsatzband, 107–116.

WINNEFELD 1895: Hermann Winnefeld. *Die Villa des Hadrian bei Tivoli*. Berlin, 1895.

WOLF 1926[2]: Georg J. Wolf. *König Ludwig II. und seine Welt*. 2. Aufl. München, 1926.

WOLF/LOIBL/BROCKHOFF 2011: Peter Wolf, Richard Loibl und Evamaria Brockhoff, Hrsg. *Götterdämmerung. König Ludwig II. und seine Zeit*. Ausst.-Kat. Bayerische Landesausstellung Schloss Herrenchiemsee, 2 Bde. Darmstadt, 2011 (= Veröffentlichungen zur Bayerischen Geschichte und Kultur, 59–60).

WÖRNER 2014: Martin Wörner. „Die Weltausstellung als Vergnügungsort". In *Geburt der Massenkultur. Beiträge der Tagung des WGL-Forschungsprojekts im Germanischen Nationalmuseum Nürnberg: Wege in die Moderne. Weltausstellungen, Medien und Musik im 19. Jahrhundert*, hrsg. von Roland Prügel. Nürnberg, 2014, 158–168.

WRBA/KÜHLER 2008: Ernst Wrba und Michael Kühler. *Die Schlösser König Ludwigs II*. Würzburg, 2008.

WURM 1998: Herbert Wurm. „Die Wiederentdeckung der ‚Pallas Athena'". In *90 Jahre Wittelsbacher-Gymnasium München 1907/08–1997/98. Begegnung – Besinnung (Festschrift zur 90-Jahrfeier des Wittelsbacher-Gymnasiums)*. München, 1998, 28–30.

Z

ZENETTI 1869: Arnold Zenetti. „Krankenhaus zu München. Vorstadt Haidhausen". In *Zeitschrift des Architekten- und Ingenieur-Vereins zu München 1* (1869), 45–47.

ZENETTI 1880: Arnold Zenetti. *Der Vieh- und Schlacht-Hof in München*. München, 1880.

ZENETTI 1883: Arnold Zenetti. „Der Neubau des Haunerschen Kinderspitals in München". In *Zeitschrift für Baukunde 6* (1883), 142–154.

ZIMMERMANN 1987: Florian Zimmermann. „IV. Residenz und Königsbauten. 35 Allerheiligenhofkirche in der Residenz, München, 1826–1837". In *Romantik und Restauration. Architektur in Bayern zur Zeit Ludwigs I. 1825–1848*, hrsg. von Winfried Nerdinger. Ausst.-Kat. Architektursammlung der TU München/Stadtmuseum München. München, 1987, 216–220.

AUGSBURG, KUNSTSAMMLUNGEN UND MUSEEN:
260 [Grafische Sammlung, G 18873]

AUGSBURG, STAATLICHES TEXTIL- UND INDUSTRIE-MUSEUM (tim):
162 [11684]
163 [11683]
203 [F273]
205 [269]

AUGSBURG, STADTARCHIV:
237 [KPS_03618]
245 [FS_FA_D_657]
276 [FS_FA_E_1187]

BAYREUTH, HISTORISCHES MUSEUM (Bernd-Mayer-Stiftung):
161

BERLIN, BPK-BILDAGENTUR:
147 [70238267]

BONN, FRIEDRICH-EBERT-STIFTUNG:
159 [Bildarchiv, FB 004565]

HANNOVER, STADTARCHIV:
47 [NL Oppler 547-46-20]
284 [NL Oppler 547-132-4]

HONGKONG, 123RF (Visions of America LLC):
62 [20801461]

KAISERSLAUTERN, MUSEUM PFALZGALERIE (mpk):
28 [18/2898]
246 [18/2899]

LONDON, BRIDGEMAN IMAGES:
151 [LLM460949]

LOS ANGELES, GETTY RESEARCH INSTITUTE:
256 [2002.R.11*14]

LUDWIGSHAFEN, BASF CORPORATE HISTORY:
160, Umschlagrückseite

MARBURG, FOTO MARBURG:
131 [fm 120497]
234 (links) [fm 1080489]
248 [fm 120502a]
262 [fm120137g]

MÜNCHEN, ARCHITEKTUR-MUSEUM DER TU (AM):
11 [jank-1-200]
12 [semp-11-49]
13 [neur_g-199-57]
26 [gna-1-1]
50 [thie_a-60-18]
122 [nes-22-1001]
148 [neur_g-199-50]
184 [oa-84-1]
193 [neur_g-206-4]
206 [zene-2-200]
214 [oa-149-1]
226 [neur_g-199-3]
227 [neur_g-199-48]
235 [lange_l-11-2]
244 [semp-11-56]
263 [hau_g-12-200]
272–273 [berge_m-5]
275 [oa-162-2]
280 (links) [becke_j-1-5]
280 (rechts) [voit-14-12]
282 [thie_a-48-12]

MÜNCHEN, BAYERISCHES HAUPTSTAATSARCHIV (BayHStA):
ABT. I/II:
180 [Kartensammlung, 1175/3]
195 [OBB KuPl 6718]
215 [OBB KuPl 1490]
217 [G-VIII/12/48d]
229 [OBB KuPl 3245]
264 [OBB KuPl 3566]
ABT. III (GEHEIMES HAUSARCHIV):
41 [Königshaus, Ludwig II. – XI, 38/46d]
118 [Kabinettsakten König Ludwig II., 073]
120 [Hofsekretariat, 1756]
ABT. IV (KRIEGSARCHIV):
274–275 [MKr 8972]

MÜNCHEN, BAYERISCHES LANDESAMT FÜR DENKMALPFLEGE (BLfD):
168 [AM2009_12_7_01020217]

MÜNCHEN, BAYERISCHE STAATSBIBLIOTHEK (BSB):
8 [Bildarchiv, Portr.A. Ludwig II., König von Bayern (7)]
45 [Bildarchiv, Portr.A. München (212)]
107 [aus: Allom/Walsh o. J., Tafel zu 33]
169 [Cod. icon 207 (3, [Taf. 218])
258 [Tech. 57 w-1882.1883]

MÜNCHEN, BAYERISCHE VERWALTUNG DER STAATLICHEN SCHLÖSSER, GÄRTEN UND SEEN (BSV):
42 [Ludwig II.-Museum, 2589]
43 [Ludwig II.-Museum, 330]
64 [Ludwig II.-Museum, 543]
71 [Ludwig II.-Museum, 416]
72 [Bildarchiv]
73 [Ludwig II.-Museum, 418]
74 [Ludwig II.-Museum, 1704 k/1]
75 [Bildarchiv]
76 [Ludwig II.-Museum, 3057]
95 [Ludwig II.-Museum, 96]
98 [Ludwig II.-Depot, ResMü. F.V. III, Bd. VII, fol. 1375, Nr. A 1145]
105 [Scha. G. 4]
108 [Ludwig II.-Museum, 310]
119 [Ludwig II.-Museum, 473]
174 [Bildarchiv]
289 [Bildarchiv]
291 [Graph. Slg. Res. Mü. I, f, Nr. 1/78]
292 [Ludwig II.-Museum, 429]

MÜNCHEN, BERND HALSNER:
129

MÜNCHEN, DEUTSCHES MUSEUM (DMM):
192 [Archiv, NL 044/vorl.Nr. 845 GF]
194 [Archiv, S 33 F 04]
196 [Archiv, NL 044/vorl.Nr. 0813]

MÜNCHEN, STAATLICHE GRAPHISCHE SAMMLUNG:
150 [26094]

MÜNCHEN, STADTARCHIV:
29 [DE-1992-FS-NL-PETT2-3807]
30 [DE-1992-FS-NL-PETT1-3173]
48 [DE-1992-FS-NL-WEIN-0017]
130 [DE-1992-FS-NL-WEIN-0426]
170 [DE-1992-LBK-03068]
173 [DE-1992-LBK-03068]
182 [DE-1992-PS-C-2936]
202 [DE-1992-FS-NL-WEIN-0365]
234 (rechts) [DE-1992-FS-PK-STR-02480]
265 [DE-1992-FS-NL-PETT1-0483]

MÜNCHEN, STADTENTWÄSSERUNG:
216

MÜNCHEN, STADTMUSEUM:
24 [Sammlung Grafik/Gemälde, G-VIII-2b-7a]
83 [FM_1864-65]
84 [Sammlung Siegert, 07721]
86 [Sammlung Fotografie, II-d, 22-2]
87 [Sammlung Fotografie]
104 [Sammlung Fotografie, II-d, 22-6]
136 [Sammlung Grafik/Gemälde, G-VIII-2-2]
137 [Sammlung Grafik/Gemälde, G-VIII-2b-7]
138 [Sammlung Grafik/Gemälde, G-VIII-2b-1f]
139 [Sammlung Grafik/Gemälde, G-VIII-2b-12]
140 [Sammlung Grafik/Gemälde, G-VIII-2b-13a]
149 [Sammlung Grafik/Gemälde, M-IV-1615-28]
181 [Sammlung Grafik/Gemälde, G-VIII-9-31a]
183 [Sammlung Grafik/Gemälde, G-VIII-9-34]
247 [Sammlung Grafik/Gemälde, G-VIII-9-33]
257 [32/294/1; aus: Sembach/Hütsch 1990, Tafel 16]
283 [Sammlung Grafik/Gemälde, P-1071]

MÜNCHEN, WITTELSBACHER AUSGLEICHSFONDS (WAF):
82 [Kgl. Bayerische Familien-bibliothek, Bestand Ludwig II.]
96 [B VIII 156]
106 [BV III 877]
288 [B VIII 151]

MÜNCHEN, ZENTRAL-INSTITUT FÜR KUNSTGESCHICHTE (ZI):
259 [4°Kat. Ausst. Nürnberg 1882 R]

NÜRNBERG, DB MUSEUM:
128

NÜRNBERG, STADTARCHIV:
218 [A4/11 Nr. 2 GF]

REGENSBURG, SAMMLUNG MARCUS SPANGENBERG:
10

RHODE ISLAND, BROWN UNIVERSITY LIBRARY:
61 [https://repository.library.brown.edu/studio/item/bdr:86976/]

SPEYER, HISTORISCHES MUSEUM DER PFALZ:
230 [aus: Engels/Engels/Hopstock 1985, 99]

STEIN, ARCHIV UND SAMMLUNGEN FABER-CASTELL:
238

STRIEDINGER 1900:
25

WASHINGTON, LIBRARY OF CONGRESS (LoC):
6 [LOT 13411, no. 0179]
46 [LOT 13411, no. 0059]
58 [https://lccn.loc.gov/00652015, 25.06.2018]
142 [LOT 13411, no. 0072]
228 [LOT 13411, no. 0062]

WIKIPEDIA:
63 [25.06.2018]

Fotografien von ULRIKE MYRZIK:
14–23, 33–37, 53–57, 66–69, 78–81, 89–93, 97, 101–103, 111, 112–115, 118, 124–125, 127, 133–135, 144–145, 154–157, 166–167, 176–177, 186–191, 198–201, 208–213, 220–225, 232–233, 240–243, 250–255, 268–271, 278–279, 286–287, 294–303

An erster Stelle danken wir dem Präsidenten der TU München Wolfgang A. Herrmann sowie der Fakultät für Architektur für die langjährige und großzügige Förderung des Architekturmuseums der TUM, die auch diese Ausstellung im 150. Jubiläumsjahr der TUM ermöglichte. Die Vorbereitung und Durchführung wurde von einem wissenschaftlichen Beirat begleitet, dessen Mitglieder uns nicht nur mit wertvollen Informationen und konstruktiven Anregungen, sondern auch durch Katalogbeiträge und wichtige Leihgaben kraftvoll unterstützten. Unser Dank gilt hier besonders Peter J. Brenner, der uns auch als Koordinator des TUM Jubiläums maßgeblich unterstützt hat, sowie Isabella Fehle, Wolfgang M. Heckl, Manfred Heimers, Gerhard Immler, Hans-Michael Körner, Ferdinand Kramer, Margit Ksoll-Marcon, Michael Petzet, Mathias Pfeil, Alexander Rauch, Hermann Rumschöttel, Uwe Gerd Schatz, Marcus Spangenberg, Robert Stalla, Michael Stephan, Christine Tauber und Katharina Weigand. Auch den weiteren Autoren des Katalogs danken wir für ihre Beiträge, die die Forschung zur Architektur unter Ludwig II. um wichtige Aspekte bereichern. Ein sehr herzlicher Dank geht an Herzog Franz von Bayern, der die Ausstellung nicht nur finanziell, sondern auch durch die freundliche Gewährung wichtiger Leihgaben aus dem Wittelsbacher Ausgleichsfonds und dem Geheimen Hausarchiv förderte.

Dank schulden wir auch unseren zahlreichen, unten angeführten Leihgebern, ohne deren großzügiges Entgegenkommen die Ausstellung nicht hätte realisiert werden können. Für tatkräftige Unterstützung und hilfreiche Gespräche über die lange Zeit der Vorbereitungen danken wir insbesondere der Bayerischen Verwaltung der staatlichen Schlösser, Gärten und Seen mit Bernd Schreiber, Sabine Heym, Uwe Gerd Schatz, Peter Seibert, Alexander Wiesneth, Andrea Fürstenau, Daniela Güthner, Jan Braun, Sonja Wallinger, Thomas Steffny, Willi Reichert, Veronika Endlicher und Julia Meyer; dem Wittelsbacher Ausgleichsfonds mit Andreas von Majewski, Fritz-Richard Demmel, Brigitte Schuhbauer und Thomas Wöhler; dem Bayerischen Hauptstaatsarchiv mit Margit Ksoll-Marcon, Bernhard Grau, Gerhard Fürmetz, Martina Haggenmüller, Laura Scherr, Thomas Steck und Monika Dressel sowie dem daran angeschlossenen Geheimen Hausarchiv mit Gerhard Immler, Elisabeth Weinberger und Andreas Leipnitz; dem Münchner Stadtmuseum mit Isabella Fehle, Thomas Weidner, Ulrich Pohlmann, Nico Kirchberger, Michael Zellner, Rudolf Scheutle, Monika Bartsch, Alexandra Schöfberger und Elisabeth Stürmer; dem Archiv des Deutschen Museums mit Wolfgang M. Heckl, Wilhelm Füßl und Matthias Röschner; dem Stadtarchiv München mit Michael Stephan, Manfred Heimers, Andreas Heusler, Anton Löffelmeier, Bettina Pfotenhauer und Matthias Röth; dem Staatlichen Textil- und Industriemuseum Augsburg mit Karl Borromäus Murr, Ernst Höntze und Robert Allmann; dem Archiv Faber-Castell in Stein mit Renate Hilsenbeck und Edith Luther; dem Stadtarchiv Nürnberg mit Michael Diefenbacher, Wiltrud Fischer-Pache, Ruth Bach-Damaskinos, Dominik Radlmaier und Thomas Dütsch; dem Stadtarchiv Hannover mit Cornelia Regin und Holger Horstmann sowie dem Museum Pfalzgalerie Kaiserslautern mit Britta E. Buhlmann, Heinz Höfchen und Andreas Kusch. Für hilfreiche Informationen und anregende Fragestellungen sind wir zudem Birgit-Verena Karnapp, Christian Jonathal, Franz Meußdoerffer und Gregor Nagler verbunden.

Ein ganz besonderer Dank geht an Ulrike Myrzik für die Fotoserie zu ausgewählten Bauten aus der Zeit Ludwigs II., die einen neuen Blick auf die historische Architektur eröffnet. Den Ausstellungsarchitekten Je Ahn, Klara Bindl und Esther Escribano von Studio Weave in London danken wir sehr herzlich für das Ausstellungsdesign und die inspirierende Zusammenarbeit. Zusammen mit Maike Backhaus entwickelte Klara Bindl einen Kinderparcours durch die Ausstellung, ihnen gilt unser bester Dank. An dieser Stelle möchten wir uns auch ganz besonders bei Hannes Aechter für die ideenreiche Gestaltung von Katalog und Ausstellungsbroschüre sowie die Entwicklung der Ausstellungsgrafik bedanken. Der Katalog wurde in Zusammenarbeit mit dem Birkhäuser Verlag produziert – hierfür geht unser Dank vor allem an Ulrich Schmidt, Regina Herr, Amelie Solbrig und Heike Strempel sowie an die Lektorin Ilka Backmeister-Collacott und die Übersetzer Christiane Böhme-Wilk, Richard Toovey und Roderick O'Donovan.

Herzlich danken wir dem gesamten Team des Architekturmuseums für die Unterstützung bei der Vorbereitung und Realisierung von Ausstellung und Katalog, vor allem Regine Hess, auf die die Idee zu einer Ausstellung zu Ludwig II. zurückgeht, Thilo Schuster für die Hilfe bei der Recherche und die Abwicklung des Leihverkehrs, Anton Heine für Restaurierungen und Grafikmontage, Andreas Bohmann und Thomas Lohmaier für die Umsetzung und Realisierung der Ausstellungsarchitektur, Anja Schmidt für die Abwicklung der Exponate aus den eigenen Bestände, Dietlind Bachmeier für die Unterstützung beim Fundraising und die Organisation des Begleitprogramms, Simone Bader für die Pressearbeit, Teresa Fankhänel für die Öffentlichkeitsarbeit, Daniel Talesnik für das Lektorat der englischen Texte, Ester Vletsos und Rita Burkhardtsmaier für Fotos und Digitalisierungen sowie Marlies Blasl, Rike Menacher, Tanja Nyc und Inge Oberndorfer (†) für das Sekretariat. Darüber hinaus gilt unser Dank Kevin Schumacher sowie Clara Bergado, Hanna Böhm, Cristina Fischer de Saa, Chiara Ursini und Federica Pisetta für die vielfältige Mitarbeit bei den Vorbereitungen in den letzten Monaten vor Ausstellungseröffnung. Bei den teilweise aufwendigen Restaurierungen wurde Anton Heine von Tanja Wimmer unterstützt – auch ihr gilt unser Dank. Ebenso Anselm Baumann und Jörg Kallmeyer, die ein Bauphasenmodell zu Schloss Linderhof erstellt haben.

Begleitend zur Ausstellung wurde in Zusammenarbeit mit der Ausstellungsarchitektin Klara Bindl von Studio Weave London im Sommersemester 2018 an der TU München ein Workshop veranstaltet, bei dem gemeinsam mit Studierenden die Wandflächen in zwei Ausstellungsräumen gestaltet wurden. Wir danken hier insbesondere Tatiana Chatziioannou, Maria Cecilia Collet Heller, Milad Damash, Friederike Drewes, Ella Eßlinger, Maddalena Gioseffi, Ioannis Jyftopoulos, Livia Medici, Alina Pinardi, Federica Pisetta, Gloria Maria Vlad und Philippa Wenzl. Auch im Sommersemester 2017 wurden im Rahmen eines Seminars gemeinsam mit Studierenden der TU München verschiedene Darstellungsmöglichkeiten der komplexen Baugeschichte der Schlösser Ludwigs II. entwickelt und diskutiert, die teilweise für die Ausstellung umgesetzt wurden. Unser Dank gilt hier Elitsa Bankova, Cristina Fischer de Saa, Alexander Florea, Philipp Lanthaler und Julia Ludes.

Dank schulden wir insbesondere auch unseren Förderern, deren großzügige Unterstützung die Ausstellung und den Katalog ermöglichte. An erster Stelle danken wir PIN. Freunde der Pinakothek der Moderne e. V., allen voran Dorothée Wahl und Katharina von Perfall, die uns nicht nur finanziell halfen, sondern auch weitere Förderer der Ausstellung gewinnen konnten – darunter auch Baywobau und der „Ludwig II.-Zirkel", dem Herzog Franz von Bayern vorsteht. Ihnen allen danken wir herzlich. Großer Dank gilt auch dem Förderverein des Architekturmuseums der Technischen Universität München e. V., insbesondere auch Andrea Gebhard und Manfred Probst. Auch sie konnten unter anderem mit Ralf Büschl für die Büschl-Unternehmensgruppe und Jobst Kayser-Eichberg, München den Kreis unserer Förderer erweitern. Ihnen allen und ihrem persönlichen Engagement für dieses einzigartige Projekt gilt unser herzlicher Dank. Für die maßgebliche Förderung der Ausstellung und des Vermittlungsprogramms danken wir auch der Kulturstiftung der Länder, allen voran Isabel Pfeiffer-Poensgen, Frank Druffner und Markus Hilgert. Auch der Bayerischen Architektenkammer möchten wir für die Unterstützung des Begleitprogramms danken. Die Ernst von Siemens Kunststiftung finanzierte die vorliegende Begleitpublikation – hierfür danken wir stellvertretend dem Generalsekretär Martin Hoernes.

ANDRES LEPIK und KATRIN BÄUMLER

LEIHGEBER

Alex Alice Paris
Architekturmuseum der TU Berlin
Archiv und Sammlungen Faber-Castell Stein
Augustiner-Bräu München
BASF Corporate History
Bayerische Staatsbibliothek München
Bayerische Verwaltung der staatlichen Schlösser, Gärten und Seen
Bayerisches Hauptstaatsarchiv München
Bayerisches Landesamt für Denkmalpflege
Bayerisches Wirtschaftsarchiv München
DB Museum Nürnberg
Deutsches Museum München
Deutsches Theatermuseum
ETH Zürich, gta-Archiv
Foto Marburg
Geheimes Hausarchiv
Grafische Sammlung der Kunstsammlungen und Museen Augsburg
Historisches Museum der Pfalz Speyer
Ireks GmbH Kulmbach
Library of Congress Washington
Lokalbaukommission München
MAN Historisches Archiv
Mayer'sche Hofkunstanstalt München
Münchner Stadtmuseum
Musée Hôtel Le Vergeur Reims
Museum für Kunst und Gewerbe Hamburg
Museum Pfalzgalerie Kaiserslautern
Pfarrei St. Benno München
Richard Wagner Museum Bayreuth
Staatliche Graphische Sammlung München
Staatliches Textil- und Industriemuseum Augsburg
Stadtarchiv Augsburg
Stadtarchiv Bad Kissingen
Stadtarchiv Fürth
Stadtarchiv Hannover
Stadtarchiv Hof
Stadtarchiv Ingolstadt
Stadtarchiv Ludwigshafen
Stadtarchiv München
Stadtarchiv Nürnberg
Stadtarchiv Speyer
Stadtentwässerung München
Stadtmuseum Kaufbeuren
Wittelsbacher Ausgleichsfonds
Zentralinstitut für Kunstgeschichte München

IMPRESSUM

Diese Publikation erscheint anlässlich der Ausstellung

KÖNIGSSCHLÖSSER UND FABRIKEN Ludwig II. UND DIE ARCHITEKTUR

Architekturmuseum der TU München in der Pinakothek der Moderne
26. SEPTEMBER 2018–13. JANUAR 2019

KATALOG

Herausgeber: ANDRES LEPIK, KATRIN BÄUMLER
Fotografien: ULRIKE MYRZIK
Redaktion: KATRIN BÄUMLER, ANDRES LEPIK
Redaktionsassistenz: KEVIN SCHUMACHER
Lektorat: ILKA BACKMEISTER-COLLACOTT
Übersetzung vom Englischen ins Deutsche: CHRISTIANE BÖHME-WILK (Text: Technische Höchstleistungen im Märchenland. Infrastrukturbauten unter Ludwig II.)
Projektkoordination Birkhäuser: REGINA HERR
Herstellung: AMELIE SOLBRIG, HEIKE STREMPEL
Layout, Covergestaltung und Satz: HANNES AECHTER
Schriften: PORTRAIT, THEINHARDT, MARIAN
Papier: MUNKEN LYNX, 130g/m²
Druck: DZA DRUCKEREI ZU ALTENBURG GmbH, ALTENBURG
Bauaufgaben Texte: KATRIN BÄUMLER (KB), REGINE HESS (RH), KEVIN SCHUMACHER (KS)

AUSSTELLUNG

Kuratorin: KATRIN BÄUMLER
Fotografien: ULRIKE MYRZIK
Ausstellungsarchitektur: STUDIO WEAVE LONDON (JE AHN, KLARA BINDL, ESTHER ESCRIBANO)
Ausstellungsgrafik: HANNES AECHTER
Kinderparcours: KLARA BINDL, MAIKE BACKHAUS
Mitarbeit: KEVIN SCHUMACHER sowie CLARA BERGADO, HANNA BÖHM, CRISTINA FISCHER DE SAA und CHIARA URSINI
Restauratoren: ANTON HEINE, TANJA WIMMER
Registrar: THILO SCHUSTER
Archiv: ANJA SCHMIDT
Ausstellungsaufbau: ANDREAS BOHMANN, ANTON HEINE und THOMAS LOHMAIER
Presse: SIMONE BADER
Öffentlichkeitsarbeit: TERESA FANKHÄNEL
Begleitprogramm: DIETLIND BACHMEIER
Sekretariat: MARLIES BLASL, RIKE MENACHER, TANJA NYC und INGE OBERNDORFER

Bibliografische Information der Deutschen Nationalbibliothek: Die Deutsche Nationalbibliothek verzeichnet diese Publikation in der Deutschen Nationalbibliografie; detaillierte bibliografische Daten sind im Internet über http://dnb.dnb.de abrufbar.

ISBN 978-3-0356-1535-7
e-ISBN (PDF) 978-3-0356-1655-2
Englisch Print-ISBN 978-3-0356-1536-4

Postfach 44, 4009 Basel, Schweiz
Ein Unternehmen der Walter de Gruyter GmbH, Berlin/Boston

9 8 7 6 5 4 3 2 1 www.birkhauser.com

Umschlagabbildungen:
Schloss Neuschwanstein, Foto: ULRIKE MYRZIK, 2017 (vorne); Ludwigshafen, BASF Hauptdreherei, Foto: ANONYM, 1921 (hinten)

Katalog und Ausstellung wurden ermöglicht durch großzügige Förderung von:

PIN. FREUNDE DER PINAKOTHEK DER MODERNE E.V.
Förderverein **Architekturmuseum** TU München
KULTUR STIFTUNG · DER LÄNDER
EvS ERNST VON SIEMENS KUNSTSTIFTUNG
Baywobau®
BÜSCHL UNTERNEHMENSGRUPPE Architektur und Projektentwicklung
TUM